酒店服务与管理

主　编　娄兰兰
副主编　郭　巍　王　妍

黄河水利出版社
·郑　州·

内 容 提 要

本书是一门以操作为主的理论与实务一体化的教材，在内容上，分为上、下两篇，上篇为酒店基层管理实务，包括酒店认知、酒店计划的制订、酒店组织结构设计、酒店人力资源开发、酒店质量管理控制、酒店产品推销，以及酒店产品价格制定。下篇为酒店经营运作实务，分为三大模块，包括前厅服务与管理、客房服务与管理、餐饮服务与管理。另外，本书还附有附录。通过学习使学生熟悉酒店服务与管理的基本程序和方法，了解、掌握相关岗位的基本要求和职业技能。

本书可作为中等职业学校旅游管理和酒店管理专业教材，也可作为旅游酒店基层服务和管理人员的培训参考书。

图书在版编目(CIP)数据

酒店服务与管理/娄兰兰主编.—郑州：黄河水利出版社，2019.9

ISBN 978-7-5509-2520-5

Ⅰ.①酒… Ⅱ.①娄… Ⅲ.①饭店-商业服务-职业培训-教材 ②饭店-商业管理-职业培训-教材 Ⅳ.①F719.2

中国版本图书馆 CIP 数据核字(2019)第 221407 号

组稿编辑：田丽萍　电话：0371-66025553　E-mail：912810592@qq.com

出 版 社：黄河水利出版社　网址：www.yrcp.com

地址：河南省郑州市顺河路黄委会综合楼 14 层　邮政编码：450003

发行单位：黄河水利出版社

发行部电话：0371-66026940、66020550、66028024、66022620(传真)

E-mail：hhslcbs@126.com

承印单位：河南新华印刷集团有限公司

开本：787 mm×1 092 mm　1/16

印张：21.5

字数：520 千字　印数：1—1 000

版次：2019 年 9 月第 1 版　印次：2019 年 9 月第 1 次印刷

定价：60.00 元

《酒店服务与管理》
编写委员会

主　任　门志强
副主任　马赛楠　魏　飞
委　员　陈　杰　崔云霞　娄兰兰
　　　　岳　明　徐　丹

前　言

酒店管理是全球十大热门行业之一，高级酒店管理人才在全球一直都是很紧缺的。近年来，在国际人才市场上酒店管理人才出现了供不应求的局面。随着2008年北京奥运会、中国2010年上海世界博览会、2016中国杭州G20峰会和越来越多的国际大型活动在中国的举办，中国对旅游、酒店管理专业人才的需求也日益增大。

同时，随着中国职业教育的蓬勃发展，职业院校毕业生就业率逐年提高，毕业生越来越受到各行各业的欢迎。酒店管理专业与实践紧密结合，为此，本书在编写过程中，坚持适应中等职业院校教育改革和发展的需要，立足于提高学生的整体素质和培养学生的综合能力，贯彻了科学性、实用性、先进性、规范性原则，吸取了国内外酒店管理与服务的最新知识和技术，注重知识的应用性和可操作性。本书侧重理论指导下的管理实务与运作，简化以学科知识新体系为背景的知识要点的陈述，着眼于旅游酒店岗位群的诸多最新现实需要。本书注重突出职业技术教材的特征，适应中等职业教育以能力为核心，以培养技术应用型人才为根本任务，使学生达到基础理论适度，技术应用能力强，知识面宽，综合素质高的要求。

本书由娄兰兰担任主编，郭巍和王妍担任副主编，崔云霞、刘利伟、李洪亮、张璐等参与编写。

本书在编写过程中参考了国内外有关论著并得到了许多业内人士的帮助，在此一并表示感谢！同时，由于编者水平所限，书中难免存在不足之处，敬请广大读者指正。

编　者

2019年3月

目 录

上　篇

酒店基层管理实务

项目一　酒店认知

【项目描述】

酒店是旅游业的三大支柱之一，作为酒店管理专业的学生必须学会介绍酒店和酒店集团，为未来从事酒店服务与管理工作奠定基础。

【项目目标】

能力目标：

1. 能用专业术语介绍与评价酒店。
2. 能介绍与分析主要酒店集团。

知识目标：

1. 掌握酒店含义和功能。
2. 了解酒店类型和等级。
3. 掌握酒店集团含义和优势。

素质目标：

1. 树立良好的职业形象。
2. 具有良好的服务意识。
3. 具有较好的身体素质和较强的责任心及开拓创新精神。

工作任务一　介绍酒店

【任务分析】

用专业术语介绍一家酒店，是酒店从业人员的基本能力。无论是一名前台的接待员、销售部的营销员，还是人力资源部的培训员，都应学会熟练介绍你所工作的酒店。介绍一家酒店首先要对酒店做一简要叙述，内容包括酒店的业主方、管理方、类型、等级等；其次详尽介绍酒店的功能，最后介绍酒店的特色和其他方面的内容等。

【任务布置】

1. 教师事前选择好两家酒店：一家星级酒店和一家经济型酒店，给学生提供酒店官方网站的网址，让学生上网浏览并了解该酒店。

2. 学生带着“各星级酒店差别”和“与经济型酒店的异同”等问题到酒店现场参观，收集不同酒店的案例并完成酒店介绍报告。

【相关知识】

一、酒店的含义、酒店的星级划分及标志和酒店的功能

（一）酒店的含义

酒店（Hotel）一词源于法语，原意是指贵族在乡间招待贵宾的别墅。目前，Hotel 已成为一个国际性的概念，其含义也发生了深刻的变化。

综合一些权威词典的定义，可将酒店定义为：酒店是以接待型建筑设施为依托，为公众提供食宿及其他服务的商业性服务企业。

2011 年 1 月 1 日正式实施的《旅游饭店星级的划分与评定》(GB/T 14308—2010)将旅游饭店(tourist hotel)定义为：以间(套)夜为单位出租客房，以住宿服务为主，并提供商务、会议、休闲、度假等相应服务的住宿设施，按不同习惯可能也被称为宾馆、酒店、旅馆、旅社、宾舍、度假村、俱乐部、大厦、中心等。

(二)酒店的星级划分及标志

1. 星级

用星的数量和颜色表示旅游酒店的星级。旅游酒店的星级分为五个级别，即一星级、二星级、三星级、四星级、五星级(含白金五星级)。最低为一星级，最高为五星级。星级越高，表示旅游酒店的等级越高。

2. 星级标志

星级标志由长城与五角星图案构成，用一颗五角星表示一星级，两颗五角星表示二星级，三颗五角星表示三星级，四颗五角星表示四星级，五颗五角星表示五星级，五颗白金五角星表示白金五星级，如图 1.1-1、图 1.1-2 所示。

图 1.1-1 五星级饭店标志

图 1.1-2 白金五星级饭店标志

【案例】

首批通过白金五星审批的酒店

2007 年 8 月 16 日，国家旅游局局长、全国旅游星级酒店评定委员会主任邵琪伟为获得白金五星级酒店的北京中国大酒店、上海波特曼丽嘉酒店、广州花园酒店三家酒店颁发证书和标牌。国家旅游局表示，白金五星级酒店将采取有限制条件的审评制，全国星评委每年根据申报情况进行一次评定验收，对于已经评上白金五星的酒店也将实行年审制。

(三)酒店的功能

酒店的功能包括住宿功能、餐饮功能、商务功能、家居功能、度假功能和会议功能等。

二、酒店主要类型

（一）根据客源市场和接待对象的不同划分

（1）商务型酒店；

（2）长住型酒店；

（3）会议型酒店；

（4）度假型酒店。

商务型酒店代表见图1.1-3、图1.1-4。

图1.1-3　希尔顿饭店标志

图1.1-4　香格里拉饭店标志

（二）根据客房数量的不同划分

（1）600间客房以上为大型酒店；

（2）300间至600间为中型酒店；

（3）300间以下为小型酒店。

（三）根据地理位置的不同划分

（1）城市酒店；

（2）城郊酒店；

（3）景区酒店；

（4）公路酒店（汽车旅馆）；

（5）机场酒店。

【任务实施】

步骤一　课前布置任务

学生带着“各星级酒店差别”和“与经济型酒店的异同”等问题到酒店现场参观，收集不同酒店的案例并完成酒店介绍报告。

步骤二　学生介绍展示

课前将全班学生分为四组，在课堂上由不同小组的学生代表分别就收集到的酒店案例进行介绍，每一小组介绍各自的酒店。

步骤三　教师点评

针对学生所介绍的不同酒店做出点评，归纳总结酒店的概念并引入相关的知识点。

步骤四　案例分析

教师对典型案例（洲际酒店集团旗下的北京皇冠假日酒店）进行详细分析，同时引发同学进行讨论，引申出介绍酒店的四大要素，让学生加深印象。

步骤五　发放任务书

由教师提出要求：

(1)全班分成四个小组,各组选出组长一名。

(2)每组分别介绍一家酒店。

(3)要求介绍必须包含酒店的四大要素。

(4)可以进行分工合作,并进行讨论。

步骤六　撰写酒店介绍

每一小组分工合作,完成一家酒店的具体介绍并充分讨论。

步骤七　酒店介绍成果展示

各小组派代表介绍本小组所完成的关于酒店内容介绍的任务,其他小组或教师进行提问,介绍人进行解答。

步骤八　总结评估

教师归纳总结,回顾本任务涉及的知识,布置下一任务课前准备任务。

【案例】

沈阳黎明国际酒店

由天伦国际酒店管理集团管理的黎明国际酒店是由沈阳黎明航空发动机集团有限责任公司投资兴建的一家五星级豪华商务酒店。

客房设施

酒店A、B座共有340间精美别致的客房,每间客房均配备中央空调系统、安全消防系统、国际直拨电话、迷你酒吧、私人保险箱等设施,更有宽带网络接入客房,为您提供贴心、专业、快捷的服务。

酒店A座245间客房以标准房、豪华房、商务房、行政套房、特色套房,以及尊贵的总统套房等房型分布。位于十五楼、十六楼的行政楼层“王朝轩”,配有独立的贵宾接待处、会议室、商务中心、酒吧等各项服务设施,全面满足您的需求。

酒店B座拥有高级单人间、高级双人间、豪华单人间、豪华套房4种不同风格的房型,共计95间,为您提供舒适、安静的休息环境。卫生间与客房以精致玻璃窗相隔并配有电动拉帘,可开阔视野。高清晰的大屏幕液晶电视,使您的商务之旅更添品质。

1. 彩虹吧

环境清幽,休闲雅致,为您提供经典洋酒、特色咖啡、鲜榨果汁、极品香茗等时尚饮品,以及精致茶点小吃、休闲零食等,是您与客户洽谈、朋友小聚、伴侣约会、休闲放松的心仪场所。走进彩虹吧,与幽雅为伴,享受尊贵人生。

2. 太阳阁西餐厅

荟萃东西美食,充满了浪漫的异国情调,让您在品尝到正宗西餐的同时,还可以享受到经典中式菜品的传统美味。不同主题的美食活动,必定让您回味无穷。24小时的送餐服务,让您在第一时间尽享美食与温馨。

3. 四季中餐厅

主营正宗粤菜、地方风味美食,随四季变换推出具有不同民族特色的佳肴。装饰典雅、环境舒适的贵宾包房，是亲朋用餐、小型聚会的首选之地。

4. 景泰餐厅

二层主营新派豆捞。精致的豆捞汤底配以各种海鲜，细软鲜美的滑类以及营养丰富的菌类、蔬菜等，让人们品尝到经济实惠的美食。三层主营精品川菜、辽菜等传统特色美味，拥有5间装饰典雅富丽的贵宾包房及1间多功能厅。香辣十足的地道川菜与经典可口的辽菜，款款上品，道道精工细作。

5. 久缘日餐厅

餐厅提供铁板烧、刺身、寿司等多元化高级日本料理，选用进口新鲜的食材，细节做到极致，力求打造沈城顶级日式美食。

在体验日本传统风味之余，亦可享受优雅现代的环境。来到久缘餐厅，必会唤起您对极致美妙滋味的翩然回想。

会议设施

1. 圆明厅

圆明厅共分为A、B、C三厅，可合并为A+B+C、A+B或B+C，也可单独使用，形式灵活、功能齐全，能满足客人的多种需求。圆明厅A+B+C可容纳300人进行会议，是中西式宴会、鸡尾酒会、寿宴等大型活动的理想场所。

2. 颐和宴会厅

位于酒店A座三层的颐和宴会厅，是目前沈阳市最大的无柱式多功能宴会厅，可容纳会议客人1 200位，婚宴、寿宴等55桌宴席。宴会厅配有先进的影音、灯光和同声传译设备，以及活动舞台等宴会设施，是举办大型会议、婚礼庆典的最佳场所。

3. 紫华厅

经过改造装饰后焕然一新的紫华厅共分为A、B、C三厅，可合并为A+B+C，又可分割为A+B或B+C，也可单独使用，形式灵活、功能齐全，能满足客人的多种需求。紫华厅A+B+C可容纳300人进行会议，是中西式宴会、鸡尾酒会、寿宴等大型活动的理想场所。

4. 宣云厅

具现代典雅的全新装饰，完善先进的会议设施。宣云厅可灵活分割为A+B两部分，容纳会议客人100人，以领先的试听设备、清晰的多媒体影音效果满足着宴会客人的不同需求。

5. 阳光康乐中心

位于酒店A座三、四层的阳光康乐中心融合了古代的细致婉约与现代的奢华幽雅，舒适怡人的游泳池、绿色宽敞的健身环境、温馨清幽的SPA氛围、专业柔和的按摩技巧、私密放松的棋牌空间，无一不是享受生活的首选。

6. 盛京豪情KTV

位于酒店三楼的盛京豪情KTV广场，拥有10间装潢精致、风格别致的KTV包房，采用先进的VOD点歌系统供您随心欢唱。高品质的视听享受，璀璨迷人的灯光设备，让您在品味中外美酒佳肴、特色小食的同时，在轻松与自在中获得快乐，释放自己！

7. 其他服务

商务中心、机票预订服务、无线宽带网络覆盖所有公共区域、豪华车租赁服务。

酒店交通便利，服务设施完善，无论是观光购物，还是商务旅行，黎明国际酒店都是您理想的选择!

（摘自《沈阳黎明国际酒店宣传册》）

【学习考核与评价】

一、课内实训

学生按小组进行介绍酒店的情景模拟。

二、课外训练

个人作业:用专业术语写出一家酒店的介绍报告。

任务成果评估见表1.1-1。

表1.1-1　任务成果评估

小组编号：　　　　　　　　　　　　　　　　　　学生姓名/学号：

评分项目	分值	得分
收集资料及资料展示	10	
小组酒店分解(酒店业主方、管理方、类型、等级和功能、特色等)	40	
个人酒店介绍(酒店业主方、管理方、类型、等级和功能、特色等)	40	
学习态度、完成效率及整体质量	10	
总分	100	

各项打分标准：

1. 各项工作能够按时保质完成的小组,给予各项满分的评分。

2. 各项工作能够按时完成的小组,错误在1~2处的给予各项满分的85%的分值作为该项赋分。

3. 各项工作能够按时完成的小组,错误在3处的给予各项满分的70%的分值作为该项赋分。

各项工作能够按时完成的小组,错误在4~5处的给予满分的60%的分值作为该项赋分。

【任务小结】

本任务主要探讨了酒店的含义、星级划分及标志、功能和类型等,以及如何运用专业术语介绍和评价一家酒店。

【思考题】

1. 酒店的功能有哪些?

2. 酒店的类型有哪些?

3. 如何介绍一家酒店?

工作任务二 介绍酒店集团

【任务分析】

用专业术语介绍一家酒店集团,是每一位酒店从业人员的基本能力。为此,应学会熟练介绍你所工作的酒店集团。介绍一家酒店集团,首先,要对该酒店集团做一简要叙述,内容包括酒店集团所属的国家、总部,以及分布的国家、地区和拥有的酒店及房间数目等;其次,详尽介绍酒店的历史、品牌、经营理念;最后,介绍酒店集团在中国的发展和其他方面的内容等。

【任务布置】

1. 教师事前选择好两家酒店集团:一家国际酒店集团和一家民族酒店集团,给学生提供酒店集团官方网站的网址,让学生上网浏览并了解该酒店集团。

2. 学生收集不同酒店集团的案例并完成酒店集团介绍报告。

【相关知识】

一、酒店集团的含义

酒店集团(Hotel Chain)称为酒店联号、连锁酒店。它是指以经营酒店为主的联合经营的经济实体,它在本国或世界各地以直接或间接形式控制多个酒店,以相同的店名和店标,统一的经营程序,同样的服务标准和管理风格与水准进行联合经营。

酒店集团和连锁经营形式发源于美国。1907 年,美国里兹公司出售特许经营权给酒店,开始了酒店联号的形式。

二、酒店集团的优势

(1)市场方面的优势。酒店集团一般规模大,经营较成功,在国际上享有较高声誉,在公众中产生深刻的印象。

(2)财务方面的优势。酒店集团规模庞大,资本雄厚,具有一定的信誉,能为所属酒店筹措资金,提高资信度。

(3)经营管理方面的优势。酒店集团具有成功的管理系统。

(4)人力资源方面的优势。酒店集团为所属酒店进行员工培训。

另外,酒店集团一般都有一个订房系统,有高效率的电脑中心和直接订房电话,为集团中的成员做好预订客房工作,并处理集团酒店之间推荐客源的业务。

三、酒店集团的规模

(一)本土酒店集团规模(含筹建项目)

本土酒店集团规模(含筹建项目)见表 1.1-2。

(二)国际酒店集团的规模

根据世界酒店业刊物《Hotel》公布的 2009 年全球酒店集团规模排名,位于前 10 名的酒店集团拥有酒店总数达到 33 747 家,客房总数为 4 110 436 间,平均每家酒店集团拥有客房 411 044 间。位于首位的洲际酒店集团拥有的酒店数量和客房数量分别是 4 186 家和 619 851间,其客房数量是我国最具规模的 28 家酒店集团客房总量的近 2 倍(见表 1.1-3)。

表 1.1-2 本土酒店集团规模(含筹建项目)

排序	集团名称	客房	饭店
1	锦江国际	87 287	541
2	港中旅维景	22 713	66
3	首旅建国	21 348	71
4	南京金陵	19 821	81
5	浙江开元	14 556	42
6	岭南国际	13 463	52
7	山东蓝海	12 725	42
8	粤海国际	12 698	47
9	湖南华天	11 741	51
10	海航集团	11 735	55
11	北京国宾友谊	11 003	32
12	雷迪森旅业	10 576	54
13	宁波南苑	10 305	77
14	浙江世贸君澜	9 871	35
15	河南中州	9 484	51
16	阳光酒店	9 222	51
17	陕西旅游	7 300	39
18	世纪金源	7 000	16
19	山东银座	6 537	46
20	北京天伦国际	5 876	24
21	华侨城	5 739	36
22	安徽古井	5 548	44
23	东方嘉柏	5 483	17
24	福州西湖	5 027	26
25	上海衡山	4 658	19
26	保航酒店	3 993	19
27	四川锦江	3 698	13
28	青岛海天	3 356	17
29	浙江旅游集团	3 311	16

表 1.1-3 国际酒店集团的规模

排名	集团名称	总部所在国	酒店数	客房数
1	IHG(InterContinental Hotels Group) 洲际酒店集团	英国	4 186	619 851
2	Wyndham Hotel Group 温德姆酒店集团	美国	7 043	592 880
3	Marriott International 万豪国际酒店集团公司	美国	3 088	545 705

续表 1.1-3

排名	集团名称	总部所在国	酒店数	客房数
4	Hilton Hotels Corp. 希尔顿酒店集团	美国	3 259	544 361
5	Accor 雅高酒店集团	法国	3 984	479 096
6	Choice Hotels International 精品国际酒店公司	美国	582	472 526
7	Best Western International 最佳西方国际集团	美国	4 032	305 387
8	Starwood Hotels & Resorts Worldwide 喜达屋酒店与度假村国际集团	美国	942	284 800
9	Carlson Hotels Worldwide 卡尔森环球酒店集团	美国	1 013	151 487
10	Global Hyatt Corp. 全球凯悦公司	美国	373	114 343

资料来源：MKG 酒店数据库，2010 年 5 月。

（三）本土酒店集团成员酒店星级分布（含筹建项目）

本土酒店集团成员酒店星级分布（含筹建项目）见表 1.1-4。

表 1.1-4　本土酒店集团成员酒店星级分布（含筹建项目）

集团	总数		五星		四星		三星		经济型	
	酒店	客房	酒店	客房	酒店	客房	酒店	客房	酒店	客房
锦江国际	541	87 278	42	14 528	46	13 272	14	2 954	439	56 524
港中旅维景	66	22 713	34	15 248	17	5 586	16	1 636	2	243
首旅建国	71	21 348	36	11 344	26	7 036	9	2 968	0	0
南京金陵	81	19 821	54	16 266	12	1 946	1	126	14	1 483
浙江开元	42	12 725	15	5 234	23	6 562	4	929	0	0
岭南国际	52	13 463	10	6 601	9	3 020	5	1 036	28	3 049
山东蓝海	42	12 725	15	5 234	23	6 562	4	929	0	0
粤海国际	47	12 698	13	4 253	23	6 394	2	298	6	835
湖南华天	51	11 741	7	3 637	19	4 641	0	0	25	3 463
海航集团	55	11 735	20	3 032	21	3 679	10	1 583	4	441
北京国宾友谊	32	11 003	7	3 705	22	6 970	3	328	0	0
雷迪森旅业	54	10 576	37	9 096	5	531	1	106	11	843
宁波南苑	33	10 305	8	1 780	48	6 499	21	2 060	0	0
浙江世贸君澜	35	9 871	26	8 174	2	448	7	1 249	0	0
河南中州	51	9 484	7	1 693	28	5 575	16	2 216	0	0
阳光酒店	51	9 222	9	2 515	13	2 857	19	3 044	10	806
陕西旅游	39	7 300	5	1 413	15	3 876	13	1 563	5	448

续表 1.1-4

集团	总数		五星		四星		三星		经济型	
	酒店	客房	酒店	客房	酒店	客房	酒店	客房	酒店	客房
世纪金源	16	7 000	16	8 776	0	0	0	0	0	0
山东银座	46	6 537	4	1 470	8	1 788	0	0	34	3 279
北京天伦国际	24	5 876	15	4 316	6	1 337	3	223	0	0
华侨城	36	5 739	7	1 278	3	764	6	392	23	3 109
安徽古井	44	5 548	1	330	10	1 544	10	14 407	23	2 181
东方嘉柏	17	5 483	5	1 962	10	3 086	2	435	0	0
福州西湖	26	5 027	4	1 458	14	2 730	7	734	1	105
上海餐山	19	4 658	6	1 392	13	2 581	3	685	0	0
深杭酒店	19	3 993	11	2 904	8	1 089	0	0	0	0
四川锦江	13	3 698	4	1 317	9	1 748	1	70	1	94
青岛海天	17	3 356	4	1 317	9	1 748	1	70	1	94
浙江旅游集团	16	3 311	6	1 623	7	1 327	3	361	0	0

【任务实施】

步骤一　课前布置任务

学生分组收集不同酒店集团的案例。主要为洲际酒店集团、雅高酒店集团、香格里拉酒店集团、喜达屋酒店及度假村等。

步骤二　学生介绍

课前将全班学生分为四组，在课堂上由不同小组的学生代表，分别就收集到的案例进行介绍，每一小组介绍不同酒店集团。

步骤三　教师点评

针对学生所介绍的不同酒店集团做出点评，归纳总结酒店集团的概念及优势，并引入相关的知识点。

步骤四　案例分析

教师对典型案例（洲际酒店集团）进行详细分析，同时引发同学讨论并引申出介绍酒店集团的四大要素（概况、历史、品牌、经营理念），让学生加深印象。

步骤五　发放任务书

由教师提出要求：

（1）全班分成四个小组，各组选出组长一名。

（2）每组分别介绍一家酒店集团：①洲际酒店集团；②雅高酒店集团；③香格里拉酒店集团；④喜达屋酒店及度假村。

（3）要求介绍必须包含酒店集团介绍的四大要素。

（4）可以进行分工合作，可以进行讨论。

步骤六　撰写酒店集团介绍

每一小组分工合作，完成一家酒店集团的具体介绍，并充分讨论。

步骤七　酒店集团介绍成果展示

各小组派代表介绍本小组所完成的酒店集团内容，其他小组或教师进行提问，介绍人进行解答。

步骤八　总结评估

教师归纳总结，回顾本任务知识，布置下一项目课前准备任务。

【案例】

洲际酒店集团

概况

洲际酒店集团是一家英国公司，每年接待超过 15 000 万客人，该集团也是亚太地区及全球最大并拥有最多酒店品牌的酒店管理公司。截至 2007 年 9 月 30 日，在近 100 个国家与地区里拥有、运营及管理的酒店有 3 800 多家，酒店客房超过 57.1 万间。在亚太地区，洲际酒店集团经营了超过 187 家酒店，遍布 20 多个国家，见图 1.1-5。

图 1.1-5　洲际酒店

历史

洲际酒店集团(IHG)的源头可以追溯到 1777 年。当时 William Bass 先生在 Burton-on-Trent 建立了一个酿酒场并以他自己的名字为公司命名。公司逐渐发展成了一个在国内领先的酿酒商。1876 年，这个红色三角形商标成了在英联邦内的第一个注册商标。BASS 公司第一次向酒店业的重大进军是在 1988 年收购了 Holiday Inns International Inc.。1990 年，BASS 公司又购买了北美地区的假日酒店业务，从此假日酒店逐渐成为国际品牌。1991 年，BASS 公司隆重推出快捷假日酒店品牌，提供有限服务，价格更富竞争力。1994 年，皇冠作为独立的品牌在美国建立，从此皇冠假日酒店品牌逐渐进入高端酒店市场。1997 年，BASS 公司隆重推出 Staybridge Suites by Holiday Inn 酒店品牌，从此 BASS 公司打入了北美地区的酒店长期住宿市场。1998 年，BASS 公司收购洲际酒店公司。Inter Continental 酒店给集团增添了一个高层次的高档品牌。2000 年，BASS 公司以 23 亿英镑卖给了比利时著名的酿酒公司，这标志着 BASS 集团真正地从国内的酿酒行业转向世界领先的国际酒店公司。卖掉“BASS”集团这个名字，改名为六洲集团(“SIX CONTINENTS PLC”)。2001 年，六洲酒店集团花费 2.41 亿英镑，买下香港洲际酒店，奠定了中国及亚太区酒店市场地位。2002 年 10 月，由于公司的改组，正式更名为洲际酒店集团(IHG)。在 2003 年 12 月，洲际酒店集团(IHG) 从 Candlewood Hotel Corporation 买下了 76 家酒店——长期住宿品牌 Candlewood Suites. 2004 年 4 月，洲际酒店集团又推出一个新的品牌：Hotel Indigo，它是一个精选的住宿品牌,2005 年洲际酒店集团真正把焦点集中在酒店管理和经营上。2006 年,洲际酒店集团(IHG)与日本航空公司(ANA)签订了一个合资公司——IHG ANA 酒店集团公司——成为日本最大的酒店管理运作公司。2007 年大力发展 Holiday Inn 品牌,2008 年在美国开始,2010 年底结束。

品牌

集团有七个品牌,分别是假日(Holiday Inn)、快捷假日(Holiday Inn Express)、皇冠假日(Crown Plaza)、洲际酒店及度假村(Intercontinental Hotels and Resorts)、Staybnidge Suites 公寓品牌、Candlewood Suites 公寓品牌和 Indigo 品牌。

洲际酒店集团的制胜之道

IHG——Our Winning Ways(制胜之道)

(摘自洲际酒店集团等相关网站)

【学习考核与评价】

一、课内实训

学生按小组介绍酒店集团的情景模拟。

二、课外训练

个人作业:用专业术语写出一家酒店集团的介绍报告。

课上任务成果评估见表 1.1-5。

表 1.1-5 课上任务成果评估

小组编号: 学生姓名/学号:

评分项目	分值	得分
收集资料及资料展示	10	
小组酒店集团介绍(概况、历史、品牌、经营理念)	40	
个人酒店集团介绍(概况、历史、品牌、经营理念)	40	
学习态度、完成效率及整体质量	10	
总分	100	

各项打分标准

1. 各项工作能够按时保质完成的小组,给予各项评分的满分。

2. 各项工作能够按时完成的小组,错误在 1 ~ 2 处的给予各项满分的 85% 的分值作为该项赋分。

3. 各项工作能够按时完成的小组,错误在 3 处的给予各项满分的 70% 的分值作为该项赋分。

4. 各项工作能够按时完成的小组,错误在 4 ~ 5 处的给予满分的 60% 的分值作为该项赋分。

【任务小结】

本任务主要探讨了酒店集团的含义、优势和规模等，以及如何运用专业术语介绍一家酒店集团。

【思考题】

阅读各酒店集团的网站，了解酒店集团的概况。

项目二　酒店计划制订

【项目描述】

计划是酒店管理的首要职能，是酒店管理的核心问题。一家酒店如果没有切实可行的计划，其管理就是一句空话，就无法实现酒店的预期目标。为此，必须学会制订酒店各类计划。

【项目目标】

能力目标：

会编制酒店各类计划。

知识目标：

1. 酒店计划的种类。

2. 酒店计划编制的要素。

素质目标：

1. 在日常工作中有计划性。

2. 具有较好的开拓创新精神。

工作任务　酒店计划的制订

【任务分析】

制订好酒店的经营管理计划是酒店管理者十分重要的工作。一项好的计划通常包括六个方面的内容：目标、措施、实施时间、负责人、预算和评估控制等。

【任务布置】

学生分组收集不同类型的酒店计划的案例，并制订一项酒店计划。

【相关知识】

一、酒店计划和酒店计划管理

（一）酒店计划

酒店计划是指酒店管理者事先规划做什么，如何做，和谁去做。在计划中，酒店管理者将确定目标或任务，同时将评价和选择实现目标或任务不同的行动方案。

（二）酒店计划管理

酒店计划管理是酒店根据酒店内外环境条件，用目标管理的方法，通过对计划的编制、执行、控制确定酒店的经营目标，指导酒店的经营业务活动，保证酒店取得双重效益。

酒店计划管理有双重含义：一是指对计划编制本身的管理；二是指实施计划，用计划指导酒店管理。

二、酒店计划类型及指标体系

(一)酒店计划类型

1. 长期计划

长期计划是酒店在较长时间(一般为 5 年以上),在发展方向、规模、设备、人员、经济、技术等方面建设发展的长远性纲领性计划。酒店长期计划属战略性计划,它规定了酒店的发展方向和所应达到的目标。如酒店目标、酒店建设与投资、人力资源等计划。

2. 年度综合计划

年度综合计划是具体规定计划期全年度和年度内各时期酒店在各个方面的目标和任务的计划。年度综合计划是酒店在计划期行动的纲领和依据,是酒店中最重要的计划。该计划制订要慎重,一经制订就要抓落实,以保证计划的顺利完成。

3. 酒店接待业务计划

酒店接待业务计划分为两类:一类是月计划,一类是重要任务接待计划。

(1)月计划:月计划是以月为时间单位,根据年度综合计划和各个月预报预订客源的实际情况,具体规定了每个月的计划指标和各部门的日常接待业务活动,它是年度计划在各个月的具体化。

(2)重要任务接待计划:重要任务接待计划是指酒店针对某一项重要的接待任务而专门制订的接待计划。

(二)酒店计划指标体系

计划指标就是酒店在计划期内用数值来表示的经营、接待、供应、效益等方面要达到的目标和水平。酒店指标确定后才能着手制订计划。

酒店计划指标体系是根据酒店计划管理的需要而形成的一系列的指标。酒店计划指标一般可以分为数量指标和质量指标。

1. 数量指标

数量指标是指酒店计划期内经营活动应达到的总体目标,通常用绝对数表示。酒店的数量指标一般包括如下指标。

(1)客房床位数。

(2)接待人次数。

2. 质量指标

质量指标是指酒店在计划期内经营效率和效益方面应达到的指标,通常用相对数来表示。酒店的质量指标一般包括以下几项。

(1)客房床位利用率。

(2)人均消费额及平均房价。

三、影响计划编制的因素

(一)市场状况

酒店既然是为了满足宾客需要而存在的,那么酒店在作计划前,有必要对市场有一个全面、深入的了解。如环境调查、酒店状况调查、客源状况调查、客源渠道调查等。

(二)经济合同签订情况

酒店对外的经济合同是酒店制订计划的又一依据。酒店对外的经济合同是酒店和有关单位签订的具有法律效力的契约,互相有法律约束,酒店对合同必须承诺和遵守。

(三)酒店综合接待能力

酒店综合接待能力主要指酒店各部门能够接待宾客、容纳市场、获取效益的能力总和。酒店要按各个部门的实际情况核定各部门的计划接待能力,以此作为编制酒店进度的依据。

(四)管理水平和技术水平

酒店的管理水平和技术水平是实现酒店计划的基本保证,在制订酒店计划时必须考虑这一因素。酒店对管理水平和技术水平要作全面细致的分析和评价,将它和国内先进水平及本地区酒店的一般水平进行比较。通过以上工作,确定管理水平和技术水平对计划的作用程度。

四、酒店计划编制的程序

酒店计划编制的程序为:获取信息—确定目标—拟定前提条件—拟定可供选择的方案(如 A、B、C、D 方案)—评价可供选择的方案—选择方案—实施计划。

(1)获取信息。酒店编制计划前,必须通过市场调查,掌握酒店的优劣势、面临的机会和威胁。

(2)确定目标。在收集并分析了大量的信息资料后,为酒店及酒店的每个部门确定目标。

(3)拟定前提条件。前提条件是在计划时做出的假设或猜想,对计划工作有重大影响的主要因素进行预测。

(4)拟定可供选择的方案。当制定好目标并肯定目标与预测一致之后,再决定达到目标的最佳方案。必须考虑各种可能的方案,切忌只研究一种方案,而忽略了其他更好的途径。

(5)评价可供选择的方案。经过一系列的准备工作,做出几个方案以后,要根据计划目标和前提来权衡各种因素,比较各个方案的优点和缺点,对各个方案进行评价。

(6)选择方案。方案选择是计划工作的关键一步,也是决策的实质性阶段——抉择阶段。计划工作的前几步基本都是在为方案的选择打基础。经过研究分析和评估后,找到一个最佳方案。

(7)实施计划。实施计划需要大量的具体工作,如政策的制定、实施过程的安排、实施的方法等。

五、优秀酒店计划的内容

一项好的计划通常包括六个方面的内容:目标、措施、实施时间、负责人、预算和评估控制等。

(一)要确立目标

计划如果没有目标,往往会偏离既定的方向,选择轻松容易但错误的方法,就不会有一家酒店能像预期那样进行有效的经营管理。

(二)要有一系列措施及措施实施的时间和负责人所组成的行动计划

制订好了计划,但没有行动计划相伴随,目标也就成了一句空话。目标是说明“在什么时间要完成计划”,而行动计划则进一步说明了“谁去完成,如何去完成。”

(三)要有预算

预算就是对计划活动将产生的效果与支出的损益进行估计,有好的预算才能在此基础上减少投入,增加产出。

(四)要进行及时的评估控制

评估控制不但体现在制订计划时,在计划实行中、计划完成后仍要有评估控制。这样做,既可以使计划是优选的,也可使计划能根据不断变化的环境进行动态调整,为以后计划的制订提供经验教训。

【任务实施】

步骤一　课前布置任务

学生分组收集不同酒店计划的案例。

步骤二　学生介绍

课前将全班学生分为四组,在课堂上由不同小组的学生代表分别就收集到的案例进行介绍,每一小组介绍不同的酒店计划。

步骤三　教师点评

针对学生所介绍的不同酒店计划做出点评,归纳总结计划的概念及特点。

步骤四　案例分析

教师对典型案例(餐饮销售计划)进行详细分析,同时引发同学进行讨论,引申出酒店计划制订的四大要素,让学生加深印象。

步骤五　发放任务书

由教师提出要求:

(1)全班分成四个小组,各组选出一名组长。

(2)每组分别介绍一种酒店计划。

(3)要求介绍必须包含酒店计划的四大要素。

(4)可以进行分工合作,可以进行讨论。

步骤六　制订酒店计划

每一小组分工合作,完成一家酒店计划并充分讨论。

步骤七　酒店计划成果展示

各小组派代表介绍本小组所完成的酒店计划内容,其他小组或教师进行提问,介绍人进行解答。

步骤八　总结评估

教师归纳总结,回顾本单元知识,布置下一任务课前准备任务。

【案例】

宴会销售计划见表1.2-1。

表 1.2-1　宴会销售计划

目标	措施	实施时间	负责人	预算(元)	评估控制
使 12 月的宴会收入比去年同期提高 12%，即 21.6 万元	1. 从电话号码簿上找出有关大公司、大机构和商会的名单和联系地址。	6 月 1 日到 6 月 15 日	销售部经理	收入：12 桌/天 × 600 元/桌 ×30 天/月 =216 000	总经理
	2. 从历年地方报纸和上述公司、机构商会的资料中了解他们商务、公务宴会的规律与计划并做成档案。	6 月 1 日到 6 月 15 日	宴会部经理	按营业收入 5% 提取：21 600 ×5% = 1 080	总经理
	3. 设立奖励员工推销宴会的计划。	8 月 1 日前完成	宴会部经理	差旅交际费 500，电台广告费 300，报纸广告费 3 375，电视广告费 2 100，17 075	总经理
	4. 与大公司、大机构和商会联系。	7 月 1 日开始	销售部经理		总经理
	5. 与 PR 人员一起，将旅馆推销为冬季商务、公务、家庭宴会的胜地	9 月 1 日开始	宴会部经理	净收入：198 925	总经理

（摘自《现代宾馆管理原理与实务》，何建民著）

【学习考核与评价】

一、课内实训

学生按小组编制酒店计划。

二、课外训练

个人作业：编制一份酒店经营计划。
课上任务成果评估见表 1.2-2。

表 1.2-2　课上任务成果评估

小组编号：　　　　　　　　　　　　　　　　　　　学生姓名/学号：

评分项目	分值	得分
收集资料及资料展示	10	
小组计划（目标、措施、实施时间、负责人、预算和评估控制）	40	
个人计划（目标、措施、实施时间、负责人、预算和评估控制）	40	
学习态度、完成效率及整体质量	10	
总分	100	

各项打分标准：

1. 各项工作能够按时保质完成的小组，给予各项评分的满分。

2. 各项工作能够按时完成的小组，错误在 1～2 处的给予各项满分的 85% 的分值作为该项赋分。

3. 各项工作能够按时完成的小组，错误在 3 处的给予各项满分的 70% 的分值作为该项赋分。

4. 各项工作能够按时完成的小组，错误在 4～5 处的给予满分的 60% 的分值作为该项赋分。

【任务小结】

本任务主要探讨了酒店计划的含义和编制计划的要素，以及如何编制酒店计划等。

【思考题】

1. 计划的种类有哪些？

2. 如何制订计划？

项目三　酒店组织结构设计

【项目描述】

酒店组织结构是指酒店组织内部的指挥系统、信息沟通网络和人际关系等各部门之间的一种组成关系。它不但体现了人们工作中的相互关系,而且还反映了组织不同层次、不同部门、不同职位的职责与权力,同时也为各部门、各环节之间的沟通与协作提供了框架,为整个酒店企业管理奠定了基础。组织结构的模式将随着组织任务的发展而更新演变,最终影响组织效能的发挥。

【项目目标】

能力目标:

能够根据酒店组织的构成四要素和设计原则,设计一家中型酒店的组织结构。

知识目标:

了解酒店组织的构成四要素;熟悉酒店组织结构设计的原则及内容。

素质目标:

1. 树立良好的职业形象。
2. 具有良好的整体意识。
3. 具有较好的身体素质和较强的责任心及开拓创新精神。

工作任务　酒店组织的设计

【任务分析】

设计好酒店的组织是酒店管理结构中十分重要的工作。一个好的酒店组织结构须要遵循一定的原则。

【任务布置】

1. 选取本市两家五星级酒店,了解其组织结构。
2. 学生分组收集不同类型的酒店组织的案例,并设计酒店组织。

【相关知识】

一、酒店组织结构形式

酒店组织结构形式,经历了由简单到复杂、由一维到多维的发展过程。

(一)直线制

直线制,顾名思义是按直线垂直领导的组织形式,这是一种最简单的组织形式,又叫层级制。这种酒店组织结构可以非常形象化地用一个金字塔表示,见图 1.3-1。

图 1.3-1　直线制组织结构

(二)直线职能制

直线职能制又称混合制,它以直线制的严密控制为基础,吸取职能制充分发挥专业人员作用的优点综合而成的组织结构。目前,我国单体酒店普遍采用这种组织结构形式。直线职能制组织结构如图 1.3-2 所示。

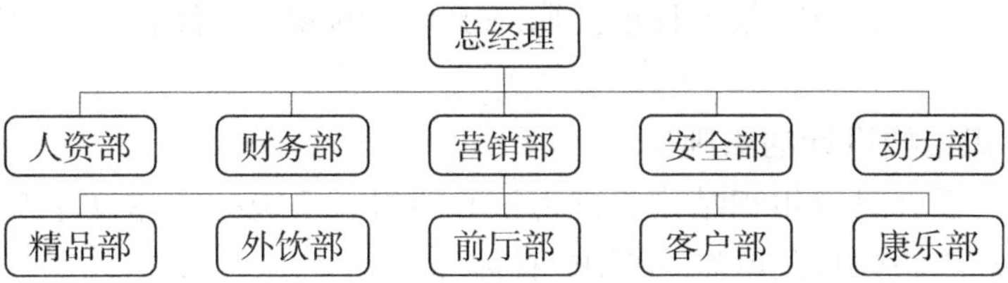

图 1.3-2　直线职能制组织结构

(三)事业部制

事业部制由美国通用汽车公司经理 A·P-斯隆在 20 世纪 20 年代创建,是一种适用于酒店企业集团公司的分权式组织结构形式,实行集中决策下的分散经营。采取此种组织结构的大多数为多元化经营的酒店集团。除了传统的酒店业务,集团通常还从事旅行社、旅游汽车公司等经营活动,有的还介入到房地产等其他经营领域。事业部制组织结构如图 1.3-3 所示。

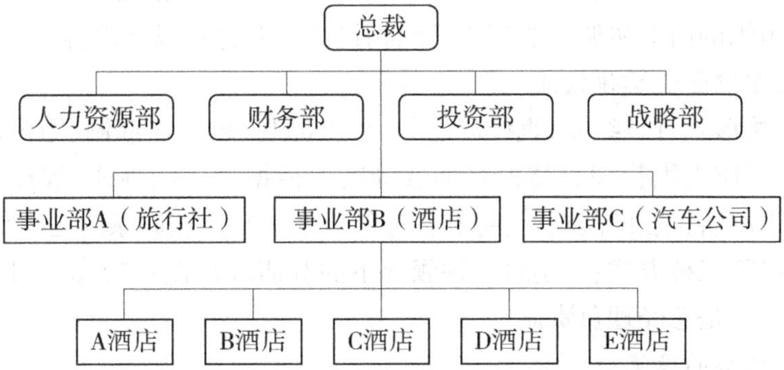

图 1.3-3　事业部制组织结构

二、酒店组织结构设计

(一)酒店组织的构成要素

1. 特定的目标

任何组织都是为目标而存在的,不论这种目标是明确的还是模糊的,目标总是组织存在的前提。没有目标,也就没有组织存在的必要性。

2. 人员与职务

组织是由一群人所组成的,不同层次的人群形成了组织的有机体。人既可以是组织中的管理者,又可以是组织中的被管理者。建立良好的人际关系,是建立组织系统的基本条件和要求。

3. 组织环境

组织环境可分为外部环境和内部环境。外部环境是指组织所处的国家和地区的政治、文化、生活习俗、消费习惯等。内部环境是指组织内部的设施、设备、企业文化、人际关系等。

4. 人际关系

在一个组织中，存在上下级之间、同级之间、部门与部门之间等各种关系。一个组织能否协调一致，发挥组织的优势，很大程度上取决于组织的领导者能否带领组织成员处理好各种关系。

(二)酒店组织结构设计的原则

酒店组织结构设计是以组织结构安排为核心的组织系统的整体设计工作。组织结构设计原则指的是酒店组织建构的准则和要求，具体如下：

(1)目标明确化原则。

(2)等级链原则：①强调层次管理；②强调责权统一；③强调命令统一。

(3)分工协作原则。

(4)管理幅度原则。

(5)精简高效的原则。

(三)酒店组织结构设计的内容

酒店组织结构设计是酒店企业组织工作的要点所在，通过酒店组织结构的设计确定和维护酒店组织内部的相互关系，形成一定的酒店组织模式，并且还要建立酒店内部管理体制，以利于企业组织的内部协调。酒店组织结构设计主要包括以下内容。

1. 选择酒店组织管理总体模式

酒店组织结构形式有直线制、直线职能制、事业部制、超事业部制、矩阵制、多维立体组织及委员制等。酒店组织管理总体模式的选择既应根据酒店的性质、规模、环境等客观条件，又要充分认识酒店企业的战略、目标和任务等要求。与此相联系的是内部的组织管理形式，目前主要有以下三种方式：一是总经理领导下的驻店经理制；二是总经理领导下的副总经理分工负责制；三是总经理负责制。

2. 酒店组织机构的设置

任何一个酒店组织系统，都不仅要与外部保持必要的联系(即输出与输入)，而且在组织系统内部也要形成一个封闭的回路。只有形成封闭的回路，方能形成相互制约、相互作用的力量，从而保证各部门正常运转，才能达到有效管理的目的。为此，酒店组织必须具有决策机构、执行机构、监督机构和反馈机构四类基本的职能机构。

3. 岗位设计

岗位设计是将实现企业目标必须进行的活动分成最小的有机相连的部分，以形成相应的工作岗位。设计工作岗位时要注意以下几个问题：

(1)合理分工是岗位科学设置的基础。

(2)岗位设计必须以责任为中心。

(3)岗位设计要以目前酒店员工的素质为基础，兼顾人力资源市场供求状况。

(4)岗位设计要注意新技术的影响。

4. 管理层次和管理幅度的确定

管理幅度的大小主要取决于以下几个因素：

(1)管理者的能力。

(2)下属的成熟程度。

(3)工作的标准化程度。

(4)工作条件。

(5)工作环境。

5. 建立信息沟通网络

信息沟通是企业组织形成及保持的重要条件。酒店组织内的信息沟通有多种形式,其中正式沟通主要包括由上而下的沟通、自下而上的沟通、横向沟通、斜向沟通四种形式。

6. 建立组织管理制度

酒店组织是一个复杂的系统,为了保证这个系统的正常运转,发挥出组织的最大效能,必须有一套严格的规章制度。组织管理制度主要包括各级组织及相关管理者的职责。

【任务实施】

步骤一　课前布置任务

学生分组收集不同酒店组织机构的案例。

步骤二　学生介绍

课前将全班学生分为四组,在课堂上由不同小组的学生代表,分别就收集到的案例进行介绍,每一小组介绍不同酒店组织机构。

步骤三　教师点评

针对学生所介绍的不同酒店组织机构做出点评,归纳总结组织机构的概念及特点。

步骤四　案例分析

教师对典型案例进行详细分析,引发学生讨论,并引申出酒店组织机构设计的四大原则,加深学生印象。

步骤五　发放任务书

由教师提出要求:

(1)全班分成四个小组,各组选出组长一名。

(2)每组分别介绍一种酒店组织机构。

(3)要求介绍必须遵循酒店组织机构设计的四大原则。

(4)可以进行分工合作,可以进行讨论。

步骤六　酒店组织机构设计

每一小组分工合作,完成一家酒店组织机构,并充分讨论。

步骤七　酒店组织机构设计成果展示

各小组派代表介绍本小组所完成的酒店组织机构内容,其他小组或教师进行提问,介绍人进行解答。

步骤八　总结评估

教师归纳总结,回顾本单元知识,布置下一单元课前准备任务。

【学习考核与评价】

课上任务成果评估见表 1.3-1。

表 1.3-1　课上任务成果评估

小组编号：　　　　　　　　　　　　　　　　学生姓名/学号：

评分项目	分值	得分
收集资料及资料展示	10	
小组组织机构	40	
个人组织机构	40	
学习态度、完成效率及整体质量	10	
总分	100	

各项打分标准：

1. 各项工作能够按时保质完成的小组，给予各项评分的满分。

2. 各项工作能够按时完成的小组，错误在 1 ~ 2 处的给予各项满分的 85% 的分值作为该项赋分。

3. 各项工作能够按时完成的小组，错误在 3 处的给予各项满分的 70% 的分值作为该项赋分。

4. 各项工作能够按时完成的小组，错误在 4 ~ 5 处的给予各项满分的 60% 的分值作为该项赋分。

【任务小结】

本任务主要探讨了酒店组织结构形式和酒店组织结构设计的原则等，以及如何编制酒店计划。

【思考题】

1. 酒店组织机构的种类有哪些？

2. 如何设计酒店的组织机构？

项目四　酒店人力资源开发

【项目描述】

按照天王星酒店2011年各部门编制预算中的人员空缺情况部署招聘工作，为各级员工制订相应的培训计划，能自制新员工试用期满评估表、员工升职工作评估表及各级员工年度工作评估表。

【项目目标】

能力目标：

1. 能根据工作任务所需的知识及技能来招聘员工。
2. 能运用各种培训方法培训员工。
3. 能运用各种考核方法考核员工。

知识目标：

1. 掌握招聘员工的主要渠道。
2. 掌握招聘启事的构成要素。
3. 掌握培训员工的主要方法。
4. 掌握考核员工工作的主要方法。

素质目标：

1. 树立良好的职业形象。
2. 具有良好的服务意识并形成职业化的思维习惯。
3. 具有较强的责任心及团队合作意识。
4. 养成吃苦耐劳的工作作风。
5. 具备善于思考、勇于开拓创新的工作精神。

工作任务一　制订招聘计划

【任务分析】

学生分组根据人员招聘的流程为天王星酒店制订招聘计划，挑选一个典型的工作岗位进行岗位分析，制作招聘广告及酒店应聘表，并在组内分角色模拟面试过程。

【任务布置】

1. 进入酒店了解酒店人员招聘的工作流程。
2. 了解各种招聘信息的发布渠道。
3. 掌握酒店员工录用流程。

【相关知识】

一、人员招聘的工作流程

人员招聘的工作流程见图1.4-1。

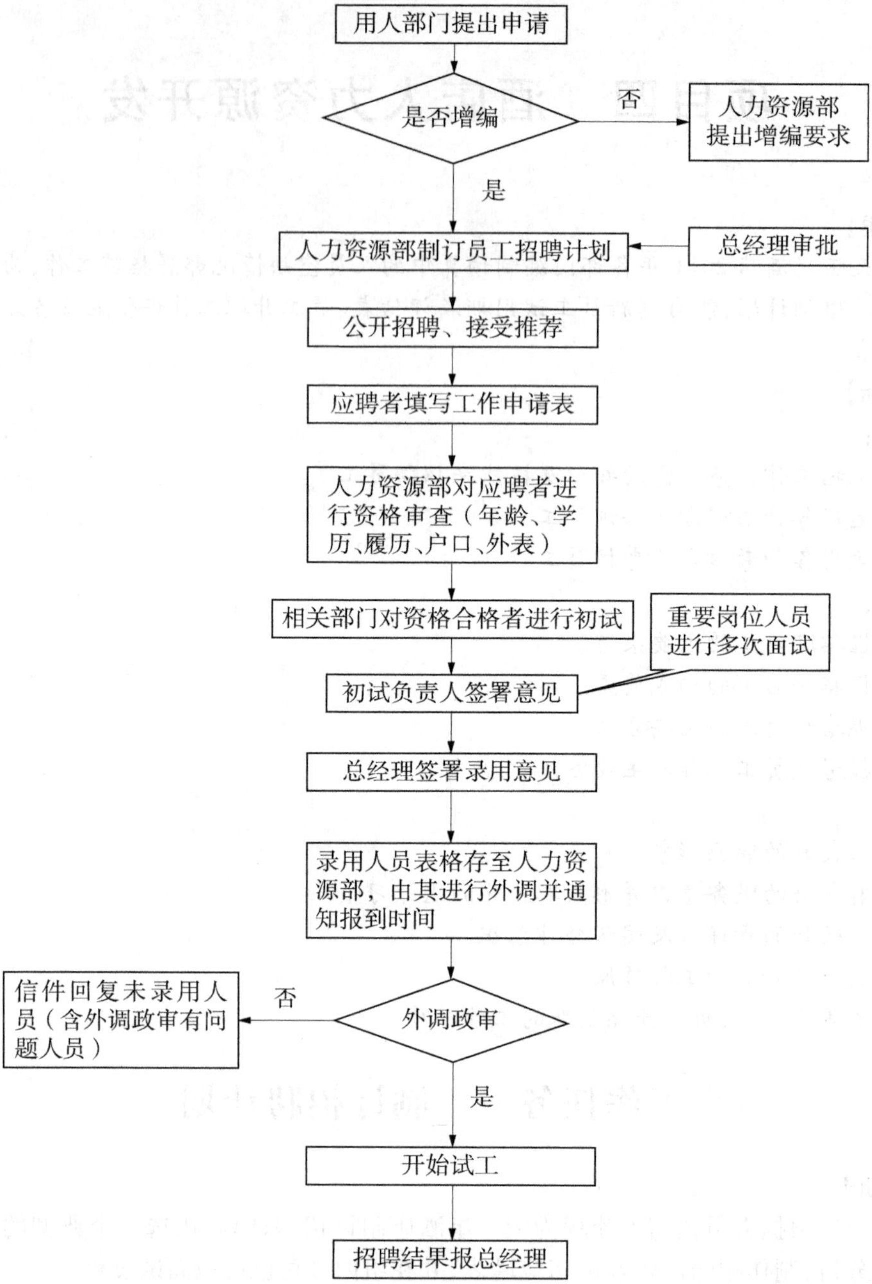

图 1.4-1　人员招聘的工作流程

二、招聘信息的发布渠道

(一)校园定向招聘

一般而言,校园招聘的计划性比较强,招聘新人的数量、专业往往是结合企业的年度人力资源规划或者阶段性的人才发展战略要求而定的。因此,校园招聘渠道常适用于大中型酒店。例如,一些国际知名品牌的酒店集团旗下的酒店都会定期到各级专业对口院校参加他们所举办的实习生、毕业生实习就业洽谈会。校园招聘不仅能够极大地提高酒店在高校圈的知名度，为公司储备人才提供人才库，为建立良好的校企合作关系奠定基础，而且校园招聘的费用低廉，对大型酒店而言几乎是免费入场的。校园招聘虽然能够吸引众多的潜在人才，但是这类人员的职业化水平不高，流失率较高，需要企业投入较多的精力进行系统完整的培训。所以，这类潜在的人才进入企业后，通常要接受比较完整的岗前培训，再安排到酒店服务一线进行至少 1 ~ 3 个月的在岗培训。通过这样一个过程，那些能够积极融入企业、满足要求的人才就会脱颖而出。

（二）媒体广告招聘

当前，媒体广告主要有专业的人才招聘报纸，如《前程无忧》，各地主流媒体上的招聘专版或者副刊等。由于报纸仍然是普通大众，包括求职者了解信息的重要平台，所以这种形式的广告在当地的覆盖面比较广，目标受众接受的概率非常高，不仅可以提升酒店在当地的知名度，而且可以有效宣传酒店的业务，有一举多得之功效。但是，这种招聘渠道会吸引到很多不合格的应聘者，增加了人力资源部筛选简历的工作量和难度，延长了招聘的周期。另外，该渠道的费用比较高，特别是选择“抢眼”版位和版式费用会更高。通常酒店用这种方式招聘有实际工作经验的社会人员。

（三）网络招聘

网络招聘是伴随网络日益普及的趋势下产生的一种新的媒体招聘形式，招聘信息可以定时定向投放，发布后也可以管理，其费用相对比较低廉，理论上可以覆盖到全球。通过在知名的人才网上发布招聘信息，如各地人才市场网站公司的网站，酒店行业专属招聘网如《最佳东方》《中国酒店招聘网》《酒店人才网》，可以快捷、海量地接收到求职者的信息，而且各网站提供的格式简历和格式邮件可以降低简历筛选的难度，加快处理简历的速度。这种形式对于白领阶层尤其实用，基本上是“找工作，一键搞定”。但是，这种渠道不能控制应聘者的质量和数量；海量的信息，包括各种垃圾邮件、病毒邮件等会加大招聘工作的压力，在信息化不充分的地区效果差。这种形式可以在常年招聘较多的单位采纳。

另外，随着各大人才网站简历库的丰富完善，人力资源部门可以利用网站提供的“网才”服务在简历库中搜寻他们要找的人，这种方式有些类似于猎头。

（四）现场招聘会

现场招聘会是传统的人才招聘方式，费用适中。采用这种方式，酒店人力资源工作者不仅可以与求职者直接面对面交流（相当于初试），而且可以直观展示酒店的实力和风采。这种方式总体上效率比较高，可以快速淘汰不合格人员，控制应聘者的数量和质量。现场招聘会通常与媒体广告同步推出且有一定的时效性。其局限性在于往往受到展会主办方宣传推广力度的影响，求职者的数量和质量难以有效保证。这种方式通常用于招聘一般型人才。

（五）猎头公司招聘

猎头是一种由专业咨询公司利用其储备人才库、关系网络，在短期内快速、主动、定向寻找企业所需要的人才的招聘方式。目前，因为猎头主要面向的对象是酒店中高层管理人员和酒店所需的特殊人才，如行政总厨、经理等。其具体操作基本上是由酒店高管直接负责的，求职者信息在招聘成功之前处于保密状态。正规的猎头公司收费比较高，通常为被猎成功人员年薪的 20% ~30%。

（六）酒店内部招聘

内部招聘在酒店行业中比较常见，这种方式的特点是费用极少，能极大提高员工士气，申请者对酒店相当了解，适应酒店的文化和管理，能较快进入工作状态，而且可以在内部培养出一人多能的复合型人才。其局限性也比较明显，就是人员供给的数量有限，易近亲繁殖，形成派系，组织决策时缺乏差异化的建议，不利于管理创新和变革。通常这种方式适用于那些对人员忠诚度要求比较高、重要且应熟悉企业情况的岗位。内部招聘也用于内部人才的晋升、调动、轮岗。

（七）员工推荐

员工推荐在国内外酒店中应用得比较广。其特点是招聘成本小，应聘人员与现有员工之间存在一定的关联相似性，基本素质较为可靠，可以快速找到与现有人员素质技能相近的员工。这种方式对于难以通过人才市场招聘的专业人才尤为适用，因为专业员工之间的关系网络是最直接有效的联系渠道。但是，这种方式的选择面比较窄，往往难以招到能力出众、特别优异的人才。

（八）网络

行业、专业网站及论坛、特定人群组织的网站、聊天室（群、组）等是伴随网络普及、网络市场日益细分而产生的新型、非主流的招聘渠道。

其优点有些类似人才网站招聘，快速简捷。其更胜一筹的是可以通过网络与对方进行及时、深入的沟通，甚至是视频的互动沟通。因此，酒店的人力资源部门很可能在这里挖掘到梦寐以求的"千里马"。

（九）招聘告示

招聘告示是招聘媒体形成以前广泛采用的招聘方式，目前中小企业多采用此种招聘方式。通常情况下，这种招聘方式成本不高，招聘告示张贴于店面门口、店面周边或者人流量大的场所等。这种方式的特点是简单易行，满足文化层次不高、经济条件不好的人员的求职。

除此以外，现实中还有广播招聘、电视招聘、借助某项活动推广物色人选等不同的招聘渠道及方式。如中央台举办的《绝对挑战》知名企业招聘栏目。

以上是现在通行的多种招聘渠道及其效果分析，各具特色，各有利弊。酒店的人力资源部门在进行招聘时，应该结合自己的发展阶段、经济实力、用人规律等，通过多种渠道搜寻适合各种工作岗位所需的人才。

三、酒店员工录用的流程

酒店员工录用的流程见图1.4-2。

录用通知书如下：

录用通知书

________先生/小姐：

感谢您应聘本酒店____________职位，经初审合格，现根据本酒店员工录用规定给予录取，欢迎您加入本酒店行列。有关报到事项如下，请参照办理。

一、报到时间：

报到日期：　　年　　月　　日（　　）　　时　　分。

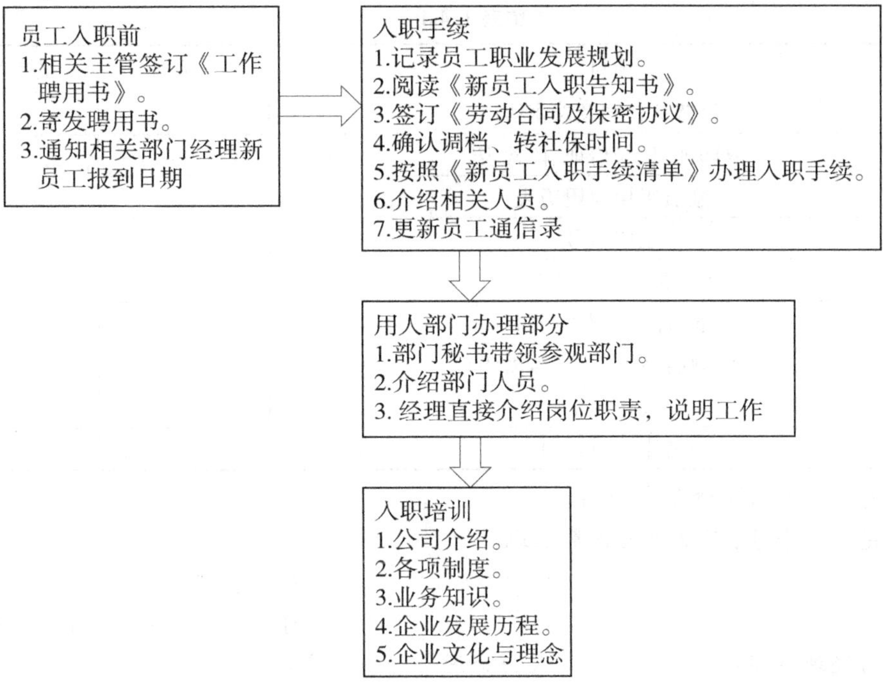

图 1.4-2　酒店员工录用的流程

地点：

二、携带资料：

(一)录用通知书；

(二)居民身份证原件及复印件；

(三)学历证书原件及复印件；

(四)资历、资格证书(或上岗证)；

(五)原工作单位解除劳动合同证明；

(六)体检合格证明；

(七)非本市户口须携带暂住证；

(八)近期一寸彩色照片______张。

三、公司的规定,新员工试用______个月,试用期薪资________元/月。

四、以上事项若有疑问或需要说明的,请与本酒店人力资源部联系。

××人力资源部

年　　月　　日

员工入职手续清单见表 1.4-1。

表 1.4-1　员工入职手续清单

请在入职时确认以下项目

序号	项目	经办人签字	员工签字
1	接收签字聘书与离职证明		
2	填社会保险情况表		

续表 1.4-1

序号	项目	经办人签字	员工签字
3	签订劳动合同及保密协议		
4	复印证书、身份证、体检表		
5	新员工填写履历表		
6	工资卡号		
7	更衣柜、餐卡、员工卡		
8	通告酒店(若需要)		
9	介绍酒店高层人员(若需要)		
10	公司规章		
11	名片(若需要)		

此表填写后请交人力资源部留存。

我已办完入职手续,可以开始正常上班。

员工签字:

日期:　　年　　月　　日

用人部门经理签字:　　　　　　人力资源部经理签字:

入职员工社会保险情况见表 1.4-2。

表 1.4-2　入职员工社会保险情况

姓名		年龄		身份证号		政治面貌	
离职声明	本人入店之前与原有单位已解除劳动关系 签字:　　　　日期:　　年　　月　　日						
保险							
1. 养老保险办理情况 是否办理过:(　　)是　　(　　)否 办理地:(　　　　　　) 到本酒店后是否停止缴费:(　　)是　　(　　)否 2. 失业保险办理情况 是否办理过:(　　)是　　(　　)否 办理地:(　　　　　　) 到本酒店后是否停止缴费:(　　)是　　(　　)否 3. 工伤保险办理情况 是否办理过:(　　)是　　(　　)否 办理地:(　　　　　　) 到本酒店后是否停止缴费:(　　)是　　(　　)否							

续表 1.4-2

4. 生育保险办理情况(女员工) 是否办理过:(　　)是　　(　　)否 办理地:(　　　　　　　　　) 到本酒店后是否停止缴费:(　　)是　　(　　)否 5. 基本医疗保险办理情况 是否办理过:(　　)是　　(　　)否 办理地:(　　　　　　　　　) 到本酒店后是否停止缴费:(　　)是　　(　　)否 6. 住房公积金办理情况 是否办理过:(　　)是　　(　　)否 办理地:(　　　　　　　　　) 到本酒店后是否停止缴费:(　　)是　　(　　)否	
本人签字:　　　　　　日期:　　年　　月　　日 原单位盖章:　　　年　　月　　日	
备注	新员工请在______月______日前将各项保险转移单或相关证明交至人力资源部,人力资源部在当月可为员工办理相应保险,逾期不交者,如发生补缴,对酒店造成滞纳金、服务费用及相关损失费用由员工本人承担

【任务实施】

步骤一　收集资料及资料展示

学生在课前分组以走访、电话咨询及与已经在酒店实习的本校学生联系来获取 3 至 5 家酒店人力资源部人员招聘的工作流程,形成文本文件及 PPT 展示文件在课上由小组发言人进行汇报展示。

步骤二　分组讨论各酒店在人员招聘过程中的相同及不同之处有哪些

步骤三　教师以酒店人力资源部经理的身份就酒店招聘的工作流程及各项工作细节进行讲解说明

步骤四　为天王星酒店 2012 年年初人员招聘工作制订招聘工作计划

包括招聘时间、招聘工作岗位及人数、招聘渠道、面试时间及员工入职时间等。

步骤五　为申请天王星前台××部门××岗位的应聘者进行面试

学生分组模拟表演面试经过,工作中须完成以下任务:

1. 拟定应聘者的身份、个人经历(教育及工作经历)。

2. 拟定面试问题。

3. 按照面试流程对应聘者进行面试并确定录取的候选人(每组面试时间为 5 min)。

步骤六　模拟新员工入职情境,为通过面试的应聘者办理入职手续

【酒店招聘计划范例】

一、本次招聘目的：为酒店补充人员，提升酒店员工活力

二、预计招聘人数：30人

三、招聘职位：

1. 前厅部(15人)：汉、英语流利，良好的英语或日语表达能力；形象良好、气质佳，女性身高160 cm以上，男性身高173 cm以上；掌握一门外语以上及酒店管理专业毕业者优先。

2. 餐饮部(6人)：形象良好、气质佳，酒店管理或相关专业优先；良好的能力。

3. 财务部(3人)：财会类相关专业，具有会计师(或助理)资格优先；掌握财会专业知识及实际操作技能，职业操守佳，能熟练使用会计核算软件。

4. 公关部(3人)：汉、粤语流利，大学英语六级或日语二级以上；形象良好、气质佳，女性163 cm以上，男性175 cm以上；较强的语言表达能力，良好的沟通协调能力；公共关系专业、商务管理或相关专业优先。

5. 人力资源部(3人)：良好的英语基础；良好的公文写作及沟通协调能力，电脑操作熟练。

四、招聘面向对象：

五、招聘途径：

1. 校园招聘

2. 参加市应届毕业生供需见面会

3. 招聘广告(广告)

六、招聘具体时间表：

10月上旬制订招聘项目计划书并提交人力资源总监

【学习考核与评价】

课上任务成果评估见表1.4-3。

表1.4-3 课上任务成果评估

评分项目	分值	得分
收集资料及资料展示	10	
天王星酒店招聘工作计划	30	
模拟面试过程	30	
入职手续办理情况	20	
学习态度、完成效率及整体质量	10	
总分	100	

各项打分标准：

1. 各项工作能够按时保质完成的小组，给予各项评分的满分。

2. 各项工作能够按时完成的小组，错误在1～2处的给予各项满分的85%的分值作为该项赋分。

3. 各项工作能够按时完成的小组，错误在3处的给予各项满分的70%的分值作为该项赋分。

4. 各项工作能够按时完成的小组，错误在 4 ~ 5 处的给予各项满分的 60% 的分值作为该项赋分。

【思考题】

1. 调查不同渠道招聘信息发布标准。

2. 了解酒店人力资源部所组织的主要培训项目。

工作任务二　制订培训计划并做入职培训

【任务分析】

根据前厅部主管岗位所需的专业知识及能力为新入职的前厅部主管制订一份包括入职培训、岗位相关知识及技能培训在内的完整的培训计划。

【任务布置】

1. 讨论培训计划制订的依据及过程。

2. 为天王星酒店制订一份年度 HR 培训计划。

3. 了解时下主流的培训方式及培训技巧，运用至少 3 种技巧来组织一次入职培训。

【相关知识】

一、培训计划的制订及实施

首先，诊断培训要求（Diagnosis）。

培训计划制订以培训发展需求为依据。即在对酒店各部门的目标、知识、技能等方面进行系统分析的基础上，确定是否需要培训及培训的种类和内容。

其次，订立培训目标（Objectives）。

培训计划制订以酒店发展目标为依据。培训是酒店发展规划的重要内容之一，并服务于酒店的发展目标，培训目标应与公司发展目标相一致。

再次，确定培训方法并执行培训（Methods）。

目前，酒店所采用的培训方法主要有：在岗培训、工作指导、脱产封闭式培训及外派培训等。许多国际化大型连锁酒店还为中、高层管理者提供网上培训课程。

最后，评估培训绩效（Evaluation）。

在培训结束时及培训后的一定时间内，可以从工作质量是否得到提高、业绩是否有所增加等方面来评估培训的效果。

二、培训方式

培训组织部门在组织培训时，可依据培训对象、已确定的培训资源、制约条件和培训目标的需要选择培训方式，实施培训。培训计划制订流程见图 1.4-3。

（一）在岗培训

在岗培训是指受训者通过对岗位上业务熟练的员工进行观察和提问来进行学习。观察要完整，同时有机会去实践并得到反馈。

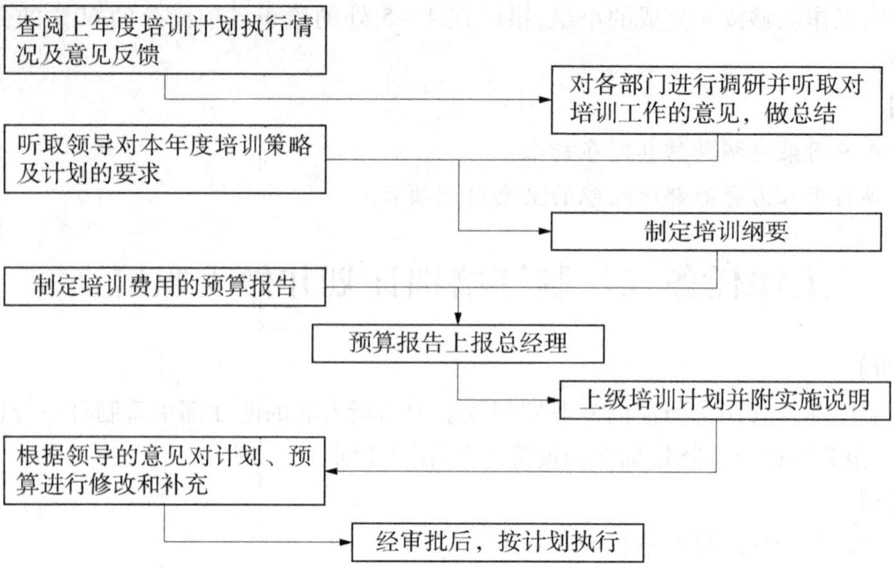

图 1.4-3　培训计划制订流程

(二)工作指导

分步骤地列出如何完成工作,培训者首先演示任务,然后让受训者一步步地执行任务,必要时予以纠正。

(三)封闭培训

封闭培训通常指由人力资源部请内部讲师或外部讲师进行的培训。

(四)外派培训

根据员工的岗位需要,参加外部培训机构、院校组织的培训。

(五)网上培训

许多大型集团化管理的酒店为了能使旗下酒店的培训项目得到区域、国家乃至全球的统一,会在网上开设培训平台。酒店内的各级员工根据自己的级别进入到相应的培训板块进行网上自学,配有类似于导师的辅助学习者,通常为这些员工的直属主管。

三、培训方法

(一)直接传授式培训法

直接传授式培训法的主要特征就是信息交流的单向性和培训对象的被动性。尽管这种方法有不少弊端,但仍有其独特作用。其具体形式主要有:①个别指导。个别指导类似于传统的“师傅带徒弟”。这种方法能清楚地掌握培训进度,让培训对象集中注意力,很快适应工作要求。比较适合酒店一线业务实操培训,例如做床、摆台、厨房烹饪培训等。②开办讲座。开办讲座主要是向众多的培训对象同时介绍某一个专题知识,比较省时省事,但是如果没有一定的技巧,讲座就不能达到应有的效果。

(二)参与式培训法

参与式培训法是每个参训人员都要参与交流及分享的培训方法。在参与式培训法中,老师和学员是平等的,学员和学员是平等的,大家的参与机会也是平等的。因此,大家在学习过程中自然大胆地阐述自己的见解、经验和困惑,极大地提高了参训人员的自信心和参与意识。这类方法的主要特征是每个培训对象积极主动参与培训活动，从亲身参与中获得知识、技能和正确的行为方式，例如会议、小组培训、案例研究、角色扮演、情景模拟等都属于参与式培训法。

四、培训效果评估方式——四级培训评估模式

四级培训评估模式是由唐纳德·L·柯克帕特里克（Donald. L. Kirkpatrick）提出，是世界上应用最广泛的培训评估工具。其主要内容为：

Level 1——反应评估（Reaction）：评估被培训者的满意程度。

学员最明了他们需要的是什么，如果学员对课程反应消极，就应该分析是课程设计的问题还是实施带来的问题。虽然这一阶段的评估还未涉及培训的效果，学员是否能将学到的知识技能应用到工作中去还不能确定，但这一阶段的评估是必要的。培训参加者的兴趣、受到的激励，对任何培训都是重要的。同时，对培训进行积极的回顾与评价，可以促进学员更好地总结所学到的内容。

Level 2——学习保持评估（Retention）：测定被培训者的学习获得程度。

这一阶段的评估，要求通过对学员参加培训前和培训结束后知识技能测试的结果进行比较，以了解是否他们学习到新的东西。同时，也是对培训设计中设定的培训目标进行核对。这一评估的结果也可体现出讲师的工作是否是有效的。

Level 3——行为运用评估（Reuse）：考察被培训者的知识运用程度。

尽管这一阶段的评估数据较难获得，但意义重大。只有培训参与者真正将所学的东西应用到工作中，才能达到培训的目的。只有这样，才能为开展新的培训打下基础。需要注意的是，因这一阶段的评估只有在学员回到工作中时才能实施，所以这一评估一般要求与参与者一同工作的人员如督导人员等参加。

Level 4——成果评估（Result）：计算培训创出的经济效益。

这一阶段的评估要考察的不再仅仅是受训者的情况，而是从部门和组织的范围内，了解因培训而带来的组织上的改变效果。要回答"培训为企业带来了什么影响"，可能是经济上的，也可能是精神上的。如产品质量得到了改变，生产效率得到了提高，客户的投诉减少了，等等。这一阶段评估的费用和时间难度都是最大的，但对企业的意义也是最重要的。

四级培训评估模式见表1.4-4。

表1.4-4　四级培训评估模式

层次	评估内容	评估方法	评估时间	评估单位
反应评估	衡量学员对具体培训课程、讲师与培训组织的满意度	问卷调查、面谈观察、综合座谈	课程结束时	培训单位
学习保持评估	衡量学员对培训内容、培训技巧概念的吸收与掌握程度	提问法、笔试法、口试法、模拟练习与演示，角色扮演、演讲、心得报告、文章发表	课程进行时、课程结束时	培训单位
行为运用评估	学员对培训后的行为改变是否因培训所致	问卷调查，行为观察、访谈法、绩效评估、管理能力评估、任务项目法、360度评估	3个月或半年以后	学员的直接主管上级

续表 1.4-4

层次	评估内容	评估方法	评估时间	评估单位
结果评估	衡量培训给公司业绩带来的影响	个人组织绩效指标、生产效率、缺勤率、离职率、成本效益分析、客户与市场调查、360 满意度调查	半年、1 年后的公司绩效评估	学员的直接主管部门

【任务实施】

步骤一　复习上次课布置的项目任务及资料展示

分组发言所调查出的酒店 HR 所组织的各种培训。

步骤二　向学生展示酒店培训计划制订及实施的流程并进行讲解

步骤三　学生分组以天王星酒店培训部培训经理的身份为酒店新录用的前厅部主管制作一份包括培训项目、时间、培训地点、培训主持者姓名及身份在内的培训计划表，上交 HR 经理

步骤四　学生分组讨论如何以天王星酒店培训部培训主管的身份为酒店新录用的前厅部主管做一个 10 min 的天王星酒店员工礼仪标准培训，并在课上进行培训展示。培训中采用的培训技巧要兼顾直接传递式及参与式培训两种。

【酒店培训计划范例】

酒店前台培训计划

一、常识及概况培训

（一）培训目的：让初次接触酒店行业的新员工了解本岗位应具备的基本素质及知识，为进一步获取培训岗位知识做必要铺垫。

（二）培训时间及内容：培训日期、内容及培训师备注。

月　日

1. 酒店职业道德的讲解说明。2. 岗位必备仪容仪表、礼节礼貌的要求。3. 了解酒店员工违纪处罚规定。4. 如何正确出入酒店。

月　日

1. 了解酒店概况，包括酒店建店简介、酒店主要领导者简介、酒店行政机构简介；了解本部门概况，包括本部门结构、各部门功能、认识各部门负责人。2. 熟记酒店各分部联系电话。3. 了解酒店各类营业部门及经营业务、营业时间、营业推广。4. 了解本部门经营业务，包括了解客房结构、房型，并参观各分部营业场所、各类房间。

月　日

1. 学习基础销售技巧及对客服务方式。2. 辨认各部门主要管理人员并了解管理人员主要职责及权限。3. 由部门管理人员带领参观、介绍酒店各营业点。4. 由受训员向培训员陈述以上三天所了解的情况。

（三）培训考核：三天基础培训结束后进行书面考核，合格者进入岗位培训程序，不合格

者重新接受培训。

二、前台岗位培训程序

(一)培训目的:让经过基础培训的员工更快掌握业务知识,尽快进入岗位操作。

(二)培训班期安排:试用期3个月,分3段:30天、60天、90天,部门分段培训,逐段考核。前30天安排正常班,由主管带领半封闭培训,中间30天安排跟轮班员工,边培训边实践;后30天独立上岗,安排与老员工合班进行实际操作。

(三)前台培训内容:培训计划需时30天,分三个阶段完成。培训日期、培训内容、培训讲师备注。

前10天:

1. 了解前台工作职责,前台接待员工作职责。
2. 熟记房间价格及各类折扣、优惠以及折扣权限。
3. 熟悉前台各类通知、报告、表格及记录本。
4. 熟记各大单位、商务客房名单。
5. 熟记各种业务用语、系统代码、付款方式。
6. 了解前台所配用的设施设备及使用须知及方法。

中间10天:

1. 培训前台日常操作流程,礼貌服务规范,交接班程序。
2. 培训订房,订房的更改、取消程序,特殊折扣订房的处理方法。
3. 培训前台售房技巧。
4. 培训VIP接待程序、熟客订房及入住程序。
5. 了解上机进行电脑模拟操作,包括入住、退房、预订等。

后10天:

1. 培训更改房租程序。
2. 了解客房升级的情形及标准。
3. 入住登记程序培训。
4. 结账退房程序培训。
5. 团体入住及结账程序培训。
6. 培训查退房的程序。
7. 培训转换房间的程序。
8. 客用保险箱的使用程序培训。
9. 客房参观及住客生日的处理。
10. 补单的跟进程序。
11. 培训接受客人留言、寄存物品服务的程序。
12. 各类信用卡结算方法的培训。
13. 以上培训均结合相关上机操作。
14. 受训员总结培训内容。
15. 对受训员进行培训内容考核,分为书面、上机、实际操作。

后60天:

1. 前台培训集中与前30天,后10、60天着重于实际操作。

2. 培训为半封闭式，可进入前台对相关表格及设施进行熟悉，上机操作部分与后台电脑房备份系统进行，由培训员进行演练，受训员于指导下进行实际操作。

（四）考核：试用期内进行三次考核，按 30 天需达到的要求，60 天应具备的技能，90 天应达到的水平，分段考核。通过后由人力资源部进行转正考试。如未能通过，则视个人情况延长试用期或劝退。

【学习考核与评价】

课上任务成果评估见表 1.4-5。

表 1.4-5 课上任务成果评估

小组编号：　　　　　　　　　　　　　　　　　　　　学生姓名/学号：________

评分项目	分值	得分
收集资料及资料展示	10	
培训计划表	40	
员工礼仪培训	50	
总分	100	

各项打分标准：

1. 各项工作能够按时保质完成的小组，给予各项评分的满分。

2. 各项工作能够按时完成的小组，错误在 1 ~ 2 处的给予各项满分的 85% 的分值作为该项赋分。

3. 各项工作能够按时完成的小组，错误在 3 处的给予各项满分的 70% 的分值作为该项赋分。

4. 各项工作能够按时完成的小组，错误在 4 ~ 5 处的给予各项满分的 60% 的分值作为该项赋分。

【思考题】

收集酒店员工工作绩效考核表。

工作任务三　考核评估

【任务分析】

此任务要求学生根据所学的工作考核评估方法及标准为酒店新入职的前厅部主管的工作情况制订考核方案。

【任务布置】

1. 讨论工作情况考核评估实施的意义。

2. 讨论工作评估考核的方式有哪些。

3. 为天王星酒店新入职的前厅部员工的工作情况制订一份考核方案。

【相关知识】

一、员工工作考核评估目的

企业尊重每一位员工，保持连续地对员工进行综合而具体地考核评估，使每个员工获得与其职务担当能力相适应的职务和资格并使晋升、调薪、调动等人事管理各项工作协调一致，有机结合，以激发员工的上进心，提高员工的能力，公正、合理地处理员工待遇，有利于在企业内部选拔人才，使每一位员工与企业共同发展。

二、员工工作考核评估政策

（一）考核评估周期

在绩效管理中，考核周期就是指多长时间进行一次评价，如试用期满评估、工作周年评估。设定考核周期的目的是更客观有效地评价员工的业绩，因此考核周期是绩效管理体系设计中的一个关键决策点。

（二）考核评估等级及标准

每个酒店在进行员工工作表现评估时都会相应地设定评估等级及评估标准。例如表 1.4-6 为某酒店的考核评估等级及标准。

表 1.4-6　考核评估等级及标准

考核评估等级		考核评估标准
5 分	卓越	表现一贯能超越其职位所要求并胜任有余
4 分	出色	表现一贯良好能达到或经常超越其工作所要求的胜任程度
3 分	符合要求	表现一贯能达到工作要求
2 分	有待改进	表现基本达到工作要求，但经常有未能完全达到满意程度，有待改进
1 分	差劣	表现差劣，距离工作要求有很大差异

（三）考核评估内容——工作表现评估

工作表现评估是对员工在工作中表现出的积极主动、工作效率、忠诚可信、专业知识、合作精神、判断能力、安全卫生、服务意识、认同酒店等方面进行的评估。

员工工作表现______月评估见表 1.4-7。

表 1.4-7　员工工作表现______月评估

姓名：________　部门：________　岗位：________　评估人：________　评估时间：________

项目	具体评估内容	分值	得分
考勤情况	无迟到、早退、脱岗、串岗、旷工等任何违反酒店考勤规定的记录	10 分	
	迟到、早退、脱岗或串岗一次	8 分	
	迟到、早退半小时以上	6 分	
	旷工	4 分	
仪容仪表	发型、着装、面容修饰、走姿、站姿、坐姿完全符合本项规定要求	10 分	
	发现 1 次仪容仪表仪态方面的差错	8 分	
	发现 2 次仪容仪表仪态方面的差错	6 分	
	发现 3 次或 3 次以上仪容仪表仪态方面的差错	4 分	

续表 1.4-7

项目	具体评估内容	分值	得分
礼貌礼节	在各种场合,能正确使用各种礼貌礼节 基本可以做到礼貌服务,但有时不能始终如一 礼貌礼节做得一般,需上司经常指点 礼貌礼节做得较差,多次指点仍未改进	10 分 8 分 6 分 4 分	
服务质量	服务质量出色并能保持稳定,得到宾客和员工的一致认可 服务质量良好,但稳定性不够 服务质量一般,对宾客反应冷淡 服务质量较差,经常造成宾客不满或给酒店声誉带来不良影响	30 分 26 分 22 分 18 分	
团队精神	团队精神很强,对待工作不分你我,积极主动配合其他员工工作 有团队精神,按照上司的督导能够与别人合作,但是主动性不够 团队精神认识不够,只愿意做自己分内的事情 无团队精神,对待工作易推诿,不能正确认识合作的重要性	10 分 8 分 6 分 4 分	
投诉或表扬	本月受表扬____次(客人书面或口头、质检、早会) 本月受投诉____次(客人书面或口头、质检、早会) 此项总分 ±10 分	每次 ±3 分	
总体印象	表现优秀、出色并主动完成各项任务,成为其他员工学习的榜样 表现良好,工作可以独立进行,少数方面需要改进 表现一般,需要上司经常指点 表现较差,很难单独完成各项任务	30 分 26 分 22 分 18 分	
其他评估和意见			
评估类别	优秀,个别方面需要改进 良好,少数方面需要改进 基本合格,较多方面需要改进 不合格,需待岗学习,培训合格后方可上岗	≥90 ≥80 ≥70 <70	
员工意见	签名:　　　　　日期		

部门经理签名:__________

（四）考核结果的运用

（1）与试用期转正调薪挂钩。

（2）与周年调薪挂钩。

（3）与晋升及调薪挂钩。

（4）与培训挂钩：考核等级为1分（差劣）的，需下岗参加岗位培训，培训合格，方能上岗。

（5）降职及其他。

（五）考核评估操作标准及程序

（1）人力资源部提前一个月统计考核对象名单，于每月初将《员工考核评估表》发给部门负责人并通知部门负责人进行员工考核评估。

（2）直接主管按照《员工考核评估表》的考核项目逐项进行考核，考核完毕签字确认，再交由高一级主管审核。如高一级主管与直接主管考核意见有明显差异时，需分析原因，进行沟通协调后再签字确认。考核工作需在10天内完成。

（3）完成后，部门负责人将《员工考核评估表》交回人力资源部进行汇总、核实，人力资源部负责人需在10天内完成，签字确认后交还部门负责人。

（4）部门负责人需在10天内完成以下工作：通知被考核者做面谈准备，安排好面谈时间及地点，面谈应涵盖考核项目所涉及的问题，让其了解所做评估的理由。面谈需要掌握一定的面谈技巧，创造良好的沟通气氛并让被考核者有充分的提问及建议时间。面谈完成后，被考核者签字确认并填写“本人自述”。

（5）完成后，将考核表送交人力资源部。

（六）人力资源部门在员工考核评估工作中的职责

（1）对考核表进行复核，以确定该考核是依照考核评估标准与程序进行的。

（2）人力资源部将考核表归档、保存，作为晋升、调薪、培训和调动等人事工作的信息资料和依据。

（3）为考核者提供培训。

（4）召开定期的考核评估会议，检讨和修订前次考核出现的问题。

（七）员工考核评估流程

员工考核评估流程见图1.4-4。

【任务实施】

步骤一　复习上次课布置的项目任务及资料展示

分组展示所收集到的酒店员工绩效考核表或工作表现评估表并进行讨论。

步骤二　向学生展示酒店员工工作业绩考核评估的流程并进行讲解

步骤三　学生分组以天王星酒店HR和前厅部经理的身份按照酒店员工工作业绩考核评估的流程为酒店新录用的前厅部主管做试用期满评估，要求自制评估表。

【学习考核与评价】

课上任务成果评估见表1.4-8。

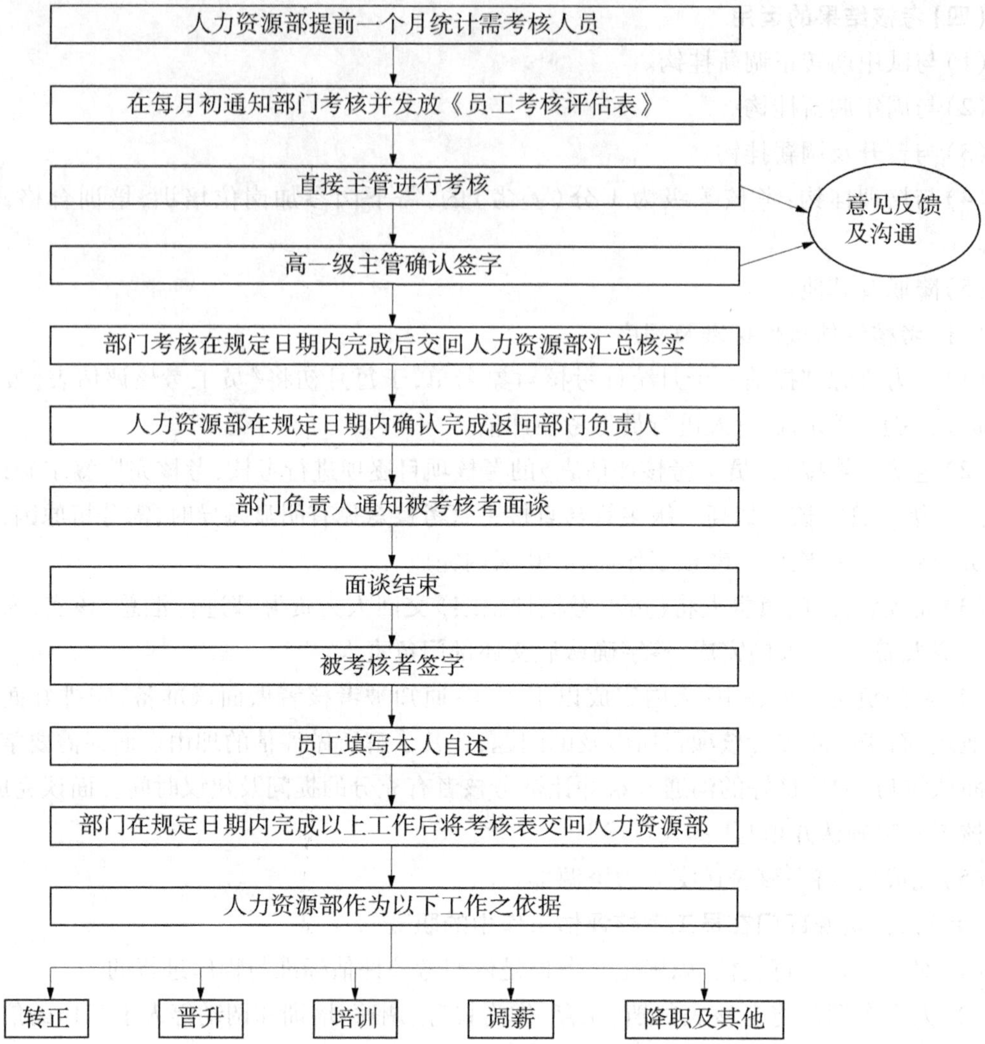

图 1.4-4　员工考核评估流程

表 1.4-8　课上任务成果评估

小组编号：　　　　　　　　　　　　　　　　　　学生姓名/学号：

评分项目	分值	得分
收集资料及资料展示	10	
试用期满评估表	30	
评估工作流程	60	
总分	100	

各项打分标准：

1. 各项工作能够按时保质完成的小组，给予各项评分的满分。

2. 各项工作能够按时完成的小组，错误在 1 ~ 2 处的给予各项满分的 85% 的分值作为该项赋分。

3. 各项工作能够按时完成的小组错误在 3 处的给予各项满分的 70% 的分值作为该项赋分。

4. 各项工作能够按时完成的小组，错误在 4 ~ 5 处的给予各项满分的 60% 的分值作为该项赋分。

【思考题】

收集酒店顾客意见调查表。

项目五　酒店质量管理控制

【项目描述】

学生通过对酒店质量管理理论的学习，能运用 PDCA 及 TQM 理论对酒店进行全面质量管理。

【项目目标】

能力目标：

1. 能运用 PDCA 对酒店进行全面质量管理。
2. 会使用质量管理方法监督酒店服务质量。

知识目标：

1. 全面质量管理含义。
2. PDCA 循环。
3. TQM 基本方法。

素质目标：

1. 树立良好的职业形象。
2. 具有良好的服务意识并形成职业化的思维习惯。
3. 具有较强的责任心及团队合作意识。
4. 养成吃苦耐劳的工作作风。
5. 具备善于思考、勇于开拓创新的工作精神。

工作任务　分析并解决酒店服务质量问题

【任务分析】

学生分组收集酒店目前所存在的主要产品及服务质量问题，通过鱼骨图等方式找到问题存在的根源，以 TQM 或 4M 中所阐述的质量管理理念为基础提出整改意见。

【任务布置】

1. 分组调查酒店目前所存在的主要产品及服务质量问题。
2. 撰写一份质量管理方案来解决调查到的质量问题。

【相关知识】

一、全面质量管理（TQM）

（一）全面质量管理含义

全面质量管理，即 TQM（Total Quality Management）就是指一个组织以质量为中心，以全员参与为基础，目的在于通过顾客满意和本组织所有成员及社会受益而达到长期成功的酒店服务与管理途径。在全面质量管理中，质量这个概念和全部管理目标的实现有关。

（二）全面质量管理的特点

（1）具有全面性，控制产品质量的各个环节、各个阶段。

（2）是全过程的质量管理。

（3）是全员参与的质量管理。

（4）是全社会参与的质量管理。

（三）全面质量管理的意义

（1）提高产品质量。

（2）改善产品设计。

（3）加速生产流程。

（4）鼓舞员工的士气和增强质量意识。

（5）改进产品售后服务。

（6）提高市场的接受程度。

（7）降低经营质量成本。

（8）减少经营亏损。

（9）降低现场维修成本。

（10）减少责任事故。

（四）全面质量管理在酒店中的应用

至今，人们对酒店全面质量管理含义的认识都没有统一。"卓趣""价值""合乎标准""造合使用""无差错""满足或超过顾客的期望值"等，不同的人可以从不同的角度去解释全面质量管理。随着社会的进步和全球酒店业的发展，越来越多的酒店管理者认为，酒店全面质量管理的核心是强调服务的一致性，克服随意性、消除差错，一次做到位，使顾客在酒店的停留过程中感到百分之百的满意，产生重新光顾并说服他人光顾酒店的冲动。因此，酒店全面质量管理可以归纳为 5 项基本原则：

（1）以顾客为中心（Guest centralized）：准确判断顾客对酒店服务质量的期望和需求，随时倾听顾客的意见和建议，懂得如何才能满足顾客的需求，调整好顾客的期望值。

（2）不断改进（Continuous improvement）：对现有的服务质量保持稳定并不断改善，根据市场需求变化进行服务创新，在保持服务标准中体现灵活性和个性化服务，在保持高水平服务质量中努力降低质量成本消耗。

（3）全员参与（Total involvement）：酒店的每一个员工都受到良好的训练，充分了解质量信息，自觉参与酒店的质量决策，使用一流的服务工具，具有人人对服务质量负责任的意识和行为，根据服务业绩得到公平公正的激励。

（4）一次到位（Do it right the first time）：将酒店服务中可能发生的差错扼杀在摇篮中，做到服务无差错、零差错，避免差错出现事后补救。

（5）全过程管理（Control from the beginning to the end）：将服务前的准备、服务中的监督控制、服务后的善后三个阶段联成一条服务链，保持其耐久性和可靠性，将规定的标准服务无变异地提供给顾客，不因人、因事、因时前断裂和扭曲，使全体员工认同服务过程中 99 + 1 = 0 的哲学辩证关系。

坚持了上述原则，才能最终达到顾客百分之百的满意。那么，用何种方法来测定顾客的满意程度呢？首先可以将顾客的满意程度定义为顾客购买酒店服务时获得的总价值与付出的总成本之比的结果。这一定义还可以用下列公式表达：

$$顾客的满意程度 = \frac{顾客购买酒店服务过程中获得的总价值}{顾客购买酒店服务过程中付出的总成本} \times 100\%$$

顾客购买酒店服务过程中获得的总价值包括：

(1)酒店提供给顾客的设备设施和实物产品的价值，也称有形价值，使顾客感到物有所值。

(2)酒店提供给顾客的服务态度、技能、效率和行为价值，也称无形价值，使顾客感到轻松、愉快、安全、舒适。

(3)酒店提供给顾客的品牌和文化价值，使顾客感到下榻该酒店十分荣耀、可靠、可信。

顾客购买酒店服务过程中付出的总成本包括：

(1)金钱成本；

(2)时间成本；

(3)信息获取成本；

(4)体力和精神成本。

至此，可以得出如下量化结果：

$$顾客的满意程度为100\% = \frac{顾客获得的总价值为100个单位}{顾客付出的总成本为100个单位} \times 100\%$$

$$顾客的满意程度为200\% = \frac{顾客获得的总价值为100个单位}{顾客付出的总成本为50个单位} \times 100\%$$

$$顾客的满意程度为50\% = \frac{顾客获得的总价值为50个单位}{顾客付出的总成本为100个单位} \times 100\%$$

二、PDCA服务质量循环圈

让顾客获得百分之百的满意并不是一件容易的事情。在推行全面质量管理的方法和技术中，许多国际酒店管理集团还普遍采用了“服务质量差距分析模型”方法有效地找出酒店服务质量问题产生的原因，采用“PDCA服务质量循环圈”的方法去解决酒店服务质量中存在的问题，都取得了良好的效果。

“服务质量差距分析模型”认为，酒店服务过程中有诸多质量问题，但都可以归结为图1.5-1中的5种差距：

差距1：顾客对酒店服务质量的期望和需求与管理者对顾客期望和需求判断之间的差距。

差距1产生的原因：

(1)没有进行市场调查，了解客人的需求信息；

(2)进行了市场调研并收集了客人信息，但没有进行整理分析，获得信息不准确；

(3)酒店管理层次中的障碍，阻碍了顾客信息的传递；

(4)酒店管理者凭经验办事，不能适应不断变化的市场需求。

差距2：酒店制定的服务标准与对顾客期望和需求判断的差距。

差距2产生的原因：

(1)判断客人期望和需求错误，制定的服务质量标准必然错误；

(2)判断客人期望和需求正确，市场信息准确，但仍无法制定出正确适当的服务质量

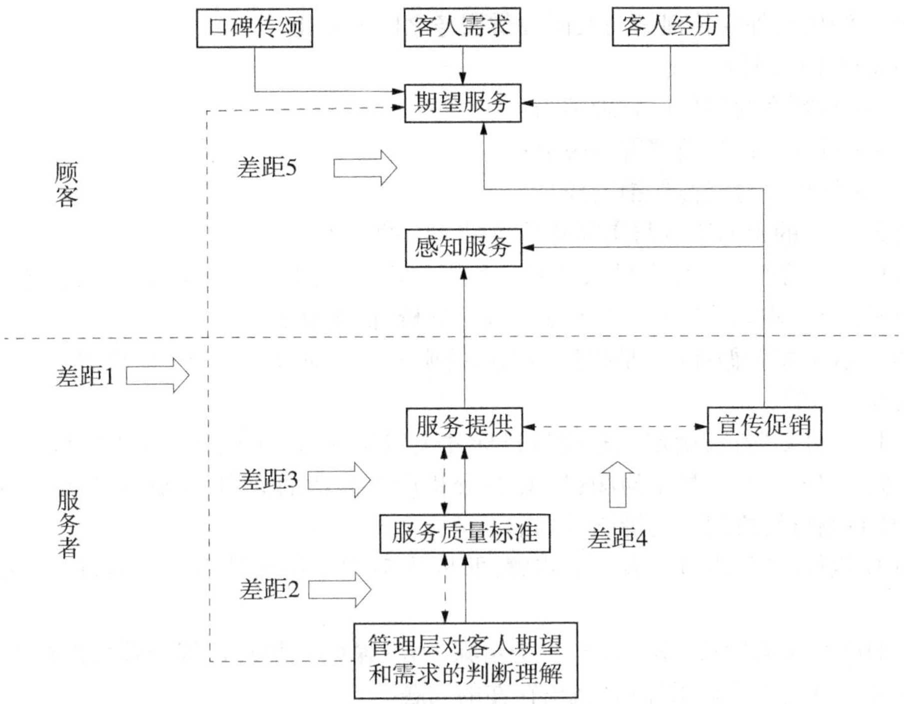

图 1.5-1　服务质量差距分析模型

标准。

差距 3:酒店制定的服务质量标准与实际提供的服务之间的差距。

差距 3 产生的原因:

(1)酒店硬件系统不能达到优质服务标准的要求;

(2)酒店没有建立起有效的员工激励和督导机制;

(3)酒店没有建立起服务质量利润链(见图 1.5-2)。

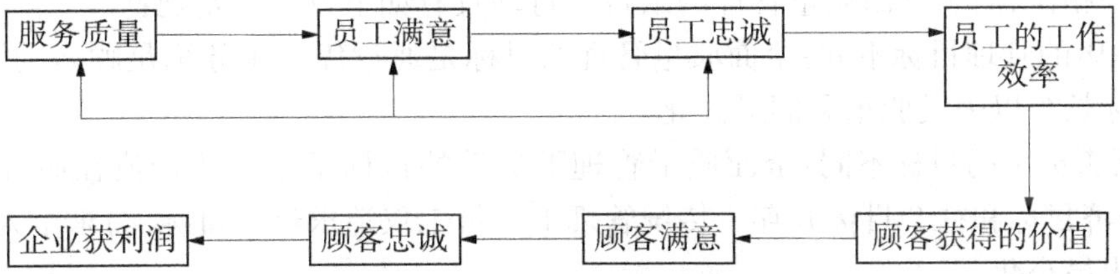

图 1.5-2　服务质量利润链

服务质量利润链的内在逻辑关系:

(1)顾客忠诚度高能使酒店提高获利能力;

(2)顾客忠诚度是由顾客的满意度决定的;

(3)顾客的满意度是由其获得的价值大小决定的;

(4)顾客的高价值源于员工的高效率;

(5)高效率来自员工对酒店的忠诚度;

(6)员工的忠诚度来源于员工对酒店的满意度;

(7)酒店的服务质量高低是决定员工满意度的主要因素。

差距4:酒店对外宣传促销与实际提供服务之间的差距。

差距4 产生的原因:

(1)酒店对顾客的期望值管理不当;

(2)酒店对外宣传与内部管理脱节;

(3)酒店管理层对宣传促销失控。

差距5:客人的预期质量与实际感受质量之间的差距。

前四种差距的产生必然会导致第五种差距的产生。因此,要解决酒店的服务质量问题应该从根源开始,对差距1 至差距5 逐级进行分析,依次解决。

"PDCA 服务质量循环圈"是指控制酒店的服务质量应该采取四个阶段以及包含在四个阶段中的8 个步骤:

(1)PLAN 计划阶段,确定服务质量目标并决定达到目标的途径,计划阶段有4 个实施步骤。步骤1:分析现状,找出问题;步骤2:分析产生问题的原因;步骤3:找出问题的主要原因;步骤4:制订解决问题的措施计划。

(2)DO 执行阶段,本阶段有一个步骤,即步骤5:严格按照计划规定的目标和措施开展工作。

(3)CHECK 检查阶段,本阶段有一个步骤,即步骤6:对执行计划的效果进行检查,与执行计划前进行对比查看效果如何,找出存在的问题。

(4)ACTION 处理阶段,本阶段有两个步骤,即步骤7 和步骤8。步骤7:对在执行计划中已经解决的质量问题进行巩固,使之标准化、程序化。步骤8:对未得到解决的问题进行总结,转入下一个 PDCA 质量循环圈去解决。

在强化酒店全面质量管理的过程中,如果能够坚持按照"服务质量差距分析模型"和"PDCA 服务质量循环圈"的科学管理程序进行实施,酒店的服务质量就会变成每个部门日常工作和每个员工自觉自愿的行动,全面质量管理才能真正落到实处。

酒店推行全面质量管理,不仅是酒店管理方法的改变,更重要的是管理思维的变革。与传统的管理相比,酒店全面质量管理的宗旨和行动具有如下方面的差别:

(1)酒店的管理目标不同:全面质量管理的目标是通过优质服务满足顾客的需求,传统管理的目标长久以来是股东利润最大化。

(2)酒店员工的目标不同:全面质量管理下员工的目标是个人的价值在服务中得到自我实现,经济目标和社会目标并存。传统管理下的员工仅追求经济目标,力求个人的收入最大化和付出最小化。

(3)酒店的管理观念不同:全面质量管理下的管理观念认为员工是可信赖的服务专业人才,能够自我表现、自我控制和自愿相互协调。

传统管理下认为酒店各方关系的协调是管理层的工作,员工是在管理者的监督、控制下完成工作目标的。

(4)酒店的管理导向不同:全面质量管理下酒店的管理导向是在动态管理中不断创新和改进。在创新中获得酒店的长期全面发展。

传统管理是在静态中实现短期成本最小化和收益最大化。

(5)酒店的信息作用不同:全面质量管理下的各类信息流是开放、创新、改进和横向联系的关键因素。

传统管理下信息是封闭的，仅仅是管理层决策的依据。

三、4M 的管理

全面质量管理的一个重要特点是“预防性”，即变仅靠“事后把关”为加强“事前预防”，变管理结果为管理因素。那么生产过程中影响产品质量的主要因素具体如下。

（1）人（Man）：工人。

（2）设备（Machine）：包括机器和工艺装备。

（3）材料（Material）：包括零件、材料和半成品。

（4）方法（Method）：包括作业方法、条件和环境。

【任务实施】

步骤一　收集资料及资料展示

小组展示所收集到的酒店产品及服务质量问题。

步骤二　教师讲解 TQM 和 PDCA 理论及在酒店服务质量管理中的应用

步骤三　组内讨论自己小组所调查到酒店产品及服务质量问题是否属于 PDCA 中所提出的差距造成的，并就讨论结果进行发言

步骤四　小组讨论如何解决 PDCA 中所提到的各项差距并进行发言

步骤五　讨论 4M 管理法在酒店质量管理工作中的运用

步骤六　小组商讨如何用 PDCA 及 4M 的方法来解决酒店目前所存在的主要服务质量问题并形成报告

步骤七　各组派代表阐述自己小组提出的服务质量解决方案及执行方法

步骤八　全班讨论各组所提出的方案并选出最佳方案

【学习考核与评价】

课上任务成果评估见表 1.5-1。

表 1.5-1　课上任务成果评估

小组编号：　　　　　　　　　　　　　　　学生姓名/学号：

评分项目	分值	得分
收集资料及资料展示	10	
改善服务质量的报告	50	
学习态度、完成效率及整体质量	30	
总分	90	

各项打分标准：

1. 各项工作能够按时保质完成的小组，给予各项评分的满分。

2. 各项工作能够按时完成的小组，错误在 1 ~ 2 处的给予各项满分的 85% 的分值作为该项赋分。

3. 各项工作能够按时完成的小组，错误在 3 处的给予各项满分的 70% 的分值作为该项赋分。

4. 各项工作能够按时完成的小组，错误在 4 ~ 5 处的给予各项满分的 60% 的分值作为该项赋分。

【任务小结】

本任务主要探讨了 TQM 的概念、特点及意义，以及 TQM 在酒店日常质量管理工作中的应用（PDCA 及 4M）。

【思考题】

了解什么是"六西格玛法"。

项目六　酒店产品推销

【项目描述】

学生通过对酒店产品推销知识的学习，能够为某五星级酒店推出的圣诞晚餐做一份详细的推销方案设计。

【项目目标】

能力目标：

能运用正确的推销手段来推销酒店的产品。

知识目标：

1. 掌握酒店产品推销的含义。
2. 掌握不同的推销方法。

素质目标：

1. 树立良好的职业形象。
2. 具有良好的服务意识并形成职业化的思维习惯。
3. 具有较强的责任心及团队合作意识。
4. 养成吃苦耐劳的工作作风。
5. 具备善于思考、勇于开拓创新的工作精神。

工作任务　设计推销计划

【任务分析】

学生自愿组成销售小组，选择一家目标酒店，根据此酒店的餐饮、宴会及客房具体的情况来为其制订一份详细的推销计划，根据推销计划的内容，模拟推销的全过程。

【任务布置】

1. 了解酒店产品推销的主要方式及过程。
2. 为某五星级酒店推出的圣诞套餐设计推销计划。

【相关知识】

一、推销的含义

推销的含义有狭义及广义之分。狭义的推销是指市场营销组合中的人员推销。美国市场营销协会对推销下的定义是：推销是指个人或者公司劝说并协助潜在顾客购买商品或服务的过程，或者给予潜在顾客具有在商业上富有建设意义的想法。

广义的推销则不限于有形商品交换，也不限于人员推销，而是泛指人们在社会生活中，通过一定的形式传递信息，让他人接受自己的意愿和观念或购买商品和服务。

二、推销的方式

（一）直接推销

直接推销是一种最主要、最直接、最有效的推销方式，指的是企业派推销人员直接向顾客推销产品和提供服务工作。

（二）间接推销

间接推销包括广告推销、营业推广、公共关系。

三、推销流程

（一）推销前的准备

在展开推销活动前，酒店销售人员必须充分了解和熟悉自己的酒店和产品及消费者的消费现状和趋势。

（二）寻找顾客

酒店销售人员以各种方法寻找有可能成为潜在和现实购买者的顾客。

（三）制订推销计划

酒店推销人员在开展推销前要制订详细、周密的推销计划来确保推销工作的顺利进行。

（四）约见与接近客户

约见是酒店销售人员征求顾客同意接见洽谈的过程。约见能否成功是推销成功的一个先决条件。

（五）洽谈沟通与顾客异议处理

洽谈是酒店销售人员运用各种方式、方法、手段与策略去说服顾客购买的过程，也是推销人员向顾客传递信息并进行双向沟通的过程。

（六）达成交易

达成交易是指顾客同意接受推销人员的建议，做出购买行动的行为。

（七）售后服务

达成交易并不意味着推销过程的结束，售后服务同样是推销工作的一项重要内容。

（八）信息反馈

必须继续保持与顾客的联系，加强信息的收集与反馈。

四、推销方格理论

任何一项推销活动必然具备3个最基本的要素，即推销员、推销对象（顾客）和推销品（产品、服务、技术或思想等）。推销员的最终任务是说服顾客购买推销物，达到推销目的。推销过程中，推销员需要处理两个方面的关系或者说有两个需要追求的目标：

（1）推销员与推销工作的关系。

（2）推销员与顾客的关系。

布莱克与蒙顿教授根据推销员在推销过程中对买卖成败及与顾客的沟通重视程度之间的差别，将推销员在推销中对待顾客与销售活动的心态划分为不同类型。

（一）事不关己型

事不关己型推销员对推销成功与否及顾客感受的关心程度都是最低的。事不关己型的推销员对本职工作缺乏责任心。究其原因，也许是主观上不愿做推销工作，当一天和尚撞一天钟；也许是客观上对工作不满意。比如，前些年备受批评的我国商场的服务态度就是如此。

（二）强行推销型

强行推销型推销员认为：既然由我负责这一顾客并向其硬性推销，我便应施加压力，迫使其购买。因此，他们为提高推销业绩，不惜采用多种手段，全然不顾顾客的心理状态和利益。强行推销是产生于第一次世界大战之后美国的一种推销方式，推销员与顾客被形象地比喻为拳击台上的两个选手，推销员要坚决把顾客打倒。强行推销不但损害了顾客的利益，而且损害了企业的市场形象和产品信誉，导致企业的经济利益受损，最终使推销活动和推销员给顾客产生极坏的影响，影响了推销行业的发展。在此之后，强行推销被温和推销所代替。企业界和学术界达成共识：对顾客无益的交易也必然有损于推销员。如在我国市场经济发展的初期，一些厂家和业务员并没有认识到一味追求经济效益而忽略顾客利益的危害，继续着这种贻害深远的"一锤子买卖"。

（三）顾客导向型

顾客导向型推销员认为：我是顾客之友，我想了解他并对其感受和兴趣做出反应，这样他会喜欢我。这种私人感情可促使他购买我的产品。他们可能是不错的人际关系专家，因为他们始终把与顾客处好关系放在第一位，但并不是成熟的推销员。因为在很多情况下，对顾客的百依百顺并不能换来交易的达成。这其实是强行推销的另一种表现。现代推销要求把顾客的利益和需要放在第一位，不是把顾客的感受摆在首位。

（四）推销技术导向型

推销技术导向型推销员既关心推销效果，也关心顾客。他们往往有一套行之有效的推销战术，注重揣摩顾客的心理并善加利用这种心理促成交易。他们可以凭经验和推销技术诱使顾客购买一些实际上并不需要的东西。因此，他们可能会有极佳的推销业绩。但这类推销员仍然不是理想的推销员。他们放在首位的是顾客的购买心理，而不是顾客的利益需要。他们需要进一步学习，以便成为一名成功的推销专家。

（五）解决问题导向型

推销员把推销活动看成是满足双方需求的过程，把推销的成功建立在推销员与顾客双方需求的基础上。从现代推销学角度讲，这种推销人员是最理想的推销专家。这种推销的心理态度是最佳的推销心理态度。世界超级推销大师齐格·齐格勒说：假如你鼓励顾客去买很多商品只是为了自己可以多赚钱，那你就是一个沿街叫卖的小贩。假如你鼓励顾客购买很多商品是为了顾客的利益，那你就是推销的行家，同时你也得益。事实正是如此。

五、顾客方格理论

不同的顾客对待推销和商品购买也有着不同的心态。这种心态在推销方格理论中，也可以依据他们对待推销人员和采购商品的重视程度而划分成不同的类型。顾客在购买活动中也要处理两个方面的关系：一是顾客与购买活动的关系；二是顾客与推销员的关系。

下面具体介绍5种不同的顾客类型。

（一）"漠不关心"型

"漠不关心"型顾客既不关心推销人员，也不关心商品购买本身。

(二)"软心肠"型

存在这种心态的顾客不能有效地处理人情与交易两者的关系,他们更侧重关心推销员对他们的态度,只要推销员对他们热情,表示好感,便感到盛情难却,即便是一时不需要的商品,也可能购买。

(三)"防卫"型

他们对所购买的商品非常重视,百般挑剔,但对推销员本身的态度并不重视。

(四)"干练"型

这种顾客采购商品时,既注重商品本身,又重视推销员的态度和服务。

(五)"寻求答案"型

"寻求答案"型的特点是注意推销与商品的完美统一,既关心购买的商品,又明确地知道自己的需要;既能和推销员保持良好关系,又能与其进行真诚合作。

六、推销模式

(一)爱达模式(AIDA 模式)

AIDA 是英语 Attention(注意)、Interest/Identify(兴趣/认同)、Desire(欲望)、Action(行动)4 个单词的缩写,代表了推销的 4 个阶段,具体如下。

(1)引起顾客的注意,保持与顾客的目光接触。

①利用"实物"或"证物"。

②让顾客参与推销过程。

(2)唤起顾客的兴趣和认同。

①推销时,要选对顾客。

②许多顾客的"需要"必须靠推销员自己发掘。发掘顾客"需要"的最好方法是向顾客问问题。

(3)激起顾客的购买欲望。

推销人员必须从认识、需要、感情和智慧等方面入手,根据顾客的习惯、气质、性格等个性特征,采用多种方法和技巧,促使顾客相信推销人员和推销的产品,不断强化顾客的购买欲望,即激起购买欲望。

(4)促成购买。

促成购买,是指推销人员运用一定的成交技巧来敦促顾客采取购买行动。以下方法可促使顾客采取购买行动:

①采取"假定顾客要买"的说话心态。

②问些小问题。

③在小问题上提出多种可行的办法,让顾客自己做决定。

④说一些"紧急情况"。

⑤"说故事"。

(二)迪伯达模式

迪伯达(DIPADA)模式的要诀在于:先谈顾客的问题,后谈所推销的产品,即推销人员在推销过程中,必须先准确地发现顾客的需要和愿望,然后把它们与自己推销的产品联系起来。

(1)发现顾客的需要和愿望。

(2)把顾客的需要与推销的产品结合起来。

(3)证实推销的产品符合顾客的需求。

(4)促使顾客接受所推销的产品。

(三)埃德帕模式

(1)结合(Identification)。

第一个步骤是确认顾客需要,把推销的产品与顾客的愿望结合起来。

(2)示范(Demonstration)。

第二个步骤是向顾客示范合适的产品。

(3)淘汰(Elimination)。

第三个步骤是淘汰不适宜的产品。

(4)证实(Proof)。

第四个步骤是向顾客证实他所做的选择是正确的。

(5)接受(Acceptance)。

第五个步骤是促使顾客接受推销的产品并做出购买决定。

(四)费比模式

费比模式将推销活动分为 4 个步骤,有 4 个关键词,具体如下:

(1)特征(Feature)。

第一个步骤是推销人员在见到顾客后,要以准确的语言向顾客介绍产品特征。

(2)优点(Advantage)。

第二个步骤是把产品的优点充分地介绍给顾客。

(3)利益(Benefit)。

第三个步骤也是费比模式最重要的步骤,即推销人员应在了解顾客需求的基础上,把产品能给顾客带来的利益,尽量多地列举给顾客。

(4)证据(Evidence)。

第四个步骤是推销人员应以真实的数字、案例、实物等证据,解决顾客的各种异议与顾虑,让证据说话,促成顾客购买。

七、部门推销计划的制订

第一步,销售现状分析。

销售现状分析包括企业环境分析和企业、部门能力分析和业绩分析。

构成企业环境的因素很多,它可由主体环境因素、一般环境因素和地域环境因素构成。销售部门在进行环境分析的基础上,应认真做好能力分析,预知企业和部门的现有能力对将来环境的适应程度,明确企业的优势和劣势,做到“知已知彼”,从而使企业的发展战略和新销售计划建立在切实可行的基础上。企业能力分析是制订推销计划的重要前提之一。

第二步,确定推销目标。

部门的推销目标包括直接目标和间接目标两部分。

(1)直接目标。

直接目标是部门在一定时期内,通过推销活动必须完成的重要任务及必须努力的方向。

①销售产品，获得利润。

②开拓新市场。

③提高市场占有率。

(2)间接目标。

间接目标是对实现直接目标起推动作用的目标。

①提高企业信誉。

②宣传介绍产品。

③收集、反馈市场信息。

第三步，分配推销任务。

(1)根据整个推销人员的特点分配推销区域、推销产品和工作岗位。

(2)根据整个业界的预测值，进行本部门的销售预测。

(3)根据各部门主管以及第一线负责人所提供的销售额进行判断，再确定下年度的销售收入目标额。

(4)进一步分配每一位销售人员的销售定额，以便迅速、顺利地完成销售收入目标。

(5)综合编制推销计划。根据部门所确定的计划目标和所拟订的各种计划方案，和其他综合计划部门进行购、销、调、存、人、财、物等方面的全面综合平衡考量，编制正式的计划，参考"销售收入目标额，销售分配、销售费用估计额"，编制销售预算。

(6)执行并检测计划。

八、个人销售计划的制订

第一步，对潜在客户进行背景调查。

这里所说的背景调查，是指为制订访问计划而针对某一特定对象所做的相关调查。

(1)个人购买者的背景调查。

①个人特征。

②家庭及其成员情况。

③需求内容、购买的主要动机、需求详细内容和需求特点、需求的排列顺序、可能支付的购买能力、购买决策权限、购买行为规律等。

(2)组织购买者的背景调查。

①一般情况。

②生产经营情况。

③组织情况。

④经营及财务情况。

⑤购买行为情况。

⑥关键部门与关键人物情况。

(3)老客户的背景调查。

①基本情况的补充。

②情况变化。

第二步，确定推销活动的具体目标。

确定访问目标的出发点是能使顾客做什么，而不是推销员将要做什么。制订推销访问的具体目标时，一是要考虑企业的需要，二是要考虑顾客的需要。

第三步，制订现场作业计划。访问现场作业计划是推销访问计划的实质性内容，它对实际推销访问中的诸多细节性问题，提出了具有可操作性的步骤与方法。

（1）规划推销要点。

推销要点也称推销访问要点，是指在推销访问中用来激发顾客购买欲望的，或必须向顾客说明的产品特点和交易条件。

（2）估计顾客可能提出的问题。

事先估计访问中顾客可能提出的具体问题，准备回答这些问题的方法，这是现场作业计划中既重要又复杂的内容。

（3）制订推销策略和技巧。

针对特定潜在顾客和推销访问目标，制订访问策略和技巧，有助于克服访问过程中的困难。

第四步，推销计划的实施。

对于推销人员而言，推销计划的实施有时比制订还重要。在具体执行计划过程中，不能一成不变，要根据情况的变化，及时对计划进行调整。

【任务实施】

步骤一　收集资料及资料展示

每组同学就本组所调查的目前酒店所采用的主要的推销手段进行讲解。

步骤二　教师讲解酒店推销的含义、策略及推销的流程

步骤三　学生分组讨论酒店餐饮的最佳推销策略并进行发言

步骤四　学生分组讨论针对5类顾客的最佳销售策略并进行发言

步骤五　学生分组讨论针对5类推销人员的最佳管理方式并进行发言

步骤六　分组为某五星级酒店所推出的家庭圣诞晚宴制作一份详细的部门销售计划及个人的销售计划

步骤七　各组派代表阐述自己小组所制订的销售计划

【案例】

酒店销售计划要点

1. 信息收集。
2. 销售目的。
3. 销售要点。
4. 销售策略。
5. 客户访问路线。
6. 访问日程安排。

【学习考核与评价】

课上任务成果评估见表 1.6-1。

表 1.6-1　课上任务成果评估

小组编号：　　　　　　　　　　　　　　　　　　　　学生姓名/学号：

评分项目	分值	得分
收集资料及资料展示	10	
部门销售计划	40	
个人销售计划	40	
学习态度、完成效率及整体质量	10	
总分	100	

各项打分标准：

1. 各项工作能够按时保质完成的小组，给予各项评分的满分。

2. 各项工作能够按时完成的小组，错误在 1～2 处的给予各项满分的 85% 的分值作为该项赋分。

3. 各项工作能够按时完成的小组，错误在 3 处的给予各项满分的 70% 的分值作为该项赋分。

4. 各项工作能够按时完成的小组，错误在 4～5 处的给予各项满分的 60% 的分值作为该项赋分。

【任务小结】

本任务主要介绍了推销的方式、推销的三要素，以及如何制订推销计划。

【思考题】

阅读推销时的礼仪要求。

项目七　酒店产品价格制定

【项目描述】

学生对酒店产品价格制定原理及策略进行学习后，分成小组对开封千禧酒店、开封市锦豪酒店、开封宏昌酒店、开封来旺达酒店、南京城市名人酒店的客房及餐饮会议价格的制定方式及合理性进行调研分析并完成调研报告。

【项目目标】

能力目标：

1. 能制定客房价格。
2. 能制定餐饮价格。
3. 会对团队、会议订单进行报价。

知识目标：

1. 酒店价格制定的原理。
2. 不同酒店产品价格制定的方法策略。

素质目标：

1. 树立良好的职业形象。
2. 具有良好的服务意识并形成职业化的思维习惯。
3. 具有较强的责任心及团队合作意识。
4. 养成吃苦耐劳的工作作风。
5. 具备善于思考、勇于开拓创新的工作精神。

工作任务　合理制定酒店产品价格

【任务分析】

学生分组调查酒店业目前有哪些主流的定价方式，结合定价原理对开封几家酒店的定价方式进行评估。

【任务布置】

1. 分组进入目标酒店调查各项产品的价格。
2. 用价格制定原理来分析所调查酒店各项产品定价的方法、策略及合理性，并以报告的形式上交分析结果。

【相关知识】

一、酒店产品价格制定的原理

一般情况下，酒店产品价格制定应以供给价格为下限，以需求价格为上限。实际市场成交价格受市场竞争的影响在上下限间波动，特殊时期市场成交价格可能会低于产品成本价格。具体来说，酒店价格的制定以营销目标、产品形象为依据，以成本为基础，以消费者需求为前提，以竞争对手价格为参照。制定合理的酒店产品价格能够为酒店带来良好的经济效益，使酒店保持良性循环的营运状况。然而由于酒店行业的营运受到企业自身因素——成本、营销目标、营销组合因素；市场环境因素——目标消费者收入及心理变化、市场供求，产品需求弹性、市场竞争；社会经济因素——经济景气指数、社会购买力水平、社会货币发行量、股指和利率；法律和政策因素——价格法、反不正当竞争法、消费者权益保护法等因素的影响，导致其各项产品的价格制定方法变得较为复杂。

二、酒店产品定价的步骤

酒店产品定价的步骤见图1.7-1。

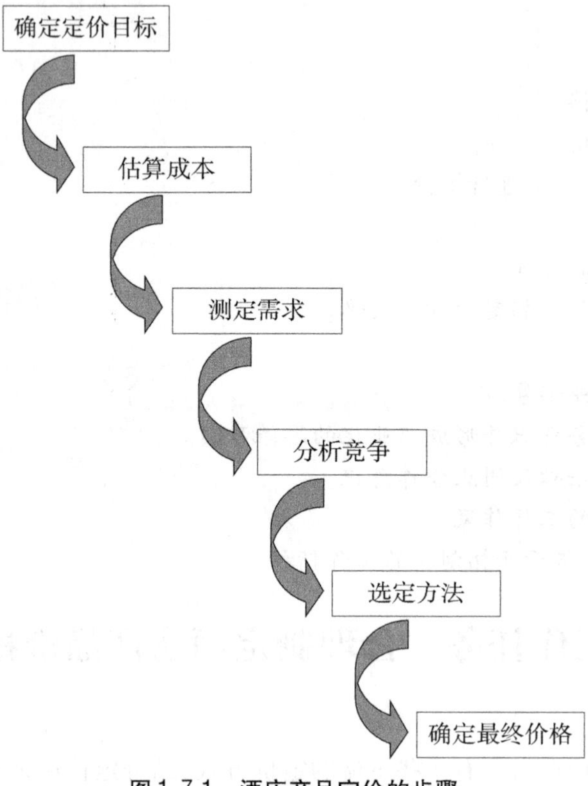

图1.7-1　酒店产品定价的步骤

三、酒店产品销售定价的方法

(一)成本导向定价法

成本导向定价法是指以产品的成本为中心，制定对企业最有利的价格的一种定价方法。其具体方法如下。

1. 成本加成定价法

成本加成定价法是一种最简单的定价方法，即在产品单位成本的基础上，加上预期利润作为产品的销售价格。售价与成本之间的差额就是利润。由于利润的多少是有一定比例的，这种比例就是人们俗称的"几成"，因此这种方法就称为成本加成定价法。

采用这种定价方式，一是要准确核算成本；二是要确定恰当的利润百分比(加成率)。

依据核算成本的标准不同，成本加成定价法可分为两种：平均成本加成定价法和边际成本加成定价法。

(1)平均成本加成定价法。

平均成本是酒店在生产经营一单位产品时所花费的固定成本和变动成本之和，在单位产品的平均成本加上一定比例的单位利润，就是单位产品的价格。

用公式表示为

单位产品价格 = 单位产品 + 单位产品预期利润

(2)边际成本加成定价法。

边际成本加成定价法也称为边际贡献定价法。即在定价时只计算变动成本，而不计算固定成本，在变动成本的基础上加上预期的边际贡献。用公式表示为

单位产品价格 = 单位产品变动成本 + 单位产品边际贡献

成本加成定价法的优点是计算简便，特别是在市场环境基本稳定的情况下，可以保证酒店获得正常利润。缺点是只考虑了产品本身的成本和预期利润，忽视了市场需求和竞争等因素。因此，无论是短期，还是长期，都不能使企业获得最佳利润。

2. 盈亏平衡定价法

盈亏平衡定价法即根据盈亏平衡点原理进行定价。盈亏平衡点又称保本点，是指一定价格水平下，酒店的销售收入刚好与同期发生的费用额相等，收支相抵、不盈不亏时的销售量，或在一定销售量前提下，使收支相抵的价格。

3. 投资回收定价法

酒店开发产品和增加服务项目要投入一笔数目较大的资金，且在投资决策时总有一个预期的投资回收期，为确保投资按期收回并赚取利润，酒店要根据产品成本和预期的产品数量，确定一个能实现市场营销目标的价格，这个价格不仅包括在投资回收期内单位产品应摊销的投资额，也包括单位产品的成本费用。利用投资回收定价法须注意产品销量和服务设施的利用率。

4. 目标效益定价法

目标效益定价法是根据酒店的总成本和估计的总销售量，确定一个目标收益率，作为定价的标准。

5. 千分之一法

千分之一法也称千分之一法则或千分之一经验公式，是根据有关工程或设备造价的千分之一对产品或服务定价。酒店行业经常根据客房造价来确定房间出租价格，即将每间客房的出租价格确定为客房平均造价的千分之一。

(二)需求导向定价法

需求导向定价法是指企业在定价时不再以成本为基础，而是以消费者对产品价值的理解和需求强度为依据。竞争导向定价法是指企业通过研究竞争对手的商品价格、生产条件、服务状况等，以竞争对手的价值为基础，确定自己产品的价格。具体方法如下。

1. 理解价值定价法

理解价值定价法也称觉察价值定价法，是以消费者对商品价值的感受及理解程度作为定价的基本依据的。把买方的价值判断与卖方的成本费用相比较，定价时更应侧重考虑前者。因为消费者购买商品时总会在同类商品之间进行比较，选购那些既能满足其消费需要

又符合其支付标准的商品。消费者对商品价值的理解不同,会形成不同的价格限度。这个限度就是消费者宁愿付贷款而不愿失去这次购买机会的价格。如果价格刚好定在这一限度内,消费者就会顺利购买。

为了加深消费者对商品价值的理解程度,从而提高其愿意支付的价格限度,零售店定价时首先要搞好商品的市场定位,拉开本企业商品与市场上同类商品的差异,突出商品的特征并综合运用这种营销手段,加深消费者对商品的印象,使消费者感到购买这些商品能获得更多的相对利益,从而提高他们接受价格的限度,零售店则据此提出一个可销价格,进而估算在此价格水平下商品的销量、成本及盈利状况,最后确定实际价格。

2. 需求差异定价法

需求差异定价法是以不同时间、地点、商品及不同消费者的消费需求强度差异为定价的基本依据,针对每种差异决定其在基础价格上是加价还是减价的一种方法。主要有以下几种形式。

(1)因地点而异。如国内机场的商店、餐厅向乘客提供的商品价格普遍要高于市内的商店和餐厅。

(2)因时间而异。国庆节、春节等长假是购物黄金假期,商品价格较平时有一些增长。

(3)因商品而异。在2008年奥运会举行期间,标有奥运会会徽或吉祥物的T恤及一些商品的价格,比其他同类商品的价格要高。

(4)因顾客而异。因职业、阶层、年龄不同等原因,顾客有没有其他需求。零售店在定价时给予相应的优惠或提高价格,可获得良好的促销效果。

实行差异定价要具备以下条件:市场能够根据需求强度的不同进行细分;细分后的市场在一定时期内相对独立,互不干扰;高价市场中不能有低价竞争者;价格差异适度,不会引起消费者的反感。

(三)竞争导向定价法

竞争导向定价法是以市场上相互竞争的同类商品价格为定价基本依据,以随竞争状况的变化确定和调整价格水平为特征的定价方法,主要有通行价格定价、主动竞争定价、密封投标定价等方法。

1. 通行价格定价法

通行价格定价法是竞争导向定价方法中广为流行的一种。定价是使零售店商品的价格与竞争者商品的平均价格保持一致。这种定价法的目的如下:

(1)平均价格水平在人们观念中常被认为是“合理价格”,易为消费者接受。

(2)试图与竞争者和平相处,避免激烈竞争产生的风险。

(3)一般能为零售店带来合理、适度的盈利。

这种定价适用于竞争激烈的均质商品,如大米、面粉、食油及某些日常用品的价格确定,在完全寡头垄断竞争条件下也很普遍。

2. 主动竞争定价法

与通行价格定价法相反,它不是追随竞争者的价格,而是根据零售店商品的实际情况及与竞争对手的商品差异状况来确定价格,一般被富于进取心的零售店所采用。

定价时，首先将市场上竞争商品价格与零售店估算价格进行比较，分为高、一致及低三个价格层次；其次，将零售店商品的性能、质量、成本、式样、产量等与竞争零售店进行比较，分析造成价格差异的原因；再次，根据以上综合指标确定零售店商品的特色、优势及市场定位，在此基础上，按定价所要达到的目标，确定商品价格；最后，跟踪竞争商品的价格变化，及时分析原因，相应调整零售店商品价格。

3. 密封投标定价法

密封投标定价法主要用于投标交易方式。投标价格是零售店根据对竞争者的报价估计确定的，而不是按零售店自己的成本费用或市场需求来制定的。零售店参加投标的目的是希望中标，所以它的报价应低于竞争对手的报价。一般来说，报价高、利润大，但中标机会小，如果因价高而招致败标，则利润为零；反之，报价低，虽中标机会大，但利润低，其机会成本可能大于其他投资方。因此，报价时，既要考虑实现零售店目标利润，也要结合竞争状况考虑中标概率。最佳报价应是使预期利润达到最高水平的价格。此外，预期利润是指零售店目标利润与中标概率的乘积。显然，最佳报价即为目标利润与中标概率两者之间的最佳组合。

运用这种方法，最大的困难在于估计中标概率。这涉及对竞争者投标情况的掌握，只能通过市场调查及对过去投标资料的分析大致估计。

四、酒店产品定价策略

（一）新产品定价策略

新产品定价策略见表 1.7-1。

表 1.7-1　新产品定价策略

策略名称	内容	优缺点
撇脂定价策略	以高价投放新产品，力求在短时间内收回全部成本并获取盈利。适用于无类似替代品、需求弹性小、生命周期短的产品	易于酒店实现预期利润；掌握市场竞争及新产品开发的主动权；树立高档名牌产品形象；便于价格调整。高价影响销路扩大，且易诱发竞争
渗透定价策略	以低价投放新产品，吸引顾客，扩大销售，实现盈利。对需求弹性大，市场生命周期长，潜在市场容量大的产品适宜该策略	有利于迅速打开销路；树立酒店形象；阻止竞争者进入。投资回收期长，在竞争中价格变动余地小
满意（温和、君子）定价策略	是介于取脂定价和渗透定价之间的一种中间价格。大多产品适宜采用该策略	价格稳定，利润平稳，一般能使酒店收回成本和取得适当盈利。比较保守，有可能失去获得赢利的机会

（二）折扣和让价策略

折扣和让价策略见表 1.7-2。

表 1.7-2　折扣和让价策略

折扣名称	内容	目的
现金折扣	即对按约定日期付款或提前付款的顾客给予一定的价格折扣	鼓励顾客提前支付贷款,减少呆账风险
数量折扣	根据顾客购买数量的多少给予一定的价格折扣,分为累计和非累计数量折扣两种	鼓励顾客经常购买酒店的服务及产品,建立一种长期的购买合作关系,获得规模经济效益
功能折扣	是依据各类中间商在市场营销中担负的功能不同,给予不同的价格折扣	鼓励中间商充分发挥自己的功能,调动其积极性
季节折扣	是对在淡季购买季节性强的商品的顾客给予一定的价格折扣	鼓励顾客淡季购买商品,以减少酒店销售压力,实现均衡生产和上市
折让	是折扣的另一种形式。主要有以旧换新折让和促销折让	鼓励中间商宣传产品,鼓励消费者购买本酒店产品

(三)心理定价策略

心理定价策略见表 1.7-3。

表 1.7-3　心理定价策略

主要策略总类	内容	目的
尾数定价法	尾数定价也称零头定价或缺额定价,即给产品定一个零头数结尾的非整数价格。大多数消费者在购买产品时,尤其是购买一般的日用消费品时,乐于接受尾数价格。如 0.99 元、998 元等	给人以真实感,用以满足消费者求实的心理
整数定价法	整数定价与尾数定价正好相反,企业有意将产品价格定为整数,以显示产品具有一定质量。例如一些高档耐用产品在被企业定价时就采用整数定价法	消费者用价格高低来判断商品质量的优劣,从而形成高价高质的感觉
如意定价法	利用人们追求吉祥如意的心理,在定价时,采用一些吉祥的数字来定价格。如 68 元、188 元、999 元	满足人们在价格方面追求吉祥如意的心理需求
声望定价法	利用消费者仰慕品牌和"价高质必优"的心理,对在消费者心目中享有一定声望的产品定较高的价格	满足消费者的求名心理

【任务实施】

步骤一　收集资料及资料展示

小组之间相互交流所拿到的酒店各种产品及服务的价目表。

步骤二　教师举例讲解酒店产品定价的原则、方法及策略

步骤三　组内讨论自己小组所调查的酒店在价格制定方面所采用的方法及策略,分析其定价是否合理,着重分析其不合理的地方,并形成一份 2 000 字左右的调研报告

步骤四　各组依次把所撰写的调研报告用 PPT 形式进行展示

步骤五　在各组 PPT 展示的基础上,全班讨论哪个或哪几个酒店在价格制定方面存在

的问题最突出

步骤六 在班级讨论的基础上，各组为价格制定方面存在问题最突出的酒店制订出新的定价方案

步骤七 各组派代表阐述自己小组提出的定价方法和策略

步骤八 全班讨论各组所提出的定价方法和策略，选出最优秀的方案形成报告，连同该酒店价格制定过程中所出现的问题分析报告一并送交给酒店营销部总监。

【学习考核与评价】

课上任务成果评估见表1.7-4。

表1.7-4 课上任务成果评估

小组编号： 学生姓名/学号：

评分项目	分值	得分
收集资料及资料展示	10	
调研报告	30	
各组制定的定价方法和策略	50	
学习态度、完成效率及整体质量	10	
总分	100	

各项打分标准：

1. 各项工作能够按时保质完成的小组，给予各项评分的满分。

2. 各项工作能够按时完成的小组，错误在1～2处的给予各项满分的85%的分值作为该项赋分。

3. 各项工作能够按时完成的小组错误在3处的给予各项满分的70%的分值作为该项赋分。

4. 各项工作能够按时完成的小组，错误在4～5处的给予各项满分的60%的分值作为该项赋分。

【任务小结】

本任务主要探讨了酒店制定产品价格的原理，以及酒店制定产品价格的方法和策略。

【思考题】

分析价格战的优缺点。

下　篇

酒店经营运作实务

模块一　前厅服务与管理

项目一　前厅部认知

【项目描述】

前厅部新员工通过本部门培训，认识酒店前厅部的所辖部门、职能、工作性质和各部门分管的任务、岗位设置和职责。

【项目目标】

能力目标：

1. 能够迅速熟练地按要求做好岗前准备工作。
2. 能熟练地说出酒店前厅部的业务特点、主要工作任务。
3. 能够掌握前厅部的组织机构、岗位设置及职责。
4. 能够具备前厅部员工要求的素质，仪容仪表符合要求。

知识目标：

1. 掌握酒店前厅部的业务特点。
2. 掌握前厅部的主要工作任务、组织机构、岗位设置及职责。
3. 掌握前厅部员工基本素质要求，应具备的仪容仪表。
4. 掌握前厅环境要求。

素质目标：

1. 具备良好的酒店服务意识。
2. 对酒店前厅部工作能够很好地认知，有一定的了解。
3. 具有良好的语言表达能力，能说普通话，掌握一门以上外语。
4. 具有良好的沟通协调能力和自学能力。

工作任务　前厅部的认知

【任务分析】

教师扮演酒店人力资源部经理，班级同学推选 2 名同学扮演酒店前厅部面试文员，其余同学自愿报名竞聘自己喜爱的前厅部的岗位，形成每个岗位有 4 ~8 人的竞聘人员并形成一个面试小组，要求每位同学制作简历、整理仪容仪表，进行岗位面试。最后通过教师评、学生互评和学生自评打分得出总分后，每组的最高分为优胜者竞聘该岗位成功。

竞聘岗位如下：前台接待员、礼宾部行李员、总机接待员。

【任务布置】

1. 到市内酒店实地考察，认识前厅部组织机构、岗位设置、工作任务及职责。
2. 通过模拟招聘掌握酒店前厅部对员工的要求。

【相关知识】

一、前厅部包含部门(含英文)

(1)前台(reception)。

(2)礼宾部(concierge)。

(3)总机(operator)。

(4)行政楼层(executive floor)。

(5)商务中心(business center)。

二、前厅部组织机构

国内五星级酒店前厅部组织机构见图 2.1-1。

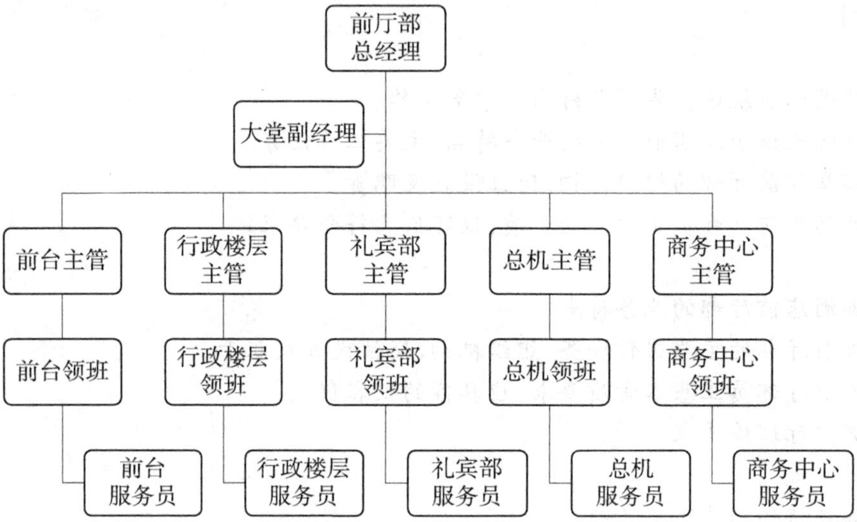

图 2.1-1　国内五星级酒店前厅部组织机构

三、前厅部各部门工作任务

(1)前台:接待、问讯、收银、预订、兑换外币等。

(2)礼宾部:物品寄存、预订高尔夫、代客订车、接机、代客提行李、接收报纸、信件、天气预报、租借雨伞、问讯等。

(3)总机:转机服务、VOD 服务、背景音乐、叫早服务、留言服务、天气预报服务等。

(4)行政楼层:欢乐时光、免洗衣服一套、免费擦鞋服务、免费挑选枕头、退房时间延迟到下午 2 点、免费试用会议室 1 h、快速开房、退房等。

(5)商务中心:收发邮件、维修电脑、查杀电脑病毒、打印、印制名片、印制条幅、传真、上网、租借 U 盘等。

四、前厅部人员应具备的基本素质

(一)业务熟练

能够高质量地完成工作,熟练掌握业务知识,操作电脑并对酒店整体情况有清楚的了解,以便随时回答客人的问题,提高工作效率和工作质量。

(二)语言能力

语言是表达思想、沟通感情、交流信息的重要方式,作为前厅部员工,应具备良好的语言交际能力,了解宾客的需求,表达酒店服务的诚意,使客人有宾至如归的感觉。至少掌握一门外语。

(三)协调能力

因为前台经常与其他部门打交道,因此前厅部员工必须学会正确协调部门间的工作关系,不能遇事就向上级汇报。只有这样,才能有效、及时地解决好对客服务中的各种问题。

(四)沟通能力

员工在工作中需要与客人经常进行沟通,沟通质量高,就可减少问题的发生,提高顾客满意度。

(五)理解能力

酒店接待的宾客情况千差万别,因此要求员工能够准确理解每一个客人的要求和愿望,并帮助客人解决问题。

(六)把握自己

前厅部员工在工作中必须时时意识到自己的工作角色,遇到问题时,尤其是遇到客人不冷静时,更要很好地把握自己,不能与客人一样发火或激动;在自己心情不好时,能够调整自己,进入正常的工作状态,而不能将个人情绪带到工作中,更不允许把自己的不满情绪发泄到客人身上。

(七)永远保持充沛的精力

前厅部是整个酒店服务的第一站,也是服务的窗口,因此在工作中永远保持充沛的精力和热情的形象,这对客人、对服务质量的评价是至关重要的。

(八)保持微笑

真正的微笑应发自内心,渗透着自己的情感,表里如一,毫无包装或矫饰的微笑才有感染力,才能被视作"参与社交的通行证"。

(1)表现心境良好。面露平和欢愉的微笑,说明心情愉快、充实满足、乐观向上、善待人生,这样的人才会产生吸引别人的魅力。

(2)表现充满自信。面带微笑,表明对自己的能力有充分的信心,以不卑不亢的态度与人交往,使人产生信任感,容易被别人真正地接受。

(3)表现真诚友善。微笑反映自己心底坦荡,善良友好,待人真心实意,而非虚情假意,使人在与其交往中自然放松,以在不知不觉中缩短心理距离。

(4)表现乐业敬业。工作岗位上保持微笑,说明热爱本职工作,乐于恪尽职守。如在服务岗位,微笑更是可以创造一种和谐融洽的气氛,让服务对象备感愉快和温暖。

五、前厅布局与设计原则

(一)酒店前厅的布局与设计要合理

要利用建筑或装饰材料,创造一个亲切、宜人、欢悦、静谧、有文化底蕴、有现代气息、空间流畅、主题突出、功能合理、人群聚散便捷的空间。

(二)前厅布局装潢要突出功能

理想的柜台位置应该是工作人员站在这里能观察到整个前厅、出入口、电梯、商场和餐厅入口的活动,以便工作人员明察整个前厅的活动情况,既方便客人又有助于安全保障,而且当客人到达时服务人员能清楚地看到并做好接待的准备,同时也使客人一踏入酒店便能看到柜台服务员的友好微笑。所以,柜台位置的选择,一般是方便管理和控制的正对大门或侧对大门的一方。

此外,酒店前厅是酒店的中枢性空间,还应当满足酒店客人接待、休息、人流集散、商务服务等功能方面的要求,因此要有一个宽敞的空间。

(三)前厅要有鲜明的特色

前厅是客人进店、离店和休息的地方,装潢上要营造热情、大方、优雅的气氛,给客人留下好的印象。

【任务实施】

步骤一　情景引入(布置任务,分组)

前厅部新员工培训

地点:开封来旺达酒店前厅部培训室

教师:培训师、前厅部经理

学生:前厅部新员工

1. 前厅部经理进行自我介绍,介绍前厅部副经理、大堂副理、秘书等岗位。
2. 前厅部经理进行部门介绍、岗位职责。
3. 前厅部经理进行前厅部员工基本素质介绍。
4. 新员工进行岗位面试。

步骤二　工作任务实施

每组开始进行模拟面试:

每组问题如下:

前台面试问题:

1. 前台的英文?
2. 前台的主要工作有哪些?
3. 为什么选择前台的工作?
4. 办理入住时,如果客人没有身份证还可以出示哪些有效证件?

礼宾部面试问题:

1. 礼宾部的英文?
2. 礼宾部的主要工作有哪些?
3. 为什么选择礼宾部的工作?
4. 你是礼宾部新员工,客人向你问路,而你却不知道,这时你应如何处理?

总机的面试问题:

1. 总机的英文?
2. 总机的主要工作有哪些?
3. 为什么选择总机的工作?
4. 你是总机的员工,客人要求做房号保密可不可以?

5. 有人向你查询住店客人信息,你应如何处理?

6. 客人要求早晨6时叫早,到了6时客人还没有答应,你应如何处理?

步骤三　成果展示及评定反馈

每个工作小组展示任务的完成过程中,各选一名代表进行录像,任务完成后,各组通过任务回放进行自评、互评,教师在学生完成任务过程中进行评价。以上三种打分相加再平均后为每名学生的最后得分。

【学习考核与评价】

任务评分见表2.1-1。

表2.1-1　任务评分(满分100分)

小组编号:　　　　　　　　　　　　　　　　学生姓名/学号:

评分项目	4分	8分	12分	16分	20分
面试完成质量					
完成的正确性					
完成的流畅性					
表情和肢体语言					
精神面貌、服装仪表					
总分					

注:在每组学生表演过程中,老师、观看小组成员将用此表按照评分具体说明对表演小组进行打分。学生通过录像回放用此表按照评分具体说明对本人进行打分。

课上任务各项评分见表2.1-2。

表2.1-2　课上任务各项评分

评分项目	20%	40%	60%	80%	100%
面试完成质量	无法流畅完成面试	不能按时完成面试,过程中出现3处以上的错误	不能按时完成面试,过程中出现2~3处以上的错误	不能按时完成面试,过程中出现1处错误	能够按时完成任务,过程准确无误
完成的正确性	完成中出现5处以上错误	任务完成中出现3~5处错误	完成情况基本正确,出现1~2处错误	完成情况良好,出现1处错误	完成情况良好,无错误
完成的流畅性	表演过程中出现5次以上停顿,表演混乱无序	表演过程中出现3~5次停顿	表演过程中出现2~3处停顿	表演过程中出现1处停顿	表演过程流畅

续表 2.1-2

评分项目	20%	40%	60%	80%	100%
表情和肢体语言	在表演过程中,表情紧张、无相应的肢体语言	在表演过程中,表情较为紧张、能运用少量的肢体语言	在表演过程中,表情较为自然,能运用少量的肢体语言	在表演过程中,表情较为自然,能运用相应的肢体语言	在表演过程中,表情大方得体,肢体语言运用流畅自如
精神面貌、服装仪表	在表演中情绪消极、仪容仪表不符合酒店标准	较为被动、仪容仪表不符合酒店标准	能主动进入角色,仪容仪表基本符合酒店标准	能主动配合他人完成表演,仪容仪表符合酒店标准	在表演中起到带动作用,积极参与表演,仪容仪表符合酒店标准

各小组整理教材、教学参考资料,引导学生建立本学习领域的学习档案,训练学生的工作方法能力。

【案例】

面试常见问题

1. 一位非住客,请你转交一包物品给一位有预订但又未到的客人,应如何处理?

答:应礼貌地告诉客人"很抱歉,我们很难掌握预订客人准确的入住时间,请留下您的工作单位和电话号码,客人到达后,我们会马上告诉他(她)同您联系。"若属特殊情况,可做特殊处理。

2. 客人发脾气时,怎么办?

答:应保持冷静的情绪,绝对不能与客人争吵或谩骂,检查自己的工作是否有不足之处,待客人平静后再做婉言解释与道歉,若客人的气尚未平息,应及时向上级汇报。

3. 客人对你讲不礼貌的话时怎么办?

答:应使用礼貌的语言,劝说客人到不影响其他客人的地方,主动征求意见,不能用同样的语言回敬客人或表示厌恶,以免发生冲突。

4. 当你为客人服务时心情欠佳怎么办?

答:服务员应时刻牢记,在岗位上时,是代表酒店的形象,应设法忘却自己的私事,控制及调节自己的情绪,把精神集中投入到工作中,热情、有礼、面带笑容地为客人提供优质服务才是自己的职责与义务,任何时候都不能把自己的不良情绪带到工作岗位上来。

5. 推销房间时,直截了当地询问客人预想的消费价格是否妥当,为什么?

答:这样做不妥当,因为这样做会挫伤客人的自尊心,使某些人感到尴尬而难以答复或使客人产生误会,认为酒店的明码标价是不可信的,怀疑酒店的房间难以推销,还会使酒店失去推销高价客房的机会,不利于提高收费与维护酒店声誉,所以要学会引导客人消费而不应直截了当地询问客人预想的消费价格。

6. 遇到啰嗦型客人怎么办?

答:这类客人遇事啰嗦,好打听,难以下决心,服务时尽量避免与他长谈,否则没完没了,影响工作,也要尽量避免和他们争论。

7. 遇到健谈型客人怎么办?

答:这类客人喜欢聊天,对这类客人服务时不要追求好奇,但对正确意见或建议要耐心听取。

8. 遇到急躁型客人怎么办?

答:此类客人性情急躁,动作迅速,服务要求效率高,为他们服务时说话要单刀直入,简明扼要,弄清要求后很快完成,否则容易使他们急躁冒火,引起抱怨,影响服务效果。

9. 遇到无礼型客人怎么办?

答:这种客人不易和别人交往,个人观念很强,发生矛盾后往往恶语伤人或有失礼的动作。服务员不要与之计较,尽量按他们的要求完成接待服务,不与其发生冲突,保持冷静。

【任务小结】

本任务主要探讨了酒店前厅部的业务特点,前厅部的主要工作任务、组织机构、岗位设置及职责,以及前厅部员工基本素质要求,应具备的仪容仪表。

【思考题】

1. 前厅部主要工作有哪些?
2. 大堂副理的主要职责?
3. 金钥匙及其岗位职责?
4. 前厅部有哪些部门及其职责?

项目二　客房预订服务与管理

【项目描述】

通过完成受理各类预订、处理预订变更与取消业务，能够熟练填写酒店预订单并通过酒店前台操作系统为客人进行客房预订服务。

【项目目标】

能力目标：

1. 掌握酒店前台操作系统，为客人进行预订。
2. 能熟练地按要求做好岗前准备工作。
3. 能按要求准确填写预订处的各类表单、报表。
4. 能按照要求独立受理各种预订业务，进行预订的确认，处理预订的变更、取消与婉拒工作。
5. 会根据客人的特点、要求与酒店的销售政策向客人推荐最合适的客房。
6. 能熟练地做好宾客抵店前准备工作。
7. 能妥善地处理超额预订等的突发事件。

知识目标：

1. 通过教学，使学生了解预订的渠道和种类。
2. 掌握客房的类型及计价方式。
3. 掌握受理各类散客、团体客房预订业务。
4. 掌握预订的变更、取消与婉拒工作。
5. 熟悉客房预订失约行为及处理。
6. 熟悉预订系统的维护与管理方法。
7. 掌握预订信息预报、预订的控制与核对、超额预订与预订控制的方法。
8. 掌握订房契约及纠纷的处理原则与要点。

素质目标：

1. 具备良好的酒店服务意识。
2. 在接待酒店顾客时，做到文明待客、礼貌待人。
3. 养成积极主动的工作态度。
4. 对客服务中，特别是遇到突发事件时，保持头脑清醒，处事沉着冷静、有条不紊。

工作任务一　制作预订相关表格

将班级的学生分成2～3人一组，其中一人扮演酒店前厅部预订员，其他人扮演将要入住酒店的客人，教师设置预订中突发问题或客人的特殊要求，该组学生根据要求完成预订登记表的填写并将预订信息填表、输入酒店前台操作系统。

【任务分析】

到酒店考察、收集资料，对比酒店预订表格样式，制作开封来旺达酒店预订表格并认识表格各项内容，填制预订表格。

【相关知识】

一、预订的渠道

（一）直接渠道

客人本人或委托他人或接待单位向酒店预订客房。

（二）间接渠道

（1）旅行社订房。

（2）连锁酒店或合作酒店订房。

（3）航空公司订房。

（4）与酒店签订合同的单位订房。

（5）会议组织机构订房。

（6）旅游网站订房。

二、预订的方式

（1）面谈。

（2）电话预订。

（3）信函预订。

（4）电传预订。

（5）互联网预订。

三、预订的种类

（一）临时类预订

临时类预订是指宾客在接近入住时，才向酒店提出订房的一种预订形式。这种预订订房日期与抵店日期非常接近，甚至可能是入住当天才进行预订。一般情况下，酒店没有足够的时间给宾客以书面形式确认，均以口头形式确认。按照国际惯例，酒店对预先订房的客人，会为其保留房间至抵店日当天下午6时为止，这个时限被称为“取消预订时限”或称“截房时间”（CUT-OFF DATE）。

（二）确认类预订

确认类预订是指客人提前较长时间向酒店预订房间，酒店以致函“确认信”接受预订房间的订房形式。确认类的书面预订确认与口头预订确认相比，有以下几个特点：

（1）证明酒店方面已正确理解并接受了宾客的预订。

（2）确认信不但复述了宾客的订房需求，还写明了房价、保留时间及预订金的方法等事项。也就是说，确认信以书面的形式约束了酒店与宾客之间的关系，在国外“确认信”受法律的保护。

（三）保证类预订

保证类预订是指宾客通过使用信用卡、预付定金等方式，一方面，保证酒店收入；另一方面,酒店必须保证为住客提供预订时所需的房间的一种订房形式。酒店在没有接到订房人取消预订的通知时,应为订房客人保留房间到确认抵店日的次日的退房时间为止。

宾客办理此类预订可通过如下途径:

(1)信用卡。宾客在订房时,向酒店声明,将使用信用卡为所预订的房间付款,同时把信用卡的种类、号码、失效期及持卡人的姓名告知酒店。

(2)预付定金。对于酒店来说,最理想的保证预订的方法是要求宾客预付定金。为了避免损失,酒店通常要求组团单位,在旺季也要求散客或他们的代理人在宾客抵店前,预付一天的房租给酒店。

(3)签订合同。签订合同是指酒店与有关客户单位签订的订房合同,合同内容包括签约单位的地址、账号及同意为未使用的订房承担付款责任的说明,同时还规定了通知取消的最后期限,若签约单位未能在规定的期限通知取消,酒店有权向对方收取房费。

(4)等待类预订。酒店预满已满,将客人列入等待名单。

四、酒店预订系统学习

(一)预订界面主要标签

预订涉及的服务大多通过 Reservation Options 窗口调用,包括路由指示(Routing; Instruction)、授权挂账(Authorized Direct Bill)、跟踪指示(Trace)、登记卡、换房、恢复预订、包价(Package)选项、信用卡、预订确认(Confirmation)、候补预订(Waitlist)、固定收费(Fixed Charges)、DID 虚拟直拨号、伴随(Accompanying)、删除预订、汇率信息、变更记录、客人留言(Messages)、附加预订(Add On)、客人定位(Locator)、共享(Shares)、历史记录、聚会预订(Party)、膳食计划(Meal Plan)、休闲管理(Leisure)、排队房(Q-Rooms)、积分换房(Free Night Awards)、累计积分(Guest Awards)、估价单(Pro-forma)等。

在预订模块中可以进行顾客基本档案的创建,当然也包括在此基础上处理预订。系统通过"Profile"功能来收集每个客户(个人、公司、旅行社、预订源、团主等)各方面的资料,包括曾经入住和已经预订的信息。同样,客人的照片也可被存进 Profile 中。这些数据可用来帮助改善客户关系和服务质量;帮助市场部制定具有竞争力的销售策略;帮助高层管理人员分析业务利润来源。客人档案的跟踪还可根据客人的各种特殊要求进行有针对性的个性化服务。通过这个模块,可以进行客史的查询,包括回头客的追踪,也可以进行预订的建立、修改及取消。客人档案中最起码应当具备客人姓名(Name)和联系电话(Telephone)资料。

Profile 的五大类别如下:

(1)Individual:个体散客,个人。

(2)Company:公司。

(3)Travel Agent:旅行社。

(4)Reservatum Source:其他预订来源,例如艺龙等中介服务商。

(5)Group Master:团主,也叫 Pay Master。

(二)新建预订(New Reservation)

在预订模块中可以进行客人档案的创建,当然也包括在此基础上预订的建立。可以把 Reservation 理解为针对宾馆房间租赁的一个合同。在 New Reservation 对话框的 Main 页签中,有构成预订的必备字段:Name(姓),Arrival(到达日期),Departure(离开日期),Rooms

(房间数),Rate(价格),Room Type(房型),Resrv Type(预订类型),Market(市场细分),Source(市场来源)。其他字段可以称为可选字段,如 payment(预订的付款方式)、comments(内部特别通告信息)、Flight(航班号)等。在做公司、旅行社/预订源的预订时,必备因素要比个人预订的必备因素多一个,那就是 Agent/Company/Source。在预订挂接到一个公司、旅行社/预订源下时,那么所有的预订数据统计都会记录在公司、旅行社/其他来源的 profile 中。

【任务实施】

步骤一　收集资料及资料展示

要求学生上课前分组到市内酒店收集酒店纸质资料、酒店预订单,采访酒店员工,了解酒店目前客房经营情况及酒店预订情况。

步骤二　分组讨论

1. 学生通过讨论探讨了解生活中预订的优点及酒店预订的意义。
2. 讨论可以通过哪些方式和渠道来预订生活中遇到的问题,如生日蛋糕、酒店。
3. 讨论可以通过哪些方式和渠道来预订酒店房间。
4. 讨论如何确定预订到了酒店。
5. 讨论如何确定预订到了酒店的房间。
6. 酒店在接受客人预订时要详细记录哪些信息?

步骤三　填制开封来旺达酒店预订单(见图 2.2-1)

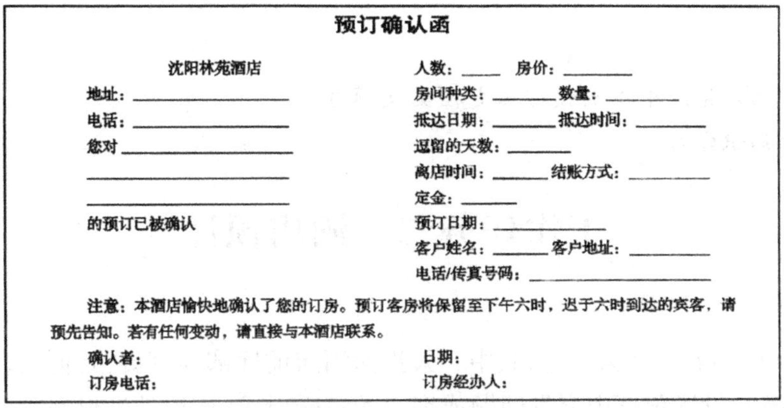

预订确认函

沈阳林苑酒店
地址:________
电话:________
您对________
____
____
的预订已被确认

人数:____　房价:____
房间种类:____　数量:____
抵达日期:____　抵达时间:____
逗留的天数:____
离店时间:____　结账方式:____
定金:____
预订日期:____
客户姓名:____　客户地址:____
电话/传真号码:____

注意:本酒店愉快地确认了您的订房。预订客房将保留至下午六时,迟于六时到达的宾客,请预先告知。若有任何变动,请直接与本酒店联系。

确认者:　　　　日期:
订房电话:　　　订房经办人:

图 2.2-1　预订确认函

【学习考核与评价】

任务评分见表 2.2-1。

表 2.2-1　任务评分(满分 60 分)

小组编号:　　　　　　　　学生姓名/学号:

序号	评分项目	5 分	得分
1	是否正确拼写宾客姓名及地址		
2	是否正确输入宾客账单使用语言		
3	是否掌握客人对房间的喜好		
4	是否正确填写客人所属团队		

续表 2.2-1

序号	评分项目	5 分	得分
5	是否正确填写客人到达时间及所住间夜		
6	是否正确填写客人价格代码		
7	是否正确与客人确认价格		
8	是否确认预订类型		
9	是否确认客人付款方式		
10	是否询问客人特殊要求		
11	房价折扣、自用房、不能挂账填写是否正确		
12	预订员是否签名		
总分			

注:老师、观看小组成员和学生本人将用此表按照评分具体说明对其进行打分。

各小组整理教材、教学参考资料,引导学生建立本学习领域的学习档案,训练学生的工作方法能力。

【思考题】

1. 在酒店预订系统中识别预订客史档案及预订单。

2. 信用卡知识学习。

工作任务二　酒店预订

【任务分析】

将班级学生分成 2 ~ 3 人一组,其中一人扮演酒店前厅部预订员,其他人扮演将要入住酒店的客人,教师设置预订中突发问题或客人的特殊要求,该组学生根据要求完成预订程序,将预订信息输入酒店前台操作系统。

【任务布置】

1. 告知本次课的能力目标

(1)通过分组,进行角色扮演,完成客房预订服务,掌握电话预订、网上预订、现场预订的方法和技巧,并填写相关表格。

(2)通过分组,进行角色扮演,完成超额订房解决办法。

2. 告知本次课的知识目标

(1)了解客房预订的意义和任务,了解客房预订的渠道、方式和种类。

(2)掌握客房预订的程序,掌握中英文表格填写方法。

(3)掌握超额订房的解决程序。

【相关知识】

一、预订界面相关英语

Guest name	姓名
Language	语言
Title	称谓
Phone	电话
Country	国家
Prefer/last	喜欢的/上一次住的房号
Agent	旅行社
Company	公司
Group	团
Source	来源
Arrival	到达
Nights	间夜
Departure	离开
Adults/child	大人、孩子
Rooms	房间数量
Rate code	价格代码
Fixed rate	锁定价格
Rate	房价
Room type	房型
Block	团队
C/I time	入住时间
Reserve type	预订类型
Market	市场
Source	来源
Booked by	订房人
Payment	付款方式
CC. No	信用卡号
Exp date	到期日
Discount	折扣
Season	季节
No post	不能挂账
Print rate	打印房价
House use	自用房
Complimentary	免费房
Appr. code	授权号
Amount	最大额度

C/O Time　退房时间
Flight　航班号
Comments　备注

二、预订相关问题

（一）预订要求

（1）根据宾客需求，提供使之满意的客房。

宾客对客房的需求，由于旅游目的的不同而存在差异。预订员应根据宾客的旅行目的，提供相应的客房。

（2）及时地处理宾客的订房需求。

宾客提出的订房需求，如果可以满足的话，酒店应尽快予以答复。当酒店无法满足宾客的订房需求时，应询问宾客是否愿意进入预订等候名单（waiting list）或向宾客推荐其他酒店。

（3）记录、存储宾客的预订资料。

宾客的预订资料是酒店最早掌握的宾客资料。预订员应尽快把相关信息进行处理，这样可以为接下来展开的各项对客服务程序和客史档案的管理工作提供及时、准确的信息。

（4）完成宾客抵达酒店前的各项准备工作。

（二）散客预订的程序

（1）确定客人的基本要求。

（2）获得完整的订房信息。

（3）确定房间的价格。

（4）寄送担保订房的号码及有关的规定。

（5）核对客人是否如期到达。

（三）超额预订的含义及影响因素

超额订房（Over Booking）是指酒店在订房已满的情况下，再适当增加订房数量，以弥补少数客人因预订不到、临时取消或提前离店而出现的客房闲置。

通常，实施超额预订时，应考虑下列因素：

（1）团体预订与散客预订的比例。

团体预订是指由国内外旅行社、会议组织机构、商业机构、航空公司等事先计划和组织的并与酒店签订预订合同的预订方式。

这类合同双方都愿意共同履行，可信度较高。因此，若在某段时间团体预订多，散客预订少，则超额预订的比例不宜过大；反之，则超额预订的比例不宜过小。

（2）预订类别的比例。

酒店往往将确认类预订和保证类预订视为“契约性预订”，故应确保宾客的住宿要求得到满足；应将其他的预订视为“意向性预订”，若发生失约，酒店不向宾客承担经济责任；若宾客未按时抵店，酒店也不向其要求赔偿。

因此，在某段时间内，若契约性预订多而意向性预订少，则酒店超额预订的比例不宜过大；反之，则酒店超额预订的比例不宜过小。

(3)不同宾客数量所占的比例。

按抵店类型的不同,宾客可分为预订未到者(No-Shows)、临时取消者(Cancellations)、提前离店者(Under-stays)。

(四)酒店所在地周边的环境介绍(著名旅游景区、商业中心等)

酒店所在地周边的环境介绍。

【任务实施】

步骤一　复习上次课布置的项目任务及资料展示

用分组演示、演讲的方式来检验学生是否收集酒店宣传资料、酒店预订单及对酒店有初步的认识。

步骤二　给出任务载体

每组通过抽签决定完成哪项任务,任务如下:

1. 假设你是科技中专旅游系学生王丹,请为学院客座教授任辉先生预订来旺达酒店大床间一间,因客人患有过敏性鼻炎,要求使用纯棉布草,房价打八折,入住时间预计4天,本月6日到店。

2. 假设你和同学要去某城市自助旅行,本月8日抵达该地,为自己预订当地一家酒店,含免费早餐,用信用卡付账。

3. 假设你是酒店前厅部前台服务员,来自台湾的客人余达预订酒店大床房2间,每间房450元/天,要求采用现金付账,预交押金3 000元。经了解你知道该客人属于商务客人,向其推荐商务套房,价格为650元/天。

每组同学以抽签的方式决定完成任务的班次,决定后通过排练,讨论确定任务完成方案,最后进行情景表演。

步骤三　客房预订演示

每个工作小组展示任务的完成过程中,各选出一名代表进行录像,任务完成后,各组通过任务回放进行自评、互评。教师在学生完成任务过程中进行评价。最后以上三种打分相加的总分为每名学生的最后得分。

【学习考核与评价】

1. 教师评价。从中找出优缺点、不足和错误,指出努力方向,进行评分,奖励优秀的小组及个人。进一步掌握正确的工作过程与工作方法,训练学生工作能力、自我监控能力和评价能力。

任务评分见表2.2-2。

表2.2-2　任务评分(满分70分)

小组编号:　　　　　　　　　　　　　　　　　　学生姓名/学号:

标准	序号	评分项目	5分	得分
完成的正确性	1	是否正确拼写宾客姓名及地址		
	2	是否正确输入宾客账单常用语言		
	3	是否掌握客人对房间的喜好,正确填写客人特殊要求		
	4	是否正确填写客人所属团队		
	5	是否正确填写客人到达时间及所住间夜		
	6	是否正确填写客人价格代码		

续表 2.2-2

标准	序号	评分项目	5分	得分
完成的正确性	7	是否正确与客人确认价格		
	8	是否确认预订类型		
	9	是否确认客人付款方式		
	10	是否询问客人特殊要求		
	11	房价折扣、自用房、不能挂账填写是否正确		
	12	预订员是否签名		
完成的流畅性	13	完成任务是否流畅,有1处停顿扣1分,有2处停顿扣2分,有3处停顿扣3分,有4处以上不得分		
仪容仪表	14	仪容仪表符合预订员要求,仪态大方,服饰干净。不化浓妆,头发干净整齐,修剪指甲。有1处扣1分,3处以上不得分		
总分				

2. 各小组整理教材、教学参考资料,引导学生建立本学习领域的学习档案,训练学生的工作方法能力。

【思考题】

1. 了解某酒店客房预订的方式、主要渠道、操作规程,写出书面报告。

2. 了解某酒店超额订房及订房纠纷处理情况。

3. 如何做好酒店的预订工作?

【案例】

RJ公司是一家知名公司,一次该公司安排一名重要客户入住酒店,由于预订员的疏忽没有看清预订单上标明客人有吸烟要求,因此将客人分配入了无烟房间。预订单上注明客人入住时在VIP室办理手续,未注明享受VIP待遇,且客人无VIP客史档案,预订员也未向销售部核实便按一般客人安排,使这位高档商务客人未享受贵宾待遇,该客人对此提出投诉。

点评:

客房预订业务是一种技术性较强的工作,如果不认真仔细就有可能出现差错。预订员的职责就是要按照预订单上客人的要求做好预订工作。做预订工作时,需要仔细审阅预订说明,细心、认真、负责地做好预订工作。

(1)预订员在做预订时不可丢项、缺项,尤其是客人是否吸烟、是否享受VIP待遇等,遇有不清楚的问题一定要与有关部门或有关人员核实清楚。

(2)假如RJ公司的重要客人因为未享受VIP待遇而拒绝与RJ公司洽谈生意,使RJ公司受到重大损失,RJ公司进行强烈投诉,此事解决起来将非常棘手。

(3)部门经理、主管、领班应对员工加强工作责任心的教育和培训,加强现场的督导检查。

项目三　前厅接待服务与管理

【项目描述】

为客人办理散客入住登记、办理团队入住登记手续并输入酒店前台操作系统。

【项目目标】

能力目标：

1. 能够迅速熟练地按要求做好岗前准备工作。
2. 能针对有预订的散客、团队等不同类型宾客制定客房预分方案。
3. 能够按要求准确填写各类表单、报表。
4. 会根据客人的特点、要求向未预订的客人推荐合适的客房。
5. 能安排客人参观房间服务。
6. 能够按照要求完成团队客人的迁入业务。
7. 能够妥善地办理换房、加床与客人延期续住等手续。
8. 能够运用酒店计算机管理系统进行办理入住手续、客房状况的控制和调整。

知识目标：

1. 了解前台接待工作的各项业务及工作程序。
2. 掌握处理接待工作中的常见问题。
3. 掌握客房分配的艺术。
4. 掌握房态类型、客房类型。
5. 熟悉常见问题的处理方法及对策。
6. 掌握宾客入住登记表的填写方法及入住接待程序。

素质目标：

1. 具备良好的酒店服务意识。
2. 在接待酒店顾客时，做到文明待客，礼貌待人。
3. 养成积极主动的工作态度。
4. 对客服务中，特别是遇到突发事件时，保持头脑清醒，处事沉着冷静、有条不紊。
5. 在为外宾办理入住登记过程中使用礼仪英语。
6. 在接待外宾时，尊重他国风俗习惯，做到文明待客。

工作任务一　办理散客入住登记

【任务分析】

班级学生 2 ~ 3 人一组，一人扮演酒店前厅部接待员，其他人扮演将要入住酒店的客人，教师设置入住过程中突发问题或客人的特殊要求，该组学生根据要求完成散客入住程序并将入住信息填表、输入酒店前台操作系统。

【任务布置】

为开封来旺达酒店办理当天到店的散客入住登记手续。

【相关知识】

一、入住接待准备

接待处应按照预订客人的情况进行分房，预分方案应按如下顺序进行：

(1)制定用房预分方案。

(2)检查待出售房间。

(3)准备入住资料。

(一)房态类型、客房类型

(1)可供出租状态(available for sale)：指客房已经打扫整理，一切准备就绪，随时可供出租使用。

(2)住客状态(occupied)：指客房已出租，正由客人占用，客人尚未离店。

(3)正在转换状态(on change)：指原占用客房的客人已退房，正在打扫，就绪后可出租。

(4)待维修状态(out-of-order)：指该客房将要或目前正在进行内部整修，近期不能出租。

(5)保留状态(blocked)：指某个房间在为客人保留，不能将其出租给其他客人。

(6)外宿未归房(sleep out room)。

(7)请勿打扰房(do not disturb room)。

(8)双锁房(doubled locked room)。

(二)散客入住接待程序

(1)欢迎/确认客人需求：Welcome/identifying needs。

(2)确认预订信息：Confirmation of details。

(3)将预订信息输入电脑并与客人确认：Locate reservation in system and confirm reservation with guests。

(4)向客人索取证件并在系统中确认客人名字拼写：Ask guest for identification and verify spelling of name in system。

(5)收取付账凭证，如单据：Collect payment correspondence i. e. voucher。

(6)确认其他预订信息：Confirmation of reservation details。

(7)登记：Registration。

(8)递上住宿登记卡，让客人填写其他信息：Present the registration card to the guest for further completion。

①详细住址：Request to fill out address。

②公司名称及地址或索取名片：Request company name and address or collect business card。

③邮件地址及签字：E-mail address and signature。

④标出房间号码和离店日期：Circle room number and departure date。

⑤亲笔签名：Request signature。

(9)确认付款方式：Clarication of payment。

通常，宾客采用的付款方式有现金、信用卡、转账等。具体操作步骤和方法如下：

①现金付款方式：

a. 根据酒店制定的预付款政策，判断宾客是否需要预先付款。

b. 根据宾客的住宿要求，确定预付款的数额。

c. 确定宾客的信用额度。

②信用卡付款方式：

确认信用卡能否接受（是否属于中国境内银行规定的可在本酒店使用的信用卡）。

a. 确认信用卡有效期。

b. 根据宾客的住宿需求，向银行索取预授权额度。

c. 确定宾客信用额度。

③转账付款方式：

a. 确认转账要求已获批准。

b. 声明属于转账款项的具体范围（如房费、餐费、长话费、传真费或全部）。

c. 确定宾客信用额度。

（10）寻找向上销售的机会：Looking for up-selling opportunities。

向上销售是一种销售技巧，是指销售人员试图让客户购买更昂贵的物品、升级或是另一种更加盈利的服务或产品。向上销售是使服务或产品有更大化收益，同时向上销售也可以向顾客清楚地显示他或她以前可能没有考虑到的其他的选择。

（11）定价：Set a price。

按照接待程序，开房员（接待员）在已预订的宾客抵店前，就应根据宾客预订的需求，排房定价。但其中有多方面的因素，开房员（接待员）在排房间时，要予以考虑，安排客房时也应遵循某些顺序和原则。

一般排房顺序为：①团队/会议；②VIP 客人和常客；③已付定金的宾客；④要求延期离店的宾客；⑤有准确抵店日期、时间的普通宾客；⑥散客。

排房的原则为：

①团队/会议团应安排在同一楼层或相邻的楼层。

②国内外宾客应安排在不同楼层。

③残疾人、老年人和带小孩的宾客应尽量安排在靠近电梯或低层客房，这样可以方便他们活动。

④不要将有敌对关系的顾客安排在同一楼层或邻近的房间。

⑤对于有特殊要求的宾客，要尽量满足他们的要求。

⑥确定房价时，开房员（接待员）必须遵守预订确认书中已确定的报价，不能随意更改。

⑦酒店在接待已预订的 VIP、商务行政楼层宾客、高规格团队/会议抵店前，应做好所有文件、资料的准备并根据酒店接待 VIP 的规定，对房间做相应的布置和检查，以确保 VIP 接待程序所要求的高标准、高规格。

⑧对未经预订、直接抵店的散客，开房员（接待员）要在充分了解客人愿望的基础上，根据酒店的房况，进行排房、定价工作。

⑨为宾客安排房间，确定房价后，必须向宾客报价，获得宾客的确认。

（12）完成其他登记步骤：Finishing the check-in。

①对于已经办理预订手续的宾客：酒店已经掌握了宾客的部分资料，开房员（接待员）

应在宾客抵达之前,准备好入住登记表,填好已知的项目,等宾客到达后再补填其他的项目并请宾客签名。

②对于 VIP 客人和常客:酒店则应根据客史档案所掌握的宾客资料更加灵活地简化登记程序。

③对于团队或会议的入住:酒店可以按照具体的接待要求和排房名单,提前安排好房间,并准备好团队/会议入住登记表、房卡、钥匙、宣传册、餐券等,提前交给陪同(或会议组织者会务组),在抵店途中或在酒店内指定位置办理相关手续。

④对于未经预订而直接抵店的散客:因酒店方面无法预知,所以在办理入住登记时,开房员(接待员)应尽量提供帮助,缩短办理时间。宾客填写入住登记表时,开房员(接待员)应礼貌地请宾客出示其有效证件(护照、居住证、身份证、军官证等),迅速准确地查验证件,核对宾客的年龄、证件号码、签证种类及有效期等相关内容,以保证准确和安全。

(13)填写有关表格。

宾客办理完入住登记后,将宾客在入住登记表内所填的信息输入电脑并将与结账有关的详细信息(折扣、信用卡号码、享受免费日期、付款方式等)输入宾客账单内。

二、酒店前台操作系统相关知识

(一)当天预计到店预订(Arrival)

Arrivals 窗口显示当天预计到店的全部预订,如图 2.3-1 所示。

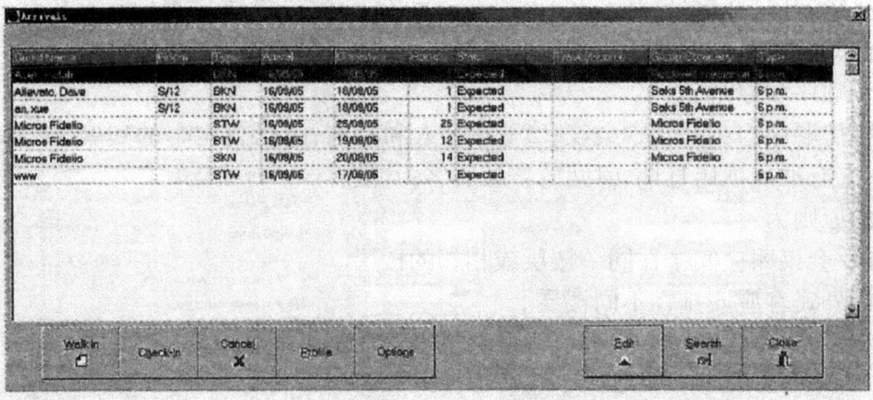

图 2.3-1 当天预计到店预订

注:所有预计到达的预订的状态均为“Exected”。

(二)在住客人(Guest In House)

宾馆会为店外客人查找店内客人或因为前台的一些业务而查找在住客人,例如:前台中班员工查找在住客人的 High Balance 等。

同样查找在住客人的预订也是两种方法:一种是标准查找,如图 2.3-2 所示。另一种是前台登记查找。前台登记本上记录下客人信息,客人预订的房型、房数、客人的联系方式以及到店时间。

(三)预订分配房间(Room Blocking)

在实际运营中,为客人做好预订以后,宾馆前台的员工会在某些客人到店之前为其提前

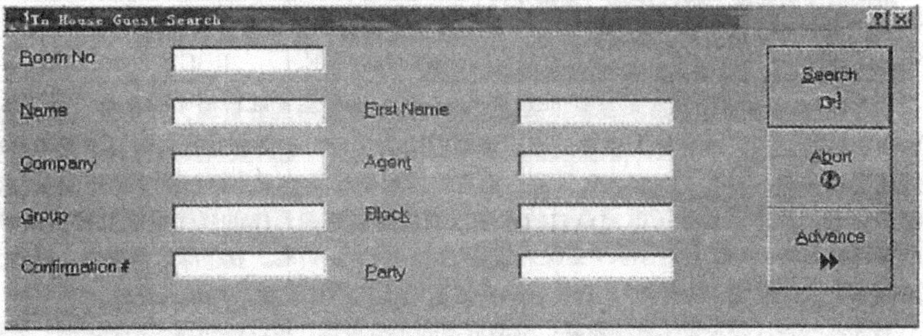

图 2.3-2　In house 标准查找

分派好房间，系统称之为 Room Blocking(派房)。每一个客人在为自己作预订时，都会跟宾馆提出自己对房间的要求，例如：King Bed 或 Twin Beds、Floor、Smoking 或 No-Smoking 等。前台员工可依据客人的预订要求提前为其分配房间(见图 2.3-3)。

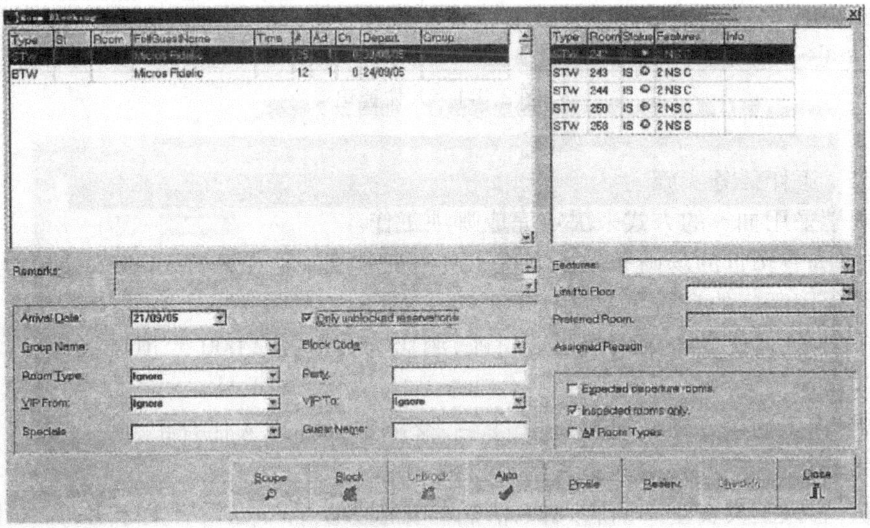

图 2.3-3　预订分配房间页面

也可以在预订界面中的 Room 字段直接为客人选择房间号码。

【任务实施】

步骤一　情景引入(布置任务，分组)

前厅部展会

1. 前厅部经理公布今日即将到店的顾客名单。

2. 在早、中、晚三个班次中安排负责接待小组。

3. 每日培训——今日培训内容：

(1)服务精神基本须知；

(2)掌握酒店房态类型、客房类型；

(3)回顾本酒店入住登记服务流程及标准，谈谈如何才能高效准确地为顾客办理入住登记服务(见图 2.3-4)；

(4)基本须知条例、工作流程。

中文姓名 NAME IN CHINESE	外文姓名 MR/MRS SURNAME GIVEN NAME	房号 ROOM NO.	房价 ROOM RATE
国家或地区 COUNTRY OR AREA	证件名称 NAME OF CERTIFICAIE	证件号码 NUMBER OF CERTIFICATE	
性别 SEX	出生日期 DATE OF BIRTH	入境日期 DATE OFENTRY PORT OF ENTRY	
抵店日期 DATE OF ARRIVAL	住址 HOME	入境口岸 PORT OF ENIRY	
离店日期 DATE OF DEPARTURE	停留有效期至 VISA VALIDITY	签证种类及号码 TAPE OF VISA AND NO	
预付方式 METHOD OF PAYMENT	接待单位 RECEIVER	贵重物品请存前台 SAFE BOX SERVICE	
备注: NOTES		贵宾签名 GUEST'S SIGNATURE	
接待员签名 RECEPTIONST'S SIGNATURE		收银员签名 CASHIER'S SIGNATURE	

图 2.3-4　入住登记

步骤二　工作任务实施

每组同学采用抽签的方式来决定完成哪项工作。

1. 早班:为有预订的汤姆斯先生办理入住登记服务,客人交了 3 000 元押金,并且告知前台每天要租用酒店的自行车,费用 50 元/天。

2. 午班:客人珍妮女士采用信用卡付账,酒店为其刷掉 2 000 元预授权,该客人要求账单上不打印客房价格。

3. 晚班:运用酒店管理系统为李明、李三、李霞三人办理入住登记,其中李三、李霞的所有费用由李明来负责支付(客人个人信息自拟)。

4. 夜班:客人王爽女士到酒店入住,酒店前台服务员告知已没有大床房,客人很不满意,认为自己已经预订酒店的客房,找大堂副理投诉,酒店大堂副理决定为其免费升级到商务大床房,房价为原来的大床房房费。

工作要求:

1. 接待人员在工作时能灵活运用所学所见的知识、技能。

2. 组内成员能合理进行分配和协力完成工作任务。

每组同学以抽签的方式决定完成任务的班次,决定后通过排练,讨论确定任务完成方案,最后进行情景表演。

步骤三　成果展示及评定反馈

每个工作小组展示任务的完成过程中,各选出一名代表进行录像,任务完成后,各组通过任务回放进行自评、互评,教师在学生完成任务过程中进行评价。最后以上三种打分相加的总分为每名学生的最后得分。

【学习考核与评价】

教师评价。从中找出优缺点、不足和错误,指出努力方向,进行评分,奖励优秀的小组及个人。进一步掌握正确的工作过程与工作方法,训练学生工作能力、自我监控能力和评价能力。

任务评分见表 2.3-1。

表 2.3-1　任务评分（满分 50 分）

小组编号：　　　　　　　　　　　　　　　　　学生姓名/学号：

标准	序号	评分项目	5 分	得分
完成的正确性	1	是否对客人表示欢迎		
	2	是否正确拼写宾客姓名及地址		
	3	是否掌握客人对房间的喜好，确认客人特殊要求		
	4	是否正确填写客人预订来源		
	5	是否正确与客人确定价格、房号		
	6	是否确认客人付款方式		
	7	房价折扣、自用房，不能挂账填写是否正确		
	8	入住登记单填写是否正确		
完成的流畅性	9	完成任务是否流畅，有 1 处停顿扣 1 分，有 2 处停顿扣 2 分，有 3 处停顿扣 3 分，有 4 处以上不得分		
仪容仪表	10	仪容仪表符合预订员要求，仪态大方，服饰干净，不化浓妆，头发干净整齐，勤剪指甲。有 1 处扣 1 分，3 处以上不得分		
总分				

【思考题】

1. 运用酒店管理系统为李明、李三、李霞三人办理入住登记，其中李三、李霞的房费由李明来负责支付，其他费用自理（客人个人信息自拟）。

2. 为散客陈华（客人个人信息自拟）办理登记入住。

工作任务二　办理团队入住登记

【任务说明】

班级学生 3～4 人一组，一人扮演酒店前厅部接待员，其他人扮演将要入住酒店的客人，教师设置入住过程中突发问题或客人的特殊要求，该组学生根据要求完成团队入住程序并将入住信息填表、输入酒店前台操作系统。

【任务布置】

为开封来旺达酒店接待的宝玲公司的团队客人办理团队入住登记手续，并解决客人的突发问题。

【相关知识】

一、入住接待

（一）入住接待准备

（1）根据销售部发来的团队/会议的订房要求（团队/会议接待通知单）和排房名单提前 1～2 天安排好客房。

(2)准备好客房钥匙及其他物品(房卡、欢迎信、酒店宣传册、餐券等)。

(3)如果是大型团队/会议,应在大厅某个地方设置。

团队/会议接待处,准备好客房钥匙及其他物品,竖立醒目的写有团队、会议名称的告示牌。

(4)有些酒店设有机场代表,团队/会议客人抵达机场时,机场代表应前去迎接客人并与陪同或领队联系,然后将宾客乘坐车辆的车号、行李件数、离开机场的时间以及其他注意事项通知酒店大厅值班台,由他们再通知销售部和接待部。

(二)房态类型、客房类型

空房:VC(Vacant Clean)。

走客房:VD(Vacant Dirty)。

未做住客:OD(Occupied Dirty)。

已做住客:OC(Occupied clean)。

待修房:O. O. O (Out Of Order)。

预计退房:ECO (Estemated Check Out)。

无烟房:NS(No Smoking)。

外睡房:S/O (Slept Out)。

双锁房:D/L (Double Lock)。

请勿打扰:DND (Do Not Disturb)。

请即打扫:MUR(Make Up Room)。

拒绝服务:RS (Refuse Service)。

无行李:N/B (No Baggage)。

少行李:L/B (Light Baggage)。

重要客人:VIP(Very Important People)。

长住客:LSG(Long Staying Guest)。

结账:C/O (Check Out) 。

入住:C/I (Check In)。

(三)入住相关表格(中英文)

团队入住登记表

GROUP REGISTRATION

团名 Grp. Name	国籍 Nationality	预订号 Bkg No.
抵店日期 Arr. Date	离店日期时间 Dep. Date. Time	出行李时间 Baggage Out

日期 Date					
叫醒时间 Morning Call					
膳食 Meal	早				
	中				
	晚				

全陪房号 Nation Guide	地陪房号 Local Guide	领队房号 Grp. Leader	团员房号 Others

备注
Remarks

人数 No. of Persons		房数 No. of Rooms		报账单位 Charge To	签名 Signature
成人 Adult		双人房 Twin			
小孩 Children		陪同 Tour Escort			
陪同 Guide		加床 Exb			
总计 Total		总计 Total		备注 Remarks	

进店行李 Baggage In	件数 Pieces	行李员签收 Bellman	旅行社签收 Agent
备注 Remarks			

销售 Grp. Coordinator　　　　　　　　　　　　日期 Date

（四）团队入住接待程序

（1）宾客抵店时，由销售部工作人员或前厅部主管迎接至团队入住登记处。

（2）与陪同或领队再次核对并确认下列事项：

用房数有无变化；人数和宾客姓名有无变化；用餐要求有无变化并确认开餐时间、地点；对叫醒服务的要求；团队及行李离店时间的安排。

（3）协助陪同或领队分房。

（4）将宾客送上电梯。

（5）客房部主管及楼层服务员在楼层电梯厅迎接宾客。

（6）行李到达后，尽快组织人力将行李送至客房。

（五）信息管理

（1）填写团队/会议接待单，将经过最后核对确认的团队/会议信息通知有关部门。

（2）制作团队/会议主账单和分账单。

二、酒店前台操作系统相关知识

（一）在进行团体接待之前要掌握团体预订（Group Reservation）

（1）标准团队预订：用来处理同时到达、同时离开、需求相同或近似的标准旅行团队的业务。通常预订同类型的房间。除各个团员各自形成独立债务人之外，还有共同的主要债务人，即 Pay Master，负担大部分账务的结算。

（2）Block（高级团体预订）：用来处理陆续到达、陆续离开的各种非旅行团队形式的团体业务，如大型会议、婚宴用房、分销机构的分销业务等。Block 是若干独立的个体预订和标准团队的集合，每个预订都有自己的债务人。

标准团队由两个重要成分组成：Group Master 或 Pay Master（PM）预订、Group Profile 团队的客史档案。

标准团队的 Group Master 是主要债务人，理应形成一个 PM 预订。如果希望针对团体机构作统计的话，那么需要为这个 Group Master 创建 profile 并将其与该预订绑定。由于标准团队预订是由若干个体预订组成的，因此每个团员也应有自己的个体 Profile。

（二）团队订房特点

（1）人数多，集体订房。

（2）订房早、变更频繁。

（3）要求优惠。

【任务实施】

步骤一　情景引入（布置任务，分组）

前厅部展会

1. 前厅部经理公布今日即将到店的顾客名单。

2. 在早、中、晚三个班次中安排负责接待小组。

3. 每日培训——今日培训内容：

（1）服务精神基本须知。

（2）掌握酒店房态类型、客房类型。

（3）回顾本酒店入住登记服务流程及标准，谈谈如何才能高效、准确地为顾客办理入住登记服务。

（4）基本须知条例、工作流程。

步骤二　工作任务实施

要求：宝玲公司的客人一行 16 人于本月 8 日入住开封来旺达酒店，入住时间为 4 个间夜，客人的入住信息如下：

2010 年 6 月 8 日标准间 2 间，大床间 3 间。

2010 年 6 月 9 日标准间 3 间，大床间 3 间，套房 1 间。

2010 年 6 月 10 日标准间 3 间，大床间 3 间。

2010 年 6 月 11 日标准间 3 间，大床间 3 间，套房 3 间。

根据客人需要为其分房，按到店先后顺序办理入住，并解决客人的特殊要求。

1. 早班：酒店接待员负责为来自德国宝玲总部的 White 夫妇办理入住登记服务，客人要求格外安静的住宿环境。

2. 中班：酒店接待人员负责为来自深圳宝玲销售服务中心的要求入住带有迷你厨房的 Ann 女士及要求入住连通房的 Smith 先生及 Williams 先生办理入住登记服务，Ann 女士是本团团主，要求本团团员所有房费都由 Ann 女士付费。

3. 晚班：酒店接待员接待来自开封宝玲的要求入住带有无线上网办公环境的 Martin 先生、要求客房内带有会客功能的 Wilson 先生，两位先生要求将各自的酒吧消费单独列入账单中。

工作要求：

1. 接待人员在工作时能灵活运用所学所见的知识、技能。

2. 组内成员能合理进行分配和协力完成工作任务。

3. 将客人账目加入宝玲公司的账页中，所有客人消费的账目由华晨宝马公司支付。

每组同学以抽签的方式决定完成任务的班次，决定后通过排练，讨论确定任务完成方案，最后进行情景表演。

步骤三　成果展示及评定反馈

每个工作小组展示任务的完成过程中，各选出1名代表进行录像，任务完成后，各组通过任务回放进行自评、互评，教师在学生完成任务过程中进行评价。最后以上三种打分相加的总分为每名学生的最后得分。

【学习考核与评价】

1. 教师评价，从中找出优缺点、不足和错误，指出努力方向，进行评分，奖励优秀的小组及个人。进一步掌握正确的工作过程与工作方法，提高学生工作能力、自我监控能力和评价能力。

2. 各小组整理教材、教学参考资料，引导学生建立本学习领域的学习档案，训练学生的工作方法能力。

任务评分见表2.3-2。

表2.3-2　任务评分(满分50分)

小组编号：　　　　　　　　　　　　　　　　学生姓名/学号：

标准	序号	评分项目	5分	得分
完成的正确性	1	是否对客人表示欢迎		
	2	是否正确拼写宾客姓名及地址		
	3	是否掌握客人对房间的喜好，确认客人特殊要求		
	4	是否正确填写客人所属团队		
	5	是否正确与客人确认价格、房号		
	6	是否确认客人付款方式		
	7	是否对客人账目进行正确管理		
	8	入住登记单填写是否正确		
完成的流畅性	9	完成任务是否流畅，有1处停顿扣1分，有2处停顿扣2分，3处停顿扣3分，4处以上不得分		
仪容仪表	10	仪容仪表符合预订员要求，仪态大方，服饰干净，不化浓妆，头发干净整齐，修剪指甲。有1处扣1分，3处以上不得分		
总分				

【思考题】

1. 王丹、王同、李铭分别是开封旅行社的客人，请为以上客人办理登记入住手续，并将他们的费用处理成由开封旅行社支付的形式。

2. 河南省中青国际旅行社开封三日游团队010302号团入住开封来旺达酒店，入住日期为3月1日~3日，1日标准间4间，2日大床间3间、标准间2间，3日大床间2间、标准间4间，请为其进行预订。

【案例】

一位客人来到前台，在办理入住手续时向服务员提出房价7折的要求。按酒店规定，只向住房5次以上的常住客提供8折优惠。这位客人声称自己也曾多次住店，服务员马上在电脑上查找核对，结果没有发现这位先生的名字，当服务员把调查结果当众道出时，这位先生顿时恼怒起来。此时正值总台入住登记高峰期，由于他的恼怒、叫喊，引来了许多不明事由宾客的好奇的目光。

点评：

处理类似事件时，应按以下几点进行：

(1)前台服务人员遇到这种情况，应及时请示部门经理，不宜当众揭穿客人的谎言，避免客人难堪，恼羞成怒。

(2)由前厅经理或前厅管理人员将客人带离现场，或请客人到茶座或咖啡厅休息。

(3)先听取客人意见，然后进行细致耐心的疏导工作。

(4)坚持酒店规定8折优惠的条件，但对这位客人也要享受优惠的心情，表示理解和同情。

(5)在酒店内部规定的允许范围内，对这位客人给予适当的照顾和帮助。

(6)对客人能够理解、支持酒店的规章制度，表示诚挚的谢意。

服务人员在处理类似问题时要特别注意的是：通过电脑核查、显示的结果不要声张，特别是对不符合优惠条件的客人，要由专人特殊处理，避免不愉快事情的发生。

兑现承诺，一切为客人着想，满足客人个性化、合理而可能的要求。

项目四　前厅收银服务与管理

【项目描述】

通过完成任务能够为宾客兑换外币、为客人提供贵重物品寄存等服务;能够进行前台账务处理、为宾客离店结账。

【项目目标】

能力目标:

1. 会应用酒店预订系统。
2. 会建立客人账户、入账。
3. 会使用计算机酒店管理软件、验钞机、点钞机。
4. 能够较熟练地办理宾客离店支票、现金、信用卡结账手续。
5. 能够较熟练地兑换几种常用外币。
6. 能熟练地办理贵重物品寄存服务手续。
7. 能办理延迟结账业务。

知识目标:

1. 掌握总台账务处理、外币兑换服务的程序及工作要点。
2. 掌握贵重物品的保管程序及注意事项。
3. 掌握宾客住店期间账务处理和宾客离店结账服务的程序及注意事项。

素质目标:

1. 具备良好的酒店服务意识。
2. 在接待酒店顾客时,做到文明待客,礼貌待人。
3. 养成积极主动的工作态度。
4. 对客服务中,特别是遇到突发事件时,保持头脑清醒,处事沉着冷静、有条不紊。
5. 能够拾金不昧,服务外宾时不卑不亢。
6. 具有会计、金融、货币常识。

工作任务一　为外宾兑换外币、为客人提供贵重物品寄存

【任务分析】

班级学生 1 ~ 2 人 1 组,一人扮演酒店前厅部接待员,其他人扮演入住酒店的客人,教师设置入住期间突发问题或客人的特殊要求,该组学生根据要求完成并将相关信息输入酒店前台操作系统。通过完成任务,学生能够为客人办理外币兑换服务和行李寄存服务。

【任务布置】

1. 为入住开封来旺达酒店的外宾兑换外币。
2. 为入住开封来旺达酒店的客人提供贵重物品寄存等服务。

【相关知识】

一、外币兑换相关知识

(一)兑换知识

目前,国内酒店外币兑换处承兑的外币种类有12种:美元、英镑、欧元、日元、瑞士法郎、澳大利亚元、加拿大元、港币、丹麦克朗、挪威克朗、瑞典克朗、新加坡元。

(二)外币兑换程序

外币现钞兑换的服务程序如下:

(1)客人前来兑换外币,要热情问好,了解客人的兑换要求,同时请客人出示护照或有效证件。

(2)清点查收宾客需兑换的外币及金额。

(3)使用货币识别机鉴别钞票真伪,检查其是否属现行可兑换的外币。

(4)认真填写兑换水单。根据当日现钞牌价,将外币名称、金额、兑换率、应兑金额及客人姓名、房号等准确填写在水单相应栏目中。

(5)按当日外汇牌价进行准确换算,实行收款员核算和复核员审核两级控制制度,以确保兑换数额清点正确。

(6)请客人在水单上签名。

(7)再次检查复核,确保其正确。

(8)确保无误后,将水单和兑换的款额交给客人,并礼貌地向客人道别。

二、贵重物品保管服务程序

(1)客人前来保管贵重物品时,要主动热情地向宾客介绍保管方法和注意事项,了解客人的寄存要求。

(2)问清客人的姓名、房号,请客人填写一式两联的“贵重物品寄存单”并注意在电脑上查看姓名、房号与客人填写的是否一致。

(3)依据宾客需求,选择相应规格的保险箱,并将保险箱号码记录在寄存单的箱号栏内。

(4)与客人一起,使用总钥匙与分钥匙同时打开保险箱门,取出存放盒,打开盒盖,由宾客亲自将所寄存的物品存入盒内,盖上盒盖。

(5)将存放盒和寄存单第一联放入保险箱,双方共同上好锁并轻轻拉放,确认是否已锁好。取下钥匙,经宾客认可,将该箱分钥匙和寄存单第二联呈交宾客,总钥匙则留在前厅收银处保管。

(6)客人前来领取保管的物品时,请客人出示寄存单并签字,经确认无误后,与客人共同拿出钥匙同时开启保险箱,物品由客人自取。

(7)若客人终止存放,将物品全部取走,必须收回第二联寄存单和客人的钥匙,请客人在终止栏内注明日期、姓名,以备核查。

(8)在客用安全保险箱使用登记簿上,做终止记录。

三、保险箱钥匙遗失的处理

(1)若宾客遗失了保险箱分钥匙,酒店一般都有明文规定要求宾客做出经济赔偿。

(2)若宾客将保险箱钥匙遗失，又要取所存物品时，必须征得宾客赔偿的同意后，在宾客、当班收银员及酒店保安人员在场情况下，由酒店工程部有关人员将该保险箱打开，请客人取走所有物品并做好记录，以备核查。

(3)宾客贵重物品丢失的处理。

首先，看客人贵重物品是否寄存了。如果客人未按酒店的要求办理寄存手续，消费者即使起诉也难以得到支持，一般只有等待公安机关破案。酒店作为经营单位，有义务在设施、设备、人员配置上保证消费者人身、财产安全不受侵犯。丢失物品后，如果消费者能指出酒店存在明显过错，如酒店没有保安人员、客房的房门可随便被打开等情况，酒店将在过错范围内承担责任。

其次，看客人寄存贵重物品时有无说明。依据我国《合同法》的相关规定，寄存人寄存贵重物品应当向保管人说明，由保管人验收或封存。寄存人未声明的，该物品毁损、灭失后，保管人可以按照一般物品予以赔偿。如果客人未能提供证据证明自己已向酒店言明寄存物品是贵重物品及具价值的证据，酒店的该保管责任只是限定在一个合理范围内，超出部分则不会得到支持。

最后，客人寄存了贵重物品且向保管人说明了，最终客人贵重物品还是丢失了，那酒店对客人贵重物品的丢失应承担全额赔偿的责任。

【任务实施】

步骤一　情景引入(布置任务，分组)

前厅部展会

1. 前厅部大堂副理李威公布今日工作。

2. 早、中、晚三个班次中出现客人的特殊要求要给予满足。

3. 每日培训——今日培训内容：

(1)掌握外宾兑换的基本要求和程序。

(2)掌握外宾兑换使用的常用英语。

(3)掌握客人将保险柜钥匙遗失的处理原则。

(4)掌握贵重物品寄存的基本程序。

步骤二　工作任务实施

1. 早班：1501 房的澳大利亚籍客人汤姆斯先生要求用 3 000 美元换等值的人民币。

2. 中班：1102 房的韩国籍客人李东文先生丢失了自己的保险柜钥匙，应如何处理？

3. 晚班：1901 房的美籍客人 Lisa 要求前台为其保存她的钻石项链。

每组同学以抽签的方式决定完成任务的班次，决定后通过排练，讨论确定任务完成方案，最后进行情景表演。

步骤三　成果展示及评定反馈

每个工作小组展示任务的完成过程中，各选出 1 名代表进行录像，任务完成后，各组通过任务回放进行自评、互评，教师在学生完成任务过程中进行评价。最后以上三种打分相加的总分为每名学生的最后得分。

【学习考核与评价】

1. 教师评价。从中找出优缺点、不足和错误，指出努力方向，进行评分，奖励优秀的小组及个人。进一步掌握正确的工作过程与工作方法，训练学生工作能力、自我监控能力和评价能力。

任务评分见表 2.4-1。

表 2.4-1 任务评分(满分 100 分)

小组编号:　　　　　　　　　　　　　　　　学生姓名/学号:

序号	评分项目	4 分	8 分	12 分	16 分	20 分
1	完成服务质量					
2	程序完成的正确性					
3	完成的流畅性					
4	表情和肢体语言					
5	精神面貌、仪容仪表					
总分						

课上任务各项评分见表 2.4-2。

表 2.4-2 课上任务各项评分

序号	评分项目	20%	40%	60%	80%	100%
1	完成服务质量	无法为顾客提供此项服务	不能按时完成任务,在服务过中出现 3 处以上的错误	不能按时完成任务,在服务过程出现 2~3处错误	能够按时完成任务,在服务过程中出现 1 处错误	能够按时完成任务,服务过程准确完整
2	程序完成的正确性	程序完成中出现 5 处以上错误	程序完成中出现 3~5 处错误	程序完成情况基本正确,出现 1~2 处错误	程序完成情况良好,出现 1 处错误	程序完成情况良好,无错误
3	完成的流畅性	表演过程中出现 5 次以上停顿,表演混乱无序	表演过程中出现 3~5 次停顿,组员之间缺乏配合	表演过程中出现 2~3 处停顿,组员之间配合默契	表演过程中出现 1 处停顿,组员之间配合默契	表演过程流畅,组员之间配合默契
4	表情和肢体语言	在表演过程中,表情紧张、无相应的肢体语言	在表演过程中,表情较为紧张、能运用少量的肢体语言	在表演过程中,表情较为自然,能运用少量语言	在表演过程中,表情较为自然,能运用相应的肢体语言	在表演过程中,表情大方得体,肢体语言运用流畅自如
5	精神面貌、仪容仪表	在表演中情绪消极、仪容仪表不符合酒店标准	较为被动、仪容仪表不符合酒店标准	能主动进入角色,仪容仪表基本符合酒店标准	能主动配合他人完成表演,仪容仪表符合酒店标准	在表演中起到带动作用,积极参与表演,仪容仪表符合酒店标准

2. 各小组整理教材、教学参考资料，引导学生建立本学习领域的学习档案，训练学生的工作方法能力。

【任务小结】

本任务主要介绍了如何运用酒店管理系统为客人办理贵重物品寄存服务和港币兑换人民币服务。

【思考题】

1. 运用酒店管理系统为0701房的李婷办理贵重物品寄存服务。

2. 运用酒店管理系统为0601房的张伟办理港币兑换人民币服务。

工作任务二　前台账务处理、离店结账服务

【任务分析】

班级学生2~3人1组，1人扮演酒店前厅部接待员，其他人扮演入住酒店的客人，教师设置退房结账期间突发问题或客人的特殊要求，该组学生根据要求完成并将相关信息输入酒店前台操作系统，结账、收银。通过完成任务，学生能够为客人办理入账服务和退房服务。

【任务布置】

1. 告知本次课的能力目标

(1)通过分组，进行角色扮演，完成为宾客住店期间挂账、杂项消费入账服务。

(2)通过分组，进行角色扮演，完成为宾客办理离店结账服务。

2. 告知本次课的知识目标

(1)了解客人住店期间哪些费用可以挂账，怎样判断客人是否可以挂账。

(2)掌握客房挂账及杂项入账的基本程序。

(3)掌握为宾客办理离店结账服务基本程序。

【相关知识】

一、为客人结账相关知识

(一)为宾客办理离店结账服务相关英文词句

例：

Receptionist: Hi there. Are you checking out now?

接待员：您好！您现在退房吗？

Kane: Yes, sorry. I know we're a few minutes late.

凯恩：是的，对不起，我知道我们迟了几分钟。

Receptionist: That's no problem. It's always really busy at check out time anyway.

接待员：没关系。反正退房的时间都挺忙的。

Kane: Oh, really. The last hotel we stayed at charged us for a late check out.

凯恩：哦，是吗？上次我们住的那家宾馆因为我们退房迟了一些就收费了。

Receptionist: The hotel isn't booked this week, so it's not a problem. How was everything?

接待员：这周宾馆没有预订出去，所以没关系。您这里一切还好吗？

Kane: The room was great. The beds were really comfortable, and we weren't expecting our own fridge.

凯恩:房间很不错。床真的很舒服,我们也没想到会有自己用的冰箱。

Receptionist:I'm glad you liked it.

接待员:对您的满意我非常高兴。

Kane:The kids were disappointed that the pool wasn't open this morning,though.

凯恩:但是,今天游泳池没有开,孩子们非常失望。

Receptionist:I apologize for that. We can't get a cleaner in any earlier than 10 am.

接待员:我对此表示道歉。我们上午10点前没有清洁工清扫。

Kane:Well,we had a nice swim last night anyhow.

凯恩:不过昨天晚上游泳感觉还是很不错的。

Receptionist:Will you be putting this on your credit card?

接待员:您用信用卡结账吗?

Kane:No. I'll pay cash.

凯恩:不,我用现金结。

Receptionist:OK. So the total comes to $134,including tax.

接待员:好的,包括税金在内一共是134美元。

Kane:I thought it was $129 even. That's what they said yesterday when we checked in.

凯恩:我想平均下来应该是129美元。这是昨天我们开房间的时候服务员告诉我们的。

Receptionist:Yes,but there is an extra room charge on your bill.

接待员:是的,但是在账单上还有一笔额外的房间费用。

Kane:Oh,I forgot. My husband ordered a plate of nachos. Sorry.

凯恩:哦,对了。我先生点了一份玉米片。不好意思。

Receptionist:No problem. So...from $140,here's your change. Now,I'll just need to ask you for your room keys.

接待员:没关系。收您140元,这是找您的钱。现在请您把房间钥匙给我。

(二)客房挂账及杂项入账的基本程序

(1)将客房部、餐饮部或其他部门出示的客人住店期间消费单中消费金额加入客人账页。

(2)如果某部门询问某客人是否可以挂账,要进入该客人账页中进行核对,不足时提醒客人续交押金或付现金。

(3)为宾客办理离店结账服务基本程序。

结账一般要求在3 min内完成。

(三)结账服务

1.散客结账服务程序

(1)礼貌地询问宾客房号,查看计算机,并打印出账单。

(2)通知楼层服务人员宾客结账退房的房号,请他迅速检查有无遗留、损坏物品。

(3)委婉地问明宾客是否有刚发生的消费费用(如电话费、房内小酒吧费、早餐费等),以免漏账。

(4)向宾客出示账单,请宾客审核、确认并在账单上签字,按已约定的付款方式向宾客收取费用或转入财务部应收账款。

(5)收回房卡。

(6)结账。

(7)询问客人住店期间感受。

(8)向客人致谢和道别,并祝其旅途愉快,欢迎再次光临。

2. 团队宾客结账程序

(1)将结账退房的团队名称、团号通知客房中心,以便检查客房酒水的使用情况。

(2)查看团队预订单上的付款方式及有无特殊要求,做到总账户与分账户分开。

(3)打印团队账单,请该团陪同在团队总账单上签字,并注明他所代表的旅行社,以便与旅行社结算。

(4)为有分账户的宾客打印账单、收银。

(5)与宾客道别。

二、财务相关知识

(一)记账(Billing)

大多数的客账操作都是通过 Billing 的功能来管理的。可以通过这些功能来选择任何客人、浏览客人账页、过账、更正现有的账目、调整之前的账目、为客人办理离店手续,也可以执行一些其他功能。当客人有消费时,宾馆会将消费额记录到对应的科目当中。过夜审时,房费会自动过账到客人指定的账页中。结账时,前台会选择相应的付款方式来结账。如果客人的账目有问题,可以通过相应的功能来为客人的账页进行调账。

(二)过账(Posting)

此功能可以用来做快速过账,即为若干房间的同一科目的各个交易手工过账,或为同一房间的不同科目的若干交易手工过账。Posting 的功能在 Billing 功能中已经包含,单独把它设立成一个功能,是为了过账方便,并且有部门权限控制的考虑。

【任务实施】

步骤一　复习上次课布置的项目任务及资料展示

用分组演示、演讲的方式来检验学生是否收集酒店纸质资料、酒店入住登记单,并对酒店有一定的认识。对每组演示、收集资料情况进行打分。

步骤二　给出任务载体

1. 若你是前台服务员李密,康乐中心服务员张静打电话询问 1709 房客人康美丽是否可以挂账,如可以,客人在康乐中心消费了 190 元,应如何入账?

2. 请为 1106 房的爱丽丝女士办理退房手续,查房时客房服务员告知该客人将咖啡洒到床单上,要赔偿 50 元。

3. 请为 1108 房的理查德、1120 房的艾弗森先生办理退房手续,理查德先生的费用由艾弗森先生支付。

4. 请为开封海外旅行社的客人办理退房手续,领队李长文先生,客人房间为 0707 房、0708 房、0709 房、0710 房。

每组同学以抽签的方式决定完成任务的班次,决定后通过排练,讨论确定任务完成方案,最后进行情景表演。

步骤三　工作演示

每个工作小组展示任务的完成过程中，各选出 1 名代表进行录像，任务完成后，各组通过任务回放进行自评、互评，教师在学生完成任务过程中进行评价。最后以上三种打分相加的总分为每名学生的最后得分。

【学习考核与评价】

1. 教师评价，从中找出优缺点、不足和错误，指出努力方向，进行评分，奖励优秀的小组及个人。进一步掌握正确的工作过程与工作方法，训练学生工作能力、自我监控能力和评价能力。

2. 各小组整理教材、教学参考资料，引导学生建立本学习领域的学习档案，训练学生的工作方法能力。

任务评分见表 2.4-3。

表 2.4-3　任务评分(满分 50 分)

小组编号：　　　　　　　　　　　　　　　　　　学生姓名/学号：

标准	序号	评分项目	5 分	得分
完成的正确性	1	是否问好		
	2	是否委婉地询问客人有无最新消费并入账		
	3	是否正确结账		
	4	是否询问客人付款方式		
	5	是否与客人确认消费并收取正确钱款		
	6	是否欢迎客人下次光临，并询问是否需要行李接送		
	7	前台操作系统是否操作正确		
	8	是否更改房态		
完成的流畅性	9	完成任务是否流畅，有 1 处停顿扣 1 分。有 2 处停顿扣 2 分，3 处停顿扣 3 分，4 处以上不得分		
仪容仪表	10	仪容仪表符合预订员要求，仪态大方，服饰干净，不化浓妆，头发干净整齐，修剪指甲。有 1 处扣分，3 处以上不得分		
评分				

【思考题】

1. 退房时，0909 房客人吉米的账目中有两套洗衣费用共计 180 元，但结账时销售部打电话说该客人为常住客，减免该客人的洗衣费用，请问该如何为该客人办理退房手续。

2. 1711 房客人王丹在开房时用现金预交押金，结账时采用信用卡支付，应如何处理？

3. 客人住店期间哪些费用可以挂账，怎样判断客人是否可以挂账。

4. 简述客房挂账及杂项入账的基本程序。

5. 简述办理离店结账服务的基本程序。

项目五 前厅问讯服务与管理

【项目描述】

通过完成任务能够为客人提供问讯、保密与留言等服务。

【项目目标】

能力目标：

1. 能有条理地完成客人的问讯。
2. 能处理客人要求的保密服务。
3. 能处理客人要求的留言服务。

知识目标：

1. 前台服务员问讯服务主要工作。
2. 保密服务注意事项。
3. 留言服务注意事项。

素质目标：

1. 具备良好的酒店服务意识。
2. 在接待酒店顾客时，做到文明待客，礼貌待人。
3. 养成积极主动的工作态度。
4. 对客服务中，特别是遇到突发事件时，保持头脑清醒，处事沉着冷静、有条不紊。
5. 服务外宾时不卑不亢。
6. 具有会计、金融、货币常识。

工作任务 为客人提供保密、留言与问讯服务

【任务分析】

班级学生1~3人1组，一人扮演酒店前厅部总机接待员或前台服务员，其他人扮演入住酒店的客人，教师设置入住期间突发问题或客人的特殊要求，该组学生根据要求完成并将相关信息输入酒店前台操作系统。通过完成任务，学生能够为客人进行房号保密、留言与问讯服务。

【任务布置】

1. 为入住酒店的客人提供问讯服务。
2. 为入住酒店的客人提供保密服务。
3. 为入住酒店的客人提供留言服务。

【相关知识】

一、酒店内部信息的问讯服务

通常涉及酒店各营业场所的服务信息，尤其是正在进行的营业推广、促销活动的信息。

具体包括：中西餐厅、酒吧、商场、商务中心所在位置、营业时间及促销内容；宴会、会议、展览会举办场所及时间；酒店提供的其他服务项目、营业时间和收费标准，如健身服务、娱乐服务、洗衣服务、医疗服务等。对于不能即刻解答的问题，应通过请教他人或查阅资料给予宾客答复。

（一）酒店外部信息的问讯服务

通常涉及酒店所在城市的旅游景点及其交通情况，酒店所在地主要娱乐场所、商业中心、政府机关部门、大专院校、企业所处位置及市内交通情况，国际国内航班飞行情况，本地各宗教场所的名称、地址及开放时间等。

由于客人对酒店外部信息的问讯涉及面很广，为了准确地回答宾客提出的问题，问讯员必须有较广的知识面，掌握大量的信息，外语流利，熟悉酒店所在城市的风光、交通情况，懂得交际礼节及各国、各民族风土人情及风俗习惯。

为防止语言不通而给宾客带来不便，问讯处可为宾客准备一种向导卡（分别用英、日、中等三种文字标明酒店名称、地址、电话号码及宾客要去的地方），以方便宾客，使之不致迷路。前台服务员应热情、耐心、快速地回答宾客提出的问题并且有问必答、百问不厌。答复要肯定而准确，语言流畅、简明扼要。

（二）准备的查询资料

问讯处应准备的查询资料主要有：

（1）国内、国际航空线的最新时刻表和票价及航空公司名称。

（2）最新铁路时刻表、里程表和票价。

（3）最新轮船时刻表、里程表和各级舱位的票价。

（4）出租汽车的预订电话及收费标准。

（5）酒店所在地与周围主要城市的距离及抵达方式。

（6）酒店所在地影剧院、歌舞厅的地址和即日上演的节目、时间、票价。

（7）酒店所在地展览馆和博物馆的地址、开放时间及上展项目。

（8）酒店附近银行、医院的名称、地址和电话号码。

（9）酒店所在地政府各部门、高校、科研机构的地址和电话号码。

（10）酒店所在地著名餐馆、商场、购物中心的地址、营业时间。

（11）酒店附近教堂、庙宇及旅游名胜的地址、开放时间、抵达方式。

（12）世界地图、全国地图、本省和本市地图。

（13）全国、全省和本市的电话号码簿及邮政编码簿。

（14）中国工商企业名录。

（15）本地区旅游景点宣传册、酒店宣传册。

目前，越来越多的酒店正利用多媒体计算机向宾客提供问讯服务。宾客可通过电脑自动查询台，了解当天的各种新闻、体育赛事、股票行情、天气预报及交通抵离时间等信息。为了方便住店宾客，增加酒店竞争优势，突出酒店产品差异，一些高级酒店利用高科技手段，让住客在客房内的电视机屏幕上可查到各种信息。

二、为客人提供保密服务

有时住店客人由于某种原因，会要求酒店对其所住的房间号码进行保密。具体处理程序如下：

(1)接受住客房号保密要求时，要问清楚客人保密程度——是绝对保密，还是相对保密，只接听某些电话或只接待某位客人的来访。

(2)准确记录需保密的房号、起止时间和特殊要求。

(3)在电脑上设保密标记。

(4)通知有关部门和人员做好保密工作。当有人来访问或来电话查询要求保密的客人时，接待员或接线员应告知该客人未住本店。

(5)当客人要求解除保密或改变保密程度时，要认真做好记录，取消或更改电脑上的标记并通知有关部门和人员。

三、为客人提供留言服务

(一)访客留言

访客留言是指来访宾客对住店宾客的留言。

当被访的客人不在酒店时，问讯员应主动向来访者建议留言。如果客人愿意留言，问讯员在接受留言时，应请访客填写"访客留言单"，问讯员过目后签名；也可由客人口述，问讯员记录，客人过目后签字。

将访客留言信息输入电脑。

(二)住客留言

住客留言是指住店宾客给来访宾客的留言。

住客离开客房或酒店时，希望给来访者(含电话来访者)留言，问讯员应请住客填写"住客留言单"，一式二联，前台与电话总机各保存一联，前台将客人留言信息输入电脑。

若宾客来访，服务员可将留言内容转告来访者。由于住客留言单已注明了留言内容的有效时间，若错过了有效时间，仍未接到留言者新的通知，可将留言单作废。

此外，为了确保留言内容的准确性，尤其在受理电话留言时，应注意掌握留言要点，做好记录并向对方复述一遍，以得到对方确认。

【任务实施】

步骤一　情景引入(布置任务，分组)

前厅部展会

1. 前厅部大堂副理李威公布今日工作。

2. 早、中、晚三个班次中遇有客人的特殊要求要给予满足。

3. 每日培训——今日培训内容：

(1)掌握接待客人问讯的基本要求和程序。

(2)掌握接待客人要求房号保密的基本要求和程序。

(3)掌握客人要求留言的基本要求和程序。

步骤二　工作任务实施

1. 早班:若你是开封来旺达酒店服务员王丹,1501 房的澳大利亚籍客人汤姆斯先生询问如何去龙亭公园、酒店的西餐厅都有哪些特色餐饮、收费如何以及营业时间。

2. 中班:若你是开封来旺达酒店服务员王丹,1801 房的美籍客人约翰逊先生询问他的押金还有多少钱,延住两天还要交多少押金? 能否在酒店商务中心挂账,如何收费,营业时间如何?

3. 晚班:1901 房的美籍客人 Lisa 要求前台为其进行房号保密时间到次日凌晨。

4. 夜班:1902 房的客人张庭要求前台为其进行留言服务,留言给 1903 房的客人米奇:他将与其在明日 18 时在本酒店咖啡厅进行会谈。

每组同学以抽签的方式决定完成任务的班次,决定后通过排练,讨论确定任务完成方案,最后进行情景表演。

步骤三　成果展示及评定反馈

每个工作小组展示任务的完成过程中,各选出 1 名代表进行录像,任务完成后,各组通过任务回放进行自评、互评,教师在学生完成任务过程中进行评价。最后以上三种打分相加的总分为每名学生的最后得分。

【学习考核与评价】

1. 教师评价。从中找出优缺点、不足和错误,指出努力方向,进行评分,奖励优秀的小组及个人。进一步掌握正确的工作过程与工作方法,训练学生工作能力、自我监控能力和评价能力。

任务评分见表 2.5-1。

表 2.5-1　任务评分(满分 100 分)

小组编号:　　　　　　　　　　　　　　　　学生姓名/学号:

序号	评分项目	4 分	8 分	12 分	16 分	20 分
1	完成服务质量					
2	完成的正确性					
3	完成的流畅性					
4	表情和肢体语言					
5	精神面貌、服装仪表					
总分						

课上任务各项评分见表 2.5-2。

表 2.5-2　课上任务各项评分

序号	评分项目	20%	40%	60%	80%	100%
1	完成服务质量	无法为顾客提供此项服务	不能按时完成任务,在服务过程中出现 3 处以上错误	不能按时完成任务,在服务过程中出现 2 ~ 3 处错误	能够按时完成任务,在服务过程中出现 1 处错误	能够按时完成任务,服务过程准确完整
2	完成的正确性	任务完成中出现 5 处以上错误	任务完成中出现 3 ~ 5 处错误	任务完成情况基本正确,出现 1 ~ 2 处	任务完成情况良好,出现 1 处错误	任务完成情况良好,无错误

续表 2.5-2

序号	评分项目	20%	40%	60%	80%	100%
3	完成的流畅性	表演过程中出现5次以上停顿，表演混乱无序	表演过程中出现3～5次停顿，组员之间缺乏配合	表演过程中出现2～3处停顿，组员之间配合默契	表演过程中出现1处停顿，组员之间配合默契	表演过程流畅，组员之间配合默契
4	表情和肢体语言	在表演过程中，表情紧张、无相应的肢体语言	在表演过程中，表情较为紧张、能运用少量的肢体语言	在表演过程中，表情较为自然，运用少量肢语言	在表演过程中，表情较为自然，能运用相应的肢体语言	在表演过程中，表情大方得体，肢体语言运用流畅自如
5	精神面貌、服装仪表	在表演中情绪消极、仪容仪表不符合酒店标准	较为被动、仪容仪表不符合酒店标准	能主动进入角色，仪容仪表基本符合酒店标准	能主动配合他人完成表演，仪容仪表符合酒店标准	在表演中起到带动作用，积极参与表演，仪容仪表符合酒店标准

2. 各小组整理教材、教学参考资料，引导学生建立本学习领域的学习档案，训练学生的工作方法能力。

【思考题】

1. 运用酒店管理系统为0701房的李婷办理房号保密服务。

2. 运用酒店管理系统为0601房的张倩提供问讯服务及开封周边一日游的相关信息。

【案例】

要去龙亭公园的客人

一个星期日，开封某酒店前台，一位英国来华的Joy先生，在前台前踌躇，似有为难之事。服务员小李见状，便主动询问是否需要帮助。Joy先生说："我想去游览龙亭公园，乘旅行社的专车去，他们配有讲英语的导游，对我游览有很大的帮助。"小李问："Joy先生，你昨天预订旅行车票了吗?"Joy答："没有，因为昨天不想去，今天我又冒出想去的念头。"小李知道，酒店规定，去龙亭公园游览的客人必须提前一天登记，这样旅行社的车第二天才会到宾馆来接客人，而昨天没有一个客人登记，这样旅行社的车肯定不会来了。小李想了想对Joy先生说："请您稍等，我打电话给旅行社联系，若还没发车，请旅行社开车到宾馆来接您。"小李马上打电话给旅行社，旅行社告之：去龙亭公园的车刚开走，请直接与导游联系并告诉他导游手机号。于是，小李又马上跟导游联系，导游同意并说马上将车开到酒店接Joy先生。小李放下电话，对Joy先生说："Joy先生，再过10分钟，旅行车就来接你，请您稍等。"Joy先生很是感动地连声说："谢谢!"

点评：

1. 问讯员小李对Joy先生的接待是积极主动、热情礼貌的，如见到前台踌躇的Joy先生，主动询问有什么事需要我帮助。当得知情况后，对Joy先生说，请您稍等，我马上给您联系。

体现了小李真正视客人为上帝。

2. 小李既遵守宾馆的规定,又在不违反原则的情况下为Joy先生提供超常规服务,表现了小李善于动脑、思维敏捷、办事效率高,使Joy先生能很快实现自己游开封龙亭的愿望。

小结:

前厅部的工作决定了酒店在客人心目中的"第一印象"和"最后印象和这些印象(工作人员工作态度、责任感、言谈举止、礼貌礼节),"决定着客人对酒店的总体评价。这些评价又影响着客人对酒店的选择,对客人询问问题的回答、帮助,会给客人留下非常独特的印象和感受。前厅部工作质量的好坏、效率的高低,对酒店整体形象、业务开展、订房率高低的影响是非常大的。

本案例中的服务员小李深知这一点,因此他在工作中观察细心,主动及时给予Joy先生帮助,给客人留下了美好的印象。

项目六　前厅礼宾服务与管理

【项目描述】

通过完成任务，学生作为酒店前厅部礼宾服务员能够为酒店客人提供迎送服务、行李服务。

【项目目标】

能力目标：

1. 能够作为礼宾部的服务员完成迎送服务。
2. 能够作为礼宾部的服务员完成行李服务。
3. 能够掌握金钥匙的工作内容。
4. 能够作为礼宾部的服务员完成行李服务。

知识目标：

1. 礼宾服务的主要工作及工作程序。
2. 迎送服务的注意事项。
3. 行李服务的注意事项。
4. 金钥匙的含义。

素质目标：

1. 具备良好的酒店服务意识。
2. 在接待酒店顾客时，做到文明待客，礼貌待人。
3. 养成积极主动的工作态度。
4. 对客服务中，特别是遇到突发事件时，保持头脑清醒，处事沉着冷静、有条不紊。
5. 对待外宾服务时，不卑不亢。
6. 能够掌握一门外语。

工作任务　为客人提供迎送、行李服务

【任务分析】

班级学生2~3人一组，一人扮演酒店前厅部礼宾部行李员，其他人扮演入住酒店的客人，教师设置客人到店后突发事件或客人的特殊要求，学生根据要求完成任务。

【任务布置】

1. 为入住酒店的客人提供迎送服务。
2. 为入住酒店的客人提供行李服务。

【相关知识】

礼宾服务的主要工作具体如下。

一、礼宾服务 Concierge

为体现酒店的星级和服务水准,许多高星级酒店设立礼宾部,下设酒店代表、迎宾员、行李员、委托代办等岗位,为宾客提供周到的、人性化的礼宾服务。因此,礼宾部员工的整体素质和服务质量至关重要。

二、门厅迎送宾客服务工作程序

门厅迎送宾客服务,是对宾客来到酒店正门时所进行的一项面对面的服务,此项工作由门厅应接员负责。门厅应接员也称行李员或门童(Door man、door boy、door girl),是代表酒店在大门口迎送宾客的专门人员,一般穿着比较华丽、标志醒目的制服,站在大门的两侧或台阶下、车道边,承担迎送宾客、调度车辆、协助保安员和行李员等人员的工作。要求在上岗时,要着装整洁、精神饱满、动作迅速、姿势规范、语言得体、热情、礼貌、细心、周到,善于创造一种热烈欢迎客人的气氛,满足客人受尊重的心理。

三、金钥匙的含义

金钥匙英文是 Concierge,来源于法国,原意为"钥匙保管者",指古代酒店的守门人,负责迎来送往客人和酒店钥匙的保管。

在现代酒店业中,Concierge 已成为向宾客提供全方位、一条龙服务的代名词。其服务哲学是:尽管不是无所不能,但一定要竭尽所能。只要不违反道德和法律,任何事情都尽力办到,而且要办好,以满足客人的需要。

在国际上,Concierge 被视为酒店个性服务的重要标志,有人称它为"现代酒店之魂"。Concierge 的国际性组织是"国际金钥匙协会",成立于 1952 年 4 月 25 日。

四、金钥匙的工作内容和职责

(1)保持良好的职业形象,以大方得体的仪表、亲切自然的举止迎送抵离酒店的每一位宾客。

(2)全面掌握酒店客房状态、销售现状、餐饮情况及其他有关信息。

(3)全方位满足住客提出的特殊要求,尽其所能提供多种服务。

(4)协助大堂副理处理酒店各类投诉。

(5)协助客务关系经理建立与宾客间的良好关系。

(6)协同保安部对行为不轨的宾客进行调查。

(7)将上级指令、所发生的重要事件或事情详细记录在行李员、迎宾员交接班记录本上,每日早晨呈交前厅部经理,以便查询。

五、迎客服务工作内容和服务程序

(1)客人抵店时,面带微笑,向客人点头致意,表示欢迎并道声:"欢迎光临(Welcome to our hotel)",同时为客人拉开门,将客人迎进酒店。

(2)若客人是乘车抵达,则将车辆引领到适当的地方停车,以免酒店门前交通堵塞。

(3)车停稳后,上前替客人打开车门,热情地向客人致意并问候。开车门时,用左手开车门成90°左右，右手挡在车门上沿，为宾客护顶，防止宾客碰伤头部并协助宾客下车。

(4)协助行李员卸行李，注意检查有无遗漏物品。指引司机将车开走或停到合适的地方。

(5)准确、及时地为客人拉开门，由行李员引领宾客进入酒店大堂。

(6)团体客人抵店前，要做好迎接的准备工作。

(7)住店客人进出酒店时，要热情地招呼致意，对VIP客人和常住客要努力记住姓名，以示尊重。

六、送客服务工作内容和服务程序

(1)客人离店时，主动热情地为客人叫车并把车引导到合适的位置。

(2)将行李装好，请客人清点确认。

(3)请客人上车，为客人拉开车门，为其护顶，待客人坐稳后，向客人道别并关好车门。

(4)站在汽车斜前方1 m左右的位置，当汽车启动时，挥手向客人告别，目送客人，以示礼貌和诚意。

(5)送别团队客人时，应站在车门一侧，向客人点头致意，如有行动不便的客人，应扶助客人上车。等客人上车完毕，示意司机开车。向客人挥手道别，目送客人离店。

七、行李服务工作内容与程序

行李服务是由前厅部行李员向客人提供的一项重要服务。由于散客和团队客人有许多不同的特点，其行李服务的工作内容与程序也不相同。

散客入住行李服务工作内容与程序：

(1)客人乘车抵店时，行李员主动上前迎接，向客人表示欢迎。

(2)客人下车后，迅速卸下行李，请客人清点行李件数并检查行李有无破损。

(3)引领客人进入大堂至前厅。引领客人时，要走在客人的左前方，距离二三步，步伐节奏要与客人保持一致，拐弯处或人多时，要回头招呼客人。

(4)看管行李，等候宾客。引领宾客到前厅接待处后，行李员应站在客人身后1.5 m处，看管行李，等候客人办理入住登记手续。

(5)客人办好手续后，行李员应主动走上前，从接待员手中领取房间钥匙，帮助客人提拿行李，引领客人去客房。

(6)乘电梯。到达电梯间时，放下行李，按电梯按钮。当电梯门打开时，请客人先进入电梯，然后提拿行李进电梯，站在电梯按钮的一侧，按下楼层键。电梯到达楼层时，应请客人先出电梯，然后提拿行李，继续引领客人到房间。

(7)敲门进房。到达房间门口，先按门铃，再敲门，房内无反应，则用钥匙开门。

(8)进房。开门后，立即打开电源总开关，确认房间属可售房后，退至房门一侧，请宾客进房。将行李放在行李架上或按客人吩咐放好，将钥匙交给客人。注意行李车不能推进房间，如果是白天，要为客人拉开窗帘。若开门后发现房内有客人的行李或未整理或是客人对房间不满意，要立即向客人致歉，并与前厅接待处联系，迅速为客人换房。

(9)介绍房内设施及使用方法。向客人简要介绍房内的主要设施及使用方法。

(10)离开房间。介绍完毕后，询问客人有无吩咐，如客人无其他要求，则向客人道别祝客人愉快，然后将房门轻轻拉上，迅速离开。

(11)返回礼宾部，填写“散客入住行李搬运记录”。

八、散客离店行李服务工作内容与程序

(1)站在大门及前厅附近的行李员，注意大堂内宾客动态，见有宾客携带行李离店时，应主动上前提供服务。

(2)当有离店客人要求提供行李服务时，应问清客人的姓名、房间号码、行李件数及搬运时间等，并进行详细记录。

(3)按时到达客人所在的楼层，进入房间前，要先按门铃，通报自己的身份，得到客人允许后才能进入房间。

(4)和客人一起清点行李件数，检查行李有无破损，系上填好的行李卡(注明“OUT”字样、房号、件数)。提醒客人不要遗留物品，然后提拿行李离开房间。

(5)来到大堂后，应先到前厅收银处确认客人是否已结账；若客人还未结账，应礼貌地告知客人收银处的位置。客人结账时，要站在客人身后1.5 m处等候。待客人结账完毕，将行李送到大门口。

(6)再次请客人清点行李件数，确认无误后，将行李装上车，提醒客人交回房间钥匙，向客人道别，祝客人旅途顺利、愉快。

(7)返回礼宾部，填写“散客离店行李搬运记录”。

九、团队行李入店服务工作内容与程序

(1)团队行李到达时，由领班或值班员与送行李来的人清点行李件数，检查行李的破损及上锁情况，然后填写“团队行李进出店登记表”。核对无误后，请送行李来的人签名。如行李有破损，没上锁或有异常情况(提手或轮子损坏、开裂、潮湿等)，须在记录表及对方的行李交接单上注明并请来人签字证明，必要时通知团队陪同和领队。

(2)将行李运进行李房，给每件行李系上行李牌，根据接待处的团队用房分配表，准确查出客人的房号并将其注明在行李牌上，以便分送到客人房间。

(3)根据分房情况，使用工作电梯及时将行李送到房间，将行李平稳地装在行李车上，同一楼层的行李集中装运。同时，送两个以上团队行李时，应由多个行李员分头负责运送或分时间单独运送。

(4)行李送到楼层后，应将行李放在门一侧，轻轻敲门三下，报称“行李员”。客人开门后，主动向客人问好，把行李送入房间内，等客人确认后方可离开。

(5)每送完一个房间客人的行李，行李员要及时地把房间号码和行李件数记录下来。

(6)对于破损和无人认领的行李，应及时与陪同和领队取得联系，以便妥善解决。

(7)行李分送完毕，行李员要迅速返回礼宾部，应将送取每间客房的行李件数准确地登记在“团队行李进出店登记表”上，并与刚抵店时的总数核对，确保无误。

(8)根据团队行李进出店登记表上的时间顺序存放。

十、团队行李离店服务工作内容与程序

(1)接到团队行李离店通知后，应准确记录团队名称和运送行李时间，找出该团抵店时

所填写登记表并重建此表。

(2)安排行李员推行李车上楼层收取行李。行李员按登记表上的房号逐间收取行李，与客人确认行李件数并做好记录。

(3)集中行李。将该团队所有行李拉到指定位置，与陪同或领队检查核对行李件数是否相符，有无错漏。确定无误后，请陪同或领队在登记表上签字，行李员同时签字。

(4)看管行李。行李离店前，应有专人看管，如行李需较长时间才离店，要用行李网将所有行李罩起来。

(5)装车。待运送行李的车到达后，认真核对团队名称、人数等，协助押运员将行李装车并由押运员清点行李件数，在登记表上签字，注明车号。

(6)完成行李交接后，由领班将填写齐全的"行李进出店登记表"交回礼宾部进行存档。

十一、客人换房时行李服务程序及要求

(1)接到前厅接待处换房通知后，要问清客人房间号码，确认客人是否在房间。

(2)到客人房间门口，应先敲门，经客人允许方可进入。

(3)与客人一起清点要搬的行李及其他物品，然后小心地装上行李车。

(4)引领客人进入新换的房间后，帮助客人将行李物品放好，收回客人原住的房间钥匙和房卡并将新的房间钥匙和房卡交给客人。如客人没有其他服务要求，则向客人道别，离开房间。

(5)返回大堂，将客人原住的客房钥匙和房卡交给前厅接待员，告知换房结束。做好换房行李服务记录。

十二、行李的寄存服务工作内容与程序

(1)确认宾客的身份。当宾客要求寄存行李时，要礼貌地问清客人的姓名和房号，原则上酒店只为住店客人提供行李寄存服务。

(2)了解客人寄存行李的要求，是短期寄存(24 h内)还是长期寄存(超过24 h)。

(3)问清行李的种类，向客人说明贵重物品、易燃、易爆、易碎、易腐烂的物品或违禁物品不予寄存。

(4)检查行李。行李员应认真检查每件行李是否已上锁，是否属于可寄存的行李物品。

(5)请客人填写一式两份的"行李寄存单"，核实并签名。

(6)将寄存单的上联(提取联)交给客人，提醒客人注意保存，作为提取行李的凭证，将下联(寄存联)系在行李上。

(7)将行李放入行李房中，分格整齐摆放。同一客人的行李要集中摆放并用绳子串在一起。行李房要上锁，钥匙由专人保管。

十三、行李的提取服务工作内容与程序

(1)客人提取行李时，礼貌地请客人出示行李提取联。

(2)将提取联与寄存联核对，如果两部分完全吻合，则将行李提出。

(3)请客人当面清点、检查行李后，将行李交给客人，请客人在行李暂存记录上签名，同

时把寄存单的上联和下联订在一起存档。

(4)如客人丢失寄存单,行李员一定要凭借足以证明客人身份的证件领取行李,并要求写下行李已取的证明。如不是客人本人来领取行李,则一定请其出示有效证件,登记证件号码,否则不予放行。

(5)帮助客人将行李送到门口,向客人道别。

(6)对于长期无人认领的行李,应及时报告部门经理处理。

【任务实施】

步骤一 情景引入(布置任务,分组)

前厅部展会:

1. 开封来旺达酒店前厅部礼宾部主管赵强公布今日工作。

2. 早、中、晚三个班次中遇有客人的特殊要求要给予满足。

3. 每日培训——今日培训内容:

(1)掌握迎送客人的基本要求和程序。

(2)掌握为客人提供行李服务的基本要求和程序。

(3)掌握客人要求寄存行李的基本要求和程序。

步骤二 工作任务实施

1. 早班1:若你是开封来旺达酒店服务员礼宾部王强,今早你接到任务,下午要有开封康辉国际旅行社的开封三日游的团队客人11人,你要负责迎送服务。

2. 早班2:若你是开封来旺达酒店服务员礼宾部行李员李明,下午你接到任务19时左右要有开封康辉国际旅行社的开封三日游的团队客人11人,你要负责行李服务。

3. 中班1:1903房的美籍客人Lisa拿着一些名牌手提袋来礼宾部请求行李寄存,若你是礼宾部行李员,应如何处理。

4. 中班2:若你是开封来旺达酒店服务员礼宾部行李员李明,请你迎接刚到店的客人——许文一家三日游。

5. 晚班1:开封市海外旅行社的导游张静到礼宾部对行李员说她的5位客人要求寄存一些食品和行李,假如你是行李员,你应如何处理?

6. 晚班2:1903房的美籍客人梅丽莎女士找到金钥匙,要求他为自己订购去往纽约的机票。另外,她想在中国旅游,为期5天,假如你是这位金钥匙,你应如何帮助客人。

每组同学以抽签的方式决定完成任务的班次,决定后通过排练,讨论确定任务完成方案,最后进行情景表演。

步骤三 成果展示及评定反馈

每个工作小组展示任务的完成过程中,各选出1名代表进行录像,任务完成后,各组通过任务回放进行自评、互评,教师在学生完成任务过程中进行评价。最后以上三种打分相加的总分为每名学生的最后得分。

【学习考核与评价】

1. 教师评价。从中找出优缺点、不足和错误,指出努力方向,进行评分,奖励优秀的小组及个人。进一步掌握正确的工作过程与工作方法,训练学生工作能力、自我监控能力和评价能力。

任务评分见表2.6-1。

表2.6-1　任务评分(满分100分)

小组编号：　　　　　　　　　　　　　　学生姓名/学号：

序号	评分项目	4分	8分	12分	16分	20分
1	开车门时微笑、问候及动作是否规范					
2	车号票开具是否准确及时					
3	是否主动帮客人提行李					
4	礼宾台站位的行李员微笑、问候是否正常，是否能流利地回答客人的询问					
5	动作优雅，仪容仪表是否符合要求					
总分						

课上任务各项评分见表2.6-2。

表2.6-2　课上任务各项评分

小组编号：　　　　　　　　　　　　　　学生姓名/学号：

序号	评分项目	4分	8分	12分	16分	20分
1	在引领客人时，是否主动热情，礼貌问候；离开时是否有道别语					
2	在引领客人到房间后，是否向客人介绍酒店的服务项目及设施					
3	在引领客人进入房间后，是否向客人介绍房间内设施设备的位置及使用方法，具体包括钥匙、窗帘，灯、房间朝向、床头灯电控板、冰箱、电视机、空调、保险箱、电吹风、热水器等					
4	在引领过程中，是否流利地回答客人提出的问题，对客人交办的事项是否及时给客人以答复					
5	动作优雅，仪容仪表是否符合要求					
总分						

2. 各小组整理教材、教学参考资料，引导学生建立本学习领域的学习档案，训练学生的工作方法能力。

【任务小结】

本任务主要介绍了如何为客人提供迎送服务和行李服务，并介绍了金钥匙服务的相关内容。

【思考题】

1. 若你是开封来旺达酒店服务员礼宾部行李员李明，请你迎接刚到店的客人李彤。

2. 若你是开封来旺达酒店金钥匙，有位客人昨天将钱包忘在了出租车上，请你帮忙寻找。

3. 金钥匙与门童的区别。

【案例】

金钥匙的魅力

某日上午，一位女住客急匆匆地来到酒店大堂的礼宾部，手里还拿着两张发票，她径直走到身着燕尾服的金钥匙服务员小李面前："您是酒店的'金钥匙'吗？有这样一件事您帮一帮我，今天早上我是乘出租车来到你们酒店的，刚才我收拾物品时才发现我把摄影机的架子忘在出租车的后排座位上了，更可气的是司机撕给我的发票是长途汽车的发票，而不是出租车的发票，这让我回去怎么报销呢？"客人语气急促地说。

小李说："女士，您别着急，让我们一起想一想办法。请问您早上大约几点到达我们酒店的？"

客人说："具体时间记不清了。"

"请出示一下您的住房卡，好吗？"小李接过客人递过来的住房卡并告诉客人在大堂吧稍候一下，随即到前台接待处，查询了这位客人办理入住的具体时间。又到大门口询问是谁帮助这位客人打开车门的。行李员小张说："是我接待这位女士的，当时我上前为这位女士拉车门、护顶，她示意让我到车后备箱取行李，打开后备箱后一共拿出了两个皮箱，当时我还仔细看了一下有没有其他行李，这时后面又有其他的出租车来了，我就赶紧关了车门并迅速在提示卡上记下了这辆出租车车号交给了她，帮着提着行李来到了前台。"小李分析，一方面，是客人自己遗失了一件行李，她可能怕把摄影架压坏弄脏，自己坐在前排，摄影架没有放在车后备箱而单独放在了车的后排，下车时忘了提醒行李员；另一方面，行李员一时疏忽也没有检查一下。现在唯一的办法是看能不能找到出租车司机，那就要通过行李员留给客人的那张提示卡了。小李快步来到大堂吧，那位女士充满期盼地迎了过来。

小李说："让您久等了，我问一下早上您下车时，行李员给您的那张提示卡还在吗？

客人："好像还在，我找一下。"客人在手提包里翻找到了一张团成一团的小小的提示卡。

"这张提示卡上面有那辆出租车公司的名字和出租车牌号。给我吧，我马上去和该公司联系一下。"小李微笑着说。

小李立即通过礼宾部联系到了出租车调配中心，找到了这家出租车公司的电话，在电话里向对方说明了情况，对方表示将以最快的速度找到司机，态度诚恳地做出了口头承诺："我们马上派人在半小时内把发票和摄影架送到酒店前厅部，决不耽误客人的时间，抱歉了。"

20 min 后，一辆出租车停在酒店门口，司机把发票和摄影架送到了前厅部。小李迎上前去，对司机表示了感谢，司机也向客人表示了歉意。拿到摄影架和发票的女住客高兴地笑着说："太谢谢你们了，谢谢你们的细心和周到，还有这张给我留下美好回忆的提示卡。"客人感激不已，脸上露出了灿烂的微笑。

点评：

这是一个帮助客人及时解决困难的服务案例。

在酒店服务程序中，很多酒店在客人上下出租车时，都要作一个提示卡的记录，上面写有出租车公司的名字和车牌号。虽然是一个简单的服务项目，关键时刻起到很大作用。在本案例中，小李接到客人的求助之后，就是从一张提示卡上打开了缺口，帮助客人拿到了摄影架和发票。这充分地说明，酒店向客人发放的提示卡是完善酒店服务中必不可少的服务项目，小小提示卡在酒店服务中起着重要作用。虽然比较烦琐，但应该坚持做。客人求助酒店完成本职以外的工作时，有关人员一定要尽力满足客人的要求，这是十分重要的。

求方便、及时、急人之所急，是客人普遍的心理需求特征，无论是哪种服务消费目的的顾客，都希望能够得到尽量方便和及时的服务。

(1)提示卡——这个名字叫得多好！就是这样的一个小小的提示卡，不知帮助过多少客人寻回自己丢失过的物品，甚至帮助公安机关侦破了案件。通过这件事给了你什么启发？

(2)今天的客人还是保留了提示卡，假设客人将提示卡丢失了，那么如何处理此事呢？

(3)在金钥匙服务中，您体会到了什么？

项目七　总机服务与管理

【项目描述】

通过完成任务，学生能够作为酒店前厅部总机服务员为酒店客人提供电话转接服务、叫醒服务、电话留言服务等服务。

【项目目标】

能力目标：

1. 能及时准确转接内线、外线电话。
2. 能及时准确处理客人要求的叫醒服务。
3. 能及时准确处理客人要求的电话留言服务。

知识目标：

1. 总机服务员电话转接工作流程及注意事项。
2. 总机服务员电话转接服务注意事项。
3. 电话留言服务注意事项。

素质目标：

1. 具备良好的酒店服务意识。
2. 在接待酒店顾客时，做到文明待客，礼貌待人。
3. 养成积极主动的工作态度。
4. 对客服务中，特别是遇到突发事件时，保持头脑清醒，处事沉着冷静、有条不紊。
5. 服务外宾时不卑不亢。
6. 声音甜美、会说普通话，掌握至少一门外语，能流利地与外宾进行沟通。

工作任务　电话转接、叫醒、电话留言服务等服务

【任务分析】

班级学生 2～3 人一组，1 人扮演酒店前厅部总机接待员，其他人扮演入住酒店的客人，教师设置客人到店后突发事件或客人的特殊要求，学生根据要求完成任务。

【任务布置】

1. 为入住酒店的客人提供电话转接服务。
2. 为入住酒店的客人提供叫醒服务。
3. 为入住酒店的客人提供电话留言服务。

【相关知识】

一、为客人提供电话转接服务

(1)外线应答："您好：××酒店(××hotel, May I help you?)。"

内线则应答：

"您好,总机(Operator, May I help you?)。"

(2)认真聆听客人的要求,迅速准确地接转电话并说"请稍等"。如果没有听清楚,可礼貌地请客人重复一遍。

(3)在等候转接时,按音乐键,播出悦耳的音乐。

(4)转接之后,铃响30 s(五声),如对方无人接听电话,应向宾客说明:"对不起,电话没有人接,您是否需要留言或过会儿再打来?"需要给住客留言的电话一律转到前厅前台;给酒店管理人员的留言(非工作时间或管理人员办公室无人时),一律记录下来并重复、确认,通过寻呼方式或其他有效方式尽快将留言转达给相关管理者。

(5)如果电话占线或线路繁忙,应请对方稍等,同时使用音乐保留键,播放悦耳的音乐。

二、提供叫醒服务

电话叫醒服务是酒店对客服务的一项重要内容。它涉及客人的日程安排,特别是叫早服务(Morning Call、Wake-up call)往往关系到客人的航班和车次。

(一)人工叫醒服务程序

(1)受理宾客要求叫醒的预订。

(2)问清要求叫醒的具体时间和房号。

(3)填写"叫醒记录单",内容包括房号、时间、(服务员)签名。

(4)在定时钟上准确定时。

(5)定时钟鸣响,服务员接通客房分机,叫醒客人:"早上好,现在是××点,您的叫醒时间到了。"

(6)核对叫醒记录,以免出现差错。

(7)若客房内无人应答,5 min后再叫一次;若仍无人回话,则应立即通知客房服务中心或大堂经理,派人前往客房实地察看,查明原因。

(二)自动叫醒服务程序

(1)受理宾客要求叫醒的预订。

(2)问清叫醒的具体时间和房号。

(3)填写"叫醒记录单",清楚记录叫醒日期、房号、时间、记录时间、话务员签名。

(4)及时将叫醒信息输入自动叫醒电脑,检查屏幕及打印机记录是否准确。

(5)夜班话务员应将叫醒记录按时间顺序整理记录在交接班本上,整理、输入、核对并签字。

(6)当日最早叫醒时间之前,应先检查叫醒机是否正常工作,打印机是否正常打印。若发现问题,应及时通知工程部并迅速进行人工叫醒。

(7)检查自动打印记录,检查叫醒工作有无失误。

(8)对无人应答的房间,可用人工叫醒方法补叫1次。若还无人应答,应立即通知客房服务中心或大堂经理,进行敲门叫醒,并在交接班本上做好记录。

(三)提供电话留言服务

(1)问清留言人姓名、电话和受话人姓名、房号。

(2)记录留言内容并复述1遍,尤其注意核对数字。

(3)答应在指定时间内将留言转交受话人,请对方放心。

(4)开启客人房间的留言指示灯。

(5)客人回房间后打电话询问时,把留言念给客人听。

(6)客人得到留言后,服务员要及时关闭客人房间的留言指示灯。

【任务实施】

班级学生2～3人一组,1人扮演酒店前厅部总机服务员,其他人扮演入住酒店的客人,教师设置客人到店后突发事件或客人的特殊要求,学生根据要求完成任务。

步骤一　情景引入(布置任务,分组)

前厅部展会

1. 开封来旺达酒店前厅部总机主管张娟公布今日具体工作。

2. 早、中、晚三个班次中遇有客人的特殊要求要给予满足。

3. 每日培训——今日培训内容:

(1)掌握为客人提供电话转接服务的基本要求和程序。

(2)掌握为客人提供叫醒服务的基本要求和程序。

(3)掌握为客人提供电话留言的基本要求和程序。

步骤二　工作任务实施

1. 早班:若你是开封来旺达酒店的总机服务员王小红,1505房的加拿大籍客人汤姆斯先生询问要求6时叫早,但由于是8时3分的飞机,必须提前赶往机场,因此没有时间去餐厅吃早餐,你应如何处理?

2. 早班:若你是开封来旺达酒店的总机服务员张红,1205房的美籍客人梦露小姐要求5时30分叫早,客人要求第二天赶往外地演出,务必叫醒她,你应如何处理?

3. 中班:若你是开封来旺达酒店的总机服务员张灵,701房的客人张明打电话来要给702房的杨鹏先生留言,你应如何处理?

4. 中班:若你是开封来旺达酒店的总机服务员张鸣,外线来电要找509房的客人徐洋,你应如何处理?

5. 晚班:若你是开封来旺达酒店的总机服务员张鸣,外线来电要找508房的英籍客人安托尼,你应如何处理?

6. 晚班:若你是开封来旺达酒店的总机服务员张灵,外线王伟打电话来要给703房的澳大利亚籍客人马丁先生留言,留言内容为后天7时在铁西广场地铁A出口找张凌女士,张凌的电话为138××××4911,应如何处理?

每组同学以抽签的方式决定完成任务的班次,决定后通过排练,讨论确定任务完成方案,最后进行情景表演。

步骤三　成果展示及评定反馈

每个工作小组展示任务的完成过程中,各选出1名代表进行录像,任务完成后,各通过任务回放进行自评、互评,教师在学生完成任务过程中进行评价。最后以上三种打分相加的总分为每名学生的最后得分。

【学习考核与评价】

1. 教师评价。从中找出优缺点、不足和错误,指出努力方向,进行评分,奖励优秀的小组及个人。进一步掌握正确的工作过程与工作方法,训练学生工作能力、自我监控能力和评价能力。

任务评分见表2.7-1。

表2.7-1 任务评分(满分80分)

小组编号：　　　　　　　　　　　　　　　　　　学生姓名/学号：

评分项目	4分	8分	12分	16分	20分
是否与客人确认房号及叫醒时间					
是否准时叫醒,是否人工叫醒两次。在话务员进行叫醒服务时,可故意不接电话(每次响铃3~5声,中间间隔几分钟做第二次叫醒),看前厅及客房如何(此处请详细写明)做进一步处理(话务员应及时通知客房台班,由台班确认客人是否在房间,如在即应进行敲门叫醒服务)					
查总机对酒店的服务项目是否了解,在非正常的营业时间提出消费需求,看总机如何处理(此处请详细写明)					
通过内线打总机找员工,看总机如何处理,若我的人不在即报明身份看总机如何处理					
总分					

课上任务各项评分见表2.7-2。

表2.7-2 课上任务各项评分

评分项目	20%	40%	60%	80%	100%
任务服务质量及效率	无法为顾客提供此项服务	不能按时完成任务,在服务过程中出现3处以上的错误	不能按时完成任务,在服务过程中出现2~3处错误	能够按时完成任务,在服务过程中出现1处错误	能够按时完成任务,服务过程准确完整
任务完成的正确性	任务完成中出现5处以上错误	任务完成中出现3~5处错误	任务完成情况基本正确,出现1~2处错误	任务完成情况良好,出现1处错误	任务完成情况良好,无错误
任务完成的流畅性	表演过程中出现5次以上停顿,表演混乱无序	表演过程中出现3~5次停顿,组员之间缺乏配合	表演过程中出现2~3处停顿,组员之间配合默契	表演过程中出现停顿,组员之间配合默契	表演过程流畅,组员之间配合默契
表情和肢体语言	在表演过程中,表情紧张、无相应的肢体语言	在表演过程中,表情较为紧张、能运用少量的肢体语言	在表演过程中,表情较为自然,能运用少量的肢体语言	在表演过程中,表情较为自然,能运用相应肢体语言	在表演过程中,表演大方得体,肢体语言运用流畅自如
精神面貌、服装仪表	在表演过程中情绪消极、仪容仪表不符合酒店标准	较为被动、仪容仪表不符合酒店标准	能主动进入角色,仪容仪表基本符合酒店标准	能主动配合他人完成表演,仪容仪表符合酒店标准	在表演中起到带动作用,积极参与表演,仪容仪表符合酒店标准

2. 各小组整理教材、教学参考资料，引导学生建立本学习领域的学习档案，训练学生的工作方法能力。

【任务小结】

本任务主要介绍了如何为客人提供电话转接服务、叫醒服务和电话留言服务。

【思考题】

1. 运用酒店管理系统为0701房的李婷办理叫早服务。

2. 运用酒店管理系统为0601房的张小宋提供电话服务，留言内容："早7时本酒店2楼玫瑰厅开会，请勿迟到，收到请回电89810022"。

【案例】

没有被叫醒的客人

一天9时，开封某酒店大堂黄副理接到住在1806房间的客人的投诉电话："你们酒店怎么搞的，我要求叫醒服务，可到了时间，你们却不叫醒我，误了我乘飞机……"不等黄副理回答，对方就啪嗒一声挂了电话，听得出客人非常气愤。

黄副理意识到这个投诉电话隐含着较为严重的事态，于是查询当日1806房的叫醒记录，记录上确有早晨5时叫醒服务要求，根据叫醒仪器记录和总机接机员回忆，5时的确为1806房客人提供过叫醒服务，当时客人曾应答过，黄副理了解清楚情况，断定责任不在酒店，但黄副理仍主动与1806房客人联系。"吴先生，您好！我是大堂副理，首先对您误了乘飞机而造成的麻烦表示理解。"黄副理接着把了解的情况向客人作了解释。但客人仍怒气冲冲地说："你们酒店总是有责任的，为什么不反复叫上几次呢？你们应当赔偿我的损失！"客人的口气很强硬。"吴先生，请先息怒，现在我们暂时不追究是谁的责任，当务之急是想办法把你送到要去的地方，请告诉我，您去哪儿，最迟必须什么时候到达。"

黄副理的真诚，使客人冷静下来，告诉他早晨要参加上海的一个重要会议，所以今天一定要赶到上海。黄副理得知情况后，马上请酒店代售机票处更改下午去上海的机票，而代售处下午上海的机票已售完。黄副理又打电话托他在机场工作的朋友，请务必想办法更改一张下午去上海的机票，后来又派专车去机场更改机票。

吴先生接到更改的机票后，才坦诚自己今晨确实是接过叫醒电话，但应答后又睡着了，责任在自己，对黄副理表示歉意。

点评：

叫醒服务是酒店为方便客人乘飞机、火车或小睡后赴约、洽谈，应客人要求而提供的一项服务，要求客人填写"叫醒记录单"，总机服务员在受理此项服务时，应认真负责，慎重准时。

本案例的责任显然不在酒店，而客人又将责任推给酒店，大堂黄副理在接受投诉时并未与客人争论是非，而是站在客人立场上，设法帮助客人解决首要问题。

酒店有一个原则："客人永远是对的"。本案例中黄副理严格遵循这一原则，有理也要让客人，同时也表现了黄副理的服务意识强，如当务之急是想办法把客人送到目的地，其次打电话帮助更改机票。

当客人无理要求赔偿时，黄副理没有与客人论理是否该赔偿(这个要求是不合理的)，只是很真诚地请客人告诉他所要去的地方，以解决最需要解决的问题，体现黄副理处理投诉时的冷静、理智及大度大气。

黄副理处理投诉的效率高，如接到投诉电话后，马上调查了解，得知真实情况后，又主动与客人联系，处理问题果断、利索、灵活。整个过程思路清晰，环环相扣，最后问题得到解决，客人也很满意，也为黄副理的真诚而打动，因而主动承认了自己的过错。

小结：

本案例在处理客人的投诉中，黄副理面对脾气大，将责任转嫁给酒店的吴先生，不予争辩，而是采取相应的补救措施来挽回客人的损失，在维护酒店利益的同时又没有损害客人的利益，体现了黄副理处理投诉的冷静、理智与技巧，具有很强的职业道德。

项目八　商务中心服务与管理

【项目描述】

酒店前厅部商务中心文员为客人提供商务中心文印、票务等服务。

【项目目标】

能力目标：

1. 能熟练操作复印机、打印机、传真机、多功能打字机、程控直播电话机、录音机、装订机、碎纸机等办公设备。

2. 能根据操作程序和标准，向商务客人提供传真收发服务、电子文件、打印、复印与装订服务。

3. 能根据相应服务操作程序和标准，快速熟练地向客人提供会议室出租服务、上网服务。

4. 能根据操作程序和标准，为客人提供票务服务。

知识目标：

1. 熟悉商务中心的设施、设备与商务中心基础知识。

2. 熟悉商务中心各项业务的程序与操作要领。

素质目标：

1. 具备良好的酒店服务意识。

2. 在接待酒店顾客时，做到文明待客，礼貌待人。

3. 养成积极主动的工作态度。

4. 能够熟练操作电脑系统、熟悉软件安装、熟练操作 Office 办公软件。

5. 对待外宾服务时不卑不亢。

6. 能够掌握一门外语。

工作任务一　为客人提供文印等服务

【任务分析】

班级学生 2～3 人一组，1 人扮演酒店前厅部商务中心接待员，其他人扮演入住酒店的客人，教师设置客人到店后突发事件或客人的特殊要求，学生根据要求完成任务。

【任务布置】

1. 为入住酒店的客人提供电传传真服务。

2. 为入住酒店的客人提供复印、打印服务。

3. 为入住酒店的客人提供秘书服务。

4. 为入住酒店的客人提供会议室出租服务。

【相关知识】

一、商务中心

商务中心是商务客人“办公室外的办公室”，其主要功能是为客人传递各种信息和提供各种秘书性质的服务。

先进的设施设备、齐全的服务项目、高素质的服务人员，是商务中心提供高水准、高效率服务的基本保障，也是现代高档次酒店的重要标志之一。除此之外，应备有相关的查询资料。

商务中心的服务项目主要有：①会议室（包括洽谈室）出租服务；②电传和传真服务；③复印服务；④打印服务；⑤秘书服务；⑥设备出租服务；⑦票务服务。

二、提供会议室出租服务

（一）受理会议室预订

（1）接到预订，要简明扼要地向客人了解以下内容并做好记录。包括预订人姓名或公司名称、联系电话；如果是住店客人，要问清房间号码、租用的时间、参加会议的人数及其他要求等。

（2）告知租用会议室的费用（包括免费的服务种类，如茶水、文具、音响、录放机、投影仪、电脑等），邀请客人参观会场，介绍服务设施设备。

（3）确认付款方式并要求对方预付50%的定金。预订以收到定金时开始生效。

（4）填写会议室出租预订单并在交接班本上做好记录。

（二）会议前准备工作

（1）按参加会议人数，准备好各类合格的饮具、文具及会议必需品，待布置会场时使用。

（2）按参加会议人数摆放桌椅、饮具及文具。

（3）主管或领班要亲临现场指挥和督导员工按客人要求布置会场，发现问题及时纠正。

（三）会议接待服务

（1）服务员站立门口恭候客人，引导客人到会议室就座。

（2）按先主位、后次位的原则，逐一为客人提供茶水。

（3）会议中要注意做好添加茶水、更换烟灰缸等工作。

（四）送客

（1）会议结束时，服务员应在门口站立，微笑送客并有礼貌地说“再见”“欢迎下次光临”等告别敬语，目送客人离去。

（2）客人离开后，迅速进入会场检查，如发现有客人遗忘的物品，立即设法送给客人，如送不到，则速交主管或大堂副理。

（3）收拾会场。

（五）提供电传服务和传真服务

1. 电传服务

（1）主动、热情地问候客人，按要求受理客人的发送电传业务。

（2）仔细阅读客人所要发送电传的文字内容，与客人核对确认。

（3）在账单上填好项目并注明时间。

(4)打印一份电文稿请客人核对,根据客人要求更改,请客人再次核对。

(5)输入电传机发送电文。

(6)根据发送时间进行计费,办理结账手续。

(7)向客人致谢按要求在《宾客发电传登记表》上登记。

2. 传真服务

(1)主动热情地问候客人,问明发送传真的国家和地区。

(2)告知客人发送传真需收费并向宾客说明收费标准。

(3)核对客人所提供的国家或地区传真号码、页数及其他要求。

(4)确认无误后,将传真稿件放入传真机发送架内进行发送操作。

(5)传真发出后,应将发送成功报告单连同原件一起交给宾客。

(6)按酒店规定计算传真费用并办理结账手续。

(7)向客人致谢,按要求填写《宾客发传真登记表》。

(六)电传和传真接收

(1)当接收到发来的电传和传真后,首先应与前厅确认收件人姓名、房号,核对份数、页数。

(2)将核对过的电传或传真装入信封内,在信封上注明收件人姓名、房号、份数、页数。

(3)电话通知客人有电传或传真来件。

(4)按规定的价格计算费用,办理结账手续。

(5)疑难来件(查无此人的来件)应及时请示大堂经理妥善处理。

(6)填写《宾客电传、传真来件登记表》。

三、提供复印服务

(1)主动热情地问候客人,介绍收费标准。

(2)接过宾客复印原件,问明客人要复印的数量和规格。

(3)将复印原件在复印平面上定好位置,根据宾客要求,选择纸张规格、复印张数以及深浅程度,按动复印键。

(4)如需放大或缩小,按比例调整尺寸,检查第一张复印效果,如无问题,则可连续复印。

(5)复印完毕,取原件交给宾客,如原件为若干张,则按顺序整理好。

(6)问明是否要装订文件,替客人装订好。

(7)根据复印张数和规格,开立账单,办理结账手续。

(8)填写《宾客复印登记表》。

四、提供打印服务

(1)主动热情地问候宾客,介绍收费标准。

(2)接过客人的原稿文件,了解宾客打印要求以及特殊格式的安排,浏览原稿,检查是否有不清楚的地方或字符。

(3)告知宾客大概的完成时间。

(4)打字完毕后认真校对一遍并请客人核对,进行修改。

(5)修改后,再和客人校对一遍。

(6)将打印好的文件交给宾客。按规定价格、页数、字数,办理结账手续。

(7)询问宾客是否存盘及保留时间,若无需保留,则删除该文件。

(8)向客人致谢,填写《宾客打印登记表》。

五、提供秘书服务

(1)热情主动地问候客人,了解客人的要求:需要什么秘书服务、服务时间、服务地点等。

(2)向客人介绍收费标准。

(3)问清客人姓名、房号。

(4)确定付款方式,收取定金。

(5)认真填写《宾客租用秘书登记表》。

(6)向客人致谢,在交班本上做好记录。

【任务实施】

步骤一　情景引入(布置任务,分组)

前厅部展会

1. 开封来旺达酒店前厅部商务中心主管赵倩公布今日工作。

2. 早、中、晚三个班次中遇有客人的特殊要求要给予满足。

3. 每日培训——今日培训内容:

(1)为客人提供电传传真服务。

(2)为客人提供复印、打印服务。

(3)为客人提供秘书服务。

(4)为客人提供会议室出租服务。

步骤二　工作任务实施

1. 早班:若你是开封来旺达酒店商务中心王强,2001 房的日籍客人东田一郎来商务中心要求复印护照并传真护照给日本的家人,你要如何来帮他。

2. 中班:1903 房的美籍客人 Lisa 要求将她的会议记录打印,并在后天上午租用会议室 3 h。

3. 晚班:0508 房的德籍客人穆勒来商务中心要求为他提供秘书、翻译等服务,如果你是商务中心文员 kelly,你应如何来处理?

4. 夜班:0508 房的德籍客人穆勒来商务中心要求为他提供打印等服务,共消费了 60 元,客人要求挂到房账下一起结算,如果你是商务中心文员 kelly,你应如何来处理?

每组同学以抽签的方式决定完成任务的班次,决定后通过排练,讨论确定任务完成方案,最后进行情景表演。

步骤三　成果展示及评定反馈

每个工作小组展示任务的完成过程中,各选出一名代表进行录像,任务完成后,各组通过任务回放进行自评、互评,教师在学生完成任务过程中进行评价。最后以上三种打分相加的总分为每名学生的最后得分。

【学习考核与评价】

1. 教师评价。从中找出优缺点、不足和错误，指出努力方向，进行评分，奖励优秀的小组及个人。进一步掌握正确的工作过程与工作方法，训练学生工作能力、自我监控能力和评价能力。

任务评分见表 2.8-1。

表 2.8-1 任务评分(满分 100 分)

小组编号： 学生姓名/学号：

评分项目	4 分	8 分	12 分	16 分	20 分
任务服务质量及效率					
任务完成的正确性					
任务完成的流畅性					
表情和肢体语言					
精神面貌、服装仪表					
总分					

课上任务各项评分见表 2.8-2。

表 2.8-2 课上任务各项评分

评分项目	20%	40%	60%	80%	100%
任务服务质量及效率	无法为顾客提供此项服务	不能按时完成任务，在服务过程中出现 3 处以上的错误	不能按时完成任务，在服务过程中出现 2～3 处错误	能够按时完成任务，服务过程中出现 1 处错误	能够按时完成任务，在服务过程准确完整
任务完成的正确性	任务完成中出现 5 处以上错误	任务完成中出现 3～5 处错误	任务完成情况基本正确，出现 1～2 处错误	任务完成情况良好，出现 1 处错误	任务完成情况良好，无错误
任务完成的流畅性	表演过程中出现 5 次以上停顿，表演混乱无序	表演过程中出现 3～5 次停顿，组员之间缺乏配合	表演过程中出现 2～3 处停顿，组员之间配合默契	表演过程中出现 1 处停顿，组员之间配合默契	表演过程流畅，组员之间配合默契
表情和肢体语言	在表演过程中，表情紧张、无相应的肢体语言	在表演过程中，表情较为紧张、能运用少量的肢体语言	在表演过程中，表情较为自然，能运用少量的肢体语言	在表演过程中，表情较为自然，能运用相应的肢体语言	在表演过程中，表情大方得体，肢体语言运用流畅自如
精神面貌、服装仪表	在表演过程中情绪消极、仪容仪表不符合酒店标准	较为被动、仪容仪表不符合酒店标准	能主动进入角色，仪容仪表基本符合酒店标准	能主动配合他人完成表演，仪容仪表符合酒店标准	在表演中起到带动作用，积极参与表演，仪容仪表符合酒店标准

2. 各小组整理教材、教学参考资料，引导学生建立本学习领域的学习档案，训练学生的工作方法能力。

【任务小结】

本任务主要介绍了如何为客人提供电传传真、复印、打印、秘书、会议室出租服务。

【思考题】

1. 若你是开封来旺达酒店服务员商务中心文员李明，参加会议的客人要求安装电脑杀毒软件，你应如何处理？

2. 若你是开封来旺达酒店服务员商务中心文员张鑫，0909 房的客人李琳要求酒店为他安排一位秘书，你如何为他服务？

工作任务二　为客人提供设备出租、票务等服务

【任务分析】

班级学生 2 ~ 3 人一组，1 人扮演酒店前厅部商务中心接待员，其他人扮演入住酒店的客人，教师设置客人到店后突发事件或客人的特殊要求，学生根据要求完成任务。

【任务布置】

1. 为入住酒店的客人提供设备出租服务。

2. 为入住酒店的客人提供订票服务。

【相关知识】

一、为客人提供设备出租服务

(1) 热情主动地问候客人。

(2) 了解客人要求，认真填写《宾客租用设备登记表》，包括客人姓名、房号，租用设备的名称、规格、型号，使用的时间、地点等。

(3) 确定付款方式，收取定金。

(4) 及时通知有关部门和工作人员，按时将设备送到并安装调试好。

(5) 向客人致谢，在交班本上做好记录。

二、做好票务服务

(1) 热情主动地问候宾客。

(2) 了解宾客订票需求。礼貌地询问宾客的订票需求细节，包括航班、线路、日期、车次、座位选择及其他特殊要求等。

(3) 查询票源情况。通过电脑进行快捷查询。如遇宾客所期望的航班、车次已无票源时，应向宾客致歉并做好解释，同时应主动征询宾客意见，是否延期或更改航班、车次等。

(4) 办理订票手续。此时，票务员应注意：迅速、仔细检查登记单上的全部项目，礼貌地请宾客出示有效证件、相关证明并注意与登记单内容进行核对。

(5) 出票与确认。此时，票务员应注意礼貌地请宾客支付所需费用并仔细清点核收；认真填写好机票并及时将订位信息输入电脑。

(6) 向宾客致谢，目送宾客离去。

【任务实施】

步骤一 情景引入(布置任务,分组)

前厅部展会

1. 开封来旺达酒店前厅部商务中心主管赵倩公布今日工作。

2. 早、中、晚三个班次中遇有客人的特殊要求要给予满足。

3. 每日培训,为客人提供设备出租服务。

步骤二 工作任务实施

1. 早班:你是开封来旺达酒店商务中心王强,2001 房的客人金立来商务中心租借移动硬盘、投影仪和幕布,你应如何为其服务?

2. 中班:1903 房的美籍客人 Lisa 来商务中心预订机票,要求郑州—深圳,下周六,价格最低、时间为 24:00 之前到即可。

3. 晚班:1904 房的客人郑霞来商务中心取预订的机票,要求挂账,你应如何处理?

每组同学以抽签的方式决定完成任务的班次,决定后通过排练,讨论确定任务完成方案,最后进行情景表演。

步骤三 成果展示及评定反馈

每个工作小组展示任务的完成过程中,各选出 1 名代表进行录像,任务完成后,各组通过任务回放进行自评、互评,教师在学生完成任务过程中进行评价。最后以上三种打分相加的总分为每名学生的最后得分。

【学习考核与评价】

1. 教师评价。从中找出优缺点、不足和错误,指出努力方向,进行评分,鼓励优秀的小组及个人。进一步掌握正确的工作过程与工作方法,训练学生工作能力、自我监控能力和评价能力。

任务评分见表 2.8-3。

表 2.8-3 任务评分(满分 100 分)

小组编号: 学生姓名/学号:

评分项目	2 分	4 分	6 分	8 分	10 分
是否主动热情地招呼客人					
对服务价格是否掌握,对邮电收费情况是否掌握					
复印/打字/传真/上网制作胶片是否快捷					
操作是否规范,效果及准确率如何					
收费是否符合要求,结账速度如何,找零钱如何处理(此处请详细写明)					
收到传真后多长时间送到客人房间					
租用相机、传呼机及手机充电器的办理情况					
离开时有无道别语					
完成任务是否流畅,有 1 处停顿扣 1 分,有 2 处停顿扣 2 分,3 处停顿扣 3 分,4 处及其以上停顿不得分					
仪容仪表符合预订员要求,仪态大方,服饰干净,不化浓妆,头发干净整齐,修剪指甲。有 1 处扣 1 分,3 处及 3 处以上不得分					
总分					

2. 各小组整理教材、教学参考资料，引导学生建立本学习领域的学习档案，训练学生的工作方法能力。

【任务小结】

本任务主要介绍了如何为客人提供设备出租、票务等服务。

【思考题】

1. 若你是开封来旺达酒店商务中心文员李明，参加会议的客人要求安装电脑杀毒软件，费用要求挂账，你应如何处理？

2. 若你是开封来旺达酒店商务中心文员张鑫，0909 房的客人李琳要求租借电脑，费用挂账，你应如何为他服务？

项目九　大堂副理日常管理工作

【项目描述】

通过项目学习掌握大堂副理对客服务工作。

【项目目标】

能力目标：

1. 会检查预抵店 VIP 房间。
2. 熟悉 VIP 抵店接待。
3. 熟悉 VIP 离店工作。
4. 能通过案例较有条理地处理各种投诉事件。
5. 能通过案例较有条理地处理应急事件。
6. 能协助前厅部经理，协调与前台有关的各部门的工作。
7. 负责维护前厅环境、秩序，确保前厅整洁、卫生、美观、舒适，并始终保持前厅对客服务的良好秩序与纪律。
8. 定期向前厅部经理和酒店总经理提供工作报告。

知识目标：

1. 掌握大堂副理的基本知识，能运用自如地进行各项业务。
2. 掌握宾客投诉基本知识与解决措施。

素质目标：

1. 具备一定的协调管理能力。
2. 在接待酒店顾客时，做到文明待客，礼貌待人。
3. 能够代表总经理接待团队和 VIP 等宾客，筹办重要活动、重要会议。
4. 对客服务中，特别是遇到突发事件时，保持头脑清醒，处事沉着冷静、有条不紊。
5. 掌握至少一门外语，能流利地与外宾进行沟通，解决宾客问题。

工作任务一　大堂副理接待 VIP 客人服务

【任务分析】

班级学生 2～3 人一组，1 人扮演酒店大堂副理，其他人扮演入住酒店的 VIP 客人和酒店前厅部其他部门员工，教师设置 VIP 客人的特殊要求，学生根据要求来解决客人问题，满足客人要求。

【任务布置】

开封来旺达酒店的大堂副理接待来自德国西门子集团的 CEO 穆勒等 VIP 散客服务。

【相关知识】

一、大堂副理

大堂副理也称大堂值班经理，工作岗位设在前厅，负责协调酒店对客服务，维护酒店应有的水准，代表总经理全权处理宾客投诉、解决意外或突发事件、协调各班组工作、检查督导，负责宾客生命安全及财产安全等复杂事项。

二、大堂副理办理VIP客人入住登记接待

（一）准备工作

（1）填写VIP申请单，上报酒店总经理审批，确认VIP等级。

（2）VIP用房要选择同类客房中位置、视野、景致、环境、设备保养等方面都处于最佳状态的客房。

（3）通知客房部按VIP等级布置房间。

（4）VIP客人抵达前，大堂副理要最后检查一遍房间。

（5）由大堂副理陪同VIP客人到房间并完成入住登记。

（二）办理入住手续

（1）准确掌握当天预抵VIP客人的姓名及其他信息资料。

（2）用姓氏头衔称呼VIP客人，大堂副理亲自接待客人。

（三）信息管理

（1）将客人签名的入住登记单上的内容输入电脑。

（2）将VIP客人到店的有关信息传递给有关部门。

（3）为VIP客人建立档案并注明身份、等级，以便作为预订和日后查询的参考资料。

【任务实施】

步骤一　情景引入（布置任务，分组）

教师：开封来旺达酒店前厅部经理

学生：开封来旺达酒店大堂副理

学生分成四组，分别扮演大堂副理和客人、行李员等，完成教师分配的任务，要求要有协作精神，做到服务至上、准确无误。

步骤二　工作任务实施

第一组任务：

教师：今天我们接到了任务，来自德国西门子集团的CEO穆勒先生于明日下午到店，穆勒先生患有糖尿病，不能吃含糖的食物，现在大堂副理王岳峰安排好你所在班次的相关服务员做好VIP接待工作。

第二组任务：

教师：今天我们接到了任务，来自某卫视的著名主持人×××、×××来开封参加菊花花会开幕式庆祝活动，于明日下午6时乘坐MU123567航班到达新郑国际机场，入住我店，要求大堂副理郑爽，负责到新郑国际机场接机，二位客人属于公众人物，要求走贵宾礼遇通道，入住我店行政楼层，并享受房号保密、电话免打扰等服务。请安排好你所在班次的相关服务员做好VIP接待工作。

第三组任务：

教师：今天我们接到了任务，来自美国×××学院的詹姆斯·约翰逊教授及夫人，于明日下午3时乘坐MU910991航班到达新郑国际机场，入住我店，要求大堂副理李斌，负责安排接机，约翰逊教授喜好中国文化。请安排好你所在班次的相关服务员做好VIP接待工作，办理入住后，请你代表酒店向约翰逊教授介绍并赠送中国文房四宝。

第四组任务：

教师：今天我们接到了任务，来自美国的篮球体育明星×××及夫人来开封参加体育慈善活动，于明日下午3时乘坐MU910991航班到达新郑国际机场，入住我店，要求大堂副理王冰负责安排接机。请安排好你所在班次的相关服务员做好VIP接待工作，奥尼尔要求入住总统套房并更换大床、大号拖鞋、大号浴缸，提供英文报纸，请提前安排。

每组同学以抽签的方式决定完成任务的班次，决定后通过排练，讨论确定任务完成方案，最后进行情景表演。

步骤三　成果展示及评定反馈

每个工作小组展示任务的完成过程中，各选出1名代表进行录像，任务完成后，各组通过任务回放进行自评、互评，教师在学生完成任务过程中进行评价。最后以上三种打分相加的总分为每名学生的最后得分。

【学习考核与评价】

1. 教师评价。从中找出优缺点、不足和错误，指出努力方向，进行评分，奖励优秀的小组及个人。进一步掌握正确的工作过程与工作方法，训练学生工作能力、自我监控能力和评价能力。

任务评分见表2.9-1。

表2.9-1　任务评分(满分100分)

小组编号：　　　　　　　　　　　　　　　　学生姓名/学号：

序号	评分项目	4分	8分	12分	16分	20分
1	任务服务质量及效率					
2	任务完成的正确性					
3	任务完成的流畅性					
4	表情和肢体语言					
5	精神面貌、服装仪表					
总分						

课上任务各项评分见表2.9-2。

表2.9-2　课上任务各项评分

评分项目	20%	40%	60%	80%	100%
任务服务质量及效率	无法为顾客提供此项服务	不能按时完成任务，在服务过程中出现3处以上错误	不能按时完成任务，在服务过程中出现2～3处错误	能够按时完成任务，在服务过程中出现1处错误	能够按时完成任务，服务过程准确完整

续表 2.9-2

评分项目	20%	40%	60%	80%	100%
任务完成的正确性	任务完成中出现5处以上错误	任务完成中出现3～5处错误	任务完成情况基本正确，出现1～2处错误	任务完成情况良好，出现1处错误	任务完成情况良好，无错误
任务完成的流畅性	表演过程中出现5次以上停顿，表演混乱无序	表演过程中出现3～5次停顿，组员之间缺乏配合	表演过程中出现2～3处停顿，组员之间配合默契	表演过程中出现1处停顿，组员之间配合默契	表演过程流畅，组员之间配合默契
表情和肢体语言	在表演过程中，表情紧张、无相应的肢体语言	在表演过程中，表情较为紧张，能运用少量的肢体语言	在表演过程中，表情较为自然，能运用少量的肢体语言	在表演过程中，表情较为自然，能运用相应的肢体语言	在表演过程中，表情大方得体，肢体语言运用流畅自如
精神面貌、服装仪表	在表演中情绪消极、仪容仪表不符合酒店标准	较为被动、仪容仪表不符合酒店标准	能主动进入角色，仪容仪表基本符合酒店标准	能主动配合他人完成表演，仪容仪表符合酒店标准	在表演中起到带动作用，积极参与表演，仪容仪表符合酒店标准

2. 各小组整理教材、教学参考资料，引导学生建立本学习领域的学习档案，训练学生的工作方法能力。

【任务小结】

本任务主要介绍了大堂副理接待VIP客人的工作程序。

【思考题】

1. 运用酒店管理系统为VIP客人蔡云女士办理入住手续。
2. 每组分别到网上收集解决客人投诉的案例。
3. 每组分别到网上、图书馆收集投诉相关英文词汇。

工作任务二　大堂副理处理客人投诉

【任务分析】

班级学生2～3人一组，1人扮演酒店大堂副理，其他人扮演入住酒店的客人和酒店前厅部其他部门员工，教师设置客人的投诉问题及要求，学生根据要求来解决客人问题，满足客人要求。

【任务布置】

开封来旺达酒店的大堂副理解决客人因酒店原因带来的投诉。

【相关知识】

一、宾客满意的心理原因分析

酒店客人投诉的原因涉及方方面面,但最基本的原因是酒店的某些设施和服务未能达到应有的标准,不能给客人以"物有所值"的感觉,即客人感知到的服务与其所期望的服务有差距。

宾客对服务质量的评估是一个相当复杂的过程。主要受两个因素的影响:一是宾客经历的服务质量(宾客感知服务);二是宾客预期的服务质量(宾客预期服务)。

事实上,宾客预期的服务质量受诸多可控和不可控因素的影响,如企业市场沟通活动、酒店的市场形象、其他宾客口头宣传、宾客的需要与愿望、宾客的文化背景等,都影响着宾客对服务质量的判断。

而宾客感知服务质量又是受服务的可靠性、响应性、保证性、移情性和有形性 5 个因素的影响。

可靠性是指可靠、准确地履行服务承诺的能力。可靠的服务行动是宾客所希望的,它意味着服务以相同的方式、无差错地完成。

响应性是指随时准备为宾客提供快捷、有效的服务。即对于宾客的各种要求能及时地满足,把宾客的利益放在第一位,特别是出现服务失误时,能迅速解决问题。

保证性是指服务人员的友好态度与胜任工作的能力,它能增强宾客对酒店服务质量的信心和安全感。

移情性是指酒店服务人员设身处地地为宾客着想,对宾客给予关注。

有形性是指有形的设施、设备和服务人员。

因此,酒店的服务质量是服务的客观现实和宾客主观感觉融为一体的产物,是受许多可控和不可控因素影响的,要想满足宾客的需要,让宾客满意,就要提供优质的服务,缩小宾客感知服务质量与宾客期望服务质量的差距。

二、宾客不满意的行为表现

(一)宾客不满意的行为表现

宾客不满意的行为表现一般分为两大类:一类是表示沉默;一类是采取行动。第一类表示沉默的顾客对其不满采取消极的态度,他们是否采取行动取决于他们是否愿意再次光顾该酒店,不打算再次光顾该酒店的顾客一般表示沉默,这对酒店今后的成功是一种威胁。第二类顾客面对服务失误采取行动,一般有三种反应:一是向酒店投诉;二是向家庭或朋友抱怨;三是向第三者投诉。因此,当出现服务失误时,甚至感觉到顾客有不满情绪时,应及时抓住机会,进行恰当的补救,不能让顾客带着不满意离开酒店。

(二)常见的宾客投诉的直接原因

在酒店中,容易被客人投诉主要有以下几个方面。

(1)酒店硬件设施设备出现故障。

因设施设备出现故障而导致宾客投诉占有相当大的比例。我国酒店与国际酒店相比,存在的突出问题之一就是设施设备保养不善,这不仅造成酒店经营成本的上升,而且严重影响了酒店对客人的服务质量,常常引起客人投诉。

(2)宾客对服务质量不满。

主要表现在服务态度、服务效率、服务时间、服务项目等方面达不到客人的要求与期望。

(3)酒店管理不善给客人造成损失或伤害。

酒店应提供给客人舒适、方便、安全的休息环境,但是经常出现由于管理工作的疏漏而给客人造成不便或损失的情况。

(4)客人对酒店的有关政策规定不了解或有误解。

(5)客人自身的习惯或观念。

(三)当宾客出现投诉时应做好服务补救工作

第一步,道歉。向宾客道歉、争取理解是服务补救的起点。

第二步,复原。紧急复原工作解决宾客问题是服务补救的核心。

第三步,移情。当紧急复原工作完成后,就要对宾客表现出移情,这也是成功的服务补救所必需的。

第四步,补偿。补偿是服务补救的最高层次策略,对某些服务失败仅仅向宾客表示道歉、理解、同情并提供协助,只能是缓解或消除宾客的不满情绪,但不能超出宾客的预期,不能使宾客十分满意。

第五步,跟踪。从一定意义上讲,酒店必须检验其挽回宾客好感的努力是否成功。通过对象征性补偿是否被接受进行跟踪观察,酒店可测量其对宾客不满的缓解程度。

【任务实施】

步骤一　情景引入(布置任务,分组)(25 min)

教师:开封来旺达酒店前厅部经理

学生:开封来旺达酒店大堂副理

学生分成4组,分别扮演大堂副理和客人、行李员等,完成教师分配的任务,要求要有协作精神,做到服务至上,准确无误。

步骤二　收集资料成果展示(45 min)

1. 每组展示宾客投诉相关案例和资料。

2. 每组展示宾客投诉主要程序和注意事项。

步骤三　工作任务实施(40 min)

第一组任务:

教师:306房的美籍客人投诉酒店在23时之后不能有访客来往本酒店,若你是大堂副理崔红,应如何处理?

第二组任务:

教师:302房的上海客人李煜投诉酒店安排的空气加湿器坏了、热水器也在半夜无水无法洗澡,客人因在北方不适应天气造成皮肤干燥过敏。若你是大堂副理张兵,应如何处理?

第三组任务:

教师:309房的英籍华人程海涛先生说带广东口音的普通话,在一些发音上不够标准,在给总机打电话要求安排叫早服务时与总机服务员发生误会造成航班延误,到前台投诉酒店总机服务员态度蛮横,没有确认他的叫早时间。若你是大堂副理麦琪,应如何解决?

第四组任务:

教师:2309房的客人梁爽女士打电话投诉酒店大堂地面湿滑造成她在今早在大堂摔

倒，小腿扭伤。若你是大堂副理唐晓娟，应如何解决？

每组同学以抽签的方式决定完成任务的班次，决定后通过排练，讨论确定任务完成方案，最后进行情景表演。

步骤四　成果展示及评定反馈

每个工作小组展示任务的完成过程中，各选出1名代表进行录像。任务完成后，各组通过任务回放进行自评、互评，教师在学生完成任务过程中进行评价。最后，以上三种打分相加的总分为每名学生的最后得分。

【学习考核与评价】

1. 教师评价，从中找出优缺点、不足和错误，指出努力方向，进行评分，奖励优秀的小组及个人。进一步掌握正确的工作过程与工作方法，训练学生工作能力、自我监控能力和评价能力。

任务评分见表2.9-3。

表2.9-3　任务评分（满分100分）

小组编号：　　　　　　　　　　　　　　　学生姓名/学号：

序号	评分项目	4分	8分	12分	16分	20分
1	任务服务质量及效率					
2	任务完成的正确性					
3	任务完成的流畅性					
4	表情和肢体语言					
5	精神面貌、服装仪表					
总分						

课上任务各项评分见表2.9-4。

表2.9-4　课上任务各项评分

评分项目	20%	40%	60%	80%	100%
任务服务质量及效率	无法为顾客提供此项服务	不能按时完成任务，在服务过程中出现3处以上错误	不能按时完成任务，在服务过程中出现2～3处错误	能够按时完成任务，在服务过程中出现1处错误	能够按时完成任务，服务过程准确完整
任务完成的正确性	任务完成中出现5处以上错误	任务完成中出现3～5处错误	任务完成情况基本正确，出现1～2处错误	任务完成情况良好，出现1处错误	任务完成情况良好，无错误
任务完成的流畅性	表演过程中出现5次以上停顿，表演混乱无序	表演过程中出现3～5次停顿，组员之间缺乏配合	表演过程中出现2～3处停顿，组员之间配合默契	表演过程中出现1处停顿，组员之间配合默契	表演过程流畅，组员之间配合默契

续表 2.9-4

评分项目	20%	40%	60%	80%	100%
表情和肢体语言	在表演过程中，表情紧张、无相应的肢体语言	在表演过程中，表情较为紧张、能运用少量的肢体语言	在表演过程中，表情较为自然，能运用少量的肢体语言	在表演过程中，表情较为自然，能运用相应的肢体语言	在表演过程中，表情大方得体，肢体语言运用流畅自如
精神面貌、服装仪表	在表演过程中情绪消极、仪容仪表不符合酒店标准	较为被动、仪容仪表不符合酒店标准	能主动进入角色，仪容仪表基本符合酒店标准	能主动配合他人完成表演，仪容仪表符合酒店标准	在表演中起到带动作用，积极参与表演，仪容仪表符合酒店标准

2. 各小组整理教材、教学参考资料，引导学生建立本学习领域的学习档案，训练学生的的工作能力。

【任务小结】

本任务主要介绍了大堂副理如何处理客人投诉。

【思考题】

1. 每组分别到网上收集前厅管理的案例。

2. 每组分别到网上、图书馆收集前厅常用英文词汇。

项目十　前厅部基层日常管理工作

【项目描述】

通过完成项目来学习前厅部领班与主管日常管理工作，了解前厅部领班与主管日常管理工作内容。

【项目目标】

能力目标：

1. 能根据酒店实际情况制作客房价目表。
2. 能根据假设的客情给班组员工排班。
3. 能给前厅新入职的员工制订培训计划书。
4. 能评析前厅部班组奖惩制度。
5. 会主持班前会。
6. 会填写前厅部客情预测表、客房营业日报表、宾客情况分析表，并能初步分析前厅部营业收入情况。
7. 能初步进行前厅部日常运行的现场检查与监督。
8. 会建议与使用客史档案。
9. 会写管理日志与工作总结报告。

知识目标：

1. 明确有效的沟通与协调的重要性。
2. 掌握前厅部与酒店其他部门之间的沟通渠道与方式。
3. 掌握前厅部客房销售与价格管理基础知识。
4. 掌握客房价格的特点、种类和影响房价的主要因素。

素质目标：

1. 具备一定的协调管理能力。
2. 在接待酒店顾客时，做到文明待客、礼貌待人。
3. 能够进行前厅部日常运行的现场检查与监督。
4. 对客服务中，特别是遇到突发事件时，保持头脑清醒，处事沉着冷静、有条不紊。
5. 掌握至少一门外语，能流利地与外宾进行沟通，解决宾客问题。
6. 能够常与员工沟通，解决员工的心理问题，保持上下级和谐良好的关系。

工作任务一　前厅部各部门领班基层管理单项工作

【任务分析】

班级学生2～3人一组，1人扮演酒店前厅部各部门领班，其他人扮演入住酒店的客人和酒店前厅部其他部门员工，教师设置酒店员工出现的问题，各部门领班根据要求来解决员工工作中出现的问题。

【任务布置】

1. 前台进行客流量分析、监督检查员工接待服务。

2. 总机领班检查各班次长话费是否准确录入。

3. 行政楼层领班分配当天工作任务。

4. 商务中心领班检查员工仪容仪表。

5. 礼宾部领班处理日常客人难题。

【相关知识】

一、前台、行政楼层领班岗位工作职责

(一)工作职责

保证前台、行政楼层接待中的各项工作顺利进行,圆满完成。

(二)工作内容

(1)阅读交班记录,了解本班应完成工作。

(2)阅读有关报表,了解当日房况、当日预订情况、VIP 情况、店内重大活动。

(3)接受主管指示和部门行政指令。

(4)根据当日工作情况给员工分配工作任务。

(5)亲自或指定专人负责排房工作。

(6)必要时亲自参与对客服务。

(7)指定专人处理预订资料和填写钥匙使用状况表。

(8)处理紧急事故和员工不能处理的问题。

(9)按标准检查员工的仪表仪容、语言表达和出勤状况。

(10)随时注意员工的对客服务是否符合规定的程序和标准。

(11)检查员工在岗状况,有无脱岗、违纪等现象。

(12)每日对员工进行考核。

(13)草拟前台接待工作计划和管理细则,报主管审批。

(14)每周参加部门例会并负责向员工传达。

(15)每月召开班组月工作总结会。

(16)每月向主管呈报日工作报表和员工全月日考核表。

(17)加强现场培训和督导。

(18)负责指导与其他部门、班组的沟通与协作。

二、礼宾组领班岗位工作职责及工作内容

(一)工作职责

通过正确有效的管理,确保本班组工作正常运转并督导下属员工为客人提供高质量、高效率的行李运送服务和其他相关服务。

(二)工作内容

1. 日常工作

(1)认真查阅交班记录,了解昨日工作完成情况。

(2)阅读相关报表,了解当日进店客人量、旅行团、VIP 情况及店内重大活动等,听取主

管指示和部门行政指令。

(3)根据当日情况,给迎宾员、门童分配任务。

(4)处理日常服务工作中的疑难问题。

(5)繁忙时,亲临现场指挥协调;必要时,亲自参与对客服务。

(6)指定专人负责A类客人的行李运送。

(7)检查迎宾员、门童、行李员和派送员是否按规定的程序和标准为客人提供服务。

(8)检查行李寄存情况是否符合标准。

(9)检查每日抵离行李的运送记录、储存记录、报表派送记录、留言派送记录。

(10)每日对员工做出正确的评估、考核。

(11)检查本班组各种用品能否保证工作的正常运行。

(12)检查员工的仪表仪容及出勤情况。

(13)制订本班组管理细则和培训计划。

2. 月工作

(1)每月召开一次月工作总结会。

(2)每月向部门呈报一次月工作报表和员工全月考核表。

(3)统计每月进出店的行李总件数,每月向部门呈报一次。

(4)每周参加部门管理例会,会后负责向员工传达。

三、总机领班岗位工作职责、内容及地点

(一)工作职责

保证为客人提供高效、优质的电话服务。

(二)工作内容

(1)认真阅读夜班记录、留言记录和叫早记录,了解各班次工作情况。

(2)阅读有关报表,了解当日客人进出量、VIP情况、店内重大活动。

(3)将当日重要情况写在白板上。

(4)听取主管指示部门行政指令。

(5)处理电话业务中的特殊情况和意外事件。

(6)业务繁忙时,亲自参与电话服务。

(7)负责收听天气预报。

(8)指定专人负责接发传呼和处理留言、问询。

(9)负责与其他部门、班组进行沟通和协调。

(10)检查各班次长话费是否准确录入,长话单是否按要求存放。

(11)检查留言叫早是否记载和录入,督促派送员及时将留言送上指定楼层。

(三)工作地点

酒店总机室,隶属于前厅部。

四、商务中心领班岗位工作职责、内容及地点

(一)工作职责

保证为客人提供各类商务服务。

（二）工作内容

（1）认真阅读值班记录，检查上一班次工作的完成情况。

（2）听取主管批示和部门行政指令。

（3）阅读有关报表，了解当日进店客人情况、店内重大活动、VIP 情况。

（4）根据当日工作量合理调配人员，安排工作。

（5）处理紧急情况和员工不能处理的问题。

（6）负责与店外相关单位、店内有关部门和班组进行沟通与协调。

（7）负责每月向部门和财务部呈报月经营收入和利润分表。

（8）每月向部门和财务部呈报成本控制表。

（9）必要时，亲自参加对客接待服务工作。

（10）每日对员工做出考核和评估。

（11）检查员工是否按程序和标准为客人提供服务。

（12）检查员工在岗状况、仪表仪容、语言表达、出勤状况。

（13）检查设施、设备是否正常运转。

（14）检查办公用品是否充足。

（15）督导员工完成各种账务的录入和登记。

（16）检查员工开出的发票，统一向财务部结算。

（17）制订班组管理细则、工作计划、培训计划，并报主管审批。

（18）每周参加部门例会，负责向员工传达。

（19）每月召开班组月工作总结会。

（20）每月向主管呈报月工作报表和员工全月的日考核表。

（21）随时向主管或部门经理汇报重要情况，每日早晨向主管汇报昨日工作情况，听取主管指示。

（三）工作地点

酒店商务中心，属于前厅部。

【任务实施】

步骤一　情景引入（布置任务，分组）

教师：开封来旺达酒店前厅部经理

学生：开封来旺达酒店前厅部各部门领班

学生分成 4 组，分别扮演各部门领班、酒店各部门员工和客人等，完成教师分配的任务，要求要有协作精神，做到服务至上、准确无误。

步骤二　收集资料成果展示

1. 前厅部各部门领班岗位职责和工作任务。

2. 酒店领班管理案例分析。

步骤三　工作任务实施

第一组任务：

教师：306 房的美籍客人爱德华投诉酒店前台员工接待服务超时且收错钱款。若你是前台领班，请你调查此事并解决该问题。

第二组任务：

教师：若你是前厅部总机的领班，早晨上班后你在检查晚班录入话费情况时发现员工王晓燕将1001房的客人李海的花费录入错误，请你调查清楚并用前台操作系统将此问题进行更正。

第三组任务：

教师：今天我们接到了任务，来自德国×××集团的CEO张先生于明日20时到店，张先生要求接机服务，其偏好朝南安静的房间，不吃辛辣的食物。若你是行政楼层领班，请你安排好你所在班次的相关服务员做好VIP接待工作。

第四组任务：

教师：若你是今天的商务中心领班，请你检查你所在班次的员工的仪容仪表，并做简单的指导。

第五组任务：

教师：若你是今天的礼宾部领班，你所在班次的实习生严××向你汇报有位客人想将自己的孩子托给礼宾部照管并将购买的海鲜寄存在礼宾部。请你处理。

每组同学以抽签的方式决定完成任务的班次，决定后通过排练，讨论确定任务完成方案，最后进行情景表演。

步骤四　成果展示及评定反馈

每个工作小组展示任务的完成过程中，各选出1名代表进行录像，任务完成后，各组通过任务回放进行自评、互评，教师在学生完成任务过程中进行评价。最后以上三种打分相加的总分为每名学生的最后得分。

【学习考核与评价】

1.教师评价。从中找出优缺点、不足和错误，指出努力方向，进行评分，奖励优秀的小组及个人。进一步掌握正确的工作过程与工作方法，训练学生工作能力、自我监控能力和评价能力。

任务评分见表2.10-1。

表2.10-1　任务评分(满分100分)

小组编号：　　　　　　　　　　　　　　　　学生姓名/学号：

评分项目	4分	8分	12分	16分	20分
任务服务质量及效率					
任务完成的正确性					
任务完成的流畅性					
表情和肢体语言					
精神面貌、服装仪表					
总分					

课上任务各项评分见表2.10-2。

表 2.10-2　课上任务各项评分

评分项目	20%	40%	60%	80%	100%
任务服务质量及效率	无法为顾客提供此项服务	不能按时完成任务，在服务过程中出现3处以上的错误	不能按时完成任务，在服务过程中出现2～3处错误	能够按时完成任务，服务过程中出现1处错误	能够按时完成任务，服务过程准确完整
任务完成的正确性	任务完成中出现5处以上错误	任务完成中出现3～5处错误	任务完成情况基本正确，出现1～2处错误	任务完成情况良好，出现1处错误	完成情况良好，无错误
任务完成的流畅性	表演过程中出现5次以上停顿，表演混乱无序	表演过程中出现3～5次停顿，组员之间缺乏配合	表演过程中出现2～3处停顿，组员之间配合默契	表演过程中出现1处停顿，组员之间配合默契	表演过程流畅，组员之间配合默契
表情和肢体语言	在表演过程中，表情紧张、无相应的肢体语言	在表演过程中，表情较为紧张、能运用少量的肢体语言	在表演过程中，表情较为自然，能运用少量的肢体语言	在表演过程中，表情较为自然，能运用相应的肢体语言	在表演过程中，表情大方得体，肢体语言运用流畅自如
精神面貌、服装仪表	在表演中情绪消极、仪容仪表不符合酒店标准	较为被动、仪容仪表不符合酒店标准	能主动进入角色，仪容仪表基本符合酒店标准	能主动配合他人完成表演，仪容仪表符合酒店标准	在表演中起到带动作用，积极参与表演，仪容仪表符合酒店标准

2. 各小组整理教材、教学参考资料，引导学生建立本学习领域的学习档案，训练学生的工作方法能力。

【任务小结】

本任务主要介绍了酒店前厅部的各项工作。

【思考题】

1. 每组分别到网上收集前厅管理的案例。
2. 每组分别到网上、图书馆收集前厅常用英文词汇。
3. 前厅部主管主要职责及工作程序。

工作任务二　学习前厅部主管岗位职责

【任务分析】

班级学生 2～3 人一组，1 人扮演酒店前厅部各部门领班，其他人扮演入住酒店的客人和酒店前厅部其他部门员工，教师设置酒店员工出现的问题，各部门领班根据要求来解决员工工作中出现的问题。

前厅主管的岗位职责如下：

(1)掌握前厅营业的基本情况，如客人到离人数、客房出租率、客房状况、订房情况等，发现问题及时向前厅经理汇报。协调前厅与客房、餐饮及工程维修部门的关系，共同搞好服务工作。

(2)严格按照酒店规定对前厅询问、接待、行李、结账等环节的服务态度、服务方式、服务质量等方面进行督导。

(3)了解员工的思想、学习、工作、生活情况，协助前厅经理做好员工的技术培训与业务考核工作。

【任务实施】

步骤一　情景引入(布置任务，分组)

教师：开封来旺达酒店前厅部经理

学生：开封来旺达酒店前厅部各部门主管

学生分成3组，分别扮演各部门主管、酒店各部门员工等，完成教师分配的任务，要求要有协作精神，做到服务至上、准确无误。

步骤二　成果展示

1. 前厅部各部门主管岗位职责

2. 前厅部各部门服务案例分析

步骤三　工作任务实施

第一组任务：根据酒店前台操作系统，查看预订情况，编制前台一周工作计划。

第二组任务：根据酒店前台操作系统，查看客房状态，编制前台一周工作总结。

第三组任务：根据主管岗位职责，结合礼宾部工作要求，编制礼宾新员工一周培训计划。

每组同学以抽签的方式决定完成任务的班次，决定后通过排练，讨论确定任务完成方案，最后进行情景表演。

步骤四　成果展示及评定反馈

每个工作小组展示任务的完成过程中，各选出1名代表进行录像。任务完成后，各组通过任务回放进行自评、互评，教师在学生完成任务过程中进行评价。最后以上三种打分相加的总分为每名学生的最后得分。

【学习考核与评价】

1. 教师评价，从中找出优缺点、不足和错误，指出努力方向，进行评分，奖励优秀的小组及个人。进一步掌握正确的工作过程与工作方法，训练学生工作能力、自我监控能力和评价能力。

任务评分见表2.10-3。

表2.10-3　任务评分(满分100分)

小组编号：　　　　　　　　　　　　学生姓名/学号：

评分项目	4分	8分	12分	16分	20分
任务服务质量及效率					
任务完成的正确性					

续表 2.10-3

评分项目	4 分	8 分	12 分	16 分	20 分
任务完成的流畅性					
表情和肢体语言					
精神面貌、服装仪表					
总分					

课上任务各项评分见表 2.10-4。

表 2.10-4　课上任务各项评分

评分项目	20%	40%	60%	80%	100%
任务服务质量及效率	无法为顾客提供此项服务	不能按时完成任务，在服务过程中出现3处以上的错误	不能按时完成任务，在服务过程中出现2～3处错误	能够按时完成任务，服务过程中出现1处错误	能够按时完成任务，在服务过程准确完整
任务完成的正确性	任务完成中出现5处以上错误	任务完成中出现3～5处错误	任务完成情况基本正确，出现1～2处错误	任务完成情况良好，出现1处错误	任务完成情况良好，无错误
任务完成的流畅性	表演过程中出现5次以上停顿，表演混乱无序	表演过程中出现3～5次停顿，组员之间缺乏配合	表演过程中出现2～3处停顿，组员之间配合默契	表演过程中出现1处停顿，组员之间配合默契	表演过程流畅，组员之间配合默契
表情和肢体语言	在表演过程中，表情紧张、无相应的肢体语言	在表演过程中，表情较为紧张、能运用少量的肢体语言	在表演过程中，表情较为自然，能运用少量的肢体语言	在表演过程中，表情较为自然，能运用相应的肢体语言	在表演过程中，表情大方得体，肢体语言运用流畅自如
精神面貌、服装仪表	在表演中情绪消极、仪容仪表不符合酒店标准	较为被动、仪容仪表不符合酒店标准	能主动进入角色，仪容仪表基本符合酒店标准	能主动配合他人完成表演，仪容仪表符合酒店标准	在表演中起到带动作用，积极参与表演，仪容仪表符合酒店标准

2. 各小组整理教材、教学参考资料，引导学生建立本学习领域的学习档案，训练学生的工作方法能力。

【任务小结】

本任务主要介绍了前厅部主管等基层管理人员岗位设置及职责，以及前厅部主管等基层管理人员的基本素质要求。

【思考题】

1. 运用酒店管理系统检索酒店客房状态分析表。

2. 每组分别到网上收集解决客人投诉的案例。

3. 每组分别到网上、图书馆收集投诉相关英文、词汇。

模块二　客房服务与管理

项目十一　客房部认知

【项目描述】

学生通过对本项目的学习，能够认识酒店客房部基本设施和客房设备用品，了解客房部管辖区域的业务分工及各部门的职责。

【项目目标】

能力目标：

1. 能熟练表述酒店客房部的业务特点。
2. 能熟练表述酒店客房部的主要工作任务。
3. 能基本说出客房部的组织机构、岗位设置及职责。
4. 能熟练回答客房部员工基本素质要求。
5. 能够正确介绍客房类型及客房设施的功能布局。
6. 学会规范地站、坐、行姿势及带路、指引、微笑服务等基本的服务礼仪。

知识目标：

1. 认识客房设施和客房设备用品。
2. 了解客房部管辖区域业务分工。
3. 了解客房部组织机构设置。
4. 掌握客房基本礼仪。

素质目标：

1. 具备良好的酒店服务意识。
2. 在接待酒店顾客时，做到文明待客、礼貌待人。
3. 遇到突发事件时，保持头脑清醒，处事沉着冷静、有条不紊。
4. 具有较好的身体素质和较强的责任心及开拓创新精神。

工作任务一　认识客房部

【任务分析】

作为一名合格的客房部员工，应该熟悉客房部在酒店中的功能、地位及其工作任务并能了解客房部组织机构设置及岗位职责，本任务通过客房部经理招聘员工，进行面试的形式使学生能够更快地认知客房部。

【任务布置】

1. 通过上网查阅相关资料来熟悉客房部在酒店中的功能、地位及其工作任务。
2. 到酒店了解客房部组织机构设置及岗位职责。

【相关知识】

一、客房部的功能

(一)生产客房商品

客房是酒店出售的最重要的商品。完整的客房商品包括房间、设备设施、用品和客房综合服务。客房属高级消费品,要能满足客人的多方面需要。因此,客房布置要高雅美观,设备设施要完备、舒适耐用,日用品方便齐全,服务项目全面周到,客人财物和人身安全有保障。总之,要为客人提供清洁、美观、舒适、安全的暂住空间。

(二)为酒店创造清洁优雅的环境

客房部要负责酒店内所有公共区域的清洁、美化、设备设施及植物养护、环境布置,使酒店时刻处于清洁、优雅、常新的状态,让酒店各处都能给住客留下美好印象。

(三)为酒店各部门提供洁净美观的棉织品

酒店的棉织品除客房使用的一系列品种外,还有餐饮部门的台布、餐巾以及酒店所有窗帘、沙发套、员工制服。在附设洗衣房的酒店,这些棉织品的选购、洗涤、收发、保管、缝补和熨烫,都由客房部所属的洗衣房负责。

二、客房部的地位

(1)客房是酒店的基本设施和主体部分。

(2)客房商品质量是酒店商品质量的重要标志。

客房商品质量如何,直接关系到客人对酒店的总体评价和印象,如客房清洁卫生、装饰布置、服务员的服务态度与效率等。

(3)客房收入是酒店经济收入的主要来源。

酒店的经济收入主要来源于客房收入、饮食收入和综合服务设施收入。其中,酒店房费收入一般要占酒店全部营业收入的50%~60%,功能少的小型酒店可以达到70%以上。从利润上来分析,因客房经营成本比餐饮部、商场部等的都小,所以其利润是酒店利润的主要来源,通常可占酒店总利润的60%~70%,高居首位。另外,客房出租又会带动其他部门设备设施的利用,给酒店带来更多的经济效益。

(4)客房部的管理直接影响酒店的运行管理。

如前所述,客房部能为酒店的总体形象和其他部门的正常运行创造良好的环境和物质条件,加之客房部员工占酒店员工总数的比例较大,其培训管理水平对员工队伍整体素质的提高和服务质量的改善有着重要意义。另外,客房部的物质设备众多,对酒店成本控制计划的实现有直接作用。因此,客房部的管理对于酒店的总体管理关系重大,是影响整个酒店运行管理的关键部门之一。

三、客房部的工作任务

(1)提供客房设备用品,如布巾类用品、工作服、客人日用消耗品、备品、家具、地毯、床及床上用品等。

(2)设计和装饰室内的布置。

(3)公共场所的清洁卫生。

(4)承担客人需要的服务性工作。

(5)受理客人遗失的物品。

(6)代办客人需求的各类事务。

四、客房部的组织机构

客房部的组织机构见图 2.11-1。

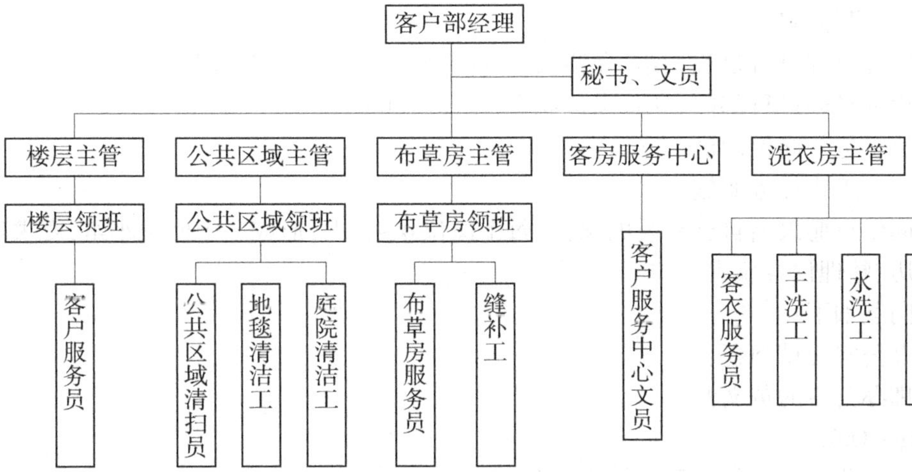

图 2.11-1　客房部的组织机构

五、客房部业务分工

(一)经理办公室(Manager Office)

通常设正、副经理各 1 名,配备秘书 1 名,文员若干。主要负责客房部日常事务性工作及与其他部门的联络协调等事宜。

(二)楼层服务组(Floor)

通常设主管 1 名,早、中、夜班领班若干名。负责所有住客楼层的客房、楼层、电梯口的清洁卫生和接待服务工作。

(三)公共区域服务组(Public Area)

通常设主管 1 名,早、中、夜领班各 1 名。负责酒店除厨房外的所有公共区域的清洁卫生。

(四)布草房(Linen)

通常设主管、领班各 1 名,下设布草、制服管理员和缝补工若干。主要负责酒店布草、员工制服的收发、送洗、缝补和保管工作。

(五)客房服务中心(Housekeeping Service Center)

通常设主管 1 名,值班员若干。下设早、中、夜三个班次。客房服务中心主要负责处理客房部信息,包括向客人提供服务信息和内部工作信息的传递;调度对客服务;控制员工出勤;管理工作钥匙;处理客人失物和遗留物品。

(六)洗衣房(Laundry)

通常设主管 1 名,早、中班领班若干,下设客衣组、湿洗组、干洗组、熨衣组。主要负责洗涤客衣和酒店所有布草与员工制服。

【任务实施】

步骤一　情景引入

客房部新员工培训

地点：开封××酒店客房部培训室

教师：培训师及客房部经理

学生：客房部新员工

1. 客房部经理进行自我介绍，介绍前厅部副经理、文员、秘书等岗位

2. 客房部经理进行部门介绍、岗位职责、主要工作介绍

3. 新员工进行岗位面试

步骤二　工作任务实施

班级同学自愿报名自己喜爱的岗位，每个岗位4～5人，形成一个面试小组，要求每位同学制作简历、整理仪容仪表。

每组问题如下：

经理办公室面试问题：

1. 经理办公室的英文？

Manager Office。

2. 客房办公室文员的主要工作有哪些？

(1)准确无误地接听电话并做好记录，重要事宜应记录在专门的本子上。

(2)对客人的要求迅速做出反应，通知相关岗位及人员。

(3)保持与其他部门的联系，传达有关表格、单据和报告，严格执行钥匙的领用制度。

(4)对外借物品进行登记并及时收回。

(5)统计客房酒吧的消耗量，填写酒水补充报告单并负责保存。按规定时间到前台收银处取反馈单，送酒水消耗统计表。

(6)保管各种设备和用具，编写建档，定期清点。

(7)随时掌握房态，准确无误地输入电脑并与前台保持密切的联系。遇有特殊事项，及时向领班及上级部门汇报。

(8)及时通知楼层领班即将抵店或离店的贵宾、团队的房号。

(9)每日做好24小时维修的统计工作，及时更改和填写维修房情况和房间加床的显示记录。

(10)负责楼层服务员对本楼层房态、各项问题的咨询。准确无误地做好各个班次的交接工作，重要事宜要向领班及部门报告。

(11)将销售部转交的贵宾通知单转交领班，落实各项接待工作。

(12)详细登记客人遗留物品，妥善分类保管。

(13)结账房号及时通知当班服务员，并将17:00后结账房号通知中班主管，以便及时安排清洁。

(14)及时将客人投诉报告领班、主管或部门并做好记录。

(15)负责客房中心的卫生和安全。填写服务员工作报告表、楼层酒水控制表。

(16)及时将客人在客房消耗的各类费用输入电脑。

3. 为什么选择文员的工作？

(1)觉得自己目前比较适合，也喜欢这个工作。

(2)文员是一个很重要的职位，所有能让客户看到的东西都能直接反映出一个公司的档次和文化精神。这并不是一个坐坐就好的职业，也是挑战，做好了，可以带动整个公司的发展。

4. 做好文员工作需要哪些素质？

(1)稍懂财会和文秘知识；会电脑基本操作；文字输入60字/分钟以上，能运用Word、Excel处理文件图表。

(2)有气质、有涵养，性情温和，声线柔顺，酒店服务意识强。

(3)能快速准确记录各类信息和填写各类表格单据；懂得运用语言技巧，清晰完整地表述某个问题或事件。

(4)有较强的沟通、协调等内部公关能力，与内外各部门各岗位人员能友善沟通，和睦相处，搞好协作关系。

(5)具有良好的心理素质和工作习惯，能承受工作压力，懂得控制自己的情绪，排除内心的不满。

楼层服务组面试问题：

1. 楼层服务组的英文？

Floor

2. 楼层服务组的主要工作有哪些？

负责所有住客楼层的客房、楼层、电梯口的清洁卫生和接待服务工作。

3. 为什么选择楼层服务组的工作？

觉得自己目前比较适合，也喜欢这个工作。

4. 若你是楼层服务组新员工，客人向你问路，而你却不知道，这时你应如何处理？

可以先向客人说明自己不知道并迅速找来一名知道路的员工为客人带路。

公共区域的面试问题：

1. 公共区域的英文？

Public Area

2. 公共区域的主要工作有哪些？

负责酒店除厨房外的所有公共区域的清洁卫生。

3. 为什么选择到公共区域工作？

觉得自己目前比较适合，也喜欢这个工作。

4. 公共区域包含哪些范围？

公共区域是指酒店内公众所共有共享的活动区域。

公共区域一般包括室内和室外两部分。室外公共区域主要指酒店的外围部分，如花园、前后大门、车道、外墙等；室内公共区域又分为前台和后台两部分，前台公共区域主要指客人使用的场所，如大堂、电梯、楼梯、公共洗手间以及餐厅、歌舞厅及多功能厅等；后台公共区域则指员工使用部分，包括员工休息室、员工更衣室和员工餐厅等。

客房服务中心的面试问题：

1. 客房服务中心的英文？

Housekeeping Service Center

2. 客房服务中心的主要工作有哪些?

(1)接受住客电话提出的服务要求,迅速通知楼层服务员,对楼层服务员无法解决的难题与主管协商解决。

(2)与前厅部、工程部等有关部门保持密切联系,尤其是与楼层和总台定时核对房态。

(3)接受楼层的客房消耗酒水报账,转报总台收银处入账,并与餐饮部联系补充物品事宜。

(4)负责楼层工作钥匙的保管分发,严格执行借还制度。

(5)受理住客投诉。

(6)负责对客借用物品的保管、借还和保养。

(7)负责客房报纸的派发,为 VIP 客人准备礼品。

(8)负责做好各种记录,填写统计报表。

(9)负责酒店拾遗物品的保存和认领事宜。

(10)负责员工考勤。

3. 为什么选择到客房服务中心来工作?

觉得自己目前比较适合,也喜欢这个工作。

4. 怎样处理客人的失物和遗留物品?

(1)楼层服务员整理房间时如发现任何物品(不是酒店的物品,是客人的)应送到服务中心的,必须将房间号码、物品名称、客人姓名清楚地登记在失物招领记录本上,同时做好失物招领卡,保证一物、一卡,有记录。做物品登记时,必须要将物品的数量、大小、颜色、形状详细记录清楚。

(2)所有一般物品应锁在客房部遗留物储存柜内。

(3)贵重物品(价值 500 元以上的)做好记录后,马上通知值班经理,由值班经理在失物招领记录本上签字,值班经理将贵重物品保存在前台保险柜中,服务中心文员要做好记录。如是价值不清的物品,通知值班经理对其进行鉴定,该物品是否保存服务中心或做其他处理,同时在失物招领记录上做好记录,以备查。值班经理同意保存在服务中心的贵重物品,必须存放在保险柜内。当服务员报有客人遗留物品时,文员要马上通知值班经理联系客人认领。

(4)食品药品做好记录,存放 3 天后如无人认领就扔掉。

(5)领取或移交的物品,必须有客人或值班经理的签字,如是客人领取物品,必须在失物招领卡上填写有效证件号码或是可以联系到的电话号码。

(6)遗留物品由客人或楼层服务员领取后,必须要求在失物招领卡和失物招领记录上签字确认。服务中心文员必须妥善保管每张失物招领卡片,以便备查。

(7)遗留物品若是衣物时,应将衣物进行整理,文员再进行保存。

(8)服务中心文员每月复查遗留物品登记本,按规定清理一批库存的剩余,并与前台主管及时沟通,核销记录。

(9)在物品发放前,把具体发放的物品清单复印一份提供给保安部存底。

(10)发放遗留物品时,必须由服务中心文员与楼层主管进行账务核对后,再进行发放。遗留物品超过 3 个月无人认领时,就转发给物品的拾到人;贵重物品超过 6 个月以后无人认领的，由总经理按酒店业惯例适当安排处理，并在失物招领记录上由相关人员签字。

步骤三　成果展示及评定反馈

在每个工作小组展示任务的完成过程中，教师作为客房部经理进行面试，依次询问面试每个学生，分数高者成为该岗位的员工。

【学习考核与评价】

教师评价。从中找出优缺点、不足和错误，指出努力方向，进行评分，奖励优秀的小组及个人。进一步掌握正确的工作过程与工作方法，提高自我监控能力和评价能力。

任务评分见表 2.11-1。

表 2.11-1　任务评分（满分 80 分）

小组编号：　　　　　　　　　　　　　　　学生姓名/学号：

序号	评分项目	4 分	8 分	12 分	16 分	20 分
1	完成的正确性					
2	完成的流畅性					
3	表情和肢体语言					
4	精神面貌、服装仪表					
总分						

注：在每组学生表演过程中，老师、观看小组成员将用此表按照评分具体说明对表演小组进行打分。

课上任务各项评分见表 2.11-2。

表 2.11-2　课上任务各项评分

评分项目	20%	40%	60%	80%	100%
任务服务质量及效率	无法为顾客提供此项服务	不能按时完成任务，在服务过程中出现 3 处以上的错误	不能按时完成任务，在服务过程中出现 2～3 处错误	能够按时完成任务，服务过程中出现 1 处错误	能够按时完成任务，服务过程准确完整
任务完成的正确性	任务完成中出现 5 处以上错误	任务完成中出现 3～5 处错误	任务完成情况基本正确，出现 1～2 处错误	任务完成情况良好，出现 1 处错误	任务完成情况良好，无错误
完成的流畅性	表演过程中出现 5 次以上停顿，表演混乱无序	表演过程中出现 3～5 次停顿，组员之间缺乏配合	表演过程中出现 2～3 处停顿，组员之间配合默契	表演过程中出现 1 处停顿，组员之间配合默契	表演过程流畅，组员之间配合默契
表情和肢体语言	在表演过程中，表情紧张、无相应的肢体语言	在表演过程中，表情较为紧张、能运用少量的肢体语言	在表演过程中，表情较为自然，能运用少量的肢体语言	在表演过程中，表情较为自然，能运用相应的肢体语言	在表演过程中，表情大方得体，肢体语言运用流畅自如

续表 2.11-2

评分项目	20%	40%	60%	80%	100%
精神面貌、服装仪表	在表演中情绪消极、仪容仪表不符合酒店标准	较为被动、仪容仪表不符合酒店标准	能主动进入角色，仪容仪表基本符合酒店标准	能主动配合他人完成表演，仪容仪表符合酒店标准	在表演中起到带动作用，积极参与表演，仪容仪表符合酒店标准

各小组整理教材、教学参考资料，引导学生建立本学习领域的学习档案，训练学生的工作方法能力。

【任务小结】

本任务主要介绍了客房部的功能、地位、工作任务、组织机构以及业务分工。

【思考题】

了解当地五星级酒店标准间的客房设施。

工作任务二　认识客房部设备设施

【任务分析】

学生可以自行到酒店进行参观，在前台接待处可以询问酒店客房的类型及价格，如果酒店允许，可以进入酒店客房，熟悉客房内部的设施设备，并进行记录。

【任务布置】

1. 到当地五星级酒店了解标准间的客房设施以及各种房型对应的价格。

2. 制作客房部采购计划表。

【相关知识】

一、客房的类型

（一）单人间（single room）

单人间又称单人客房，是在房内放一张单人床的客房，适合单身客人使用。传统的单人间属于经济型，一般酒店单人间数量很少，并且多把面积较小或位置偏僻的房间作为单人间。

（二）大床间（king room）

大床间是在房内放一张双人床的客房，主要适用于夫妻旅行者居住。新婚使用时，称作蜜月客房。

高档商务客人很喜欢大床间的宽敞舒适，也是这种房间的适用对象。目前，高星级酒店出现的商务单人间就是以配备大床并增设先进办公通信设备为特色。在以接待商务客人为主的酒店，大床间的比例逐渐增加，多者可占客房总数的50%～60%。

（三）双床间（double room）

（1）配备两张单人床。

中间用床头柜隔开，可供两位客人居住，通常称为标准间。这类客房占酒店客房数的绝大部分,适合于旅游团队和会议客人。普通散客也多选择此类客房。

(2)配备两张双人床。

可供两个单身旅行者居住,也可供夫妇或家庭旅行客人居住。这种客房的面积比普通标准间的大。

(3)配备一张双人床、一张单人床或配备一张大号双人床、一张普通双人床。

这类房间容易满足家庭旅行客人需求。

(四)三人间(triple room)

三人间是在房内放3张单人床,属经济型客房。中高档酒店这种类型的客房数量极少,有的甚至不设。当客人需要3人同住一间时,往往采用在标准间加一张折叠床的办法。目前,所有星级酒店都提供加床服务。

(五)套间(suite room)

1. 普通套间

普通套间一般是连通的2个房间,称双套间,又称双连客房,一间作卧室,另一间作起居室,即会客室。卧室中放置一张大床或两张单人床并附有卫生间。起居室也设有供访客使用的盥洗室,内有便器与洗面盆,一般不设浴缸。

2. 豪华套间

豪华套间的室内陈设、装饰布置、床具和卫生间用品等都比较高级豪华,通常配备大号双人床或特大号双人床。此类套间可以是双套间,也可以是3~5间。按功能可分为卧室、客厅、书房、娱乐室、餐室或酒吧等。

3. 复式套间

复式套间是一种两层楼套间,由楼上、楼下两层组成。楼上一般为卧室,楼下为起居室。

4. 总统套间

总统套间通常由五间以上的房间构成,多者达20间。套间内男女主人卧室分开,男女卫生间分用。还设有客厅、书房、娱乐室、会议室、随员室、餐室或酒吧间以及厨房等,还有的设室内花园。房间内装饰布置极其考究,设备用品富丽豪华。因房价昂贵,出租率低,一般四星级以上酒店才设。总统套间并非总统才能住,只是标志该酒店已具备了接待总统的条件和档次(见图2.11-2)。

房间类型	人民币(元)
高级房	1 599
豪华湖景房	1 659
商务豪华房	1 754
高级套房	1 849
豪华湖景套房	1 964
行政豪华房	1 944
行政套房	2 394
总统套房	12 744

●以上所有房价需加15%附加费及税

●以上所有房价不包含早餐

图2.11-2　某五星级酒店房型及房价

二、客房设备的选择要求

（一）适应性

适应性是指客房设备要适应客人享受的需要，而且要适应酒店等级，与客房的格调一致，造型美观、款式新颖。

（二）方便性

方便性是指客房设备的使用方便灵活。客房设备主要是供客人直接使用，使用简便尤为重要。同时，要选择易于维修保养、工作效率高的设备。

（三）节能性

节能性是指能源利用的性能。设备的选择要考虑节能效果，即选择那些能源利用率高、消耗量低的客房设备。如电热淋浴器虽然使用方便而且美观，但耗电量太大，对大多数酒店来说是不应该选择的。

（四）安全性

安全是酒店客人的基本要求。在选择客房设备时，要考虑是否具有安全可靠的特性和装有防止事故发生的各种装置，如家具饰物的防火阻燃性，冷热水龙头的表示，电器设备的自动切断电源装置，等等。此外，商家有无售后服务也是设备安全的重要保证。

（五）成套性

成套性是指设备的配套情况。客房本身就是由房间、冷暖空调设备、家具设备、电器设备、卫生设施、装饰用品和生活用品等几个部分组成的。这些设备用品的有机组合，构成客房产品的硬件部分。客房设备用品要求布局合理、配置得当。一个服务项目、一项服务设施所需的各种设备也要成配套，如闭路电视、音响系统等都要求配套。

三、客房主要的设施设备

（一）睡眠空间

床：床单、被套、枕套、（羽绒）枕芯、（羽绒）被、床垫、保护垫。

床头柜：电话、便笺纸、笔、相关书籍、灯开关、拖鞋、擦鞋布、纸巾、遥控器、环保标识卡、睡眠卡、时钟。

（二）盥洗空间

洗脸台：中巾、方巾、浴巾、地巾、纸巾、口杯、烟灰缸、牙刷、牙膏、肥皂、沐浴露、洗发水、浴帽、梳子、免费水等。

浴缸：防滑垫、地巾、浴巾、浴盐。

其他：卷纸、垃圾篓、卫生袋。

（三）储存空间

行李架、衣柜、衣架。

（四）书写空间

书桌：服务指南、安全须知、菜单、烟灰缸、纸、笔、信封、明信片、购物袋、宾客意见书、台灯、椅子等。

（五）起居空间

沙发、茶几、电视、迷你酒吧、烟灰缸、火柴、纸巾、垃圾篓、植物等。

【任务实施】

步骤一　情景引入

客房部设施设备的采购

地点:开封某五星级酒店(未开业)

教师:客房部经理

学生:客房部采购员

1. 客房部经理介绍本酒店客房数量、类型、面积等基本情况。

2. 要求五组采购员根据不同的客房类型,采购相应的客房设施设备。

3. 在采购之前,提交采购单并进行详细的说明。

步骤二　工作任务实施

班级同学分成5组,每组6人,根据客房的不同类型,经过讨论,列出采购单,最后由组长向客房部经理进行详细的说明。

步骤三　成果展示及评定反馈

每个工作小组展示任务的完成过程中,教师作为客房部经理,对5种类型客房的采购员进行提问,采纳合理的建议并指出缺点。

【案例】

客房采购计划见表2.11-3。

表2.11-3　客房采购计划

类型:家具、电器等　　分部门:楼层、PA

序号	物品名称	规格	单位	数量	备注
1	地毯抽洗机	三合一、220 V	台	1	地毯抽洗使用
2	地毯干擦机	带电子打泡机	台	1	平时地毯保养使用
3	石材处理机	结晶处理、打磨	台	1	石材维护
4	沙发清洗机		台	1	软包椅清洗
5	高压水枪		台		地面清洗使用
6	吸水机		台	1	地毯保养使用
7	强力风机		台	4	地毯抽洗使用
8	吸尘器	低噪声	台	12	楼层日常卫生使用
9	消毒柜		台	7	消毒间、总套
10	客房小冰箱		台	166	房间配置
11	客房保险箱		台	166	房间配置
12	客房电脑	机箱封死、带还原、配套	台	30	网管要跟踪还原等
13	数字液晶电视32寸		台	166	房间配置
14	数字液晶电视42寸		台	8	套房(不含总套)
15	电水壶	不锈钢	个	180	1:1备用14个
16	小吹风机	卫生间壁挂	台	167	房间配置
17	电话机		部	190	房间、楼层、办公

续表 2.11-3

序号	物品名称	规格	单位	数量	备注
18	电子秤	玻璃面	台	166	房间配置
19	对讲机		台	23	楼层、PA、洗衣房
20	办公电脑	常规	台	2	经理、主管
21	办公桌椅	1.2 m 3 张、1.6 m 1 张	套	4	客房中心、办公室
22	电动跑台	常规带 4 根球杆、1 个球杆架	台	2	健身房配置
23	商用立车		台	1	健身房配置
24	美式落袋台球桌		张	1	健身房配置
25	多功能力量训练站		台	1	健身房配置
26	腹肌板		台	2	健身房配置
27	乒乓球桌	带球拍	台	1	健身房配置
28	贵族哑铃		台	1	健身房配置
29	电脑台阶器		套	1	健身房配置

【学习考核与评价】

教师评价。从中找出优缺点、不足和错误，指出努力方向，进行评分，奖励优秀的小组及个人。进一步掌握正确的工作过程与工作方法、自我监控能力和评价能力。

任务评分见表 2.11-4。

表 2.11-4　任务评分(满分 100 分)

小组编号：　　　　　　　　　　　　　　　　　　学生姓名/学号：

序号	评分项目	4 分	8 分	12 分	16 分	20 分
1	房间设施设备的适应性	设备无法使用	设备可以使用，但无法适应客人享受的需要	适应客人享受的需要，与客房的格调不一致	适应客人享受的需要，与客房的格调一致，造型美观	适应客人享受的需要，与客房的格调一致，造型美观，款式新颖
2	房间设施设备的方便性	无法方便客人的使用	设备使用不灵活、快捷	客房设备的使用方便、灵活，无法进行维修	客房设备的使用方便、灵活，但不易于维修和清洁	客房设备的使用方便灵活，同时，要选择易于维修保养、工作效率高的设备
3	房间设施设备的节能性	设备操作复杂，无法使用	设备使用并不灵活、快捷	设备能源利用率低，无法达到节能的目的	设备节能但不美观方便	设备能源利用率高、消耗量低，使用方便而且美观

续表 2.11-4

序号	评分项目	4分	8分	12分	16分	20分
4	房间设施设备的安全性	设备无法使用	设备使用不灵活、快捷	设备无防火、防电性	设备具有防火阻燃性并带有自动切断电源装置	家具饰物的防火阻燃性,冷热水龙头的表示,电器设备的自动切断电源装置等,以及商家有无售后服务
5	房间设施设备的成套性	设备操作复杂,无法使用	设备使用并不灵活、快捷	设备不具有成套性	设备具有成套性,但与装饰装修风格不符	客房设备用品要求布局合理,配置得当
总分						

【任务小结】

本任务主要介绍了客房的类型、客房主要的设备设施及其选择要求。

【思考题】

如何选择客房设备设施。

项目十二　客房卫生及质量管理

【项目描述】

学生通过对本项目的学习,能够了解客房部的日常清洁工作以及周期卫生清洁计划,并能够独立完成客房清理工作。

【项目目标】

能力目标:

1. 能熟练地按要求做好岗前准备工作。
2. 能按要求准确填写客房清洁表单与报表。
3. 能按照要求独立完成中式铺床、西式铺床,能按照要求独立完成走客住客房清扫工作,能按照要求独立完成客房晚间小整工作。

知识目标:

1. 熟悉客房部常规卫生与计划卫生知识。
2. 熟知搞好客房常规卫生工作应考虑的几个因素。
3. 掌握常规卫生与计划卫生的形式、内容、要领。

素质目标:

1. 具备良好的酒店服务意识。
2. 在接待酒店顾客时,做到文明待客,礼貌待人。
3. 养成积极主动的工作态度。
4. 对客服务中,特别是遇到突发事件时,保持头脑清醒,处事沉着冷静、有条不紊。

工作任务一　走客房的清洁

【任务分析】

将学生带领到几个走客房内,分组练习走客房的清洁,使学生能在实际操作中能够掌握卧室的清洁以及中式做床的步骤。

【相关知识】

1. 清洁走客房。
2. 到酒店了解客房部常规卫生与计划卫生知识。

【相关知识】

一、客房清洁准备工作

(一)领取工作钥匙

进行客户清洁工作,应先领取工作钥匙。

(二)了解客房状态

1. 旺季清扫顺序

(1)空房。

(2)总台指示要尽快打扫的房间。

(3)走客房。

(4)要求"请速打扫"的房间。

(5)VIP 房间。

(6)其他住客房间。

2. 淡季清扫顺序

(1)总台指示要尽快打扫的房间。

(2)要求"请速打扫"的房间。

(3)VIP 房。

(4)走客房。

(5)其他住客房间。

(6)空房。

(三)准备房务工作车,备齐清扫工具

客房清扫不必仅局限于以上顺序,应根据酒店的实际情况,灵活掌握。另外,住客房的清扫应尽量在客人外出时进行,以免打扰客人工作和休息。"DND(请勿打扰)房"一般在客人取消要求前不予打扫,但是如果客房长时间亮着指示灯(超过 12 h)或挂"请勿打扰"指示牌,则需要上报管理人员,按照酒店规定进行处理。

(四)明确清扫要求

(1)简单清扫的房间。空房一般只需简单打扫,如通风换气、擦净浮尘、放掉水龙头内积存的陈水等。

(2)一般清扫的房间。长住房和外宿房多采用这种打扫方式。除正常的抹尘和卫生间清理外,仅对床铺进行整理,一般不需要更换床上用品。

(3)彻底清扫的房间。走客房一般采用这种打扫方式。这类房间一般需要对房间进行彻底的除尘和清洁,更换布草和其他用品。

二、住客房的清扫

住客房的清扫和走客房大致相同,但应注意以下情况:

(一)客人在房间内

如果客人在房间内,应征求客人意见是否清扫客房,如果客人同意,在清扫客房时应注意动作要轻,操作要快;如果客人不同意清扫,应礼貌致歉,并记下房号和客人要求清扫的时间。

(二)客人中途回房

如果清扫中途客人回房,应先礼貌地请客人出示房卡,确认是房间主人后,再征询客人意见是否继续清扫房间。

(三)房间内客人的物品

客人的物品,只能简单整理,尽量不挪动位置,更不可随意翻看;相机、钱包等贵重物品,不要随意触摸;如果床上或沙发上有客人衣物,可稍加整理;除了垃圾桶内的物品,服务员不得将客人的任何物品撤出房间。

(四)房间内电话铃响

若客房内电话铃响,不可按听。

三、空房的清扫

(1)每天进房1次,通风换气,检查有无异常情况。

(2)用抹布擦净家具上的浮尘。

(3)连续2~3天未出租的房间,应吸尘1次。同时,将卫生间的各水龙头放水约1 min,以确保水质洁净。

(4)卫生间的毛巾因空气干燥,时间长会失去弹性和柔软度,需在客人入住前更换新毛巾。

清洁的客房见图2.12-1。卧室、卫生间的清洁标准见表2.12-1、表2.12-2。

图2.12-1 清洁的客房

表2.12-1 卧室的清洁标准

项目	标准
房门	干净无污迹、浮灰,油漆无脱色或破损;门铃、请勿打扰灯、门号牌、门锁、防盗链、门吸正常,请勿打扰牌(请速打扫牌)、早餐牌、安全指示图完好
衣柜	衣柜门、衣柜灯、保险柜使用正常;衣架齐全、无灰尘,挂衣杆、衣柜底与隔板干净卫生;鞋篓完好,鞋篓内物品齐全、卫生;浴衣清洁、无破损
墙面和天花板	无霉点、污迹,无蜘蛛网,无油漆脱落和墙纸起翘
地毯	无褶皱、无破损、无污迹、无异味
窗户	窗框、玻璃洁净无灰尘,窗帘轨、钩完好;遮光布不漏光,窗帘、窗纱干净无破损
灯具	使用正常,清洁无尘
床	床铺平整美观,包边包角整齐;床罩、被罩、床单、枕套洁净无破损,被子、枕头松软、无异味;床垫定期翻转,床架稳固

续表 2.12-1

项目	标准
家具	干净无尘、无破损划伤，抽屉干净、灵活
电视机	开关正常，电视机屏幕无污迹，图像清晰稳定，音质良好
空调	运转正常，滤网清洁
电冰箱	工作正常，无污迹、浮灰、无异味，定期除霜，饮料配备齐全
客用品	配备齐全、按规定摆放

表 2.12-2　卫生间的清洁标准

项目	标准
门	无破损变形，开关正常无噪声，洁净无污迹
墙壁	瓷砖洁净光亮，无破损
地面	洁净无污迹、无杂物；地漏无杂物，无异味
灯具	使用正常，清洁无尘
面盆及梳妆台	干净无水渍、无污迹，上下水正常，电镀部件洁净光亮
浴缸	浴缸内外清洁，无水渍、污迹和毛发；花洒、上下水、浴缸塞等洁净光亮，使用正常；浴帘干净无霉迹、无异味、无破损；杆、钩正常
恭桶	内外清洁，无污渍、水垢、异味；使用正常，冲水顺畅
排气扇	运转正常，噪声低
毛巾	各种毛巾洁净柔软，无破损；按规定摆放
客用品	配备齐全，按规定摆放

四、中式做床的步骤

（一）拉床垫

弯腰下蹲，双手将床垫稍抬高，慢慢拉出，离床头板约 50 cm。

（二）开单

用左手抓住床单一头，用右手提住床单头并将其抛向床头边缘，顺势打开床单。

（三）甩单

两手相距为 80～100 cm，手心向下，抓住床单头，提起约 70 cm 高，身体稍向前倾，用力甩出去，床单在床四周均匀垂下。床单应正面朝上，中线居中。

（四）包角

包床头时，应将床头下垂的床单掖进床垫下面；包角，右手将右侧下垂床单拉起折角，左手将右角部分床单折成直角，然后右角将折角向下垂直拉紧，包成直角，右手将余出下垂的床单掖入床垫下面。每个角要紧且成直角。

(五)将床垫复位

拉动床垫,将其复位。

(六)套枕套

将枕芯反折90°,压在枕套口上,把枕芯一次放到位;套好的枕头必须四周饱满平整,枕芯不外露。

(七)放枕头

将两个枕头放置居中,距床头约10 cm处,枕套口反向床头柜。

(八)套被套

被套展开一次到位,被子四角以饱满为准,正面朝上。

(九)铺被子

被边反折回30 cm,与枕头成切线,两侧自然下垂;被尾自然下垂,两角折成90°,中线与床单中线对齐。

(十)铺床尾巾

将床尾巾平铺于床尾,不偏离中线,两侧自然下垂,距离相等;将床复位,弯腰将做好的床缓缓推到床头板并对齐床头板。

【任务实施】

步骤一　收集资料

学生分组,通过资料查询、酒店参观等方式来了解客房清洁的准备工作、客房清洁的程序及标准。

步骤二　观看视频

通过课堂上播放酒店中式做床的视频,使学生了解中式做床的步骤以及标准。

步骤三　做好准备工作

学生分组,根据客房清洁准备工作的流程,为清理走客房做好必要的物质准备及精神准备。

步骤四　清理走客房

根据客房清洁整理的程序,清洁走客房并填写客房清洁报表。

【学习考核与评价】

由教师对整理好的房间进行检查,从中找出优缺点、不足和错误,指出努力方向,进行评分,奖励优秀小组及个人,使学生进一步掌握正确的工作过程与工作方法。

客户清洁质量标准见表2.12-3。

表2.12-3　客房清洁质量标准

小组编号:　　　　　　　　　　　　学生姓名/学号:

项目	标准	分数(每项2分)
房门	门锁开启时,转动是否灵活	
	开门是否有声音	
	门脚磁吸是否起作用	
	防盗扣是否完好无损	
	门后是否有火警疏散示意图	
	门锁后是否挂有"请速打扫"和"请勿打扰"牌	

续表 2.12-3

项目	标准	分数(每项 2 分)
衣柜	是否有足够的衣架	
	行李架是否按要求摆放	
	衣柜的自动开关电灯是否正常	
	衣架杆上是否有积灰	
	挂衣架的杆上是否有积灰	
写字台	抽屉是否活动自如,内部是否有积灰	
	家具表面是否脱色和破损	
	服务指南内是否物品齐全	
	梳妆镜是否明亮、上沿是否有积灰	
	台灯是否完好	
组合柜	电视机是否工作正常,频道是否已调好	
	电视转盘是否灵活转动	
	棉被是否折叠整齐(被套是否更换)	
	家具表面是否脱色和破损	
吧台	吧台镜面是否明亮	
	电热水壶是否干净、无水垢	
	杯具是否干净、无水迹	
	茶盘是否干净、无积灰	
灯具	开关是否正常	
	灯罩接缝处是否就在背面	
	灯泡是否有积灰	
	灯罩是否清洁、灯具是否有指印或污渍	
垃圾桶	是否有垃圾	
	垃圾桶内外是否清洁	
	垃圾桶的底部有无锈迹	
空调器	调节器是否在控制范围内	
	温度是否适中	
	风口是否发出响声及藏有灰尘	
电话	电话是否操作正常	
	电话机和电话线是否清洁卫生	
	电话机显示屏的时间是否正确	
床	床铺是否铺叠平整	
	床铺是否清洁且无破损	
圆椅	坐垫布料有无破损	
	坐垫上有无污渍	
壁面	是否悬挂正常	
	是否积灰、霉变	
地毯	有无烟洞、破损	
	清洁程度如何	
	地毯角是否有积灰	
	有无污渍、咖啡渍、茶渍、蜡渍、口香糖渍等	

续表 2.12-3

项目	标准	分数(每项 2 分)
浴缸	浴缸四壁有无皂液、水渍	
	浴缸上部墙面有无皂液及水渍	
	防滑垫是否清洗干净,有无皂渍、水迹	
	浴巾架是否有水渍及污渍	
镜子	是否有水渍及灰尘	
	是否有破裂或脱水银的现象	
座厕	盖板及座板是否清洁	
	冲水系统是否操作正常	
	座厕内壁是否清洁卫生	
	座厕外壁是否有污渍	
	马桶水阀按手是否太紧或太松	
	使用是否正常,洗手盆及浴缸所有钢器是否保持光亮	
	瓷盆内壁是否有水珠或肥皂渍	
	冷、热水龙头是否操作正常	
	排水系统是否正常	
	内水塞是否积有毛发	
	皂碟是否积聚碎肥皂渍	
	座圈是否清洁	
台面	是否清洁明亮	
	是否被磨花或磨损	
客用品	是否补齐全、干净,四巾是否补齐	
气味	地漏是否有异味	
地面	是否擦拭干净	
	是否有烟灰及毛发	
墙壁	是否有污渍和破损	
	天花板是否有裂缝、漏水或霉点现象	
	墙角是否有蜘蛛网	

【任务小结】

本任务主要介绍了走客房清洁工作的内容。

【思考题】

走客房的清洁工作应注意的事项。

工作任务二　做夜床服务

【任务分析】

在清洁好走客房之后,可以让学生进行做夜床服务并通过实际操作,熟悉客房做夜床服务的程序与标准。

【任务布置】

提供做夜床服务并熟悉客房做夜床服务的程序与标准。

【相关知识】

一、夜床服务

(一)夜床服务概述

夜床服务又叫开晚床服务或夜间服务,即对住客房进行晚间就寝前的整理,其主要作用是方便客人夜晚休息。夜床服务主要包括做夜床、整理房间、清理卫生间等3项内容。夜床服务一般在18:00至20:00进行,因为这个时段客人多外出就餐,不会打扰到客人。

(二)做夜床服务的程序与标准

(1)敲门。

①如果房间开着“请勿打扰灯”,则将客人通知卡从门缝中塞入房间,此房间不做夜床服务。

②服务员站到房门正前方30 cm处,确保客人通过房间的窥视镜能够看清服务员的面部及名牌。

③按一声门铃,然后用食指轻扣房门三下并讲“Housekeeping,客房服务员”,间隔3 s再次重复上述敲门动作。

④开门前等待约10 s钟后,再进入房间。

⑤轻轻把门推开约10 cm,再次报明身份示意客人。

⑥如遇客人在房间,得到客人允许后,方可开门进入房间。

⑦进入房间后,要先问候客人,再报明来意;征询客人是否可以进行开夜床服务。

⑧如果卫生间门关着、按敲门方法敲卫生间门。

⑨确定客人不在房间,进入房间,将取电卡放入电源盒里。

⑩将进房时间填写在夜床服务表上。

(2)开空调和灯。

(3)拉合窗帘。

(4)清理杂物。

①如果房间有客人用过的餐具,将餐具撤出房间;通知送餐部及时将餐具收走。

②收垃圾,清理烟缸。

③检查酒水使用情况,开单并补充。

④补充客用品。

(5)开夜床服务。

①将靠枕、床尾巾叠好收起,放在衣柜上层搁板上。

②站在床的外侧中央位置。

③掀起被角。

④将被子打开至枕头中间部分,与床屏成90°角。

⑤将被子侧面的下垂部分整理好。

⑥将枕头平放,如果是第二天即将离店的房间,在枕头的正中摆放宾客意见书。

⑦将开夜床小礼品放在床头柜上。

⑧将拖鞋取出,放在床头柜前面30~40 cm处。VIP客人的房间先将晚安地巾铺在床前,再将拖鞋放在地巾上,新拖鞋要先用手开,以方便客人使用。

⑨将晚安卡放到床头柜上。

⑩将免费水果、相应的报纸放到写字桌上。

(6)整理卫生间。

(7)退出房间,填好工作表。

二、客房小整理服务

(一)小整理服务

小整理服务即在住客外出时,客房服务员对其房间进行简单的整理,使客人回到房间感到清洁和舒适。由于酒店档次、房价水平、客人身份的不同,酒店可根据具体情况选择是否提供这项服务,但一般至少应对 VIP 客人提供小整理服务。

(二)小整理服务的程序

(1)清理桌面、地面、烟灰缸、纸篓内的垃圾杂物。

(2)整理客人用过的床铺。

(3)简单整理卫生间,更换客人使用过的毛巾、杯具等。

(4)补充房内茶叶、文具等客用品。

【任务实施】

步骤一　收集资料

学生分组,通过资料查询、酒店参观等方式来了解客房清洁的准备工作、客房清洁的程序。

步骤二　观看视频

通过观看视频,了解客房做夜床服务的程序及标准。

步骤三　开夜床服务

学生分组,进行开夜床服务。

【学习考核与评价】

客房夜床服务质量标准见表 2.12-4。

表 2.12-4　客房夜床服务质量标准(满分 120 分)

小组编号:　　　　　　　　　　　　　　学生姓名/学号:

项目	标准	得分(每项 20 分)
床	床铺平整美观,包边包角整齐;床罩、被罩、床单、枕套洁净无破损,被子、枕头松软、无异味;床垫定期翻转,床架稳固	
客用品	配备齐全、按规定摆放	
面盆及梳妆台	干净无水渍、无污迹;上下水正常;电镀部件洁净光亮	
垃圾桶	垃圾桶内无杂物,屋内无垃圾	
浴缸	浴缸内外清洁,无水渍、污迹和毛发;花洒、上下水、浴缸塞等洁净光亮,使用正常;浴帘干净无霉迹、无异味、无破损;杆、钩正常	
毛巾	各种毛巾洁净柔软,无破损;按规定摆放	

【任务小结】

本任务主要介绍了做夜床服务的内容。

【思考题】

1. 做夜床服务与客房小整理服务的程序。

2. 客房计划卫生工作内容。

项目十三　客房对客服务

【项目描述】

学生通过对本项目的学习，能够进行楼层迎宾服务、VIP 客人接待与客房布置、洗衣服务、设备用品增补与借用服务、擦鞋服务、托婴服务、离店查房、客房送餐服务、私人管家服务等个性化服务。

【项目目标】

能力目标：

1. 能够迅速熟练地按要求做好岗前准备工作。
2. 能够按要求准确填写服务表单、报表。
3. 能按规范要求做好楼层迎宾服务、VIP 客人接待与客房布置、洗衣服务、设备用品增补与借用服务、擦鞋服务、托婴服务、离店查房、客房送餐服务、私人管家服务。

知识目标：

1. 掌握客房对客服务的特点和要求。
2. 掌握客房对客服务的模式及优缺点。
3. 掌握客房对客服务的主要项目、规范及要点。
4. 熟悉客房对客服务质量控制的方法与要点。

素质目标：

1. 具备良好的酒店服务意识。
2. 在接待酒店顾客时做到文明待客，礼貌待人。
3. 养成积极主动的工作态度。
4. 对客服务中，特别是遇到突发事件时，保持头脑清醒，处事沉着冷静、有条不紊。

工作任务一　VIP 楼层接待服务

【任务分析】

学生分组后，让学生分别模拟演练 VIP 楼层接待时可能发生的一些特殊状况。在接到客人的投诉时，能够很好地处理这些投诉也是客房部员工应具备的素质之一。

【任务布置】

对来酒店住店的客人提供楼层接待服务。

【相关知识】

一、楼面接待服务程序和标准

楼面接待服务程序和标准见表 2.13-1。

表 2.13-1　楼面接待服务程序和标准

程序		标准
迎客服务的准备工作	1. 楼层服务员了解客情	详细了解客人的人数、国籍、抵离店时间、宗教信仰、风俗习惯和接待单位对客人生活标准要求、付费方式、活动日程等信息，做到情况明确，接待任务清楚
	2. 布置房间	(1)根据客人的风俗习惯、生活特点和接待规格，调整家具设备、配备齐日用品，补充小冰箱的食品饮料。 (2)全面检查房间的设施设备
客人到店的迎接工作	3. 楼层口迎宾	(1)服务员微笑问候客人。 (2)如无行李员引领客人时，楼层服务员应帮助客人提拿行李引领入房，对第一次住店的客人，应介绍房间设施设备的使用方法
	4. 分送行李(团队客人的行李)	(1)在装运行李之前，再次清点检查 1 次，无误后才能装上车，走行李通道送行李上楼层。 (2)行李送到楼层后，应将其放在门一侧，轻轻敲门 3 下，报称"行李员"。 (3)客人开门后，主动向客人问好，把行李送入房间内，等客人确认后，热情地向客人道别，迅速离开房间。 (4)如果客人不在房间，应将行李先放进房间行李架上
送客服务工作	5. 行前准备工作	(1)服务员应掌握客人离店的准确时间，检查客人洗烫衣物是否送回，交办的事是否完成。 (2)主动征求客人意见。 (3)提醒客人收拾好行李物品，不要将物品遗忘在房间
	6. 行时送别工作	(1)如客人有需要，可代客人通知行李处派人员到房间取送行李。 (2)客人离房时，送到门口热情道别。 (3)对老弱病残客人，要护送至酒店正门口
	7. 善后工作	(1)客人离店后，迅速查房。 (2)做好客人离店记录。 (3)对客人委托服务员处理的未尽事宜，要做好记录并必须履行诺言

二、VIP 服务

(一)VIP(Very Important Person，非常重要的客人)

(1)对酒店的业务发展有极大帮助或者可能给酒店带来业务者。

(2)知名度很高的政界要人、外交家、艺术家、学者、经济界人士、影视明星、社会名流。

(3)本酒店系统的高级职员。

(4)其他酒店的高级负责人。

(5)酒店董事会的高级成员。

（二）VIP 服务程序和标准

VIP 服务程序和标准见表 2.13-2。

表 2.13-2　VIP 服务程序和标准

程序	标准
接到贵宾通知书后，服务员将房间彻底打扫干净	按贵宾等级配备好各种物品，并在客房内摆放有总经理签名的欢迎信、名片；摆放酒店的赠品，如鲜花、果篮和饮料等
房间由主管、客房经理严格检查，由大堂副理最后检查确认	同查房标准
楼面迎接	客人在酒店有关人员陪同下抵达楼面时，客房服务员、主管、经理要在楼面迎接
贵宾入住期间，服务员增加清扫次数	按照贵宾等级提供相应的服务。对特别重要的贵宾，提供专人服务，随叫随到。保持高标准服务

【知识延伸】

客房服务员对客服务技巧

1. 一名喝醉的客人，找不到自己的房间，又没有带任何证件，对此酒店应如何处理？

答：(1) 寻求这名客人同伴的帮助，与电脑核对无误后，送客人到房间。

(2) 如果客人没有同伴，帮助客人找一个临时住所，如职工宿舍并派保安人员照看。

(3) 请医务室对客人进行检查，确定有无危险并决定是否送医院进行观察。

(4) 待客人酒醒后，寻问客人房间号码等，并与电脑核对无误后送客人到房间。

2. 酒店一客房卫生间浴盆冷热水龙头装反，在客人洗澡时将客人烫伤，对此酒店应如何处理？

答：(1) 首先安慰客人，然后马上送客人到医院治疗（轻伤可带客人到医务室就诊），随即向主管、经理汇报。

(2) 了解客人伤势，带上水果等到房间探候并致歉。医疗费由店方承担。

(3) 对客人在服务上给予特殊照顾。

(4) 马上通知工程部对设备进行修理。

(5) 做好事故发生记录，检查事故发生原因，防止类似事故再次发生。

3. 查退房时，如发现房间设备有损坏或丢失应怎么办？

答：(1) 礼貌地了解客人损坏设备的原因，保留好现场。

(2) 将此情况报大堂副理。

(3) 由大堂副理与客人协商索赔事宜。

(4) 客人同意赔偿后，客房服务员开出账单让客人签字认可。

4. 房间打扫的顺序是什么？

答：(1) VIP 房—挂牌清洁房间—住房—长住房—走房—空房。

(2) 若房间较紧张，次序可灵活变动。

(3) VIP 房—挂牌清洁房间—走房—住房—长住房—空房。

(4)卫生班应听从主管、服务中心的安排,不得一意孤行、贪图方便。

5. 做卫生时,客人要进房间,服务员应怎么办?

答:(1)有礼貌地请客人出示房间钥匙或房卡,确定这是该客人的房间。

(2)应向客人表示是否稍候再整理房间。

(3)如可以继续清理,应尽快清理完,以便客人休息。

6. 住客房间电话铃响,服务员是否可以接?为什么?

答:服务员此时不宜接电话,原因如下:

(1)客人租下这房间,房间使用权归客人所有。

(2)维护客人的隐私权。

(3)以免产生误会。

7. 楼层房间发生火灾时,怎么处理?

答:(1)客房服务员平时要熟悉酒店和本楼层的应急楼梯位置,熟悉消防器材的性能和使用方法、安放位置。

(2)如发现房间失火,服务员要保持沉着冷静。

(3)初起之火,应立即扑灭。

(4)火势一时不能控制,应立即报告有关部门施救并及时引导客人疏散,特别注意考虑救出醉酒和熟睡的客人。

(5)事后保护现场,协助有关部门查明起火原因。

8. 自称是客人朋友的人来领取客人遗失在酒店的物品时怎么办?

答:(1)首先确认是否有客人委托书。

(2)如有客人委托书,应进行核对。

(3)确认委托书和来人对失物描述无误后,请来者出示有效身份证件。

(4)记录来者的姓名、取走的时间、证件名称与号码,留下委托书。做好记录后,请来者签名。

(5)双方当面做好清点后,将失物交给来者。

(6)如来者没有客人委托书或对失物描述不全,应婉言拒绝;没有完整的证明,失物不能轻易交给来者。

9. 客房服务中应怎样防止盗窃事故发生?

答:(1)服务员应该坚守岗位,掌握客人进出情况。

(2)对来访客人做好记录,加强管理。

(3)清扫房间执行登记表格制度。

(4)加强钥匙管理。

(5)客人离房后立即查房。

10. 客房常用的灭火器材有哪几种?

答:泡沫灭火器、酸碱灭火器、干粉灭火器、二氧化碳灭火器、1211 灭火器等 5 种。

11. 怎样处理挂“请勿打扰”牌的房间?

答:(1)由大堂副理再挂一次电话到房内。

(2)如无人接听,则由客房部主管、大堂副理、保安人员一起开门入房。

(3)入房后,如有异常现象,则由大堂副理负责协调处理。

(4)如判断是客人忘记取下“请勿打扰”牌,则客房服务员可以安排房间清理,由客房部主管告诉客人。

12.当发现房间失火时怎么办?

答:(1)立即拨内线电话通知总机。

(2)说清自己的姓名、所在部门及火情准确位置。

(3)取就近灭火器救初起火灾。

(4)坚守岗位,直到酒店消防队员到达。

13.客人要求加急洗衣怎么办?

答:(1)了解客人需在什么时间内完成加急洗衣。

(2)如在正常的特快洗衣时间内,应立即通知洗衣房进行洗涤。

(3)如果要求在很短的时间内完成,应跟洗衣房联系,然后再决定洗涤。

14.客人中午回店后发现房间未整理,强烈表示不满怎么办?

答:(1)向客人道歉。

(2)做适当的解释。

(3)征求客人意见是否可以马上整理房间。

(4)做好记录,以提醒第二天提早整理该房。

15.深夜时,客人来电话说隔壁客人很吵,无法入睡怎么办?

答:(1)向客人表示歉意。

(2)问清客人房号。

(3)打电话或直接上房间,劝告吵闹客人。

(4)如客人仍吵闹,将情况报告大堂副理。

16.客人投诉房间灯光太暗怎么办?

答:(1)首先查看房灯是否全部完好。

(2)各房灯瓦数是否符合规定。

(3)如不是以上两个问题,则应考虑给客人增加台灯或落地灯,不可使用超过规定瓦数的灯泡,以避免灯罩烧坏。

17.总机通知某房有外线电话挂不进去,需客房服务员提醒客人,但房门上挂着“请勿打扰”牌怎么办?

答:(1)如房门上挂有“请勿打扰”牌,即使外线再急,也不能打扰客人,应及时将此情况通知总机。

(2)由总机给客人做留言服务。

18.遇到临时停电怎么办?

答:(1)客房服务员应保持镇定。

(2)清理过道,将放在走廊上的工作车、吸尘器推到就近空房中。

(3)如光线不够,无法清理过道,楼层领班应指导服务员站在工作车或吸尘器旁边,以防客人碰撞。

(4)楼层领班利用手电筒向询问的客人做好解释工作并劝客人不要离开房间。

(5)客房服务中心应向工程部了解停电原因和停电时间,以便做好解释工作。

(6)正常供电后,应全面巡视所属区域,检查送电后的安全情况。

19. 发现客房内死亡的客人怎么办?

答:(1)客房服务员应保持镇静,切不可惊慌失措,在走廊上奔跑或喊叫,以免引起混乱。

(2)关闭房门,禁止其他员工进入,做好保护现场工作。

(3)电话通知保安部、大堂副理和部门主管到现场。

(4)向有关部门人员和有关单位提供客人资料及访客情况。

(5)待有关部门人员完成取证、调查、运走尸体后,应把房间用品撤出进行消毒或燃毁,并对房间进行彻底消毒与清理。

20. 被客人呼唤入房间时怎么办?

答:(1)被客人呼唤入房间时,服务员应先在门外敲门并说:“我是服务员,请问有什么事要帮忙吗?”征得客人同意后方可进入房间。

(2)进入房间时,不宜把门关上;客人让座时应表谢意,但不宜坐下;对客人的吩咐要留心听清;站立姿势要端正,眼睛不可东张西望。

(3)办完事应立即离开,不宜在房间逗留太久;离开房间时,要面对客人轻轻将门关上。

21. 晚上客人打电话要求服务员陪其聊天怎么办?

答:(1)委婉告诉客人,当班时间有很多工作要做,如果不能按时完成,会影响对客人的服务质量。

(2)告诉客人,聊天会占用酒店的营业电话,招致其他客人的投诉。

(3)向客人介绍酒店的各类娱乐场所。

22. 客人要求在房中摆放鲜花,怎么办?

答:(1)了解客人所需鲜花种类、数量、摆放方式和时间,问清客人禁忌的花卉。

(2)了解客人摆鲜花的原因,进一步做好细致的服务,如果是客人的生日,则向客人表示祝贺。

(3)告之所需费用,并及时请客人付清。

(4)按客人要求进行摆放。

23. VIP 的接待程序是什么?

答:客房在接到 VIP 接待通知单后,根据通知单的要求,按贵宾房的准备与布置程序准备客房:

(1)客务中心接到总台的通知单后,应将贵宾的房号首先通知楼层服务员,以便服务员再进行一次彻底的打扫;然后客务中心将贵宾的房号、抵店时间、客房布置的规格标准通知领班、主管、经理,若贵宾当日不到,客务中心一定要做好交接班记录。

(2)楼层服务员根据 VIP 接待通知单的特别要求,配合领班和负责贵宾房应增放的物品放进客房并布置好(如鲜花、水果、茶水等)。

(3)领班、主管和经理在各自的下属完成对贵宾房的布置和检查后,应及时对客房进行复查,发现问题及时解决。

(4)由大堂副理再进房巡查一遍,以确保万无一失。

(5)贵宾房准备好后,客房部的有关人员应做好贵宾抵达时的迎接工作,当客人到达该楼层时,客房部经理或主管、领班和楼层服务员应在电梯口迎接并随时做好必要的服务工作,必要时可由专人负责。

24. 为客人提供擦鞋服务时,应注意哪几点?

答:(1)要用鞋篮取送鞋。

(2)防止弄混客人的鞋。

(3)选用合适的鞋油。

(4)鞋底和鞋口边沿要擦净,不能有鞋油,以免弄脏地毯和客人的袜子。

(5)擦鞋前,要在地面上铺布和报纸,防止尘土和鞋油将地面弄脏。

(6)如果无法处理,提示客人送鞋匠处理。

25. 为长住客人服务时,应做到哪几点?

答:(1)客房清扫尽量安排在客人非办公时间内进行。

(2)清理客房时,要谨慎处理房内垃圾,不要随便挪动客人的办公设备和办公用品。

(3)根据酒店与长住客人或所属的公司签订的合同要求提供客房用品和饮料。

(4)防止未办登记手续的外来人员留宿。

(5)亲疏有度。

26. 钥匙的管理应注意哪几点?

答:(1)领发钥匙时必须登记签名。

(2)上班期间不得将钥匙从身上取下,更不得乱放。

(3)不得将钥匙借给他人使用。

(4)不得随便为他人开房(除规定的人员外)。

(5)客人要求开门时,请其与总台联系。

27. 如果客人外出交代来访客人可以在房中等待时,服务员应怎么做?

答:(1)向客人了解来访者姓名及主要特征。

(2)来访客人到楼层后,经过确认后请来访者办理访客登记。

(3)来访者到房间后,客人未回时,如访客要带物品外出应上前及时询问并做好记录。

28. 晚上做夜床服务时发现床上放着许多客人的物品时怎么办?

答:(1)发现这种情况暂时不做夜床服务。

(2)不要挪动客人床上物品。

(3)在该床头柜上放一张留言条给客人,告诉客人不做夜床服务的原因,请客人需要时拨打客务中心电话。

(4)将此情况做好记录。

29. 如何对客房部的设施进行保养?

答:客房设备的保养;首先,要注意平时的清洁工作,木制家具要用干抹布擦拭、定期喷蜡、电器设备也应用干抹布擦拭,卫生间设备在清洁时要用相应的清洁剂和清洁工具。

其次,所有客房设施不可挪动,需要搬动或更换时应经过本部门经理批准并予以记录。

最后,凡客房设备一经发现有损坏的及时报客务中心,由客务中心下维修单。

30. 客人反映房间设备坏了怎么办?

答:(1)立即到房中进行检查。

(2)询问是不是客人不会使用,若是向客人介绍正确的使用方法。

(3)如果确是设备需要维修,向客人道歉。

(4)征得客人同意后,马上通知维修。

(5)维修完毕,还应征询客人是否满意。

31.客人有大量消费怎样处理?

答:(1)若客人是当时需要,客务中心应询问前台是否可以签字。

(2)若不可签字,请客人现付。

(3)若已消费,无论客人是否有离店迹象都应通知前台收银。

32.客人要在房间内玩麻将怎么办?

答:(1)根据酒店规定,标间360元,套间800元以上才可以提供麻将,首先询问前台房价,确定是否可以提供。

(2)若不可以,应委婉地向客人解释并告诉他们可以到棋牌室玩。

(3)若可以,尽管是让客人签单,也要向其说清收费标准,以免引起误会。

33.清理房间时,客人回来了怎么办?

答:(1)礼貌地请客人出示房卡,确定是该房客人。

(2)征询客人是否稍候整理房间。

(3)如可以继续清理,应尽快清理完。

34.客房报洗地毯的程序是什么?

答:(1)客房服务员在清理房间卫生时,若发现房内地毯比较脏或局部有污渍,应及时报客务中心。

(2)客务中心接到电话后应及时在电脑"维修房管理"栏内打入"预计洗地毯"并填写报洗单。填写报洗单时,一定要写清报洗人、时间,于14:00送到PA部,若14:00之后报洗,可在当天21:00时再送1次。

(3)若PA部已清洗完,要及时通知客务中心,客务中心要在"维修房管理"栏内打入"已洗地毯",以备前厅部准确掌握房态。

35.如何和总台核对房态差异表?

答:客房服务员在清理房间卫生时,若有预期未离的房间应立即报客务中心,客务中心接到电话后,填写在房态差异表内,若是无人无行李房、外宿房应立即电话通知前厅,并于12:00、21:00将房态差异表送至前厅,与前厅部核对房态。

【任务实施】

步骤一 情景引入

客房部展会

1.客房部经理公布今日即将到店的3个VIP客人名单,分配3个楼层服务组对其进行接待服务。

(1)史密斯先生对白色情有独钟,并且有一定的洁癖,客房服务员应该如何对其进行服务?

(2)王先生每次住酒店时都要求无烟的房间,而最近酒店客满,没有为王先生准备无烟的房间,服务员应该如何进行处理?

(3)刘先生首次来到酒店,他想多到附近的旅游景点走一走,但是他自己不认识路,服务员应该如何对其进行服务?

2. 以上三个 VIP 客人分别由早、中、晚三个班次中的员工负责接待工作。

步骤二　工作任务实施

三个工作组分别讨论自己所要接待的 VIP 客人的需求，按其需求为其提供个性化的服务。

工作要求：

1. 接待人员在工作时能灵活运用所学所见的知识、技能。

2. 组内成员能合理进行分配和协力完成工作任务。

【学习考核与评价】

1. 每个工作小组展示任务的完成过程中，由其他小组和老师共同给予打分，在全部实施完毕后由教师进行点评。

科技中专旅游酒店服务与管理任务评分见表 2.13-3。

表 2.13-3　科技中专旅游酒店服务与管理任务评分(满分 100 分)

小组编号：　　　　　　学生姓名/学号：

序号	评分项目	4 分	8 分	12 分	16 分	20 分
1	完成服务质量					
2	完成的正确性					
3	完成的流畅性					
4	表情和肢体语言					
5	精神面貌、服装仪表					
总分						

注：在每组学生表演过程中，老师、观看小组成员将用此表按照评分具体说明对表演小组进行打分。

课上任务各项评分见表 2.13-4。

表 2.13-4　课上任务各项评分

序号	评分项目	20%	40%	60%	80%	100%
1	完成服务质量	无法为顾客提供此项服务	不能按时完成任务，在服务过程中出现 3 处以上错误	不能按时完成任务，在服务过程中出现 2～3 处错误	能够按时完成任务，在服务过程中出现 1 处错误	能够按时完成任务，服务过程准确完整
2	完成的正确性	任务完成中出现 5 处以上错误	任务完成中出现 3～5 处错误	任务完成情况基本正确，出现 1～2 处错误	任务完成情况良好，出现 1 处错误	任务完成情况良好，无错误
3	完成的流畅性	表演过程中出现 5 次以上停顿，表演混乱无序	表演过程中出现 3～5 次停顿，组员之间缺乏配合	表演过程中出现 2～3 处停顿，组员之间配合默契	表演过程中出现 1 处停顿，组员之间配合默契	表演过程流畅，组员之间配合默契

续表 2.13-4

序号	评分项目	20%	40%	60%	80%	100%
4	表情和肢体语言	在表演过程中,表情紧张、无相应的肢体语言	在表演过程中,表情较为紧张、能运用少量的肢体语言	在表演过程中,表情较为自然,能运用少量肢体语言	在表演过程中,表情较为自然,能运用相应的肢体语言	在表演过程中,表情大方得体,肢体语言运用流畅自如
5	精神面貌、服装仪表	在表演中情绪消极、仪容仪表不符合酒店标准	较为被动、仪容仪表不符合酒店标准	能主动进入角色,仪容仪表基本符合酒店标准	能主动配合他人完成表演,仪容仪表符合酒店标准	在表演中起到带动作用,积极参与表演,仪容仪表符合酒店标准

2. 各小组整理教材、教学参考资料,引导学生建立本学习领域的学习档案,训练学生的工作方法能力。

【任务小结】

本任务主要介绍了 VIP 服务的内容。

【思考题】

VIP 楼层接待服务的程序和标准是什么?

工作任务二　洗衣与擦鞋服务

【任务分析】

本任务可以通过为客人提供洗衣与擦鞋服务,让学生更快了解洗衣与擦鞋服务的流程以及工作标准,并模拟提供洗衣与擦鞋服务时发生的特殊状况,考查学生作为一名客房部员工时的沟通能力以及处理投诉的能力。

【任务布置】

为在店客人提供洗衣与擦鞋服务。

【相关知识】

一、洗衣服务

(一)洗衣服务的内容

洗衣服务分为水洗、干洗、熨烫三种。时间上分正常洗和快洗两种。正常洗多为上午交洗,晚上送回;如下午交洗,次日送回。快洗不超过 4 h 便可送回,但要加收 50% 的加急费。

(二)洗衣服务的程序

(1)客人将要洗的衣物和填好的洗衣单放进洗衣袋,留在床上或挂在门把手上。服务员可代客人填写,须由客人过目签名。

(2)洗衣单一式三联,一联留在楼面,另两联随衣物送洗衣房。

(3)送洗客衣工作由楼层服务员承担。

(4)送回洗衣:由洗衣房收发员送进客房或送到楼层,由楼层服务员将洗好的衣物送入客房并放置在床上,让客人知道送洗的衣物已送回,并可以检查衣物是否受损。

二、擦鞋服务

(一)擦鞋服务的内容

客房内通常备有擦鞋纸、擦鞋巾,以方便客人擦鞋,高档酒店还会备有擦鞋机。但真正的擦鞋服务是为客人人工免费擦鞋。在设此项服务的酒店,客房壁橱中放置了标有房间号码的鞋篮并在服务指南中告知客人。客人如需要擦鞋,可将鞋放入篮内,于晚间放在房间门口,由夜班服务员收集到工作间,免费擦拭,擦拭完毕后送到客房门口。

(二)擦鞋服务的程序

(1)楼层服务员在接到客人电话或通知后的7 min之内到客人房间收取皮鞋。

(2)楼层服务员在提供房务服务及清扫时,发现置于鞋篮内的皮鞋,应及时收取并提供服务。

(3)服务员在收取皮鞋时,要记清客人的房号,以防送还时出现差错。

(4)若遇雨、雪天气,客人外出归来,服务员应主动帮助客人擦鞋,使客人满意,亦可防止弄脏房间地毯。

(5)擦鞋时,应根据客人的皮鞋面料、颜色选择合适的鞋油或鞋粉,认真仔细地进行擦拭。

(6)将擦净的鞋及时送至客人房内并征求客人意见。

(三)擦鞋服务应注意的问题

(1)要用鞋篮取送鞋。

(2)防止弄混客人的鞋。

(3)选用合适的鞋油。

(4)鞋底和鞋口边沿要擦净,不能有鞋油,以免弄脏地毯和客人的袜子。

(5)擦鞋前,要在地面铺上布和报纸,防止尘土和鞋油将地面弄脏。

(6)如果无法处理,提示客人送鞋匠处理。

【任务实施】

步骤一　情景引入

客房服务中心人员接到3个客人的电话,分别要求提供洗衣服务和擦鞋服务。

101房客人有一套西装要洗,并说明2 h以后开会要用,但现在已经1.5 h过去了,洗衣房员工还是没有将衣服送回来,作为101房的客房服务员,你应该如何进行处理?

102房客人打电话要求干洗服务,洗衣房员工把衣服送回时,102房客人说找不到洗衣单了,作为洗衣房的员工,你应该如何进行处理?

103房客人打电话要求擦鞋服务,你在取鞋的时候发现鞋子上有一块明显的破损,作为103房客房服务员,你应该如何进行处理?

步骤二　工作任务实施

3个客房部员工在工作的过程中,发现了以上几个问题,按照酒店标准工作流程工作的同时,还应思考如何才能让顾客更加满意。

工作要求:

1.接待人员在工作时能灵活运用所学的知识、技能。

2. 组内成员能合理进行分配和协力完成工作任务。

【学习考核与评价】

1. 教师评价。从中找出优缺点、不足和错误，指出努力方向，进行评分，奖励优秀的小组及个人。进一步掌握正确的工作过程与工作方法，训练学生工作能力、自我监控能力和评价能力。

任务评分见表 2.13-5。

表 2.13-5　任务评分(满分 100 分)

小组编号：　　　　　　　　　　　　　　　　　学生姓名/学号：

序号	评分项目	4 分	8 分	12 分	16 分	20 分
1	完成服务质量					
2	完成的正确性					
3	完成的流畅性					
4	表情和肢体语言					
5	精神面貌、服装仪表					
总分						

注：在每组学生表演过程中，老师、观看小组成员将用此表按照评分具体说明对表演小组进行打分。

课上任务各项评分见表 2.13-6。

表 2.13-6　课上任务各项评分

序号	评分项目	20%	40%	60%	80%	100%
1	完成服务质量	无法为顾客提供此项服务	不能按时完成任务，在服务过程中出现 3 处以上错误	不能按时完成任务，在服务过程中出现 2～3 处错误	能够按时完成任务，在服务过程中出现 1 处错误	能够按时完成任务，服务过程准确完整
2	完成的正确性	任务完成中 5 处以上错误	任务完成中出现 3～5 处错误	任务完成情况基本正确，出现 1～2 处错误	任务完成情况良好，出现 1 处错误	任务完成情况良好，无错误
3	完成的流畅性	表演过程中出现 5 次以上停顿，表演混乱无序	表演过程中出现 3～5 次停顿，组员之间缺乏配合	表演过程中出现 2～3 处停顿，组员之间配合默契	表演过程中出现 1 处停顿，组员之间配合默契	表演过程流畅，组员之间配合默契
4	表情和肢体语言	在表演过程中，表情紧张、无相应的肢体语言	在表演过程中，表情较为紧张、能运用少量的肢体语言	在表演过程中，表情较为自然，运用少量的肢体语言	在表演过程中，表情较为自然，能运用相应的肢体语言	在表演过程中，表情大方得体，肢体语言运用流畅自如

续表 2.13-6

序号	评分项目	20%	40%	60%	80%	100%
5	精神面貌、服装仪表	在表演中情绪消极、仪容仪表不符合酒店标准	较为被动、仪容仪表不符合酒店标准	能主动进入角色,仪容仪表基本符合酒店标准	能主动配合他人完成表演,仪容仪表符合酒店标准	在表演中起到带动作用,积极参与表演,仪容仪表符合酒店标准

2. 各小组整理教材、教学参考资料,引导学生建立本学习领域的学习档案,训练学生的工作能力。

【任务小结】

本任务主要介绍了洗衣、擦鞋等服务的内容和程序。

【思考题】

了解酒店洗衣、擦鞋的程序。

工作任务三　离店查房

【任务分析】

本任务通过为客人进行离店查房,让学生更快了解离店查房服务的流程以及工作标准,并模拟离店查房时发生的特殊状况,考查学生作为一名客房部员工时的沟通能力及处理投诉的能力。

【任务布置】

客人离店办理离店手续的同时,为客人提供离店查房服务。

【相关知识】

客人离店时查房的工作程序见表 2.13-7。

表 2.13-7　客人离店时查房的工作程序

工作项目	工作标准	工作程序
接受信息	及时准确	当接到客房中心通知退房结账房号时,立即检查。 如遇请勿打扰或双锁的房间应立即电话询问客人是否可进房查房。 团队的房间必须在团队离店时间的半小时前检查并通知收银台
检查小酒吧	操作轻、迅速、准确	检查冰箱、吧台所配饮料有无消费,检查完毕,将冰箱门、柜门关好(注意饮料的拉环和保险环有无打开)
通知收银	无论有无消费,均应立刻通知收银	拨客房服务中心报房号,将所消费的饮料品种、数量通报收款,询问对方姓名。 留意此房客人是否已经离店,有无遗留物品
记录	准确无误	将所有消费饮料数目、品种登记在工作本上

续表 2.13-7

工作项目	工作标准	工作程序
衣柜内	仔细、认真	首先看衣柜内有无客人挂放的衣物，再看衣柜架顶上有无物品
组合柜后	仔细、无漏洞	检查行李柜后、电视柜后、桌面
抽屉内	仔细、无漏洞	梳妆台抽屉
行李柜、冰箱内	仔细、无漏洞	打开行李柜门看两侧。 打开冰箱门看门侧、冰盘上、冰架上、放冰格处
电视遥控器	仔细	检查遥控器
房间垃圾桶内	仔细	塑料袋与垃圾桶之间有无误入的贵重物品
沙发四周	仔细、无漏洞	用心摸一下沙发四周缝隙，有无遗漏物品，包括沙发垫下
床	仔细、无漏洞	检查床上、枕头下、床头处床垫下、床底（特别是床头、床头柜处地毯上）
卫生间台面、毛巾架上	仔细、无漏洞	查看卫生间台面、烟缸内有无小件物品，毛巾架、浴巾架有无客人毛巾或放物
卫生间垃圾桶内	仔细	塑料袋与垃圾桶之间有无误入的贵重物品
卫生间门后挂钩处	仔细	检查客人用过的浴衣口袋内有无客人遗留物品

【任务实施】

步骤一　情景引入

101 房间的王先生到前台退房，前台员工告知客房服务员进行查房，客房服务员应该如何进行查房工作？

102 房间的客人退房，在查房的过程中，发现客人在客房小酒吧消费了一瓶矿泉水，但 102 房间的客人声称不记得自己拿过矿泉水，作为 102 房间的客房服务员，你应该怎么做？

103 房间的李先生退房，查房时并无问题，客人走后，客房服务员发现李先生的充电器掉在了床下，作为 103 房间的客房服务员，你应该如何保管客人的遗留物品？

步骤二　工作任务实施

3 个客房部员工在工作的过程中，发现了以上几个问题，按照酒店标准工作流程工作的同时，还应思考如何做才能让顾客更加满意。

工作要求：

1. 接待人员在工作时能灵活运用所学的知识、技能。

2. 组内成员能合理进行分配和协力完成工作任务。

【学习考核与评价】

1. 教师评价，从中找出优缺点、不足和错误，指出努力方向，进行评分，奖励优秀的小组及个人。进一步掌握正确的工作过程与工作方法，训练学生工作能力、自我监控能力和评价能力。

任务评分见表 2.13-8。

表 2.13-8　任务评分(满分 100 分)

小组编号：　　　　　　　　　　　　学生姓名/学号：

序号	评分项目	4 分	8 分	12 分	16 分	20 分
1	完成服务质量					
2	完成的正确性					
3	完成的流畅性					
4	表情和肢体语言					
5	精神面貌、服装仪表					
总分						

注：在每组学生表演过程中，老师、观看小组成员将用此表按照评分具体说明对表演小组进行打分。

课上任务各项评分见表 2.13-9。

表 2.13-9　课上任务各项评分

序号	评分项目	20%	40%	60%	80%	100%
1	完成服务质量	无法为顾客提供此项服务	不能按时完成任务，在服务过程中出现 3 处以上错误	不能按时完成任务，在服务过程中出现 2～3 处错误	能够按时完成任务，在服务过程中出现 1 处错误	能够按时完成任务，服务过程准确完整
2	完成的正确性	任务完成中出现 5 处以上错误	任务完成中出现 3～5 处错误	任务完成情况基本正确，出现 1～2 处错误	任务完成情况良好，出现 1 处错误	任务完成情况良好，无错误
3	完成的流畅性	表演过程中出现 5 次以上停顿，表演混乱无序	表演过程中出现 3～5 次停顿，组员之间缺乏配合	表演过程中出现 2～3 处停顿，组员之间配合默契	表演过程中出现 1 处停顿，组员之间配合默契	表演过程流畅，组员之间配合默契
4	表情和肢体语言	在表演过程中，表情紧张、无相应的肢体语言	在表演过程中，表情较为紧张、能运用少量的肢体语言	在表演过程中，表情较为自然，能运用少量的肢语言	在表演过程中，表情较为自然，能运用相应的肢体语言	在表演过程中，表情大方得体，肢体语言运用流畅自如
5	精神面貌、服装仪表	在表演中情绪消极、仪容仪表不符合酒店标准	较为被动、仪容仪表不符合酒店标准	能主动进入角色，仪容仪表基本符合酒店标准	能主动配合他人完成表演，仪容仪表符合酒店标准	在表演中起到带动作用，积极参与表演，仪容仪表符合酒店标准

2. 各小组整理教材、教学参考资料，引导学生建立本学习领域的学习档案，训练学生的工作方法能力。

【任务小结】

本任务主要介绍了酒店离店查房的程序。

【思考题】

酒店离店查房的程序如何？

工作任务四　送餐服务及私人管家服务

【任务分析】

本任务可以通过让学生收集当地的五星级酒店送餐服务的资料，使学生进一步了解送餐服务所提供的菜品以及工作程序。通过观看视频，了解私人管家都可以向客人提供哪些服务以及成为一名合格的私人管家应具备哪些素质，为学生到酒店工作打下良好的基础。

【任务布置】

为住店客人提供送餐服务及私人管家服务。

【相关知识】

一、送餐服务的程序

（一）订餐

客房用餐分为早餐、便饭、小吃、点心、夜宵等。

客人若需要在客房用早餐，应于前一天晚上在客房备有的早餐牌上选好食物种类，注明用餐时间，然后将其挂在房门把手上，由服务员定时收集，代向餐饮部订餐。客人也可以直接打电话订餐。

（二）送餐

送餐由餐饮部送餐员直接送进客房。无专门送餐员的酒店可由餐厅服务员送到楼面，再由客房服务员送进房间。送餐车必须有保温装置，防止送到时，饭菜变凉，影响食品口味。

二、私人管家服务

私人管家服务是一种贴身的、“一对一”的高度定制化的服务模式。客人入住后只需面对私人管家而无须再找其他人就可享受各种服务，私人管家负责帮客人协调和解决从入住到离店的所有问题。

私人管家服务在国外高星级酒店中很盛行，英式管家是世界家政服务领域的经典名词——白衬衣、黑马裤、黑马甲、黑领结，态度谦和、气质庄严、目光炯炯有神。他们经过专业训练，素质高，是主人的私人秘书和亲信，随时待命，听候客人吩咐。我国在 1992 年由广东国际大酒店率先向住客提供此项服务，2006 年在深圳富苑酒店产生了我国第一批英式私人管家。

私人管家类似于家庭中的保姆，因此又被称为酒店保姆。他们既是服务员又是秘书，专责料理客人的起居饮食，为客人排忧解难。私人管家关注客人住店期间的每一个细节，从客人入住，私人管家立即为其办理登记，引领入房，端茶送巾，详细介绍酒店情况。

此后客人的生活琐事、外出交通、商务活动等也均由其一手操办，直到客人离开酒店。在生活方面，要会熨烫衣物、调酒、熟悉餐牌、嘘寒问暖、调解纠纷，工作上要能操作电脑、翻译、熟练打字复印等。显然,私人管家要具备极高的自身素质,拥有丰富的服务经验与专业素养。由于私人管家细致周到、体贴入微,深受客人信任,许多客人与曾为自己当过私人管家的服务员结下了深厚情谊,因此成为酒店的回头客。

【任务实施】

步骤一　情景引入

101 房间的王先生由于身体不适,想在客房内用餐,假设你是王先生的私人管家并知道王先生的肠胃不好,你应该如何为其推荐菜品?

102 房间的李小姐第一次入住开封某五星级酒店,需要私人管家服务。假设你是 102 房间客人的私人管家,在李小姐来酒店之前,知道李小姐最近有家人去世,你应该如何对其进行服务?

103 房间的李先生是酒店的 VIP,但他却是一位残疾人,平时只能坐轮椅行动,这次来酒店并无其他人陪同,你作为 103 房间的客房服务员,应该如何为其服务?

步骤二　工作任务实施

3 个客房部员工在工作的过程中,发现了以上几个问题,按照酒店标准工作流程工作的同时,还应思考如何做才能让顾客更加满意。

工作要求:

1. 接待人员在工作时能灵活运用所学的知识、技能。

2. 组内成员能合理进行分配和协力完成工作任务。

【学习考核与评价】

1. 教师评价。从中找出优缺点、不足和错误,指出努力方向,进行评分,奖励优秀的小组及个人。进一步掌握正确的工作过程与工作方法,训练学生工作能力、自我监控能力和评价能力。

任务评分见表 2.13-10。

表 2.13-10　任务评分(满分 100 分)

小组编号:　　　　　　　　　　　　　　　　学生姓名/学号:

序号	评分项目	4 分	8 分	12 分	16 分	20 分
1	完成服务质量					
2	完成的正确性					
3	完成的流畅性					
4	表情和肢体语言					
5	精神面貌、服装仪表					
总分						

注:在每组学生表演过程中,老师、观看小组成员将用此表按照评分具体说明对表演小组进行打分。

课上任务各项评分见表 2.13-11。

表 2.13-11 课上任务各项评分

序号	评分项目	20%	40%	60%	80%	100%
1	完成服务质量	无法为顾客提供此项服务	不能按时完成任务，在服务过程中出现3处以上错误	不能按时完成任务，在服务过程中出现2～3处错误	能够按时完成任务，在服务过程中出现1处错误	能够按时完成任务，服务过程准确完整
2	完成的正确性	任务完成中出现5处以上错误	任务完成中出现3～5处错误	任务完成情况基本正确，出现1～2处错误	任务完成情况良好，出现1处错误	任务完成情况良好，无错误
3	完成的流畅性	表演过程中出现5次以上停顿，表演混乱无序	表演过程中出现3～5次停顿，组员之间缺乏配合	表演过程中出现2～3处停顿，组员之间配合默契	表演过程中出现1处停顿，组员之间配合默契	表演过程流畅，组员之间配合默契
4	表情和肢体语言	在表演过程中，表情紧张、无相应的肢体语言	在表演过程中，表情较为紧张、能运用少量的肢体语言	在表演过程中，表情较为自然，能运用少量的肢体语言	在表演过程中，表情较为自然，能运用相应的肢体语言	在表演过程中，表情大方得体，肢体语言运用流畅自如
5	精神面貌、服装仪表	在表演中情绪消极、仪容仪表不符合酒店标准	较为被动、仪容仪表不符合酒店标准	能主动进入角色，仪容仪表基本符合酒店标准	能主动配合他人完成表演，仪容仪表符合酒店标准	在表演中起到带动作用，积极参与表演，仪容仪表符合酒店标准

2. 各小组整理教材、教学参考资料，引导学生建立本学习领域的学习档案，训练学生的工作方法能力。

【任务小结】

本任务主要介绍了客房送餐服务、私人管家服务的服务程序和标准。

【思考题】

送餐服务及私人管家服务的程序如何？

项目十四　公共区域清洁与管理

【项目描述】

通过对本项目的学习,使学生能够掌握大理石地面清洁与保养、大堂卫生间清洁与整理、地毯的清洗、大堂的清洁等服务。

【项目目标】

能力目标:

1. 能够迅速熟练地按要求做好岗前准备工作。

2. 熟悉大理石地面清洁与保养、大堂卫生间清洁与整理、地毯的清洗、大堂的清洁等服务工作。

知识目标:

1. 掌握公共区域的范围。

2. 熟悉公共区域卫生知识特点。

3. 掌握公共区域卫生工作的主要内容、质量控制措施。

素质目标:

1. 树立良好的职业形象。

2. 具有良好的服务意识,并形成职业化的思维习惯。

3. 具有较好的身体素质和较强的责任心及开拓创新精神。

工作任务　酒店大堂公共洗手间的清洁

【任务分析】

通过对酒店大堂公共洗手间的清洁这个工作任务,学生能很快掌握公共区域的范围以及能够独立清扫公共区域。

【任务布置】

熟悉公共区域卫生工作的内容,进行酒店大堂公共洗手间清扫工作。

【相关知识】

一、公共区域的范围

公共区域(Public Area,简称 PA)是指酒店内公众所共有共享的活动区域。

公共区域一般包括室内和室外两部分。室外公共区域主要指酒店的外围部分,如花园、前后大门、车道、外墙等处;室内公共区域又分为前台和后台两部分,前台公共区域主要指客人使用的场所,如大堂、电梯、楼梯、公共洗手间、餐厅、歌舞厅及多功能厅等处,后台公共区域则指员工使用部分,包括员工休息室、员工更衣室和员工餐厅等。

二、公共区域清洁保养的内容

（一）大堂

由于酒店大堂的客流量大，宾客进出频繁，所以大堂需要连续不断的清洁保养。为了减少对客人的影响，大堂清扫工作的一般原则是白天以维护和保养为主，夜晚彻底清扫。

（二）洗手间

洗手间往往是客人最挑剔的地方，洗手间必须保证清洁卫生、用品齐全。酒店一般会根据自身档次、客流量来确定洗手间清扫的频率。洗手间的清扫包括日常保洁和彻底清扫两种。日常保洁主要指擦净水渍、擦亮金属镀件、拖净地面等；而彻底清扫则需要在洗手间门口树立告示牌，说明原因并指明邻近洗手间的位置。有些高档酒店则安排专职清洁员，在洗手间负责随时清洁并为客人提供引领厕位、递送毛巾等服务。

（三）餐厅、宴会厅和酒吧

客房部需要在各餐厅、宴会厅和酒吧的营业结束时进行清扫。由于这些场所的营业时间各不相同，客房部应根据具体情况合理安排好清扫时间。如果在餐厅营业时间内有清洁需要时，必须及时予以处理；由于餐饮场所的特殊性，容易滋生蚊蝇，服务员应定期喷洒杀虫剂。

（四）绿化

绿化清洁养护的主要程序是每天按顺序检查、清洁、养护所有的植物，捡出花盆里的杂物，擦拭枝叶灰尘，及时对花木进行剪枝或更换，定期浇水，保持花卉盆景的新鲜亮丽。

三、公共区域卫生的准备工作

（1）安排好清洁保养时间。

（2）领取工作钥匙和有关的工作表单。

（3）准备好清洁剂和清洁器具。

四、公共洗手间的日常清洁服务

（1）及时做好洗手间的消毒工作，使之干净、无异味。

（2）按序擦净面盆、水龙头、台面、镜面，并擦亮所有金属镀件。

（3）将卫生间的香水、香皂、小方巾、鲜花等摆放整齐，及时补充更换；拖净地面，擦拭门、窗、隔挡及瓷砖墙面；配备好卷筒纸、卫生袋、香皂、衣刷等用品；检查皂液器、自动烘用器等设备的完好状况。

（4）向客人热情微笑问好，为客人拉门、递送小毛巾等。

五、酒店公共区域卫生管理制度

（一）早班工作内容

（1）进行大厅正门自动玻璃门及旁门的擦拭，保持干净没有手印。

（2）进行大厅入口处所铺设地毯的清洁维护。

（3）进行大厅的地面、柱面、沙发、茶几、报架、擦鞋机、装饰品、指示牌的擦拭并保持光亮清洁。

(4)进行大厅休闲区、商场台面的清洁,花盆内无杂叶。

(5)进行电梯间的清洁:换星期地毯、进行电梯内的擦拭。

(6)竖式垃圾桶随时清洁、无烟蒂,边角没有污垢。

(7)进行后楼道垃圾桶的清洁。

(8)进行大厅及楼道盆景花木的整理,花盆内干净无烟头、无花叶。

(9)公共卫生间卫生有便池、手盆、水池、隔断板门等,做到无污垢、无异味、镜面光亮、地毯清洁。

(10)公共区域所有开关擦拭干净。

(11)电梯间两道门擦拭干净。

(12)下班前抹布清洁干净。

(二)晚班工作内容

(1)进行大厅正门自动玻璃门及旁门的擦拭,保持干净没有手印。

(2)进行大厅的地面、柱面、沙发、茶几、报架、擦鞋机、装饰品、指示牌的擦拭并保持光亮清洁。

(3)进行电梯间的清洁:清洗地毯、进行电梯内的擦拭。

(4)竖式垃圾桶随时清洁、无烟蒂,边角没有污垢。

(5)进行大厅及楼道盆景花木的整理,花盆内干净无烟头、无花叶。

(6)楼梯清扫及拖地、擦净扶手。

(7)清垃圾,不允许在输送过程中出现泄漏或在楼道、公共区域楼下有印迹和气味。

(8)公共卫生间卫生有便池、手盆、水池、隔断板门等,做到无污垢、无异味、镜面光亮。

(9)公共区域所有开关擦拭干净。

(10)下班前抹布清洁干净。

(三)洗手间的清洁

(1)天花板无灰尘、无污渍、不潮湿。

(2)镜面无水渍、明亮干净,边缘无霉斑或黑点。

(3)灯饰内外干净,无杂物、积尘。

(4)洗手柜无水迹、无毛发,水龙头座四周无青苔、霉斑或积尘。

(5)马桶及小便池内外无污渍,水箱开关功能正常,水箱无漏水,下水不堵塞。

(6)厕位隔间板无污渍、无潮湿,内门锁完好,卫生纸卷盖完整无水痕、锈迹。

(7)地面干净不湿滑,排水孔正常无毛发、杂物阻塞。

(8)排风口、空调出风口无积尘。

(9)洗手乳液补充完整,乳液瓶外表干净。

(10)擦手纸补充完整,纸箱外表干净、不潮湿。

(11)纸篓随时清理。

(12)洗手间标示牌清洁、不积尘。

(13)洗手间无任何异味。

【任务实施】

步骤一　收集资料

学生分组,通过资料查询、酒店参观等方式来了解酒店大堂卫生间清洁的准备工作、清洁的程序及标准。

步骤二　观看视频

通过课堂上播放公共区域清洁视频,使学生了解酒店大堂卫生间清理的详细步骤。

步骤三　做好准备工作

学生分组,根据客房清洁准备工作的流程,为清理酒店大堂卫生间做好必要的物质准备及精神准备。

步骤四　清理走客房

根据酒店大堂卫生间清洁的程序,清洁酒店大堂卫生间并填好清洁报表。

【学习考核与评价】

由教师对整理好的房间进行查房,从中找出优缺点、不足和错误,指出努力方向,进行评分,奖励优秀的小组及个人,使学生进一步掌握正确的工作过程与工作方法。

公共卫生间清洁质量标准见表 2.14-1。

表 2.14-1　公共卫生间清洁质量标准(满分 120 分)

小组编号:　　　　　　　　日期:　　　　　　　　学生姓名/学号:

程序	序号	标准	分数(每项 10 分)
提示	1	是否在门口竖立告示牌,说明该卫生间停止使用?	
	2	是否指出邻近卫生间的位置,以方便客人使用?	
检查	3	是否检查卫生间设备有无损坏?	
清洁物品	4	是否倒空垃圾?	
	5	使用的抹布是否在消毒液中浸泡过?	
	6	镜子、隔墙门等是否擦拭干净、无水渍?	
清洁面盆、马桶	7	面盆是否清洗干净、无水渍?	
	8	马桶是否清理干净?	
补充物品	9	皂液是否补充充足?	
	10	卷纸及擦手纸是否补充充足?	
清洁地面	11	地面是否干净、无水渍?	
室内净化	12	是否喷洒空气清新剂?	

【任务小结】

本任务主要介绍了公共区域清洁与管理的内容。

【思考题】

1. 什么叫公共区域?
2. 简述公共区域的范围。
3. 酒店大堂公共卫生间的清理程序及标准。

项目十五　客房部基层日常管理

【项目描述】

编制周期清洁计划；主持召开班前会；处理投诉事件；编写客房部新员工培训计划书；分析客房部营业收入情况。

【项目目标】

能力目标：

1. 能初步进行客房部日常现场检查督导。
2. 能通过案例较有条理地处理各种投诉事件。
3. 会编写周期清洁计划。
4. 会主持召开班前会。
5. 能根据假设的客情给班组员工排班。
6. 能给客房部新入职的员工制订培训计划书并组织培训。
7. 能通过案例较有条理地处理应急事件。
8. 能初步分析客房部营业收入情况。

知识目标：

1. 掌握客房部周期清洁计划的编制方法。
2. 掌握客房服务质量控制方法。
3. 掌握客房经营指标及分析与评价方法。

素质目标：

1. 树立良好的职业形象。
2. 具有良好的服务意识并形成职业化的思维习惯。
3. 具有较好的身体素质和较强的责任心及开拓创新精神。

工作任务一　制订客房部周期清洁计划(月)

客房部会在日常清洁的基础上，拟定一个周期性的清洁计划。本任务可以让学生作为客房部的文员，自己拟定一个以一个月为周期的客房部清洁计划，进一步了解什么叫客房计划卫生。

【任务分析】

了解什么是客房部周期清洁计划并制定客房部周期清洁计划。

【相关知识】

一、客房计划卫生的定义

计划卫生即周期性的清洁保养工作。客房计划卫生是指在日常清洁卫生基础上，拟定一个周期性的清洁计划，采取定期循环的方式，将日常清扫中不易做到或不易做彻底的项目、须定期清洁保养的项目,全部清洁整理一遍。客房计划卫生分为楼层计划卫生和公共区域计划卫生。

二、客房计划卫生的意义

减轻客房服务员日常劳动强度,保证客房和公共区域清洁质量,使设施设备处于良好的状态。

三、客房计划卫生的制定

(1)列出计划卫生的全部项目,除日常清洁保养的项目外,计划卫生的项目不可遗漏,应该列全。例如,客房内取电盒的清洁常被忽视,未列入计划卫生。

(2)分析计划卫生的项目的清洁要求,不论楼层还是公共区计划卫生的项目繁多,应认真分析每个项目清洁的不同要求。

(3)确定计划卫生项目清洁的周期,根据计划卫生项目的不同清洁要求,确定该项目清洁的周期,计划卫生的周期有每日、短期、季节和年度。

四、客房计划卫生的主要内容

(一)房间部分

一般包括冷热水瓶清洁除垢,墙纸壁画除尘去渍,地毯去渍清洗,床下、家具下吸尘,家具打蜡和后侧除尘,翻转床垫,洗涤毛毯、床罩及窗帘,清洗沙发,电话机消毒,清洁垃圾桶内外壁,清洁玻璃窗户,植物修剪清洁等。

(二)卫生间部分

一般包括清洗换气扇,清洗马桶水箱,清洗面盆、浴缸下水口,清洗浴帘,刷洗卫生间四壁、地板,地漏清洁除臭,金属件抛光等。

【任务实施】

步骤一　收集资料及资料展示

要求学生上课前分组到市内酒店收集酒店纸质资料、酒店预订单,采访酒店员工,了解酒店目前客房经营情况及酒店预订情况。

步骤二　分组讨论

学生分组讨论计划卫生的内容:

1. 列出计划卫生的全部项目。

2. 确定计划卫生周期。

步骤三　制作客房部周期清洁计划

【案例】

计划图样见表2.15-1。

表2.15-1　计划图样

时间	早班周期计划	中班周期计划	夜班周期计划
星期一	抹卫生间门百叶片	清洁一楼、二楼工作间及拖地	清洁阳台铁台椅及地漏

续表 2.15-1

时间	早班周期计划	中班周期计划	夜班周期计划
星期二	清洁房间窗轨	公共区域边角位喷蚊药	拖消防通道及清洁楼梯墙面污迹
星期三	清洁床底柜底,房间边角位	清洁三楼四楼工作间及拖地	清洁公共区域窗轨
星期四	清洁房间墙身污迹	清点麻将及清洁麻将桌	抹应急灯及楼梯扶手
星期五	清洁房间低位电制板和地脚线	整理各楼层服务台抽屉及拖地	清洁热水瓶瓶身
星期六	清洁房间富贵竹及换水	整理监控室、茶水间和阅览室物品及拖地	清洁休息室边角位卫生
星期日	清洁空调外壳	清扫客房公共区域蜘蛛网	清洁消防器材及灭蚊灯

月度计划见表 2.15-2。

表 2.15-2　月度计划

	月度计划	计划完成时间
1	清洗空调机过滤网	每月 1～10 号
2	清洁面盆水龙头及花洒头过滤网	每月 1～10 号
3	清洁走廊空调出风口	每月 1～10 号
4	清洁走廊垃圾桶	每月 1～10 号
5	抹走廊墙壁上的污迹	每月 1～10 号
6	擦门号牌及服务间铜牌	每月 11～20 日
7	会议室家私表面上蜡	每月 11～20 日
8	清洁房间走廊出风口及卫生间抽风机外壳	每月 11～20 日
9	清洗卫生制防滑垫	每月 11～20 日
10	清洁马桶水箱及污迹	每月 20～30 日
11	清洁卫生间小五金	每月 20～30 日
12	清洁电热水壶	每月 20～30 日
13	清洗卫生间浴巾	每月 20～30 日

【学习考核与评价】

科技中专任务评分见表 2.15-3。

表 2.15-3　科技中专任务评分(满分 120 分)

小组编号:　　　　　　　　　　　　　　　　学生姓名/学号:

序号	评分项目	4 分	8 分	12 分	16 分	20 分
1	早班服务员的计划卫生安排					
2	中班服务员的计划卫生安排					
3	夜班服务员的计划卫生安排					
4	月度计划卫生安排					
5	时间安排的合理性					
6	学习态度、完成效率及整体质量					
总分						

注:根据学生制定的酒店预订单所包含元素来评分,每一项根据学生完成情况赋分,满分 6 分。

【任务小结】

本任务主要介绍了客房计划卫生的定义及主要内容。

【思考题】

简述客房计划卫生的主要内容。

工作任务二　培训客房部员工

【任务分析】

客房部培训员工时，都会先由培训部门拟定一个客房部培训计划书，再根据计划书中的内容，对员工的知识、技能、素质等进行培训。本任务要求学生按照酒店培训时的真实步骤进行模拟，先拟定计划培训书，再进行培训，使学生对酒店培训印象更加深刻。

【任务布置】

了解客房部员工需要掌握的技能，并制订员工培训计划书。

【相关知识】

五星级酒店客房部 30 天培训计划具体如下。

客房部 30 天员工培训计划书

实习生分配到客房部，为了让他们尽快熟悉运行程序，早日投入工作，将对他们进行岗前为期 30 天的脱产培训，理论与实操相结合，培训计划具体如下：

第一天：

(1)仪容仪表的要求及标准。

(2)礼貌规范及注意事项。

(3)电话接听礼仪规范(具体细节和规范操作)。

第二天：

(1)回顾昨日培训内容。

(2)客房部及有关部门的联络电话。

(3)楼层的分布以及房型的介绍(细节掌握和规范操作)。

第三天：

(1)回顾昨日培训内容。

(2)各种房态表示含义。

(3)楼层服务员的岗位职责(具体细节和规范操作)。

第四天：

(1)回顾昨日培训内容。

(2)楼层服务员的服务规范。

(3)磁卡的领取使用及注意事项。

(4)签到与签退(具体内容和规范操作)。

第五天：

(1)回顾昨日培训的内容。

(2)如何使用对讲机。

(3)参观楼层各类房型及工作间。

(4)讲解工作车的运用(规范操作和运用)。

第六天:

(1)回顾昨日培训内容。

(2)客人遗留物品的处理程序。

(3)退客房的处理程序。

(4)棋牌房的清洁程序及注意事项(规范化操作程序和讲解)。

第七天:

(1)回顾昨日培训内容。

(2)VIP套房入住的接待程序。

(3)铺床的方法及标准。

(4)实操退客房的布草拆除手法(规范化操作程序和讲解)。

第八天:

(1)回顾昨日培训内容。

(2)收送客衣的程序。

(3)楼层的房吧操作程序,消费单的填写,物品领取、补充等。

(4)额外加酒水程序(规范化操作程序和讲解)。

第九天:

(1)回顾昨日培训内容。

(2)易耗品配备及注意事项。

(3)客人要求开门的程序。

(4)实操铺床(单、标间)(规范化操作程序和讲解)。

第十天:

(1)回顾昨日培训内容。

(2)退房清洁程序及注意事项。

(3)OK房清洁程序及注意事项。

(4)房间整理程序(规范化操作程序和讲解)。

第十一天:

(1)回顾昨日培训内容。

(2)维修处理程序及注意事项。

(3)清洁剂使用及注意事项。

(4)吸尘器使用及注意事项(规范化操作程序和讲解)。

第十二天:

(1)回顾昨日培训内容。

(2)客房的清洁标准。

(3)清洁房间程序标准及注意事项。

(4)实操清洁浴室(规范化操作程序和讲解)。

第十三天:

(1)回顾昨日培训内容。

（2）如何清除地毯、沙发的污渍。
（3）房间物品损坏及遗失的处理程序。
（4）客人遗留物品的处理程序（规范化操作程序和案例讲解）。
第十四天：
（1）回顾昨日培训内容。
（2）擦鞋服务、叫醒服务。
（3）加送外卖的服务。
（4）实操清洁浴室操作规范和流程讲解。
第十五天：
（1）回顾昨日培训内容。
（2）服务员打扫房间时客人回来如何处理。
（3）客人借物规程。
（4）加床的程序及注意事项（规范化操作程序和讲解）。
第十六天：
（1）回顾昨日培训内容。
（2）客人借用熨斗熨板的流程。
（3）客人提出无理要求时的处理。
（4）脏布草的处理程序。
（5）清洁浴室。
第十七天：
（1）回顾昨日培训内容。
（2）房间物品摆放的标准及要求。
（3）工作车的摆放标准及要求。
（4）发现有贵重物品及现金的处理程序（规范化操作程序和案例讲解）。
第十八天：
（1）回顾昨日培训内容。
（2）早班的计划卫生。
（3）如何按规定填写工作表。
（4）交接班的注意事项（规范化操作程序细节）。
第十九天：
（1）回顾昨日培训内容。
（2）客房清扫前的准备。
（3）早班服务员的工作流程。
（4）中班客房清扫前的准备。
（5）中班服务员的工作流程。
（6）实操房间抹尘（规范化的操作和讲解）。
第二十天：
（1）回顾昨日培训内容。
（2）续客房清扫前的准备和流程。

(3)如何敲门的技巧。
(4)续客房的清洁程序及注意事项(规范化操作程序和案例讲解)。
第二十一天:
(1)回顾昨日培训内容。
(2)客房部在酒店中的位置。
(3)客房部各岗位职责。
(4)房态的认识及标示。
第二十二天:
(1)回顾昨日培训内容。
(2)客房小整理及开夜床服务的操作程序。
(3)清洁住人房注意事项。
(4)检查退房要求及注意事项(规范操作和案例讲解)。
(5)VIP 的接待规格及服务程序。
第二十三天:
(1)回顾昨日培训内容。
(2)客务中心工作程序。
(3)客房安全管理规范。
(4)安全服务规范。
(5)安全操作规范(操作流程和案例讲解)。
第二十四天:
(1)回顾昨日培训内容。
(2)客房万能钥匙的管理规范。
(3)客房质量检查验收标准。
(4)客房服务效率标准。
第二十五天:
(1)回顾昨日培训内容。
(2)空房、脏房、住人房清洁效率。
(3)物品配送效率。
(4)客人投诉处理效率(操作流程和案例讲解)。
(5)退房检查效率、遗留物品处理效率。
第二十六天:
(1)回顾昨日培训内容。
(2)客人交代的其他代办事物效率(规范操作流程和案例讲解)。
(3)客房洗衣的收取要求及注意事项。
(4)客房综合知识问答。
(5)客房木质家具的保养及护理。
第二十七天:
(1)回顾昨日培训内容。
(2)客房五金件的清洁保养方法。

(3)地毯的日常保养护理方法及要求。

(4)客房常见污染、污迹的分类及清洁方法。

(5)客房常用清洁剂种类的使用方法及注意事项。

(6)客房吸尘器的运用维修及护理。

(7)布草的分类与管理。

第二十八天：

(1)回顾昨日培训内容。

(2)了解公共卫生间清洁员的岗位职责。

(3)公共卫生间的清洁质量要求。

(4)公共卫生间清洁剂的分类及使用方法。

(5)公共卫生间常见污迹的分类及清洁方法。

(6)公共卫生间机器设备的安全使用方法、注意事项及保养条例。

第二十九天：

(1)了解保安员岗位职责。

(2)各类突发事件及消防安全的处理。

(3)住客物品丢失的处理。

(4)火情的处理与宾客疏散。

(5)消防守则和火灾的预防。

(6)消防通道的使用管理规定。

(7)消防喷淋系统及烟感系统的操作与使用。

(8)停车场的安全管理和登记。

第三十天：

(1)对各岗位培训内容的回顾。

(2)如何与前厅部进行沟通和配合。

(3)客房服务员的职责。

(4)测试一个月来所有培训的各岗位内容。

【任务实施】

步骤一　情景引入(布置任务、分组)

教师:开封来旺达酒店客房部经理

学生:开封来旺达酒店客房部培训经理及员工

学生分成3组,分别扮演客房部培训经理、酒店各部门员工等,完成教师分配的任务,要求要有协作精神,做到服务至上、准确无误。

步骤二　成果展示

由客房部培训经理制订培训周计划并对客房部员工进行培训。

步骤三　成果展示及评定反馈

每个工作小组展示任务的完成过程中,由其他小组和老师共同给予打分,在全部实施完毕后由教师进行点评。

【学习考核与评价】

教师评价。从中找出优缺点、不足和错误,指出努力方向,进行评分,奖励优秀的小组及个人。进一步掌握正确的工作过程与工作方法,训练学生工作能力、自我监控能力和评价能力。

任务评分见表2.15-4。

表2.15-4 任务评分(满分100分)

小组编号: 学生姓名/学号:

序号	评分项目	4分	8分	12分	16分	20分
1	完成服务质量					
2	完成的正确性					
3	完成的流畅性					
4	表情和肢体语言					
5	精神面貌、服装仪表					
总分						

注:在每组学生表演过程中,老师、观看小组成员将用此表按照评分具体说明对表演小组进行打分。

课上任务各项评分见表2.15-5。

表2.15-5 课上任务各项评分

序号	评分项目	20%	40%	60%	80%	100%
1	完成服务质量	无法为顾客提供此项服务	不能按时完成任务,在服务过程中出现3处以上错误	不能按时完成任务,在服务过程中出现2~3处错误	能够按时完成任务,在服务过程中出现1处错误	能够按时完成任务,服务过程准确完整
2	完成的正确性	任务完成中出现5处以上错误	任务完成中出现3~5处错误	任务完成情况基本正确,出现1~2处错误	任务完成情况良好,出现1处错误	任务完成情况良好,无错误
3	完成的流畅性	表演过程中出现5次以上停顿,表演混乱无序	表演过程中出现3~5次停顿,组员之间缺乏配合	表演过程中出现2~3处停顿,组员之间配合默契	表演过程中出现1处停顿,组员之间配合默契	表演过程流畅,组员之间配合默契
4	表情和肢体语言	在表演过程中,表情紧张、无相应的肢体语言	在表演过程中,表情较为紧张、能运用少量的肢体语言	在表演过程中,表情较为自然,运用少量的肢体语言	在表演过程中,表情较为自然,能运用相应的肢体语言	在表演过程中,表情大方得体,肢体语言运用流畅自如
5	精神面貌、服装仪表	在表演中情绪消极、仪容仪表不符合酒店标准	较为被动、仪容仪表不符合酒店标准	能主动进入角色,仪容仪表基本符合酒店标准	能主动配合他人完成表演,仪容仪表符合酒店标准	在表演中起到带动作用,积极参与表演,仪容仪表符合酒店标准

【任务小结】

本任务主要探讨了如何制订客房部员工培训计划。

【思考题】

1. 什么叫公共区域?
2. 简述客房部培训的内容。
3. 客房部员工应掌握哪些服务要领?

模块三　餐饮服务与管理

项目十六　餐饮服务基本技能

【项目描述】

餐饮服务基本技能是指从事餐饮服务接待工作所必须掌握的技艺。包括托盘、餐巾折花、摆台、斟酒、上菜与分菜、餐厅结账、花艺制作及其他服务技能。餐饮服务技能的规范化、程序化和标准化是衡量餐饮服务质量优劣的依据之一,也是评价餐饮企业经营管理水平的一个标准。

【项目目标】

能力目标:

1. 能用正确的托盘端托姿势灵活使用托盘;能轻松用托盘实现物品递送、酒水斟倒等服务。

2. 能熟练完成10种以上杯花造型和盘花造型。

3. 能通过观、闻、品等熟练判断酒水的品种,能根据不同酒水品种提供相应的酒水服务。

4. 能根据高星级酒店中餐厅摆台要求,完成零点、宴会摆台。

5. 能根据高星级餐厅服务标准完成上菜与分菜服务;能结合客人具体需求,灵活提供分菜服务。

6. 能根据用餐客人的需求插制最合时宜的餐台花饰。

7. 能够准确理解酒店花房花艺设计任务订单。

8. 能熟练地做好插花前准备工作。

9. 能够根据不同客人的不同需求做好中餐圆桌餐台花艺的插制与布置。

10. 能够根据不同客人的不同需求做好西餐长桌餐台花艺的插制与布置。

知识目标:

1. 了解托盘的分类、了解托盘的端托形式、掌握轻托的动作要领。

2. 掌握中式和西式不同酒水的品种及特性;掌握不同酒水的服务方法。

3. 了解餐巾的分类、用途、功效;掌握不同餐巾花折法。

4. 掌握中餐零点与宴会的摆台操作程序和要求。

5. 掌握西餐零点、宴会及自助餐的摆台操作程序和要求。

6. 掌握中式不同菜系菜肴的口味特色,掌握上菜与分菜的动作操作要领。

7. 掌握中、西餐餐台花艺插制的主要步骤、动作要领与注意事项。

8. 了解餐厅花艺的布置要点。

9. 掌握酒店中餐圆桌餐台花艺布置特点。

10. 掌握酒店西餐长桌餐台花艺布置特点。

素质目标:

1. 确立正确的价值观和稳固的专业思想。

2. 培养高尚的职业道德和良好的纪律观念。

3. 养成良好的性格和积极的情感,坚强的意志。

4. 具备良好的团队合作精神和文化修养。

5. 培养良好的酒店服务意识和专业操作技能。

6. 养成敏锐的洞察力、良好的记忆力和积极主动的工作态度,具备一定的招揽和推销技巧。

工作任务一 托盘端托服务

【任务分析】

在餐厅服务工作过程中,从餐前摆台、餐中提供菜单、酒水和客人更换餐具、递送账单等一系列服务到餐后的收台整理,都要使用托盘,可以说托盘是服务员的第二生命。托盘操作应严格按规范要求进行,不可单手抓盘边操作,以确保操作安全。

【任务布置】

1. 教师介绍托盘的种类及用途,托盘在餐饮服务工作中的重要性,并且模拟轻托与重托的操作过程。

2. 学生分组练习,能够使用托盘熟练为客人进行餐饮服务。

【相关知识】

一、托盘在餐饮服务中的作用

(1)体现餐饮服务工作的规范化和文明操作。

(2)是餐饮服务过程中卫生、安全的保证。

(3)可以减少搬运餐饮物品次数,提高工作效率和服务质量。

(4)是重视客人和礼貌待客的重要表现。

二、托盘的种类及用途

(一)种类

质地:木质、金属、胶木。

形状:方托、圆托。

规格:大、中、小。

(二)用途

大方形托:一般用于重托,托运菜品、餐盘等重物品。

小圆托:用于递送账单、收放、递送信件(轻托)。

中圆托:用于斟酒、展示饮品、餐中服务(轻托)。

三、托盘的操作要领

(1)托盘有轻托、重托之分。在送菜、端送酒水和席间服务时,用轻托即胸前托。其操作程序分为理盘、装盘、起盘三部分。

(2)理盘要将托盘洗净擦干,在盘内垫上专用垫布(切勿使用与宾客使用的毛巾、餐巾相似的垫布,以免客人误会),要用清水打湿、拧干、铺平拉挺,四边与盘底相齐。

(3)装盘要根据物品的形状、体积、派用的先后,进行合理装盘,一般重物、高物在内侧;先派用的物品在上、在前,重量分布要得当;装酒时,酒瓶商标向外,以便于宾客。

(4)用左手托盘,左手向上弯曲成90°,掌心向上,五指分开,用手指和手掌托住盘底(掌心不能与盘底接触),平托于胸前,略低于胸部并注意左肘不与腰部接触。

(5)起盘时左脚在前,右脚在后,弯膝弯腰,用右手慢慢地把托盘平拉出1/3,左手托住盘底右手相帮,托起托盘撤回左脚。

(6)行走时,必须头正、肩平、盘平,上身挺直,目视前方,脚步轻快而稳健,托盘可随着步伐而在胸前自然摆动,但幅度要小,以防菜汁、汤水溢出。

(7)托盘行走到目的地后站稳,落盘时,要弯膝不弯腰,以防汤汁外溢或翻盘;用右手取用盘内物品时,应从前后左右(四周)交替取用,随着托盘内物品的不断变化,重心也要不断调整,左手手指应不断地移动,掌握好托盘的重心(特别是用托盘给宾客斟酒时,更要随时调节托盘重心,勿使托盘翻掉时将酒水泼洒在宾客身上)。

(8)重托主要用于托较多的菜品、酒水和空碟,理盘与装盘基本等同于轻托,操作起托时,先用双手将托盘一边移至桌边外,右手扶住托盘边,左手伸开五指,用拳掌托住盘底,在掌握好重心后,用右手协助将托盘慢慢托起,同时转动掌腕,将托盘托在左肩上方,操作时要做到平稳。

(9)重托行走时,步伐不宜过大、过急。行走时,应尽量保持头正、肩平、上身直,随着行走步伐让盘面上、下微动,切不可使盘面左右或前后晃动,注意不能让盘面向外倾斜。

(10)重托落托时,一要慢,二要稳,三要平。当重托眼睛视面与台面平行时,再用左肩及左手掌将盘向前推进。落托动作结束后,应及时将盘内物品整理好并擦净盘面以备后用。

【任务实施】

步骤一　情景引入(布置任务,分组)

餐饮部新员工培训

地点:开封××酒店餐饮部培训室

教师:培训师、餐饮部经理

学生:餐饮部新员工

1. 餐饮部经理进行自我介绍,介绍托盘的种类及用途。

2. 餐饮部经理进行托盘操作流程介绍。

3. 餐饮部经理进行托盘操作注意事项介绍。

4. 新员工进行托盘操作。

步骤二　工作任务实施

班级同学自愿分组,每组4~5人,用轻托端送账单、菜肴;用重托运送酒水、菜肴。

1. 圆托的操作方法

操作程序:理盘→装盘→端托服务。

方法:伸出左手,五指分开、掌心朝上,自然成凹形。大小臂弯曲成90°放于胸前,肘部端托行走时,要头正、肩平、步履轻快、仪态大方,保持平稳。

2. 方托的操作方法及训练

方托一般为重托,重托 5 kg 以上的物品。

操作方法:

用双手将托盘(以大方形托盘为例)一边移至边台外,右手扶住托盘的边,左手伸开五指,用全掌托住盘底。在掌握好平衡后,用右手协助托盘起至胸前,向上转动手腕,将托盘稳托于肩上。盘底不接触肩。盘前不接近嘴,盘后不靠发,右手自然下垂摆动或扶住托盘的前内角。

行走时,姿势要正确,距离要适当,要做到平、稳、松。

步骤三　成果展示及评定反馈

以小组为单位,每人托 3 瓶啤酒,2 瓶饮料,进行接力比赛。

【学习考核与评价】

1. 教师评价。从中找出优缺点、不足和错误,指出努力方向,进行评分,奖励优秀的小组及个人。进一步掌握正确的操作过程与操作方法、提高自我监控能力和评价能力。

托盘服务操作评分见表 2.16-1。

表 2.16-1　托盘服务操作评分(满分 100 分)

考核项目	操作要求	配分	得分
理盘	洗净、擦干、垫好盘巾	10	
装盘	物品摆放合理、符合要求、重心均匀	10	
盘托	左脚向前迈一步,右手将托盘拉出台面 1/3;托盘重心位于掌心处,保持托盘平衡;左手掌成凹形,不与盘底接触;托稳、右手放回体侧成站立姿势	5 5 10 10	
行走	头正、肩平、上身挺直,步伐轻盈、稳健自如,目视前方、表情自然、精力集中、姿态优美,托盘随着步伐左右摆动	10 10 10 10	
卸盘	左脚向前迈一步,用右手协助左手把托盘小心推至工作台面,放稳托盘、卸下物品	5 5	
合计		100	

注:在每组学生表演过程中,老师、观看小组成员将此表按照评分具体说明对表演小组进行打分。

2. 各小组整理教材、教学参考资料,引导学生建立本学习领域的学习档案,训练学生的工作能力。

【任务小结】

本任务主要介绍了托盘的种类、质地、操作要领等,要求掌握托盘操作技能。托盘的轻托与重托服务是餐饮从业人员必须具备的基本技能之一。

【思考题】

1. 托盘的种类及用途是什么?

2. 轻托与重托的操作要领及注意事项是什么?

工作任务二　餐巾折花

【任务分析】

餐巾折花是中餐摆台技术中的一项重要内容,通过服务员灵巧的双手将餐巾折叠成不同式样的餐巾花型,在宴席上给宾客带来美的享受,同时又增添宴饮聚餐的庄重热烈的气氛。它通过其无声的语言既表达着主办人员或主办单位的思想情感,又能标志出主人、主宾席席位。餐饮行业的激烈竞争,在很大程度上是餐厅服务的竞争。一个竞争力强大的餐厅,其服务员的综合技能一定是过硬的。

【任务布置】

1. 通过光盘、教师介绍引导同学们认识餐巾的种类。

2. 学习不同造型餐巾折花的方法,能够熟练根据环境选择造型进行餐巾折花。

【相关知识】

一、餐巾概述

(一)餐巾与餐巾花

(1)餐巾,又称口布、茶布、席布等,它是餐厅中供宾客用餐时的卫生清洁用品。

(2)餐巾花就是餐巾经餐厅服务员折叠成各种各样的"花"样,插在酒杯或水杯内或放置在盘碟内。是作为餐台布置和装饰美化餐台中的艺术装饰品,供客人在进餐过程中使用的一种卫生用品。餐巾折花是餐前的准备工作之一。

(二)餐巾的发展过程

1. 餐巾的起源与发展

(1)中国:古代典籍中就有宴会中使用"餐巾"覆盖食物和擦手的记载。明清时期,宫廷和贵族宴会就出现了高档的锦缎绣花餐巾,可以说餐巾并非完全是外来品。

(2)西方:餐巾也有其很深的历史渊源。最早希腊和罗马贵族一直保持用手指进食的习惯,所以在用餐完毕后用一条毛巾大小的餐巾来擦手。更讲究一点的,则在擦完手之后捧出洗指钵来洗手,洗指钵里除盛水外,还漂浮着玫瑰的花瓣;埃及人则在钵里放上杏仁、肉桂等。餐巾发展到17世纪,除实用意义外,还更注意观赏。1680年,意大利已有26种餐巾的折法,如针对教士僧侣的挪亚方舟形,针对贵妇人的母鸡形以及一般人喜欢用的小鸡、鲤鱼、乌龟、公牛、熊、兔子等形状。

西亚、埃及等地区也有使用餐巾的历史记载。

2. 现代的餐巾

现代使用的餐巾是一种中西合璧的产物,被广泛应用于各式餐厅服务中,成为餐厅和服务的一个重要的组成部分。

(三)餐巾的种类

1. 按餐巾的质地分

(1)纯棉织品:吸水性强、去污力强;浆熨后挺括,易折成型,造型效果好,但折叠一次,效果才最佳;手感柔软,但清洗麻烦,需洗净、上浆、熨烫。

(2)棉麻织品:质地较硬,不用上浆也能保持挺括。

(3)化纤织品:颜色亮丽、透明感强;富有弹性,比较平整,如一次造型不成,可以二次造型,不用浆烫,使用方便。可塑性不如纯棉织品和棉麻织品好;易清洗,但吸水性差,去污力不如纯棉织品;手感不好。

(4)纸质餐巾:成本低,更换方便;不够环保,有时有非正式的感觉和低档次的感觉。

2. 按照餐巾的颜色分

(1)白色餐巾:应用最广,给人以清洁、卫生、典雅、文静之感,它可以调节人的视觉平衡,可以安定人的情绪。但是不耐脏。

(2)冷色调餐巾:给人以平静、舒适的感觉。主要包括浅绿、浅蓝、中灰等。湖蓝在夏天能给人以凉爽、舒适之感。

(3)暖色调餐巾:给人以兴奋、热烈、富丽堂皇、鲜艳醒目的感觉等,主要包括粉红色、橘黄色、淡紫色等。如大红、粉红餐巾给人以庄重热烈的感觉。橘黄、鹅黄色餐巾给人以高贵典雅的感觉。

(4)条状色餐巾:给人清爽、新奇等感觉,改变一般的餐厅用具印象,一般在零点餐厅、西餐厅应用多一些。

3. 按餐巾的规格分

餐巾规格的大小在不同的地区不尽相同。根据实际使用效果,45 ~ 50 cm 见方的餐巾折叠造型,实际使用较为普遍。

4. 按餐巾的边缘形状分

餐巾边缘有平直形和波浪曲线两种。

二、餐巾折花的作用

(1)装饰美化餐台气氛。不同的餐巾花型,蕴含着不同的宴会主题。形状各异的餐巾花,摆放在餐台上,既美化了餐台,又增添了庄重热烈的气氛,给人以美的享受。

(2)烘托餐台气氛,突出宴会目的,起到一定的无声语言的作用,会对交流思想感情产生良好的效果。例如寿宴、喜宴上的餐巾花,如比翼齐飞、心心相印的花形,可以表示永结同心、百年好合的美好祝愿。国宴上,如喜鹊、和平鸽等花型表示欢快、和平、友好,给人以诚悦之感。

(3)卫生保洁的作用。餐巾是餐饮服务中的一种卫生用品。宾客用餐时,可将大餐巾折起(一般对折),折口向外平铺在腿上,小餐巾可伸开直接铺在腿上,不可将餐巾挂在胸前(但在空间不大的地方,如飞机上可以如此),餐巾可用来擦嘴或防止汤汁、酒水弄脏衣物。避免用自己的手帕。擦嘴时需用餐巾反摺的内侧的上端并用其内侧来擦嘴,而不是弄脏其正面。决不可用来擦脸部或擦刀叉、碗碟等。手指洗过后也是用餐巾擦的。若餐巾脏得厉害,请侍者重新更换一条。另外,目前一般不把餐巾压在餐盘底下进餐,因为这样容易不小心带动餐巾,从而使餐盘滑落。在用餐期间与人交谈之前,先用餐巾轻轻地揩一下嘴;女士进餐前,可用餐巾轻抹口部,除去唇膏。在进餐时,需剔牙,应拿起餐巾挡住口部。

(4)餐巾花型的摆放可标出主宾、主人的席位。在折餐巾花时,应选择好主宾的花形,主宾花型高度应高于其他花型高度以示尊贵。

(5)沟通宾主之间感情的作用。象征意义和寓意,是基本的礼仪、习俗的表现与要求。

(6)在西餐宴会中,餐巾有很多信号的作用。在正式宴会上,女主人把餐巾铺在腿上是宴会开始的标志。餐巾可以暗示宴会的开始和结束。中途暂时离开,将餐巾放在本人座椅面上。

(7)酒店服务艺术和情感化的表现形式之一。

三、餐折花的基本类型

(一)按照餐饮折花的盛器分

1. 杯花

一般应用在正式的宴会中,不同的宴会有相对稳定的餐巾花搭配和设计。其特点是折叠的技法复杂,程序较多,操作有一定的技巧,服务规范,造型别致和多种多样。是服务艺术和优质服务的组成部分。

2. 盘花

盘花在西餐和中餐零点餐厅中应用比较多,这是零点餐饮餐巾花的一个小潮流。其特点是折叠简单、操作方便、服务简单,造型简洁明快,餐巾折痕较少。造型完整,成型后不会自行散开,可放于盘中或其他盛器内。

3. 环花

将餐巾平整卷好或折叠成造型,套在餐巾环内,称为环花。餐巾环也称为餐巾扣,有瓷制的、银制的和塑料制的等。餐巾环花通常放置在餐盘上,特点是简洁、雅致。

(二)按照餐饮折花的造型分

现在比较成熟的餐巾花有近百种,经常使用的有五六十种,有参考书已经列举了200多种餐巾折花。有时,同一种餐巾花往往有数种折叠方法,一般要求熟练掌握20种餐巾花的折叠方法。

1. 植物花

主要是模仿植物的花、叶、茎、果实等,是餐巾花中最重要的一类。

(1)花卉,如月季、荷花、梅花、牡丹、玫瑰、水仙、鸡冠花等。

(2)叶,如荷叶。

(3)茎,如竹笋。

(4)果实,如玉米、小麦等。

2. 动物花

主要模仿鱼、虫、鸟、兽等的整体形态或局部特征。例如孔雀、凤凰、鸽子、鸳鸯、仙鹤、海鸥等飞禽造型,也有白兔、松鼠等走兽造型,还有蝴蝶、蜻蜓等昆虫造型以及金鱼、对虾、海螺等造型。动物造型形态生动,活泼可爱。

3. 实物花

模仿生活中的各种实物形态而折成的花,例如花篮、领带、折扇、风帆、马蹄、帽子等。

4. 抽象花

比较少见,这是近年来有的个性餐厅和设计酒店中的餐饮服务中出现的餐巾花。

四、餐巾折花的基本技法

(一)叠

叠是最基本的餐巾折花手法,几乎所有折花都可用到。叠是折叠、堆叠的意思,就是将餐巾平行取中折二、二折四、单层或多层叠，或成正方形、矩形，或是斜折成三角形、菱形、梯形、锯齿形等各种几何图形。叠的要领：要熟悉基本造型，叠时要看准折缝线和角度一次叠成，避免反复，否则餐巾上会留下折痕，影响挺括、美观。

（二）推

推是褶皱（打折）时运用的一种手法，就是将餐巾叠面折成褶皱的形状，使花型层次丰富、紧凑、美观。

（三）卷

卷是将餐巾卷成圆筒形并制出各种花型的一种手法。

卷的要领：平行卷要求两手用力均匀，同时平行卷动，餐巾两头形状一样；斜角卷要求两手能按所卷角度的大小，互相配合。

（四）穿

穿是指用工具从餐巾的夹层折缝中边穿边收，形成褶皱使造型更加逼真美观的一种手法。另外，有的花型在穿之前不褶皱，而将筷子直接穿入，再将折巾从两头向中间挤压而成皱纹。这种挤皱的方法，常用来折制花的卷叶。

穿的要领：穿用的工具要光滑、洁净。褶皱要均匀。

（五）攥

攥是为了使叠出的餐巾花半成品不易脱落走样，一般用左手攥住餐巾的中部或下部，然后再用右手操作其他部位，攥在手中的部分不能松散。

（六）翻

翻是指将餐巾的巾角从下端翻折至上端、两侧向中间翻折、前面向后面翻折，或是将夹层里面翻到外面等，以构成花、叶、芯、翅、头颈等形状。

（七）拉

拉就是牵引，是在翻的基础上，为使餐巾造型挺直而使用的一种手法，如折鸟的翅膀、尾巴、头颈，花的茎叶等。通过拉的手法可使折巾的线条曲直明显，花型挺括而有生气。

（八）掰

一般用于制作花束，如月季花。掰是将餐巾叠好的层次，用右手按顺序一层层掰出花瓣，掰时不要用力过大，掰出的层次或褶的大小距离要均匀。

（九）捏

捏主要是做鸟或其他动物的头所使用的方法。操作时，用一只手的拇指、食指、中指进行。常见的鸟头形状有上翘嘴型、平尖嘴型、向下嘴型、弯角嘴型、先翻后捏而成的嘴型及特殊嘴型。

五、餐巾花摆放要求及注意事项

（一）摆放要求

（1）主位花要插摆在主位上。

（2）将观赏面朝向客人席位。

（3）插入杯中的餐巾花要掌握好深浅度，并注意杯内餐巾的整齐。

（4）形态相似的餐巾花型要错开并对称摆放。

(5)各餐巾花之间的距离要均匀,餐巾花不能遮挡台上用品,不能影响服务操作。

(6)餐巾花要放正、放稳,保持折痕清晰。

(二)注意事项

(1)注意清洁卫生。

(2)准备好操作工具。

(3)选择好餐巾花型并力争一次成型。

(4)餐巾正面朝外。

【任务实施】

步骤一　情景引入(布置任务,分组)

餐饮部新员工培训

地点:开封××酒店餐饮部培训室

教师:培训师、餐饮部经理

学生:餐饮部新员工

1.餐巾有哪些种类?餐巾折花有哪些作用?

2.为什么高档宴会场所都要使用餐巾折花?如何进行餐巾折花造型的选择?

3.餐饮部经理进行餐巾折花介绍。

4.新员工进行餐巾折花操作。

步骤二　工作任务实施

班级同学自愿分组,每组4~5人,每组给出婚宴、寿宴、升迁宴等不同场景,由每组同学根据场景不同选择餐巾折花造型并进行餐巾折花。

步骤三　成果展示及评定反馈

每个工作小组展示任务的完成过程中,教师作为餐饮部经理进行考核,依据所给出的具体环境,餐巾折花造型选择正确,折花造型优美的组获胜。

【学习考核与评价】

1.教师评价。从中找出优缺点、不足和错误,指出努力方向,进行评分,奖励优秀的小组及个人。进一步掌握正确的工作过程与工作方法、自我监控能力和评价能力。

餐巾折花评价见表2.16-2。

表2.16-2　餐巾折花评价(满分100分)

序号	考核内容	考核要点	评分标准	配分	扣分	得分
1	叠口布	会折5种动物造型、5种植物造型	造型按指定品种折花,5种动物造型,5种植物造型	30		
		折叠均匀整齐,造型形象美观	折叠动作规范、熟练、优美,口布花形象逼真,线条挺括	20		
		手法规范	插入杯中2/3处,保持形象美观,放入杯中时,手不要碰到瓶口	5		
		操作卫生	在平盘内进行,注意卫生,不允许用牙叼咬	5		

续表 2.16-2

序号	考核内容	考核要点	评分标准	配分	扣分	得分
2	摆放口布花	摆放整齐、突出正副主人位	正面朝外、摆放整齐、高矮有序、突出正副主人位	10		
		观赏面朝向客人	口布花观赏面朝向客人	10		
		摆放位置与杯具距离	放口有花的水杯摆放在酒杯左侧,杯肚之间距离 1 cm	10		
		综合效果	造型美观、形象逼真	10		
合计				100		

2. 各小组整理教材、教学参考资料,引导学生建立本学习领域的学习档案,训练学生的工作方法能力。

【任务小结】

本任务主要介绍了餐巾折花的重要性、种类及餐巾折花方法,希望学生课后能够多加练习,巩固这项餐饮服务基本技能。

【思考题】

1. 餐巾折花有哪些造型? 折花过程中及摆放的注意事项是什么?

2. 在 5 min 之内分别折出 4 种不同的杯花与盘花。

工作任务三 斟 酒

【任务分析】

斟酒是餐厅服务工作的重要内容之一。斟酒操作技术动作的正确、迅速、优美、规范,往往会给顾客留下美好印象。服务员给客人斟酒时,一定要掌握动作的分寸,不可粗鲁失礼,不要讲话,姿势要优雅端庄,注意礼貌、卫生。服务员娴熟的斟酒技术及热忱周到的服务,会使参加饮宴的顾客得到精神上的享受与满足,还可强化热烈友好的饮宴气氛。

【任务布置】

1. 教师讲解斟酒服务的重要性,介绍斟酒服务的注意事项并进行模拟斟酒。

2. 学生分组练习斟酒服务操作,并进行斟酒比赛。

【相关知识】

一、酒瓶的开启及要领

(一)开启酒瓶操作方法

开瓶是指开启酒品瓶塞和瓶盖的方法。普通酒品开启瓶盖较容易,但葡萄酒和香槟酒的开启应注意掌握一定的方法。

1. 葡萄酒的开启

开启葡萄酒时,要用专用的酒钻和酒刀。先用酒刀切开酒瓶封口,揭去封口顶部的锡箔,并用布将瓶口擦拭干净,然后将酒钻的螺丝锥对准瓶塞中心从顺时针方向轻轻钻下去,直至将酒钻螺旋部分全部钻入塞内,然后利用酒钻的起拔杠杆下压,使瓶塞升起直到拔出。

瓶塞出瓶后,应放在骨碟上,呈送至客人面前,请其检查瓶塞上的商标与贴纸内容是否一致。

2. 香槟酒的开启

开启香槟酒时,应注意瓶口朝上或稍加倾斜,切忌对准自己或客人。开瓶时,用右手削掉瓶封处的金属铂后,左手斜拿瓶颈处,大拇指压紧塞颈,呈45°角斜放,右手转动瓶封处的金属丝将其扭开,去掉金属丝后,拿一块干净的餐巾布紧压住瓶塞的上端,左手轻轻地转动酒瓶,在转动过程中,借助瓶内的压力将瓶塞慢慢顶出瓶口,当瓶塞离开瓶口时,会发出"嘭"的一声清脆的响声。瓶塞拔出后,要继续使酒瓶保持45°角,以防酒液从瓶内溢出。

(二)握瓶姿势

握瓶姿势是指服务员为客人斟酒时手握酒瓶的方法。握瓶时,右手大拇指叉开,其余四指并拢,掌心紧贴于瓶身中下部,酒标朝外,通过腕力和手指的力量控制酒液的流速。

(三)斟酒三步法

服务员以T字形步姿站在客人右后侧斟完第一杯酒后,迈出第一步,即右脚抽出向前走一步,落在第一位宾客椅子背后的中间位置;第二步为左脚向前迈到第一、第二位宾客椅子之间的外档;第三步为右脚伸到第一、第二位宾客椅子之间的斟酒站位。整个斟酒过程共三步,故称斟酒三步法。

(四)斟酒要领

(1)斟酒时,服务员站在客人两椅之间,右手握着酒瓶的下半部,酒标朝外,显示给客人。

(2)斟酒时,身体微微前倾,不可紧贴客人,但也不要离得太远,右脚踏入两椅之间,呈T字形侧身而立。

(3)斟酒时,瓶口距杯口2 cm左右,不要将瓶口搭在杯口上,以防污染。

(4)斟酒适度后,微微抬起瓶口,同时手腕顺时针旋转45°,使最后一滴酒均匀地分布到瓶口边沿上,以避免滴落在客人的身上或餐布上。

(5)斟酒时,做到不滴不洒,不少不溢。

(五)托盘斟酒服务程序与标准

斟酒时,服务员将托盘内酒水展示给客人示意客人自己选择。选定酒水后,服务员站在客人右后侧,右脚向前,左脚在后,呈T字形侧身而立。左手托盘向左拉开,右手握住瓶身的下半部,将客人所选酒水斟入杯中。酒量适度后,将瓶口微微抬起并顺时针旋转45°,然后收瓶,将酒瓶放入托盘中。

(六)徒手斟酒服务程序与标准

斟酒时,服务员站在客人右后侧,右脚向前,左脚在后,呈T字形侧身而立。左手持布巾背在身后,右手握住瓶身的下半部,将客人所选酒水斟入杯中。酒量适度后,将瓶口微微抬起并顺时针旋转45°,然后收瓶,用左手的布巾将酒口擦拭干净。如果是从冰桶里取出酒水,应用餐巾包住瓶身斟酒,以避免水珠滴洒在宾客的衣服上。

(七)模拟情景

葡萄酒、香槟酒的开启模拟训练,托盘斟酒、徒手斟酒模拟训练。

二、要点提示

(1)斟酒时,要随时注意瓶内酒量的变化情况,以适当的倾斜度控制酒液的流速,学会巧用腕力。瓶内酒量越少，酒液的流速越快，容易溅出杯外。

(2)斟酒时，不要站在客人左侧，不准站在一个位置为左右两位客人斟酒，不准隔位斟、反手斟。

(3)如果由于操作不慎，将酒杯碰翻，应向客人表示歉意并立即将酒杯扶起，检查有无破损；同时用干净的餐巾将酒液吸干，重新斟酒。

(4)瓶内酒水不足一杯时，不宜为客人斟酒，瓶底朝天有失礼貌。切忌一杯酒用两只酒瓶同斟，宾客会误以为自己是多余的。

(5)斟酒时，因为泡沫较丰富，极易沿杯壁冲出杯外，所以斟酒的速度要慢些，可以沿酒杯的前壁流入杯内，也可以分两次斟倒。

(6)开启瓶盖或易拉罐时，不要冲着客人，避免气体喷溅到客人身上。

(7)酒液、汽水混合在一只杯中时，应先斟汽水后斟酒液，以防汽水对酒液的冲击。

(8)零点客人的酒水在斟第一杯后，全部放回客人餐桌上，若有空瓶、罐则应及时撤走。

(9)斟酒时，尽量注意不要打扰客人交谈，影响客人。

【任务实施】

步骤一　情景引入(布置任务，分组)

餐饮部新员工培训

地点：开封××酒店餐饮部培训室

教师：培训师、餐饮部经理

学生：餐饮部新员工

1. 斟酒分为哪几种？

2. 为什么高档宴会场所都要进行斟酒服务？

3. 餐饮部经理进行斟酒操作示范。

4. 新员工进行斟酒服务操作。

步骤二　工作任务实施

学生自愿分组，每组4~5人，每组给出中西餐宴会等不同场景，由每组学生根据场景不同进行模拟斟酒服务。

1. 斟酒的姿势与位置

从主宾开始，按照顺时针方向从客人右侧斟酒。

2. 斟酒量

(1)中餐斟倒各种酒水，一律八成满为宜。

(2)西餐斟酒不宜太满，红葡萄酒斟至杯的1/2，白葡萄酒斟至杯的2/3。

(3)斟香槟酒分两次进行，先斟至杯的1/3，待泡沫消失后，再斟至2/3。

3. 斟酒顺序

1)中餐斟酒顺序

宴会开始前，将烈性酒和葡萄酒斟好。斟酒时，从主宾位置开始，顺时针方向依次斟倒。

2)西餐宴会斟酒顺序

女主宾—女宾—女主人—男主宾—男宾—男主人

4. 斟酒注意事项

(1)斟酒时，瓶口不可以搭在杯口上，以相距2 cm为宜。

(2)斟啤酒时,因为泡沫较多,速度要慢。

(3)在宴会进行中,讲话开始前要将酒水斟齐,以免敬酒时杯中无酒。

(4)主宾讲话时,服务员要停止一切操作,站在适当位置。讲话结束,负责主桌的值台员要将讲话者的酒水送上供祝酒之用。

步骤三 成果展示及评定反馈

每个工作小组展示任务的完成过程中,教师作为餐饮部经理进行考核,依据每组学生的斟酒操作打分,分数高者获胜。

【学习考核与评价】

1. 教师评价。从中找出优缺点、不足和错误,指出努力方向,进行评分,奖励优秀的小组及个人。进一步掌握正确的工作过程与工作方法、自我监控能力和评价能力。

斟酒服务操作评价见表2.16-3。

表2.16-3 斟酒服务操作评价(满分20分)

序号	评分要素	配分	评分标准	得分	备注
1	做好斟酒前的准备工作	1	打开酒瓶盖,酒标朝向客人握瓶。握瓶姿势不正确扣1分		
2	斟酒服务	9	斟酒错位扣2分、斟酒顺序错扣2分、瓶口碰杯口1次扣0.5分、托瓶底1次扣0.5分、斟酒姿势不规范扣2分、不绕椅斟倒扣0.5分、倒杯1个扣0.5分		
3	符合斟酒标准(八分满)	10	不符合标准,一杯扣0.5分; 洒一滴扣0.5分、洒酒多扣2分		

2. 各小组整理教材、教学参考资料,引导学生建立本学习领域的学习档案,训练学生的工作方法能力。

【任务小结】

本任务主要介绍了中餐及西餐各类酒水的开瓶方法及操作要领,学生课后要多加练习,巩固所学的知识,为将来的就业打好基础。

【思考题】

1. 如何开启葡萄酒、香槟酒?

2. 中西餐酒水如何斟倒?

工作任务四 摆 台

【任务分析】

摆台是把各种餐具按要求摆放在餐桌上,它是餐厅配餐工作中的一项重要内容,是一门技术,摆台的好坏直接影响服务质量和餐厅的面貌。

【任务布置】

1. 教师引领学生认知中西餐摆台的种类和摆台要求。

2. 学生在老师的指导下练习，掌握摆台的操作程序与标准，达到操作规范、技能娴熟的训练要求，熟练进行中西餐摆台。

【相关知识】

一、摆台及基本要求

(1)摆设的台面要清洁卫生。摆台所用的台布、餐巾、餐具、小件物品、调料品及其餐椅和其他各种装饰物品都要符合卫生要求以防污染。

(2)餐台的布局要做到台形设计考究、合理、井然有序，既方便客人就餐，又能确保服务工作的顺利进行。

(3)台面的设计要尊重客人的民族习惯和饮食习惯，符合待客的礼仪要求。

(4)根据就餐规格和形式设计台面，所配餐具、用具要配套、齐全。

(5)餐具摆放要有条理，各席位的餐具相对集中、整齐一致，席位之间应有明显空隙，既要方便客人用餐，又要便于餐间服务。

(6)花坛的设计要能体现宴会的主题，力求造型逼真、美观、得体、实用。

二、中餐摆台

(一)中餐宴会的合理布局

1. 餐台设计的总体要求

美观、实用、大方、便捷。

2. 餐台设计的具体要求

(1)突出主桌。

(2)主桌以外席位的安排遵循先右后左、高近低远的原则。

(3)有针对性地选择台面。

(4)餐桌的排列应根据餐厅的大小及赴宴人数的多少来安排，桌与桌之间的距离以方便穿行、上菜、斟酒、撤盘为宜。

(5)重要宴会或高级宴会要设分菜服务台，分菜都在服务台进行，然后再分送给客人。

(6)大型宴会除主桌外，所有的桌子都应编号。

(7)多台宴会的设计要根据宴会的形状、大小或主人的要求进行。

(二)中餐宴会席位安排

一是各桌的主人位置相同，同朝一个方向。

二是各桌的主人位置方向不一致，但都面向中间。

三、西餐摆台

西餐宴会席位安排：如果属于外交、贸易性质的宴会，如国与国之间、社会团体之间举行的工作性质的宴会，一般都在餐厅举行，因双方都有重要人物出席，因而宴会的气氛正规、严肃。安排座次时，还需考虑：

(1)参加宴会的双方各有几位首脑人物。

(2)双方首要人物是否带夫人。

(3)双方各自带有译员时，主人的译员坐在主宾的左侧，主宾的译员坐在主人的左侧。

(4)主客要穿插落座。

【任务实施】

步骤一　情景引入(布置任务,分组)

开封某五星级酒店要接待一桌寿宴,请模拟进行摆台。

1. 学生模拟中西餐正餐摆台。

2. 学生模拟中西餐宴会摆台。

步骤二　工作任务实施

班级学生自愿组合,每个小组4~5人,要求每位学生都能够迅速、熟练地进行中西餐摆台操作。

1. 中餐零点摆台

(1)早餐摆台。

①骨碟定位:骨碟摆在座位正中,距桌边1.5 cm。

②口汤碗、汤匙摆在骨碟正上方1 cm处,匙柄朝左。

③筷架、筷子摆在口汤碗右侧,筷子装入筷套后放在筷架上,底端距桌边1~5 cm并与骨碟直线平行,筷套在筷架上方部分长度约5 cm。

④茶碟摆在筷子右侧距桌边1.5 cm,茶杯反扣在茶碟里,杯耳朝右与筷架平行。

⑤袋装牙签摆在骨碟与筷子中间,底端距桌边1.5 cm。

(2)午晚餐摆台。

①骨碟摆在座位正中,距桌边1~5 cm。

②口汤碗、汤匙摆放在骨碟左前方1 cm处,匙柄朝左。

③味碟摆在骨碟右前方与口汤碗并排。

④模架摆在味碟中线右侧,筷子放在筷架上,底端距桌边1.5 cm并与骨碟直线平行。

⑤茶碟摆在筷子右侧距桌边1.5 cm,茶杯反扣在茶碟里,杯耳朝右。

⑥袋装牙签摆在骨碟与筷子中间。

⑦玻璃水杯摆在口汤碗与味碟前方中间,与骨碟呈垂直线,距口汤碗1厘米,也可摆放在筷子右侧与口汤碗、味碟平行的位置上。

⑧餐巾花摆放在骨碟里,也可叠成杯花插在水杯里。

2. 中餐宴会摆台

(1)摆台前的准备。

①将双手洗净。

②领取各类餐具、台布、桌裙等。

③用干净的布巾将餐具和各种玻璃器皿擦亮,要求无任何破损、污迹等。

④检查台布、桌裙是否干净,是否有皱纹、破洞等,不符合要求的应进行调换。

⑤洗涤所有调味品壶并重新装好。

⑥折叠巾花。

(2)摆台时的操作。

①铺台布。

②玻璃转盘摆在桌面中心,检查转盘旋转是否灵活。

③将桌裙按顺时针方向(折扣向左)每个相隔4 cm,用摁钉或尼龙搭扣固定在桌沿上。

④根据出席宴会人数配齐餐椅，一般将餐椅放置为三三、两两，即正、副主人侧各放 3 张餐椅，另两侧各放两张餐椅，椅背在一直线上。

⑤使用托盘运送各种摆台餐具，骨碟摆在座位正中，距桌边 1.5 cm。

⑥口汤碗和味碟摆在骨碟垂直线上方两边，距骨碟 1 cm，匙柄朝左与味碟中线成直线；银匙和筷子平行放在筷架上，筷架与汤匙柄、味碟中线成直线，筷子底端距桌边 1.5 cm。

⑦袋装牙签摆在银匙与筷子中间，与银匙尾平齐。

⑧葡萄酒杯摆在口汤碗与味碟中间，与骨碟呈垂直中线上，水杯摆在葡萄酒杯左侧，烈性酒杯摆在葡萄酒杯右侧，三杯杯肚之间距离为 1 cm，杯心成一直线。

⑨餐巾花插入杯中或叠成盘花放在骨碟中间，从正主人席位右侧开始，每隔两个座位摆放一个烟灰缸，烟灰缸前端应在水杯的外切线上。

⑩火柴盒封面朝上摆放在烟灰缸里，火柴磷朝向里面。

3. 西餐早餐摆台（咖啡厅早餐摆台）

(1)西餐早餐摆台一般不铺台布，铺纸垫式菜单于餐位正中并距离桌边 2 cm。

(2)将餐刀、餐叉分别放于纸垫式菜单的右、左侧，刀口向左，叉尖朝上，刀、叉后端距桌边 2 cm，刀叉之间相离 30 cm 左右。

(3)面包盘上放黄油刀并摆在餐叉左侧 1 cm 处，盘边距离桌边 2 cm，在面包盘中线靠右边处摆放黄油刀，刀刃朝向盘心。

(4)置咖啡杯具于餐刀右侧，咖啡杯反扣在咖啡垫碟上，垫碟距餐刀 1 cm，咖啡杯柄、咖啡匙把均朝右。

(5)刀、叉之间放上餐巾花。

(6)摆放花瓶、烟灰缸、胡椒盅、糖缸等物品于餐台中心的位置上。

4. 西餐午晚餐摆台（正餐摆台）

(1)西餐午晚餐要铺台布，要求台布平整，正面在上，四角下垂相等。

(2)装饰盘放在餐位正中，离桌边 2 cm，盘中放餐巾花，也可以不放装饰盘而直接放餐巾花。

(3)在装饰盘右侧 1 ~5 cm 处放餐刀（刀口向左）和汤匙，餐刀和汤匙两者之间相距 1.5 cm，刀、匙后端离桌边均为 2 cm。

(4)在装饰盘左侧 1.5 cm 处放餐叉，餐叉左侧放色拉叉，叉尖向上，餐叉和色拉叉两者相距 0.5 cm，叉子后端距桌 2 cm。

(5)色拉叉左侧 1 cm 处放面包盘，在面包盘中线靠右边处摆放黄油刀，刀刃朝向盘心，面包盘边离桌边 2 cm，黄油刀上方 3 cm 处放黄油碟。

(6)在餐刀尖上方 2 cm 处放水杯。

(7)在装饰盘右上方 3 cm 处放烟灰缸，左上方 3 cm 处放胡椒盅、盐盅，牙签筒放在胡椒盅、盐盅的左侧，三者之间各相距 2 cm。餐桌正中除放花瓶外，还可放上烛台。

5. 西餐宴会摆台

(1)台布。

(2)摆装饰盘（餐盘、垫盘）。

(3)刀叉。

(4)摆水果刀、甜点叉、甜点匙。

(5)摆面包盘、黄油刀和黄油盘。

(6)摆酒具,酒水杯摆放在水果刀、甜点叉、甜点匙右侧,呈下斜线。

(7)摆放餐巾花。

(8)摆放其他用具。

西餐摆台时,要按照一底盘、二餐具、三酒水杯、四调料用具、五艺术摆放的程序进行。

步骤三　成果展示及评定反馈

每个工作小组展示任务的完成过程中,教师作为餐饮部经理进行考核,严格按照摆台操作标准,分数高者为获胜者。

【学习考核与评价】

1.教师评价。从中找出优缺点、不足和错误,指出努力方向,进行评分。奖励优秀的小组及个人。进一步掌握正确的工作过程与工作方法、自我监控能力和评价能力。

中餐摆台评价见表2.16-4。

表2.16-4　中餐摆台评价(满分50分)

序号	评分要素	配分	评分标准	得分	备注
1	做好摆盘工作的准备	5	1.物品未消毒扣2分; 2.手抓杯口、碟内扣2分		
2	摆放操作	25	1.摆放餐碟,一个间距不等扣0.5分; 2.摆放口汤碗、汤匙,一个间距不等扣0.5分; 3.摆放味碟,一个间距不等扣0.5分; 4.摆放酒杯,一个间距不等扣0.3分; 5.摆放筷架、餐巾纸,一个间距不等扣0.5分; 6.摆放烟灰缸,一个间距不等扣0.5分; 7.摆放花税,一个不正扣0.2分; 8.椅子间距,一个不等扣0.5分		
3	操作规范	15	1.摆放位置错一次扣2分; 2.端托不规范扣2分; 3.餐饮用具错位扣2分; 4.漏摆一项扣3分; 5.餐具落地一件扣2分; 6.摆台顺序错一次扣2分		
4	仪容仪表	5	穿着工装,戴工作牌,不得佩戴首饰和其他装饰物,化淡妆,以上项不达标扣1分		

西餐摆台评价见表2.16-5。

表2.16-5　西餐摆台评价(满分50分)

序号	考核内容	考核要点	配分	评分标准	扣分	得分
1	仪容仪表及准备工作	按规定着装,工作服整洁干净,佩戴标志,仪容仪表整洁大方。 工作台餐用具分类摆放规范、合理	7.5	1.不按照要求着装扣2.5分; 2.着装不整洁扣1分; 3.不佩戴标志扣1分; 4.餐用具摆放不规范扣3分扣完为止		

续表 2.16-5

序号	考核内容	考核要点	配分	评分标准	扣分	得分
2	铺台布	铺台布正面朝上、中线对正、台布下垂均匀	2.5	1. 台布反面朝上扣 1 分； 2. 台布中线不正扣 1 分； 3. 台布下垂不均匀扣 0.5 分 扣完为止		
3	摆放餐具	1. 按顺序摆放餐用具； 2. 展示盘、面包盘定位准确； 3. 展示盘与面包盘中心线在 1 条直线上； 4. 刀、叉、勺摆放准确； 5. 三种杯摆放正确	5	1. 餐用具摆放程序错误扣 3 分； 2. 展示盘、面包盘定位不当各扣 0.5 分； 3. 刀、叉、勺等餐具摆放位置不正各扣 1 分； 4. 三种杯摆放不准每套各扣 0.5分 扣完为止		
4	餐巾折花	造型精致、美观大方。 操作符合卫生要求。 盘花整体和谐	6	1. 餐巾花折叠不美观扣 2 分； 2. 操作不符合卫生要求扣 2 分； 3. 餐巾花整体不和谐扣 2 分 扣完为止		
5	摆台面用品	花瓶、用品按图示规范要求摆放	2	各项用具不按照规范摆放扣 1 分 扣完为止		
6	围椅	餐椅对位摆放、餐椅与下垂台布间距 1 cm	3	餐椅摆放错位各扣 0.3 分 扣完为止		
7	斟倒冰水	从客人餐椅的右侧倒出。 每杯水要以 8 分满为准、白葡萄酒斟倒 2/3 杯 斟倒姿势优雅、规范，持盛手法正确	8	1. 斟倒位置错误扣 1 分； 2. 每杯水量不准扣 0.5 分； 3. 每杯白葡萄酒量不准扣 0.5分； 4. 斟倒姿势不正确扣 1 分 扣完为止		
8	整体效果	餐台整体效果良好。 餐用具摆放规范、到位	1	餐台整体差扣 1 分 扣完为止		
9	操作能力	操作稳妥、拿取餐具符合卫生要求、动作娴熟、协调、规范，操作区域整洁	5	1. 操作不稳妥扣 1 分； 2. 手法不卫生扣 1 分； 3. 托盘使用不熟练扣 1 分； 4. 动作不规范、不协调扣 1 分； 5. 台面、工作台不清洁扣 1 分 扣完为止		

续表 2.16-5

序号	考核内容	考核要点	配分	评分标准	扣分	得分
10	失误	在总分中扣除	10	1. 餐用具掉地 1 次扣 5 分; 2. 打碎餐用具 1 件扣 5 分; 3. 少摆餐用具 1 件扣 2 分; 4. 最多超时 3 min,超时 1 min 扣 2 分,不足 1 min 按 1 min 计算最多扣 10 分		
合计						

2. 各小组整理教材、教学参考资料,引导学生建立本学习领域的学习档案,训练学生的工作方法能力。

【任务小结】

本任务主要介绍了中西餐零点、宴会摆台及其操作要领。学生要活学活用,课后多加练习,充分掌握中西餐摆台。

【思考题】

1. 中西餐摆台程序及注意事项是什么?

2. 如何进行中西餐摆台?

工作任务五　完成中餐圆桌餐台花艺插制

【任务分析】

中餐厅是提供中式菜点、饮料和服务的场所,也是酒店对外国客人宣传中国饮食文化和展看酒店水准的主要场所,其格调高雅,餐台多用圆桌。所以,中餐厅花艺要适宜四面观赏,讲究简洁、对称,插花造型以球形或半球形为主。

【任务布置】

1. 教师给予模拟中餐厅订餐情景条件。

2. 学生根据条件填写花房花艺任务设计单。

3. 学生根据花房花艺任务设计单分组完成所需情景的中餐餐台花艺插制。

【相关知识】

半球形插花造型设计和图解具体如下:

P 花长度与花器宽度相同(也可根据半球大小自定),插入花泥正中央。A 与 B 花等长,沿花器边缘与 P 花成 90°插入花泥两侧,如图 2.16-1 所示。D 花插在 A、B 花之间的半圆线上,靠近 B 花的 1/3 处。E 花插在 D 花的对角线上。C 花插在 A、B 花之间的半圆线上,靠近 A 花的 1/3 处,F 花插在 D 花的对角线上(见图 2.16-2)。

其余花材在 P ~ F 花构成的半球空间,分层次错开插入。

【任务布置】

步骤一　课前布置任务

学生分组到当地酒店现场参观,重点收集餐台、咖啡厅插花图片。

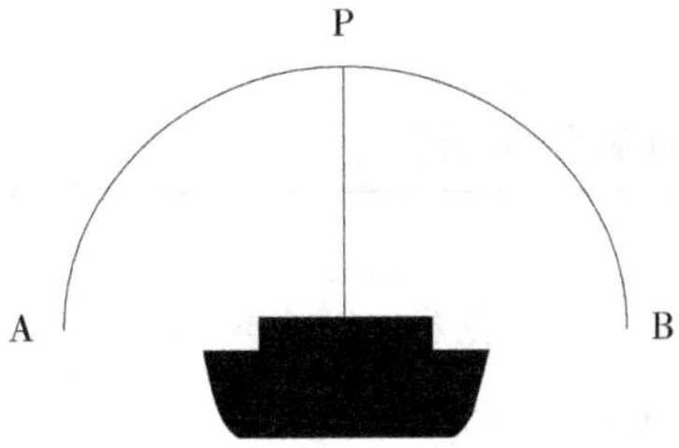

图 2.16-1　正面图

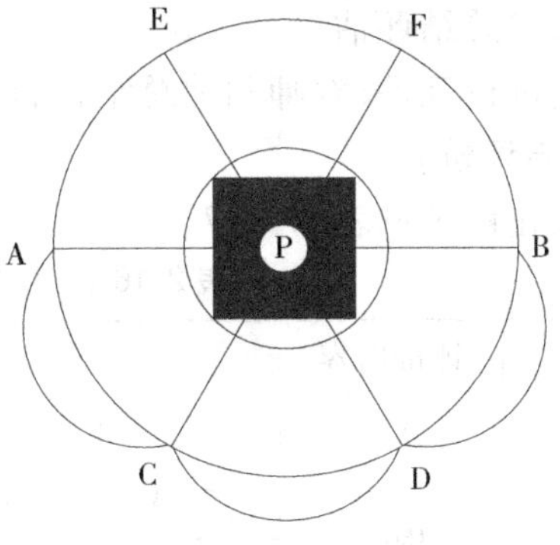

图 2.16-2　俯视图

步骤二　学生介绍展示

课前将全班学生分为 5 组，将组员收集的酒店餐厅插花图片进行选择，选出其中之一，由小组派代表对本组图片进行介绍，并说明这个插花作品适合摆放在此处的理由。

步骤三　教师点评

针对各小组学生收集到的酒店餐厅花艺图片和相应介绍做出点评，归纳总结酒店餐厅花艺设计并引入相关的知识点。

步骤四　教师提供模拟情景

春节是中国的传统节日，近年来随着人们生活水平的不断提高，在酒店中餐厅度过除夕之夜的家庭是越来越多了，既省掉了又做又洗的麻烦，又能感受到酒店高雅温馨的服务和大厨高超的厨艺。以中餐厅一张圆桌餐台为例，根据订单要求（此餐台一家四代同堂，用餐时间为除夕之夜），请同学们分组进行餐台花艺布置。

步骤五　填写花房花艺任务设计单

由学生根据教师提供的模拟订餐情景，完成花房花艺任务设计单的填写。最后由教师点评并对填写花房花艺任务设计单的要求和注意事项进行详细讲解。

花房花艺任务设计单见表 2.16-6。

表 2.16-6　花房花艺任务设计单

订制部门： 餐饮部中餐厅	使用时间： 2011 年2 月2 日	取花时间2011 年2 月2 日 6:00PM
客人身份： 四代同堂一家老少	用花原因： 除夕夜家宴	
备注：用餐时间为除夕夜，注意营造节日气氛		

步骤六　中餐餐台花艺插制

每一小组分工合作，插制中餐餐台花艺。

步骤七　成果展示

各小组派代表介绍本小组所完成的花艺作品，其他小组或教师进行提问，介绍人进行解答。

步骤八　总结评估

学生们进行互评，教师归纳总结，回顾本任务知识，布置下一任务课前准备任务。

【学习考核与评价】

中餐插花评价见表2.16-7。

表2.16-7　中餐插花评价(满分50分)

评分项目	评价内容	评价标准	A	B	C
明确主题	立意	A. 新颖　B. 体现意境　C. 与花性和花器相得益彰			
	构图	色彩：A. 艳丽　B. 和谐　C. 暗淡			
		形态：A. 优雅　B. 奇特　C. 一般			
插制准备	器具准备	A. 齐全、顺次　B. 齐全、无序　C. 不全、顺次			
	花材准备	A. 充分　B. 一般　C. 不充分			
	人员准备	A. 热情饱满　B. 情趣盎然　C. 有条不紊			
花艺插制	固定	A. 牢固　B. 一般　C. 松动			
	插制	层次：A. 分明　B. 一般　C. 混乱			
	构型	A. 优美　B. 特别　C. 一般			
场景布置	赋予名称	A. 以形赋名　B. 以韵赋名　C. 以诗情画意赋名			
总分					

注：A得分5分；B得分3分；C得分2分，满分50分。

【任务小结】

本任务主要探讨了酒店中餐厅花艺从订餐开始到最后完整花艺作品呈现的全过程，在花房花艺订单填写的时候需注意的问题应该予以重视。正确地分析订单，才能提供最合适的花艺作品。

【思考题】

1. 餐桌花艺对于花材的挑选有哪些要求？

2. 餐桌花艺对造型的选择有哪些要求？

工作任务六　完成西餐长桌餐台花艺插制

【任务分析】

西餐厅是为客人提供欧美菜肴、享受西餐饮食文化的重要场所，追求高雅、浪漫，讲究情调。餐台多用长桌或方桌，这样的餐台大多选择椭圆形或水平形造型的插花作品。

【任务布置】

1. 教师给予模拟西餐厅订餐情景条件。

2. 学生根据条件填写花房花艺任务设计单。

3. 学生根据花房花艺任务设计单分组完成所需情景的西餐餐台花艺插制。

【相关知识】

椭圆形插花造型设计步骤如下：

(1)确定造型的比例尺度。

(2)插入基部骨架。

(3)插入主枝,确定造型高度、宽度。

(4)插入主花。

(5)插入衬叶和填充花。

【任务实施】

步骤一　总结上次课布置的项目任务

先以小组为单位进行小组互评,总结发现的问题和值得借鉴的长处,然后由教师对各小组作品进行逐一点评,从中找出优缺点、不足和错误,指出努力方向并公布小组作品最终评分。

步骤二　任务描述

两位法国朋友来到酒店西餐厅就餐,他们是一对恋人,预订的餐位时间是 2 月 14 日情人节的 19 时,他们希望在这里度过一个浪漫甜蜜的情人节,请在西餐桌中间进行花艺布置,以期两位客人在享受法式美食和服务的同时,让他们在异国他乡感受到与在本国同样浓烈的爱的气息。

步骤三　任务要求

1. 根据预订填写花房花艺任务设计单(见表 2.16-8)。

表 2.16-8　花房花艺任务设计单

订制部门：	使用时间： ____年____月____日	取花时间____年____月____日 ____:____
客人身份：	用花原因：	
备注：		

2. 分析客人设定的任务场景、人物关系及时间背景等。

3. 插制与任务要求相适宜的西餐长桌花艺作品。

步骤四　西餐长桌餐台花艺插制

步骤五　作品和能力评价(互评、师评)

西餐插花评价见表 2.16-9。

表 2.16-9　西餐插花评价(满分 50 分)

评分项目	评价内容	评价标准	A	B	C
明确主题	立意	A. 新颖　B. 体现意境　C. 与花性和花器相得益彰			
	构图	色彩：A. 艳丽　B. 和谐　C. 暗淡			
		形态：A. 优雅　B. 奇特　C. 一般			

续表 2.16-9

评分项目	评价内容	评价标准	A	B	C
插制准备	器具准备	A. 齐全、顺次　B. 齐全、无序　C. 不全、顺次			
	花材准备	A. 充分　B. 一般　C. 不充分			
	人员准备	A. 热情饱满　B. 情趣盎然　C. 有条不紊			
花艺插制	固定	A. 牢固　B. 一般　C. 松动			
	插制	层次:A. 分明　B. 一般　C. 混乱			
	构型	A. 优美　B. 特别　C. 一般			
场景布置	赋予名称	A. 以形赋名　B. 以韵赋名　C. 以诗情画意赋名			
总分					

注:A 得分 5 分;B 得分 3 分;C 得分 2 分,满分 50 分。

花艺制作能力评价见表 2.16-10。

表 2.16-10　花艺制作能力评价

小组编号:　　　　　　　　　　　　　　　　学生姓名/学号:

内容			评价	
学习目标		评价目标	小组评价	教师评价
知识	掌握中西餐餐台花艺插制步骤	1. 确定主题:是否符合特定使用场合的要求。	是□　否□	是□　否□
		2. 准备工作:餐具是否齐全完好	是□　否□	是□　否□
		3. 插制花品:主宾关系是否得当,线条是否单一,色彩是否艳丽鲜明。	是□　否□	是□　否□
		4. 整理成型:一次成型,是否烘托出作品的艺术思想	是□　否□	是□　否□
专业能力	根据中西餐餐台场景、花性、器皿的特点设计作品	1. 中西餐餐台花艺插制步骤和方法;	是□　否□	是□　否□
		2. 餐桌插花操作规范;	是□　否□	是□　否□
		3. 插花员精神面貌良好;	是□　否□	是□　否□
通用能力	服务能力	积极主动	是□　否□	是□　否□
	审美能力	搭配合理	是□　否□	是□　否□
	创造力	富有创新	是□　否□	是□　否□
态度	工作有条不紊,为人谦虚好学	理解工艺操作,工作态度严谨	是□　否□	是□　否□

1. 教师评价,奖励优秀的小组及个人。进一步掌握正确的工作过程与工作方法,培养学生团队意识和团队合作能力、工作方法能力。

2. 小组成员学会合作,智慧共享,创意无限,小组成员们在合作中学会知识并享受到共处的愉快!

【思考题】

1. 独立设计一款适合西餐餐台的插花作品。

2. 各国用花礼仪是什么?

项目十七 中餐服务

【项目描述】

中餐厅是我国餐饮业的主要销售服务场所。中餐厅设计和装饰布置要突出民族风格和地方特色,销售、服务方式及上菜程序要能反映中华民族传统餐饮文化。严格执行各种服务规程,做到服务标准化、操作程序化,提供优质高效的中餐服务是我国餐饮行业的一项重要工作。

【项目目标】

能力目标:

1. 能够准时到岗,接受任务分配。
2. 能够负责开餐前的准备工作,按照规格要求布置餐厅和餐桌、摆台及补充各种物品。
3. 能够按照餐厅规定的服务标准和程序做好对客服务工作。
4. 能够主动征询客人对菜肴和服务的意见,接受客人的投诉并及时向餐厅部长汇报。
5. 能够负责餐厅环境、家具、台面、地面的整洁和清洁卫生工作。
6. 能够积极参加餐厅组织的各种培训活动,不断提高服务技能、技巧。
7. 能够完成上级布置的其他各项工作。

知识目标:

1. 了解中餐厅经营特点和服务方式。
2. 熟知中餐零点服务环节。
3. 熟知开餐服务环节。
4. 熟知就餐服务环节。
5. 熟知餐后服务环节。
6. 了解中餐宴会服务环节。

素质目标:

1. 工作主动、热情、认真,责任心较强。
2. 掌握餐厅的服务规程,了解餐厅各种菜肴的基本特点和简单的烹制方法。
3. 有熟练的服务技能技巧和一定的应变能力,能妥善处理服务中出现的一般性问题。
4. 掌握一门外语,经过餐饮服务培训,有一定的日常普通话会话能力。
5. 身体健康、仪表端庄,遵守餐厅的各种规章制度。

工作任务 中餐的服务

【任务分析】

中餐零点服务的特点是客人多而杂,人数不固定,口味需求不一,用餐时间交错,致使餐厅接待量不均衡,服务工作量较大,营业时间较长。所以,餐厅服务员服务时,在突出热情、周到、细致、体贴的同时,还要做到迅速、快捷而不紊乱。

【任务布置】

通过教师介绍和学生上网查询,引导学生熟悉中国菜特点,了解中餐厅特色,掌握中餐厅服务程序,及时了解客人需求,及时在客人就餐时为客人提供服务。

【相关知识】

一、中国菜肴的历史源流与就餐方法的变迁

(一)中国菜肴的烹调历史

中国的烹调是经历了一个漫长的发展过程,陶器的出现才有真正的烹调。同时,由于社会生产力的发展,食物来源的丰富和扩大,都是我国菜肴烹调技艺不断提高的重要因素。

夏商周三代,已有菜肴的出现。在先秦时代,对有关菜肴烹调的选料,提出了去粗取精,精心烹调的饮食要求。到了两汉、三国、南北朝时期,我国菜肴的烹调技艺有相当高的水平。隋唐宋时期,菜肴的烹调技艺进入了高级阶段,海产品、蚝、墨鱼列入食谱并进入筵席。同时,也讲究食疗食补,而药膳也开始兴起了,冰食和凉菜也出现和得以发展。元明清时期,菜肴烹调技艺更加精湛,进入完全成熟时期,鱼翅、燕窝、海参登上筵席,尤其清代宫廷宴席有冷热菜肴达120件的如"满汉全席",可谓超级筵席了。

(二)中国的就餐方式及筵席的变迁

古人叙食就餐是席地而坐,天子席五重,诸侯三重,大夫二重,寻常人的婚嫁喜庆待客则一筵一席。隋唐时才有椅,叙食时一人一桌一椅。明末清初才有八仙桌的出现。到了清代康熙乾隆之间,才有圆桌。

(三)宴会

宴会即宴饮的叙会,与筵席基本含义相同,都是为社交目的的叙餐方式,而讲究一定的礼节礼仪,在多数场合,人们常把政府社团所举办的规模较大的酒席,称为宴会。

宴会的分类具体如下:

(1)按规模分为国宴、社团宴、家宴、便宴。

(2)按形式分为中餐宴会、西餐宴会、酒会、招待会。

(3)按性质分为婚嫁、祝寿、举丧、酬谢、团叙、送别、迎接等。

(4)按规格分为高级筵席、普通筵席、斋席。

(5)按质量分为金羊席、金鱼席、鱼翅席、熊掌席等。

二、中国菜肴的主要特点

中国菜肴的特点是色、香、味、形、器具佳、品种繁多,风味独特,有鲜明的民族色彩,烹调技法变化多端,运用灵活。

三、中国八大菜系的形成及其特点

中国菜系的形成和发展是多因素的,有自然因素,也有社会因素。

(一)广东菜系

广东菜系包括广州、潮州、东江三个地方菜,基本上以广州菜为代表。广州菜的特色取材广泛,遍及海产河鲜、飞禽走兽,烹调方法善于吸收变化,推陈出新,讲究鲜嫩爽滑,调味较多,讲究五滋(香、松、软、肥、浓)与六味(酸、甜、苦、辣、咸、鲜)。

(二)潮州菜

潮州菜是代表潮汕地方风味的菜肴,以烹制海鲜见长,味尚鲜,郁而不腻。其特点是汤菜清纯鲜美,焖炖浓香入味,爆炒爽脆香滑,汤菜海鲜、甜菜独具特色,保持主料原有的鲜味。注重刀工,拼砌整齐美观;讲究调料,每件菜必配上酱碟佐食。如明炉烧、生炊龙虾、豆酱焗鸡、白灼螺球、清金鲤虾、鸳鸯膏蟹等。

(三)东江菜

东江菜指兴宁、梅县、惠阳一带客家人的家乡菜,风俗习惯与烹调技艺都各有特色,自成一格,下油重,味偏咸,主料突出,朴实大方,以盐焗鸡尤为见长,别具风味,酿豆酱煲、爽口牛肉丸、梅菜扣肉等为出色名菜。

(四)其他地方主要菜系

(1)四川菜系:主要是由成都菜和重庆菜组成的,其烹调技法博大而精深。

(2)山东菜系:山东菜系是我国北方菜系的代表,以禽畜之烹调取胜,口味略咸,基本风味讲究清鲜。

(3)江苏菜系:分为淮扬菜、苏州菜、南京菜,三个流派。

(4)浙江菜系:以杭州菜为代表。

(5)福建菜系:以福州菜为代表。

(6)安徽菜系:以徽州菜为代表。

(7)湖南菜系:以长沙菜为代表。

四、中餐餐厅概述

中餐餐厅是为客人提供中式菜点、饮料和服务的餐厅,是向国内外宾客宣传中国饮食文化的经营服务场所。

中国幅员辽阔,民族多,民俗殊异,往往基于地理、气候、风俗、民情、经济等因素塑造了多样的文化性格,形成了独特的饮食习惯与奇妙的烹饪方法,有所谓的"南甜、北咸、东辣、西酸"——随地域而变化万端,各地区均形成自己独特的菜系,且既有小吃,又有大菜,如川菜、鲁菜、浙菜、粤菜、皖菜、苏菜、湘菜、滇菜、京菜、东北风味,等等,不一而足。

五、中餐厅的环境设计

(一)中餐厅的空间布局

1. 餐厅布局的总体要求

餐厅布局的总体要求是宽敞整齐、美观雅致。餐厅应在酒店主体建筑物内,或主体建筑物有封闭通道连接。同时,餐厅必须靠近厨房。餐厅应有分区设计,各服务区域设置合理,总体布局较好。餐厅还应配置专门的酒水台(吧台),以提供酒水服务。

2. 组成部分

(1)流通空间:门厅、通道和走廊等;

(2)管理空间:服务台、办公室等;

(3)调理空间:备餐间、陈列展示区、水族馆等;

(4)公共空间:迎宾候餐区、休息区或房间、就餐区、洗手间、接待室和衣帽间等。

3. 中式宴会的桌次安排

中式宴会通常 8 ~ 12 人一桌，人数较多时也可以平均分成几桌。在宴会不止一桌时，要安排桌次。其具体原则是：

（1）以右为上。当餐桌分为左右时，以面门为据，居右之桌为上。

（2）以远为上。当餐桌距离餐厅正门有远近之分时，以距门远者为上。

（3）居中为上。多张餐桌并列时，以居于中央者为上。

（4）在桌次较多的情况下，上述排列往往交叉使用，居中为上或者以远为上。

（二）中餐厅的装饰与布置

中餐厅环境应创造优美、典雅、整齐、协调的艺术效果，以便给客人留下一个良好的第一印象，增加餐厅的形象吸引力，达到既增进客人食欲又满足其精神需要的目的，从而提高酒店经济效益。

（1）中餐厅桌面应使用鲜花，还应有盆栽或盆景以美化环境，但要求无枯枝败叶，修剪效果好。台面要有中国民族特色的摆台设计和用具。

（2）墙面应有一定的字画、条幅或其他墙饰（如木雕）等民间的、民族的艺术品，并达到正规、完整、无褪色剥落的维修保养要求。

（3）中餐厅家具。餐厅家具一般包括餐桌（方桌、圆桌等）、座椅、工作台、餐具柜、屏风、花架等，必须根据中餐厅所供菜点风味等设计配套并与餐厅整体环境相映成趣，形成较为协调的风格。中餐厅的家具造型应科学，尺寸比例应符合目标客源市场的人体构造特点，以增强客人的舒适感。

（三）中餐厅布置与装饰的原则

餐厅是为就餐客人服务的直接现场，和谐统一、美观雅致的内部环境会使酒店客人心情愉快、赏心悦目。餐饮经营者在布置餐厅环境时，必须考虑环境对就餐客人心理活动和就餐行为的影响。

（1）餐厅应布置得整齐和谐、井然有序、清洁明亮、图案淡雅、摆设新颖、挂幅别致。

（2）餐厅布置要坚持个性化与适应性相结合，民族化与现代化相结合，典雅化与气氛化相结合的原则。个性化是指餐厅的设计要突出本身的特点，在外观上直接反映出经营特色，以引起客人的注意。适应性是指餐厅不能过分追求新、洋、豪华的格局，既要反映风格特点又要使客人感到可以接触，而不是可望而不可即，以吸引和留住更多的客人。民族化是指要体现民族特点和风格，体现民族的爱好和风俗习惯。现代化是指餐厅的陈设和布局一定要从整体出发，不能错落零乱，力求古朴大方，雅观别致。

（3）餐厅布置应考虑到照明对不同客人的心理影响。如中国客人喜爱灯火辉煌，因为中国人就餐需要气氛热烈，且大家吃同样的菜肴，所以中餐厅的灯光应明亮一些。而西方客人喜爱柔和的灯光，因为他们认为就餐纯属私人行为，且各自点吃自己的食品，因此西餐厅的灯光应柔和并采用可调节开关，以便营造温馨的气氛。

（4）餐厅布置应考虑到色彩对客人用餐心理的影响。一般以红、黄为佳，蓝色为差。因为黄色可刺激人的食欲，也可使菜肴看起来非常新鲜，而蓝色则会使菜肴黯然失色。

（5）餐厅装饰物要与整个餐厅的氛围相协调。餐厅的四壁、地面、天花板，艺术陈设品进行装饰和摆设时，应把整洁、舒展、艺术、典雅诸多因素综合起来加以考虑，壁画、地毯、挂毯、挂幅要和经营特色协调一致。餐厅的字幅、挂图宜多体现中华民族悠久的文化传统。

同时,餐厅的外语挂幅、招贴、菜单、艺术品陈设也要充分考虑到各国客人的禁忌,所用词语要准确达意,以减少不必要的误会。

为使就餐客人有愉快、舒适的感受,餐饮经营者还必须保持餐厅内部环境的洁净、整齐。整洁的视觉形象能引起就餐客人的联想。卫生感带来舒适感,也带来安全感。餐厅对整洁的要求应是严格而且不遗余力的。

总之,餐厅内部环境的装饰布置要从适合客人的心理需要出发,利用美学的理论精心设计、构思,为客人创造一个美观雅致、柔和舒适,既刺激客人感观,又唤起客人食欲的富有特色的服务环境,形成一个令客人流连忘返的意境和格局。

(四)中餐厅的服务人员的仪表

着装:要整洁整齐,上班穿工作服,经常保持整齐干净,裤长合适,在上班前更换,衣袋内不装多余的物品,不可敞胸,服务卡在左胸前。不能将衣袖卷起,女服务员穿裙子,不可露出袜口,应穿肉色袜子。系领带时,要将衣服的下摆掖在裤子里。衬衣也要穿白色并保持整洁。领带扎正,脏了要洗,破了要换。鞋子穿黑色的皮鞋或布鞋,皮鞋擦油,保持光亮,布鞋保持干净、整洁。

仪容要求:亲切和蔼、端庄大方。指甲要经常修剪,不留长指甲,不涂指甲油,发式按酒店的规定要求,男士不留长发,发型不留过耳朵和后衣领,每天上班前刮脸修面,保持整洁。女服务员不留披肩发和怪异发型,头发要理整齐。每天早晚刷牙,鼻毛不出鼻孔。饭后漱口,勤洗澡防汗臭,上班不吃异味东西,不饮含酒精的饮料。保持良好的精神状态,面貌自然。

女服务员上班可以淡妆打扮,但不准戴手镯、手链、戒指、耳环及夸张的头饰,戴项链不外露。男女均不准戴有色眼镜和酒店规定以外的物品和装饰品。

行为准则:行为敏捷、动作优美、不卑不亢、训练有序,给宾客服务依据规格,按规定的程序有序进行,不能马虎和随心所欲。树立顾客至上的思想。

注意一定的礼仪,使宾客有宾至如归的感觉,服务人员要注意自己的仪表和行为举止,给人以端庄大方的感觉。

(五)中餐厅的背景音乐

一家上档次的餐厅,如要营造一种轻松舒服的氛围,甚至于给员工一个舒心的工作环境,除保障服务、卫生、菜品质量等外,少不了背景音乐的帮助。但往往大部分的餐厅对于背景音乐的管理的重视度都不够。

背景音乐选择如下:

(1)初上班选择轻快音乐,以调动工作人员的士气;

(2)营业中应选择节奏轻快的音乐,令人感到愉快;

(3)休息时间音乐以抒情、轻柔为主;

(4)营业开始时,可固定放同一首曲子,以起到提醒的作用;

(5)营业中忌放流行歌曲,最好以轻音乐为主,曲子在更换的同时,也应保留一优美的固定的曲子作为餐厅主曲,声音控制应适中,切忌时大时小并需由专人负责;

(6)餐厅所放背景音乐一定要符合和满足人的生理需求和饮食健康要求。

(六)中餐厅灯光

人们对餐厅灯具的选择,易犯的毛病多是只强调灯具的形式。应知道餐厅的照明方式是局部照明，主要为餐台上那盏灯，照在台面区域。宜选择下罩式的、多头型的、组合型的灯具；灯具形态与餐厅的整体装饰风格应一致；达到餐厅氛围所需的明亮、柔和、自然的照度要求；一般不适合采用朝上照的灯具，因为这与就餐时的视觉不吻合。中餐厅应使用与餐厅室内环境相协调的高级灯具，灯具造型要有一定特色，具有民族特色，例如宫灯、马灯等，以便能创造较为金壁辉煌、热烈兴奋的气氛。另外，餐厅应设置应急照明灯。

在上班族的生活中，餐厅使用主要在晚餐，灯光是营造气氛的主角。餐厅宜采用低色温的白炽灯、奶白灯泡或磨砂灯泡，漫射光，不刺眼，带有自然光感，比较亲切、柔和。日光灯色温高，光照之下，偏色，人的脸看上去显得苍白、发青，饭菜的色彩也都变样。照明也可以采用混合光源，即低色温灯和高色温灯结合起来用，混合照明的效果相当接近日光，而且光源不单调，可以选择。

餐厅的灯光当然不止一个局部，还要有相关的辅助灯光，起到烘托就餐环境的作用。使用这些辅助灯光有许多手段，如在餐厅家具（玻璃柜等）内设置照明；艺术品、装饰品的局部照明等。需要知道辅助灯光主要不是为了照明，而是为了以光影效果烘托环境，因此照度比餐台上的灯光要低，在突出主要光源的前提下，光影的安排要做到有次序，不紊乱。

总之，中餐厅应营造出怡人气氛，装饰布置与餐厅类型及所供菜点相适应。

六、中餐服务各岗位及其职责

餐前准备工作中所涉及的基层岗位主要有预订员、迎宾员、传菜员、值台员、库管员等。

（一）预订员的工作

1. 预订员岗位职责

（1）按规定着装，提前 10 min 到岗，清扫所辖卫生区卫生。

（2）工作期间一要站立，二要微笑，三要问候，接听电话使用服务用语。

（3）全面掌握本餐厅经营信息，了解当餐菜肴、酒水的价格变动情况。

（4）认真做好宴会预订登记，请客人留下联系电话，预订结束后向客人致谢，及时将预订信息通知相关岗位人员并做好变更有关工作。

（5）团体用餐前 15 min 需电话确认具体到达时间，并及时通知后厨以备起菜。

（6）本着节能降耗的原则，合理安排使用宴会厅。

2. 预订相关知识

（1）预订的方式：电话、面谈、传真、网络等。

（2）预订的内容：时间、单位和人员、联系人、规模与标准、宴会类型、付款方式、宴请事项及特殊要求、场地确定、菜肴酒水要求等。

（3）宴会预订的确认：

①暂时性预订：指预订员仅仅是填写完预订单而未得到所涉及的有关部门和主办单位的确认。

②确定性预订：指预订已经得到涉及部门和主办单位负责人的进一步确认。通常是由双方签订预订确认书或宴会合同书。大型宴会需交纳一定的宴会预订金，预订金一般为菜肴总额的 30% ~50%。

（4）预订的变更：双方应就预订变更相关事宜事先达成具体协议，如有违约按协议处理。

3. 预订服务程序及标准

主要预订方式是电话预订，如是大规模或重要宴会，通常还需进行当面商讨和确认。

4. 电话预订工作流程和服务标准

电话预订工作流程和服务标准见表2.17-1。

表2.17-1 电话预订工作流程和服务标准

工作流程	服务标准
问候客人	1. 电话铃响三声之内接听电话。 2. 向客人礼貌问好并准确报出餐厅名称。如您好，××餐厅，我是预订员小张。 3. 表示愿意为客人提供服务，如：有什么事情需要帮忙？或很高兴为您服务
了解需求	1. 对报出姓名的客人，服务员应称呼其姓名，以示对客人的尊重。 2. 仔细聆听客人的介绍，了解客人的身份、用餐日期及时间、宴请对象、人数、台数及其他要求。 3. 征得客人的同意后，为其安排相应的包房或餐台，并告知客人房号或台号
接受预订	1. 复述预订的内容并请客人确认。 2. 请客人留下电话、姓名。 3. 告知客人，预订餐位最后的保留时间。 4. 向客人致谢并道别
预订通知	1. 填写预订单。 2. 选好菜单的预订或大型宴会的预订，立即通知餐厅经理、厨师长、采购部门。 3. 预订标准或菜单的预订，只通知餐厅即可。 4. 对特殊要求的预订，要及时通知餐厅总领班和厨师长
预订记录汇总	将预订的详细内容记录在预订登记本上或录入电脑
预订变更处理	1. 接到客人变更通知，首先确认客人身份并对变更内容进行详细记录，并根据相关规定予以确认。 2. 把变更内容及时通知相关岗位人员

(二)迎宾员的工作

1. 迎宾员工作职责

(1)按规定着装，提前10 min到岗，做好所负责区域的卫生工作。

(2)了解当餐预订情况，及时与预订员沟通。

(3)为客人引座、选台，做好候餐客人的接待工作。

(4)认真做好送客工作。

(5)做好就餐客人相关信息的记录工作。

(6)积极参加培训，不断提高服务技能技巧，提高服务质量。

(7)及时完成上级交给的工作任务。

2. 迎宾员在餐中准备阶段的工作流程和服务标准

迎宾员在餐中准备阶段的工作流程和服务标准见表2.17-2。

表 2.17-2 迎宾员在餐中准备阶段的工作流程和服务标准

工作流程	服务标准
迎宾	客人来到餐厅时,应面带微笑,主动上前问好
引位	1. 如果客人已预订,应热情地引领客人入座。 2. 如果客人没有预订,则礼貌地询问客人意见,引领客人到满意的餐台。 3. 如餐位已满,在征询客人意见后,将客人安排在候餐区并告知客人需要等候的时间
拉椅让座	当迎宾员把客人带到餐桌旁时,值台员应主动向前问好并协助为客人拉椅让座
递送菜单	当客人入座后,打开菜单的第一页,将菜单递到客人手中

(三)传菜员的工作

1. 传菜员的岗位职责

(1)按规定着装,提前 10 min 到岗,做好备餐间及所辖公共区域的卫生清洁工作。

(2)听从领班布置的开餐任务及重要客人和宴会的传菜注意事项。

(3)按照本岗位工作程序与标准做好开餐前的准备工作。

(4)熟悉餐厅菜单,掌握当餐菜肴供应情况并通知相关人员。

(5)根据订单和传菜领班的布置,将菜迅速准确无误地传递到餐厅内,向服务员报出菜名及台号。

(6)传菜过程中检查菜的质量、温度及分量。做好厨房和餐厅内的沟通工作。

(7)协助值台员将撤下的餐具分类送回洗碗间洗涤。

(8)负责传菜用具的洗涤、归位、保养及酒具的消毒擦拭并做好记录。

(9)用餐结束后,关闭电源,做好收尾工作,与下一班做好交接工作。

(10)积极参加培训,不断提高服务技能技巧,提高服务质量。

(11)及时完成上级交给的工作任务。

2. 传菜员在餐前准备阶段的工作流程和服务标准

传菜员在餐前准备阶段的工作流程和服务标准见表 2.17-3。

表 2.17-3 传菜员在餐前准备阶段的工作流程和服务标准

工作流程	服务标准
清洁卫生	做好备餐间及所辖公共区域的卫生清洁工作
物品准备	1. 餐用具准备:根据宴会、零点情况备好足够的客用餐具、配餐用品,并按规定摆收,保持清洁。 2. 工作用品准备:备好托盘传菜用具、划单用具等
餐前会	参加餐前会,接受工作任务并按具体情况予以调整
信息准备	1. 熟悉餐厅菜单,掌握当餐菜肴供应情况。 2. 熟知餐厅领班当厨师长推荐菜和不能供应的菜
迎接客人	于开餐前 10 min,站立于规定位置,随时准备划单、传菜

3. 传菜员餐中服务工作流程及服务标准

传菜员餐中服务工作流程及服务标准见表2.17-4。

表2.17-4 传菜员餐中服务工作流程及服务标准

工作流程	服务标准
接单分类	1. 接到点菜单后,首先检查点菜单上的桌号、菜肴名称和有关事项,以防出错。 2. 点菜员留第三联,将第二联夹上台号交厨房,按厨房分工对菜单进行分类,分送不同的加工间
配料准备	菜肴如有配料、调料,要提前准备好
核菜划单	1. 根据点菜单核对桌号和菜肴名称,避免出错。 2. 把好菜肴质量关,做到"五不敢":数量不足不取,汤汁温度不适不取,颜色不正不取,调料、配料不全不取,器皿不洁、破损、不符合规格不取。 3. 出菜后传菜员核对划单,将做好的菜肴准确无误地送至餐厅
传菜	1. 做好菜肴的保温,按照规定路线及时准确地将菜肴传到餐厅指定位置,传菜时应做到传送平衡、汤汁不洒、及时到位,不拖不压。 2. 把菜肴放在工作台上,告知值台员,不得自己动手上菜
收盘	协助服务员将撤下的空盘、杯等撤回洗碗间
信息传递	及时将餐厅客人的进餐情况反映到厨房,保持餐厅与厨房的沟通

(四)中餐厅值台员的工作

1. 中餐厅值台员的岗位职责

(1)按规定着装,提前10 min到岗,做好所负责区域的卫生工作,保证提供优雅干净的卫生环境。

(2)服从领班安排,按照工作程序与标准做好各项开餐准备工作。

(3)掌握当餐菜肴、酒水及客人情况。

(4)按服务程序及标准为客人提供就餐服务。

(5)帮助客人解决就餐过程中的各类问题,必要时将客人的问题和投诉反映给领班。

(6)当班结束后,与下一班做好交接工作和收尾工作。

(7)注重餐中信息收集并及时向餐厅领班汇报。

(8)积极参加培训,不断提高服务技能技巧,提高服务质量。

(9)及时完成上级交给的工作任务。

2. 值台员在餐前准备阶段的工作流程和服务标准

值台员在餐前准备阶段的工作流程和服务标准见表2.17-5。

表2.17-5 值台员在餐前准备阶段的工作流程和服务标准

工作流程	服务标准
清洁卫生	做好所辖区域的卫生清洁工作及设备检查工作
物品准备	1. 餐用具准备:根据宴会、零点情况备好足够的餐用具并按规定摆放,保持清洁。 2. 服务用品准备:准备托盘、保温瓶、菜单、酒单、调味用具、点菜单、笔、开瓶器、打火机等服务所需用具
摆台	按照餐别及相关标准摆台(如是宴会,在开始前约15 min摆上冷盘)

续表 2.17-5

工作流程	服务标准
餐前会	参加餐前会,接受工作任务并按具体情况予以调整
信息准备	1. 熟悉餐厅菜单、酒单,掌握当餐菜肴及酒水供应情况。 2. 了解客人信息,做到“八知”“三了解”。“八知”即知台数、人数、宴会标准、开餐时间、菜式品种及出菜顺序、单位或房号、收费办法、邀请对象。“三了解”即了解客人风俗习惯、生活忌讳、特殊需要。如果是外宾,还应了解国籍、宗教、信仰、禁忌和口味特点
自查	检查自己的仪容仪表,巡视所辖区域,检查有无漏项及不合标准之处,及时纠正
迎接客人	于开餐前 10 min,站立于规定位置,随时准备迎接客人

3. 值台员餐中服务工作流程及服务标准

值台员餐中服务工作流程及服务标准见表 2.17-6。

表 2.17-6　值台员餐中服务工作流程及服务标准

工作流程	服务标准
热情迎宾	客人到达时,热情迎宾,礼貌问好
引客入座	协助迎宾员接挂衣帽,引客入座,重要客人的衣帽要凭记忆准确服务
开茶服务	客人入座,斟倒茶水,递送香巾,按照先宾后主的顺序进行。服务员从主宾开始,在客人右侧顺时针依次将客人的餐巾花撤下,将餐巾的一角压在骨碟下,同时为客人抽去筷套
点菜	1. 点菜:服务员自然站立于宾客身后 50 cm 处,客人点一道菜服务员复述一遍记入相应的位置,全部菜品点完后,向客人复述一遍菜名及要求,以便得到客人认可。 2. 点酒:客人点完菜肴主动递上酒单,询问客人需要什么酒水并主动推荐
开单下单	1. 填写菜单、酒单,字迹要工整、清楚、符合规定,注明台号、日期、人数等,点菜单通常一式四联,酒水单一式三联。 2. 值台员在为客人点菜后,经收银员在点菜单上签字盖章后(留一联),随即将点菜单的二、三联送至日传菜部,传菜部留第三联,将第二联夹上台号夹交厨房,主厨按照点菜单的顺序控制出菜速度、节奏和质量
斟酒服务	1. 按客人所点酒水具体情况领用酒水。 2. 事先征求客人的意见,当着客人的面打开;注意不要弄错客人的酒水;注意随时添加酒水;宾主讲话前,观察客人的酒杯是否已斟满
上菜服务	1. 严格按照上菜服务程序进行,菜肴趁热上,注意与其他服务员协调好,掌握好上菜速度。 2. 根据具体情况为客人分让菜肴
撤换客用餐具	1. 及时更换餐具、酒具、用具。把干净的餐具放在托盘的一侧,左手托盘,右手为客人撤换餐具,从主宾位开始,先把用过的餐具撤下放在托盘的另一边,然后为客人换上干净的餐具,依顺时针方向依次进行。 2. 在撤换的时候应注意,用过的餐具和干净的餐具要注意分开,防止交叉感染

续表 2.17-6

工作流程	服务标准
撤换菜盘	1. 在中餐宴会中一定要注意保持餐桌清洁，客人就餐时，服务员要注意观察餐桌，每当客人用完一道菜，服务员应将空盘撤下，如遇高档宴会，一般上新菜时就要撤旧菜，撤菜盘时使用托盘，站在上菜的位置，左手托盘，右手撤菜盘，不能将托盘放在餐台上收餐具。 2. 注意动作要轻而稳，防止餐具出现碰撞声，更要防止菜汁洒在客人身上
撤换烟缸	1. 在客人的烟灰缸中有两个烟头或有明显的杂物时，就要给客人撤换。 2. 撤换时，应用托盘托上干净的烟缸，用右手的拇指和中指捏紧一个干净的烟灰缸的外部，从客人的右侧将干净的烟灰缸覆盖在已用过的脏烟缸上。 3. 将两只烟缸同时移入托盘，然后将干净的烟缸放回餐桌，可以避免烟灰飞扬污染菜点和落到客人身上
斟茶及特殊菜服务	随时为客人续斟茶水；特殊菜要跟上洗手盅和香巾

（五）库管员的工作

1. 库管员工作职责

（1）按规定着装，提前 10 min 到岗，做好所负责区域的卫生及仓储条件控制工作。

（2）负责餐厅酒水及所需物品的领取、发放及统计核对工作。

（3）负责提供当餐的酒水情况，并做好餐后酒水销售统计工作。

（4）做好每月领用物品的汇总统计及盘点工作。

（5）控制仓库物品的储备，杜绝短缺、积压、过期。

（6）积极参加培训，不断提高服务技能技巧，提高服务质量。

（7）及时完成上级交给的工作任务。

2. 库管员在餐前准备阶段的工作流程和服务标准

库管员在餐前准备阶段的工作流程和服务标准见表 2.17-7。

表 2.17-7　库管员在餐前准备阶段的工作流程和服务标准

工作流程	服务标准
清洁卫生	做好所辖区域的卫生清洁工作及设备检查工作，保持科学的仓储条件
物品准备	1. 检查清点库存物品，根据规定要求领用所需物品。 2. 准备记号笔、胶带、表格等工作用品
餐前会	参加餐前会，提供当餐的烟酒供应情况
物品发放	根据客情及有关规定向值台员发放酒水、低值易耗品、布草等

七、中餐服务程序

（一）餐前准备

（1）按餐厅卫生标准做好卫生工作。

（2）备齐用餐物品。

（3）按中餐零点标准摆台。

（4）备好各种服务用具。

(5)召开班前会。

(6)检查员工仪表仪容。

酒店大厅布置见图 2.17-1。

图 2.17-1　酒店大厅布置

(二)迎宾领座

1. 迎宾服务

(1)开餐前 5 min,迎宾员和服务员各自站在指定的位置上恭候客人的到来。

(2)客人来临时,迎宾员主动迎上前去跟客人打招呼。

(3)了解客人是否有预订。

(4)协助客人接拿衣帽并予以妥善保管。

2. 领座服务

(1)迎宾员左手拿菜单或把菜单夹于左手内侧,右手为客人示意并说“请这边来”。

(2)与客人保持 1 m 左右的距离,步速与客人保持一致,在楼梯口或拐弯处应稍作停留并提醒客人注意。

(3)将客人领至餐桌前,然后轻声征询客人的意见。

(4)帮助客人拉椅让座。

(5)待所有的客人入座后,迎宾员打开菜单第一页,站在客人右侧双手递呈并说:“先生/女士,这是我们的菜单。”

(6)向客人介绍值台员并祝客人用餐愉快。

3. 迎宾服务注意事项

(1)工作量均匀分布。

(2)遵循女士优先、儿童老人优先的原则,并备好儿童座椅。

(3)迎宾员应掌握餐厅座位的使用情况。

(4)对不同特点的客人安排不同的餐台。

(5)安排餐台时,应尽量让客人靠窗、靠门口落座。

(6)餐厅满座时,要做好候餐客人的接待。

(三)餐前服务

(1)迎宾员为客人递呈菜单后,值台服务员应及时为客人递送第一道香巾。

(2)值台服务员在征询客人需喝什么茶时,应介绍本餐厅的茶叶品种。

(3)茶上来后,服务员站在客人的右侧为客人斟茶。

(4)问清客人需要的调料,服务员从主宾开始,站在客人的右侧斟倒调料,一般以倒至味碟的 1/3 或 1/2 时为宜。

(5)服务员应视客人人数的多少进行餐位的增减,在增减餐位时均要使用托盘。

(6)服务员要做好点菜准备,事先填好点菜单、台号、人数、餐别、工号等项目,留心观察客人的举动。

(四)点菜服务

(1)客人看完菜单或示意点菜时,服务员应立即上前询问:"先生,女士,请问可以点菜了吗?"。

(2)服务员介绍菜肴时,应根据客人的喜好及餐厅特色有针对性地介绍菜肴,并注意语言技巧和客人的饮食禁忌。

(3)点菜时,服务员应站在客人的左侧,如果客人各自点菜,应从主宾开始,按逆时针方向依次接受点菜。

(4)点菜方法。

①如果客人使用菜单点菜,服务员应在点菜单上写清日期、台号、进餐人数、开餐时间、服务员姓名,认真记录客人所点的菜肴。

②使用计算机点菜时,服务员先将点菜的分量、品种、价格、总金额输入计算机,打印后交给客人,并通过荧屏显示通知厨房。

③客人点完菜之后,服务员应向客人复述一遍所点菜肴以得到客人的确认,然后向客人道谢。

④菜单确认后,服务员还应主动征询客人需要什么酒水饮料。

(5)点菜注意事项如下:

①点菜时,服务员应把冷热菜分开填写。

②注意客人对点菜的特殊要求。

③点菜单一般一式三份或四份,一份交收银台,一份交厨房,一份交传菜员划单用,一份做存根备查。

④酒水单一式两份,一份交吧台,另一份交收银员。

⑤服务员介绍菜单时,要做好客人的参谋。

⑥服务员帮助客人点菜时,要主动了解客人的饮食习惯和口味要求,同时了解客人的饮食需求。

(五)划单技巧

应掌握一定的划单技巧。

(六)上菜服务

(1)菜单刚下,不需要通知备餐,客人上坐后询问主人是否上菜,若上菜,打电话到备餐处通知上菜,并把上菜时间写到饭市卡上清楚是几点几分叫的菜。

(2)上菜前,如果有点刀叉的菜肴(鲍鱼、辽参等),没上之前先把刀叉上到客人餐位上(左叉右刀)。

(3)菜到要检查菜品有无疑问,确认无疑后才能上桌,如有问题菜肴,及时退回备餐处。

(4)上菜前,先将上菜位置腾出,上菜过程中不能推、拉、压盘子。

(5)上菜位置在陪同右边靠备餐间门口处,不允许在老人与小孩的位置上上菜,严禁从主人和主宾之间上菜。

(6)上菜用双手操作,并用"对不起""打扰一下""上一下菜"提醒客人的注意。

(7)跟调料的菜要先上调料后上菜,调料摆在菜盘的右下方。

(8)将菜摆到转盘上(放菜时,动作要轻)并顺时针转动转盘,将所上的菜转至主宾面前，退后一步打手势报菜名“××菜，请品尝”。

(9)上招牌菜和特色菜时，看情况对菜品给予适当的介绍，菜盘离转盘边距离1.5 cm，上第一道菜可以帮客人开菜，帮主宾和主人分，上每一道菜都要转到主宾面前以示尊重。

(10)上贵价菜(鱼之类)，不忙的情况下，征询客人意见是否可以分或去骨。

(11)在上菜过程中，如有新菜需上而转盘无空间时，应巡视台面情况：先撤冷菜，菜剩得较少时，征询客人意见(换小盘、合盘、撤盘)。

(12)汤、羹类要放汤勺，必要时给客人分，上带壳或手抓菜肴先跟上洗手盅并说明用途再上菜，上菜过程中要注意菜的搭配(颜色、荤素、菜盘形状)。

(13)同一款菜肴不能放在同一位置(海鲜之类等)，有头有尾的菜要左头右尾摆放，圆盘头要对着客人，随时撤去空菜盘，保持台面清洁、美观，撤有调料的菜盘时调料一起撤掉。

(14)某道菜迟迟未上，应及时通知备餐，并向客人表示歉意。

(15)菜上齐后，应礼貌地对客人说“您的菜已经上齐了，请慢用”，客人点了点心或主食要记得及时叫起，没点的话可以提醒客人是否需要加。

(七)巡台服务

(1)及时添加酒水，推销饮料。

(2)烟灰缸内有两个以上烟头或有其他杂物时马上撤换。

(3)替客人换菜碟，清理台面，保持台面清洁美观。

(4)撤去客人不用的除玻璃杯外的所有餐具。

(5)刚上了需用手抓或剥壳的菜肴时，应上洗手盅。

(6)客人停筷后，服务员要主动询问是否需要水果、甜品，并询问客人是否需要将剩下的菜肴打包带走。

(八)结账服务

(1)客人就餐完毕，服务员要及时递上香巾，客人示意结账时，服务员要清点菜单、酒单等，准备为客人结账。

(2)按餐厅规范为客人提供结账服务。

(九)送客服务

(1)当客人离开时，服务员应主动上前拉椅送客。

(2)服务员应礼貌地提醒客人不要忘记所带物品。

(3)当客人要求打包时，服务员应及时提供打包服务。

(4)客人离开餐厅时，迎宾员要将客人送出餐厅。

(十)餐后结束工作

(1)客人离开后，服务员要马上再检查客人是否有物品遗留，如有要及时送还客人或交经理处理。

(2)按规定的要求收2～24台，重新摆台，准备迎接下一批客人的到来。

中餐服务程序见图2.17-2。

【任务实施】

步骤一　情景引入(布置任务，分组)

模拟餐饮部班例会，教师作为经理宣布预订计划、接待规格及特殊要求的处理，学生进

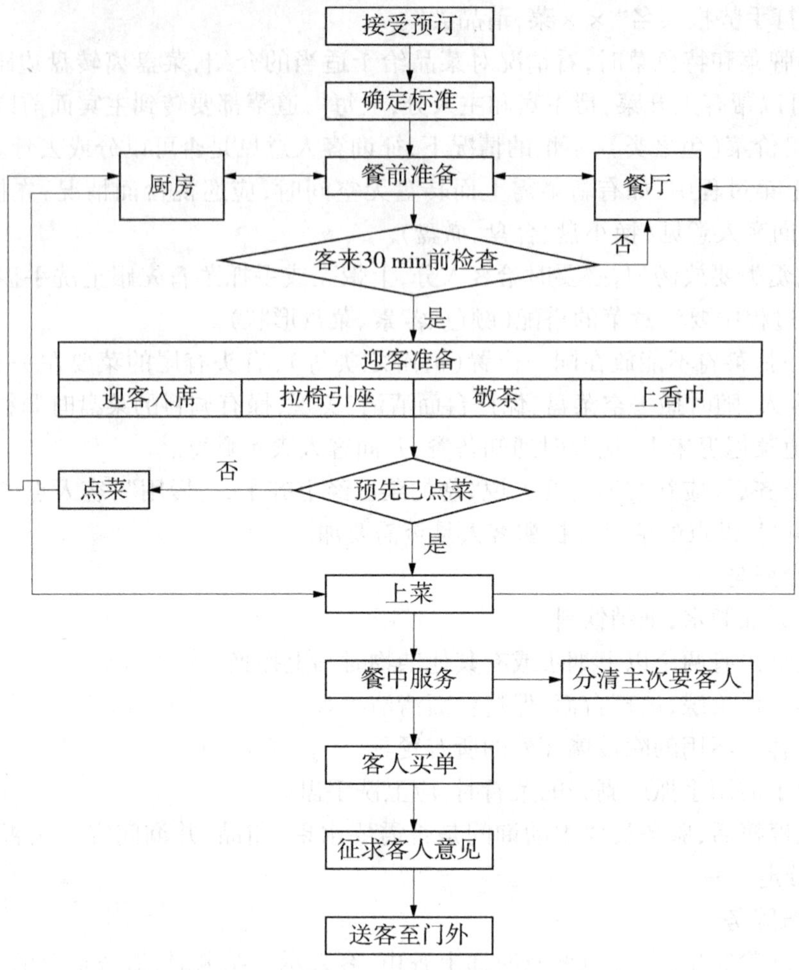

图 2.17-2　中餐服务程序

行模拟。

步骤二　工作任务实施

班级同学自愿组成小组，每组 4～5 人，分别扮演就餐客人与服务人员，要求服务人员能够按照中餐服务程序对客人进行中餐服务，并且尽量满足客人提出的其他个性化服务。

步骤三　成果展示及评定反馈

每个工作小组展示任务的完成过程中，教师作为餐饮部经理进行考核，依据中餐服务程序考核，分数高者成为该岗位的合格员工。

【学习考核与评价】

1. 教师评价。从中找出优缺点、不足和错误，指出努力方向，进行评分，奖励优秀的小组及个人。进一步掌握正确的工作过程与方法，提高自我监控能力和评价能力。

(1)评分要求：按百分制计分。考查接受客人用餐服务的整个过程后评分，每错 1 处扣 5 分。

(2)测试方法：10 人为一组，其中 8 人为客人，2 人为值台员，角色转换进行测试。

中餐服务评价见表 2.17-8。

表 2.17-8　中餐服务评价(满分 100 分)

项目	配分	得分	备注
餐前准备	10		
问位开茶	10		
开餐服务	50		
结账收款	10		
送客服务	10		
清理台面	10		

2. 各小组整理教材、教学参考资料,引导学生建立本学习领域的学习档案,训练学生的工作能力。

【任务小结】

本任务主要介绍了中餐的服务程序及操作要领,这些知识对于学生将来的实习和就业发挥着重要的作用。

【思考题】

1. 转台分菜法的要领是什么?
2. 中餐与西餐的区别是什么?

【案例】

一碗豆面引出的话题

有 10 位客人来到餐厅就餐,在进餐即将进入尾声时,客人点了主食,每人一碗豆面。服务员将豆面送到每位客人面前后,客人们并未立即食用,而是继续交谈着。大约 10 min 后,有的客人开始吃面,其中一位客人刚吃了一口,便放下筷子,面带不悦地对服务员说:"这豆面怎么这么难吃,还都粘到一起。你知道吗?这顿饭对我来说是很重要的。"服务员连忙解释说:"先生,我们都是现点现做,一般的面条在做出几分钟后就会粘到一起,而豆面的黏性比其他面的黏性大。如果做出来不马上吃的话,必然会影响到面条的口味和口感。我们通知厨房再给每位客人做一碗面好吗?"客人说:"不用了,再做一碗豆面也不能挽回我的损失!"此时恰逢餐厅经理走了过来,服务员当即向她汇报了情况。餐厅经理让领班为客人送上水果并对客人说:"对不起,先生。由于我们未能及时向您及您的客人介绍豆面的特性,没有让您很圆满地结束用餐。您如果对今天的服务感到不满意的话,我将代表酒店向您及您的客人赔礼道歉。"客人说:"服务态度没问题,不过我希望服务员在上菜时能给我们介绍一下。"

点评:

经了解,这位客人是请生意伙伴在饭桌上谈生意的,因生意未谈成,所以心情不好。再加之豆面的"不可口",更增添了客人的不快。服务员在上豆面时,如果能够向客人介绍豆面黏性大的特性,并提醒客人要立即吃才会有好口味,那么客人的不快是应该且能够避免的。服务员在对客人服务的过程中,应把工作做得细致些,不可有半点马虎。

项目十八　西餐服务

【项目描述】

对于高星级的酒店而言，西餐厅是必不可少的一个部分。我们通常所说的西餐不仅包括西欧国家的饮食菜肴，同时还包括东欧各国，也包括美洲、大洋洲、中东、中亚、南亚次大陆以及非洲等国的饮食。本项目主要介绍西餐特点、服务方式及服务等相关知识。

【项目目标】

能力目标：

1. 能够准时到岗，接受部长的任务分配。
2. 能够负责开餐前的准备工作，按照规格要求布置餐厅和餐桌、摆台及补充各种物品。
3. 能够按照餐厅规定的服务标准和程序做好对客服务工作。
4. 能够主动征询客人对菜肴和服务的意见，接受客人的投诉，并及时向餐厅部长汇报。
5. 能够负责餐厅环境、家具、台面、地面的整洁和清洁卫生工作。
6. 能够积极参加餐厅组织的各种培训活动，不断提高服务技能、技巧。
7. 能够完成上级布置的其他各项工作。

知识目标：

1. 了解西餐厅经营特点和服务方式。
2. 熟知西餐服务环节。
3. 熟知开餐服务环节。
4. 熟知就餐服务环节。
5. 熟知餐后服务环节。
6. 了解西餐宴会服务环节。

素质目标：

1. 工作主动、热情、认真，责任心较强。
2. 掌握餐厅的服务规程，了解餐厅各种菜肴的基本特点和简单的烹制方法。
3. 有熟练的服务技能技巧和一定的应变能力，能妥善处理服务中出现的一般性问题。
4. 掌握一门外语，经过餐饮服务培训，有一定的日常普通话会话能力。
5. 身体健康，仪表端庄，遵守餐厅的各种规章制度。

工作任务　西餐的服务

【任务分析】

西餐服务根据行业专家对西餐厅服务所涵盖岗位群的任务和职业能力的分析，以任务引领、实践为导向，依据学生的认知规律，按西餐服务工作项目的标准要求和操作程序设计教学活动内容，使学生在技能的训练中加深对专业知识和技能的理解与应用。

【任务布置】

通过 DVD 光盘及教师的讲解,学生熟悉西餐菜特点,了解西餐厅特色,掌握西餐厅服务程序。及时了解客人需求,模拟在客人就餐时及时为客人提供服务。

【相关知识】

一、西餐特点

第一,西餐极重视各类营养成分的搭配组合,充分考虑人体对各种营养(糖类、脂肪、蛋白质、维生素)和热量的需求来安排菜或加工烹调。

第二,选料精细,用料广泛。西餐烹饪在选料时十分精细、考究,而且选料十分广泛。如美国菜常用水果制作菜肴或饭点,咸里带甜;意大利菜则会将各类面食制作成菜肴,各种面片、面条、面花都能制成美味的席上佳肴;而法国菜,选料更为广泛,诸如蜗牛、洋百合、椰树芯等均可入菜,见图 2.18-1。

第三,讲究调味,注重色泽。西餐烹调的调味品大多不同于中餐,如酸奶油、桂叶、柠檬等都是常用的调味品。法国菜还注重用酒调味,在烹调时普遍用酒,不同菜肴用不同的酒做调料;德国菜则多以啤酒调味,在色泽的搭配上则讲究对比、明快,因而色泽鲜艳,能刺激食欲,见图 2.18-2。

图 2.18-1　经典西餐(1)

图 2.18-2　经典西餐(2)

第四,工艺严谨,器皿讲究。西餐的烹调方法很多,常用的有煎、烩、烤、焖等十几种,而且十分注重工艺流程,讲究科学化、程序化,工序严谨。烹调的炊具与餐具均有不同于中餐的特点。特别是餐具,除瓷制品外,水晶、玻璃及各类金属制餐具占很大的比重。

二、主要国家菜肴特点

(一)英式菜肴

英式西餐的特点是简洁与礼仪并重。

英国的饮食烹饪,有家庭美肴之称。英式菜肴的特点是:油少、清淡,调味时较少用酒,调味品大都放在餐台上由客人自己选用。烹调讲究鲜嫩、口味清淡,选料注重海鲜及各式蔬菜,菜量要求少而精。英式菜肴的烹调方法多以蒸、煮、烧、熏见长。

英式菜肴的名菜有鸡丁沙拉、烤大虾苏夫力、薯烩羊肉、烤羊马鞍、冬至布丁、明治排等。

(二)美国菜肴

美式菜肴的特点是营养快捷。

美国菜是在英国菜的基础上发展起来的,继承了英式菜简单、清淡的特点,口味咸中带甜。美国人一般对辣味不感兴趣,喜欢铁扒类的菜肴,常用水果作为配料与菜肴一起烹制,如菠萝焗火腿、菜果烤鸭。喜欢吃各种新鲜蔬菜和各式水果。美国人对饮食要求并不高,只要营养、快捷。

美式菜肴的名菜有烤火鸡、橘子烧野鸭、美式牛扒、苹果沙拉、糖酱煎饼等。

(三)法式菜肴

法式大餐是西菜之首。

法国人一向以善于吃并精于吃而闻名,法式大餐至今仍名列世界西菜之首。

法式菜肴的特点是:选料广泛(如蜗牛、鹅肝都是法式菜肴中的美味),加工精细,烹调考究,滋味有浓有淡,花色品种多;法式菜还比较讲究吃半熟或生食,如牛排、羊腿以半熟鲜嫩为特点,海味的蚝也可生吃,烧野鸭一般六成熟即可食用等;法式菜肴重视调味,调味品种类多样。用酒来调味,什么样的菜选用什么酒都有严格的规定,如清汤用葡萄酒,海味品用白兰地酒,甜品用各式甜酒或白兰地等;法国菜和奶酪,品种多样。法国人十分喜爱吃奶酪、水果和各种新鲜蔬菜。

法式菜肴的名菜有马赛鱼羹、鹅肝排、巴黎龙虾、红酒山鸡、沙福罗鸡、鸡肝牛排等。

(四)俄式菜肴

俄式菜肴是西菜经典。

沙皇俄国时代的上层人,非常崇拜法国,贵族不仅以讲法语为荣,而且饮食和烹饪技术也主要学习法国。但经过多年的演变,特别是苏联,食物讲究热量高的品种,逐渐形成了自己的烹调特色。苏联人喜食热食,爱吃鱼肉、肉末、鸡蛋和蔬菜制成的小包子和肉饼等,各式小吃颇有盛名。

俄式菜肴口味较重,喜欢用油,制作方法较为简单。口味以酸、甜、辣、咸为主,酸黄瓜、酸白菜往往是酒店或家庭餐桌上的必备食品。烹调方法以烤、熏腌为特色。俄式菜肴在西餐中影响较大,一些地处寒带的北欧国家和中欧南斯拉夫民族的人们日常生活习惯与俄罗斯人相似,大多喜欢腌制的各种鱼肉、熏肉、香肠、火膳及酸菜、酸黄瓜等。

(五)意大利菜肴

意式大餐是西菜始祖。

在罗马帝国时代,意大利曾是欧洲的政治、经济、文化中心,虽然后来意大利落后了,但就西餐烹饪来讲,意大利却是始祖,可以与法国、英国媲美。

意式菜肴的特点是原汁原味,以味浓著称。烹调注重炸、熏等,以炒、煎、炸、烩等方法见长。

意大利人喜爱面食,做法、吃法甚多。其制作面条有独到之处,各种形状、颜色、味道的面条至少有几十种,如字母形、贝壳形、实心面条、通心面条等。意大利人还喜食意式馄饨、意式饺子等。

意式菜肴的名菜有通心粉素菜汤、馄饨、奶酪通心粉、肉末通心粉、比萨饼等。

(六)德国菜肴

德式菜肴的主要特点是啤酒、自助。

德国人对饮食并不讲究,喜吃水果、奶酪、香肠、酸菜、土豆等,不求浮华只求实惠营养,德国人首先发明了自助快餐。德国人喜喝啤酒,每年的慕尼黑啤酒节大约要消耗掉100

万 L啤酒。

三、西餐用具

(一)服务用具

西餐服务用具包括:①长柄汤勺;②服务用鱼叉、鱼刀;③切割叉和切割刀;④糖夹;⑤蜗牛夹;⑥冰夹;⑦蛋糕托;⑧糕饼夹;⑨通心面夹;⑩冰激凌匙;⑪龙虾钳;⑫龙虾叉;⑬奶酪刀;⑭蜗牛叉;⑮色拉服务叉;⑯色拉服务匙;⑰蛋糕刀;⑱蔬菜斗,又称沙司斗;⑲坚果捏碎器;⑳橘子模;㉑盅。

此外,还有一些形状比较大的服务用具,如方暖锅、椭圆形暖锅、大汤锅、食物盆、酒篮和面包篮等。

(二)客用餐具

1. 餐刀

餐刀主要包括:①鱼刀与鱼叉;②正餐刀和主餐叉;③黄油刀;④甜品刀。

2. 匙

匙主要包括:①冰激凌匙;②汤匙;③汁匙;④咖啡匙;⑤茶匙;⑥甜品匙。

3. 餐叉

餐叉主要包括:①海鲜叉;②鱼叉;③正餐叉;④龙虾叉;⑤蜗牛叉;⑥生蚝叉;⑦点心叉;⑧甜品叉。

(三)餐桌服务用品

餐桌服务用品主要包括:①洗手盅;②芥末盅;③胡椒瓶;④盐瓶;⑤胡椒瓶;⑥带盖的黄油碟;⑦酒瓶垫;⑧油醋架。

四、西餐服务的一般程序

(1)迎宾、引座。

引领座位的原则有以下几点:

①女宾的座位应安排在视野良好、面朝餐厅中央处,切勿让女宾面壁而坐。

②如果餐厅不是很拥挤,应征求客人的意见安排座位。

③如果客人是亲人或新婚夫妇,应该安排在只有两个座位的角落餐桌。

④男子或女子单独用餐,一般不喜欢中间的餐桌,应该领他们到旁边的小餐桌。

⑤对带着孩子的客人,应把他们安排在孩子的声音影响不到其他客人的餐桌边。

(2)鸡尾酒、餐前小吃。

(3)递送菜单,接受点菜。

(4)递送酒单,接受点酒。

(5)开胃菜。

(6)汤类。

(7)色拉。

(8)主菜。

(9)水果与奶酪。

(10)甜点。

(11)餐后饮料。

(12)香烟。

(13)结账送客。

五、西餐服务方式

西餐服务经过多年的发展,各国和各地区都形成了自己的特色。西餐的服务常采用的方法有法式服务、俄式服务、美式服务、英式服务、综合式服务及自助式服务等。

(一)法式服务

1. 法式服务的特点

传统的法式服务在西餐服务中是最豪华、最细致和最周密的服务。通常法式服务用于法国餐厅,即扒房。法国餐厅装饰豪华和高雅,以欧洲宫殿式为特色,餐具常采用高质量的瓷器和银器,酒具常采用水晶杯。通常采用手推车或旁桌现场为顾客加热和调味菜肴及切割菜肴等服务。在法式服务中,服务台的准备工作很重要。通常在营业前做好服务台的一切准备工作。法式服务注重服务程序和礼节礼貌,注重服务表演,注重吸引客人的注意力,服务周到,每位顾客都能得到充分的照顾。但是,法式服务节奏缓慢,需要较多的人力,用餐费用高,餐厅利用率和餐位周转率都比较低。

2. 法式服务的方法

1)法式服务的摆台

法式服务的餐桌上先铺上海绵桌垫,再铺上桌布,这样可以防止桌布与餐桌间的滑动,也可以减少餐具与餐桌之间的碰撞声。摆装饰盘,装饰盘常采用高级的瓷器或银器等。将装饰盘的中线对准餐椅的中线,装饰盘距离餐桌边缘 1 ~ 2 cm。装饰盘的上面放餐巾。装饰盘的左边放餐叉,餐叉的左边放面包盘,面包盘上放黄油刀。装饰盘的右边放餐刀,刀刃朝向左方。餐刀的右边常放一个汤匙。餐刀的上方放各种酒杯和水杯。装饰盘的上方摆甜品的刀和匙。

2)传统的二人合作式的服务

传统的法式服务是一种最周到的服务方式,由两名服务员共同为一桌客人服务。其中一名为经验丰富的正服务员,另一名是助理服务员,也可称为服务员助手。服务员请顾客入座,接受顾客点菜,为顾客斟酒、上饮料,在顾客面前烹制菜肴,为菜肴调味,分割菜肴、装盘、递送账单等。帮助客人现场烹调,把装好菜肴的餐盘送到客人面前,撤餐具和收拾餐台等。在法式服务中,服务员在客人面前进行一些简单的菜肴烹制表演或切割菜肴和装盘服务,而她的助手用右手从右侧送上每一道菜。通常面包、黄油和配菜从客人左侧送上,因为它们不属于一道单独的菜肴;从客人右侧用右手斟酒或上饮料,从客人右侧撤出空盘。

3)上汤服务

当客人点汤后,助理服务员将汤以银盆端进餐厅,然后把汤置于熟调炉上加热和调味,其加工的汤一定要比客人需要量多些,方便服务。当助理服务员把热汤端给客人时,应将汤盘置于垫盘的上方,并使用一条叠成正方形的餐巾,这条餐巾能使服务员端盘时不烫手,同时可以避免服务员把大拇指压在垫盘的上面,汤由正服务员从银盆用大汤匙将汤装入顾客的汤盘后,再由助理服务员用右手从客人右侧服务。

4)主菜服务

主菜的服务与汤的服务大致相同,正服务员将现场烹调的菜肴,分别盛入每一位客人的主菜盘内,然后由助理服务员端给客人。如服务员为顾客服务牛排时,助理服务员从厨房端出烹调半熟的牛肉、马铃薯及蔬菜等,由正服务员在客人面前调配作料,把牛肉再加热烹调,然后切分并将菜肴放在餐盘中。正服务员这时应注意客人的表情,看他要多大的牛排。同时,应该配上沙拉,服务员应当用左手从客人左侧将沙拉放在餐桌上。

(二)俄式服务

1.俄式服务的特点

俄式服务是西餐普遍采用的一种服务方法。俄式服务的餐桌摆台与法式的餐桌摆台几乎相同。但是,它的服务方法却不同于法式的。俄式服务讲究优美文雅的风度,将装有整齐和美观菜肴的大浅盘端给所有顾客过目,让顾客欣赏厨师的装饰和手艺,并且也刺激了顾客的食欲。俄式服务,每一个餐桌只需要一个服务员,服务的方式简单快速,服务时不需要较大的空间。因此,它的效率和餐厅空间的利用率都比较高。由于俄式服务使用了大量的银器,并且服务员将菜肴分给每一个顾客,使每一位顾客都能得到尊重和较周到的服务,因此增添了餐厅的气氛。由于俄式服务是在大浅盘里分菜,因此可以将剩下的,没分完的菜肴送回厨房,从而减少不必要的浪费。俄式服务的银器投资很大,如果使用和保管不当会影响餐厅的经济效益。在俄式服务中,最大的问题是最后分到菜肴的顾客,看到大银盘中的菜肴所剩无几,感觉不太好。

2.俄式服务的方法

1)分发餐盘

服务员先用右手从客人右侧送上相应的空盘,有开胃菜盘、主菜盘、甜菜盘等。注意冷菜上冷盘,即未加热的餐盘,热菜上热盘,即加过温的餐盘,以便保持食物的温度。上空盘依照顺时针方向操作。

2)运送菜肴

菜肴在厨房全部制熟,每桌的每一道菜肴放在一个大浅盘中,然后服务员从厨房中将装好的菜肴大银盘用肩上托的方法送到顾客餐桌旁,热菜要盖上盖子。服务员应站立于客人餐桌旁。

3)分发菜肴

服务员用左手以胸前托盘的方法,用右手操作服务叉和服务匙从客人的左侧分菜。分菜时,以逆时针方向进行。斟酒、斟饮料和撤盘都在客人右侧。

(三)美式服务

1.美式服务的特点

美式服务是简单和快捷的餐饮服务方式,一名服务员可以看数张餐台。美式服务简单,速度快,餐具和人工成本都比较低,空间利用率及餐位周转率都比较高。美式服务是西餐零点和西餐宴会理想的服务方式,广泛用于咖啡厅和西餐宴会厅。

(1)美式服务的餐桌上先铺上海绵桌垫,再铺上桌布,这样可以防止桌布与餐桌之间的滑动,也可以减少餐具与餐桌之间的碰撞声。桌布的四周至少要垂下30 cm。但是台布不能太长,否则影响客人入席。有些咖啡厅在台布上铺上较小的方形台布,这样重新摆台时,只要更换小型的台布就可以了,可以节约大台布的洗涤次数。同时,也起着装饰餐台的作用。通常每两个顾客使用糖盅、盐盅和胡椒瓶各1个。

(2)将叠好的餐巾摆在餐台上,它的中线对准餐椅的中线,餐巾的底部离餐桌的边缘1 cm。两把餐叉摆在餐巾的左侧,叉尖朝上,叉柄的底部与餐巾对齐。在餐巾的右侧,从餐巾向外,依次摆放餐刀、黄油刀、两个茶匙。刀刃向左,刀尖向上,刀柄的底部朝下,与餐巾平行。面包盘放在餐叉的上方。水杯和酒杯放在餐刀的上方,距刀尖1 cm,杯口朝下,待顾客到餐桌时,将水杯翻过来,斟倒凉水。

2. 美式服务的方法

在美式服务中,菜肴由厨师在厨房中烹制好,装好盘。餐厅服务员用托盘将菜肴从厨房运送到餐厅的服务桌上。热菜要盖上盖子,并且在顾客面前打开盘盖。传统的美式服务,上菜时服务员在客人左侧,用左手从客人左边送上菜肴,从客人右侧撤掉用过的餐盘和餐具,从顾客的右侧斟倒酒水。目前,许多餐厅的美式服务上菜服务从顾客的右边,用右手顺时针进行。

(四)英式服务

英式服务又称家庭式服务。其服务方法是服务员从厨房将烹制好的菜肴传送到餐厅,由顾客中的主人亲自动手切肉装盘,并配上蔬菜,服务员把装盘的菜肴依次端送给每一位客人。调味品、沙司和配菜都摆放在餐桌上,由顾客自取或相互传递。英式服务家庭的气氛很浓,许多服务工作由客人自己动手,用餐的节奏较缓慢。在美国,家庭式餐厅很流行,这种家庭式的餐厅采用英式服务。

(五)综合式服务

综合式服务是一种融合了法式服务、俄式服务和美式服务的综合服务方式。许多西餐宴会的服务采用这种服务方式。通常用美式服务上开胃品和沙拉;用俄式或法式服务上汤或主菜;用法式或俄式服务上甜点。不同的餐厅或不同的餐次选用的服务方式组合也不同,这与餐厅的种类和特色、顾客的消费水平、餐厅的销售方式有着密切的联系。

(六)自助式服务

自助式服务是把事先准备好的菜肴摆在餐台上,客人进入餐厅后支付一餐的费用,便可自己动手选择符合自己口味的菜点,然后拿到餐桌上用餐。这种用餐方式称为自助餐。餐厅服务员的工作主要是餐前布置,餐中撤掉用过的餐具和酒杯,补充餐台上的菜肴等。

【任务实施】

步骤一　情景引入(布置任务,分组)

教师作为餐厅经理,模拟召开餐饮部班例会,宣布预订计划、接待规格及特殊要求的处理,学生模拟进行西餐服务。

步骤二　工作任务实施

班级同学自愿组合成小组,每个组4~5人,分别扮演就餐客人与服务人员,要求服务人员能够按照西餐服务程序对客人进行西餐服务,并且尽量满足客人提出的其他个性化服务。

步骤三　成果展示及评定反馈

每个工作小组展示任务的完成过程中,教师作为餐饮部经理进行考核,依据西餐操作程序考核,分数高者成为该岗位的合格员工。

【学习考核与评价】

1. 教师评价。从中找出优缺点、不足和错误,指出努力方向,进行评分,奖励优秀的小组及个人。进一步掌握正确的工作过程与工作方法,提高自我监控能力和评价能力。

(1)评分要求:

①按百分制计分。②以西餐零点服务为标准,综合测试。③操作程序、步骤无误,考查整个西餐零点服务过程,每错一项扣5分。④时间以某一组模拟时间为准,起始到终止,超过1 min扣1分。

(2)测试方法:1～6名同学为1组,其中2人为服务员,另外4人为客人,角色转换进行西餐零点服务测试。

西餐服务评价见表2.18-1。

表2.18-1 西餐服务评价(满分100分)

项目	配分	得分	备注
接受预订	10		
确认客人预订,并引领客人入位	10		
向客人呈递菜单	5		
订单前的工作	10		
接受订单,并将订单送交厨房	10		
推荐并服务佐餐葡萄酒	10		
重新摆换餐具	15		
食品服务	20		
甜点服务	5		
结账并送客	5		

2. 各小组整理教材、教学参考资料,引导学生建立本学习领域的学习档案,训练学生的工作方法能力。

【任务小结】

本任务主要介绍了西餐的操作程序及动作要领,学生掌握熟练后,将对以后的就业有很大的作用。

【思考题】

1. 西餐上菜的顺序和操作要领是什么?

2. 西餐的服务方式有哪些?

【案例】

吵架风波

2008年新年伊始,在郑州市某个五星级酒店,正在中餐厅吃饭的客人们突然听到一阵阵吵架声:“你是怎么做事的?”“那能怪我? 你事先也不给我说清楚,现在出了事情就埋怨我?”客人顿时就愣住了,有工作人员过去一看才知道是一位主任和一位领班因为工作的差错而相互责怪对方,吵架的声音越来越大,以至于严重影响了客人的就餐情绪。看着客人如此不满,餐厅的每一位服务员都无可奈何。直到餐厅梁经理过来及时制止,事情才得以完息,事后那位主任和领班都受到了经理的严厉批评和惩罚。

点评:

酒店公共场合,要求做到"三轻":走路轻、说话轻、操作轻,为客人提供一个安静舒适的环境。酒店的每一位员工,特别是高层管理人员,最忌讳在公共场合特别是在客人面前出现不和谐的声音。这不仅会使客人看低酒店的管理人员,更会使客人对酒店的服务质量产生怀疑,对酒店产生坏的印象。此案中的两位领导就是不合格的领导,对他们的处罚与教育也是必需的。因此,在酒店生活的日常培训中,对管理层的培训更是不可少。同时,要在工作中和生活中做到管理层上级和下级、管理者和员工,以及管理者之间、员工之间的充分交流和沟通,使之形成一个良好和谐的集体,才能更好地为客人服务,赢得客人的满意。

项目十九　宾客投诉的处理

【项目描述】

目前,世界各地的现代化酒店都极为重视客人的投诉工作,把它作为收集客人意见的重要来源,通常在每个餐厅、房间都摆上顾客意见书,酒店的管理人员可以通过处理投诉,了解客人的需要和整个服务质量的趋向。如果顾客对酒店的硬件设备或者服务不满意,他就不会成为那个满意的顾客,并且不再光临酒店。顾客投诉使酒店工作者有机会去改善问题,重新赢得客人,所以处理投诉时,专业性和时效性是非常重要的。

【项目目标】

能力目标:

1. 能够迅速、熟练处理客人的书面投诉。
2. 能够迅速、熟练处理客人的电话投诉。
3. 能够迅速、熟练处理客人的当面投诉。

知识目标:

1. 了解客人投诉的类型。
2. 了解造成客人投诉的主要成因。
3. 熟悉处理客人投诉的一般程序。

素质目标:

1. 树立良好的餐饮服务人员职业形象。
2. 具有良好的餐饮管理意识与技能,能够按照管理程序进行餐饮管理和处理客人投诉。
3. 具有较好的身体素质和较强的责任心及开拓创新精神。

工作任务　处理宾客投诉

【任务分析】

发生顾客投诉时,应当由当班最资深的经理或者主管出面处理。不是任何一个酒店工作人员都是可以处理顾客投诉的。应该按照一定的步骤去处理投诉,以确保顾客投诉得到及时有效的处理。无论是处理面对面的投诉,还是处理电话等不同形式的投诉,这些步骤都同样适用。

【任务布置】

1. 结合多媒体、教学视频,教师讲解客人投诉的成因和类型,强调基层管理人员在餐饮服务过程中处理客人投诉的重要性。

2. 模拟餐饮服务现场各种宾客投诉的控制与管理。

【相关知识】

在处理各种宾客投诉时,要保持冷静、耐心、微笑,采取果断、灵活而又令客人乐意接受的方式,妥善、及时地解决宾客投诉,在不损害酒店利益的前提下,既能让宾客感受到酒店的诚意，也能让宾客觉得在酒店内受到重视，变不满意为满意，从而争取更多的回头客，带来更多的社会效益和经济效益。

一、宾客投诉各类内容处理

（一）宾客对设备的投诉

即使酒店建立了各种设备的检查、维修、保养制度，也只能减少此类问题的发生，而不能保证消除所有设备潜在的问题。服务员在受理客人有关设备的投诉时，最好的办法是立即去实地观察，然后根据情况，采取措施。事后，再次与客人电话联系，以确认客人的要求已得到了满足。

（二）宾客对服务态度的投诉

宾客对服务员服务态度的投诉主要包括粗鲁的语言，不负责任的答复或行为，冷冰冰的态度，若无其事、爱理不理的接待方式，过分的热情，待客不主动、不热情、不注意语言修养，冲撞客人，挖苦、辱骂客人；拿物品给客人不是"递"而是"扔"或"丢"给客人；无根据地乱怀疑客人取走酒店物品，或者误以为他们没有结账就离开。

（三）宾客对服务质量的投诉

宾客对服务质量的投诉一般包括服务员没有按照客人要求提供服务，电话无人接听，取送物品不及时甚至送错，未经客人同意私闯客人房间，不尊重客人的风俗习惯，忘记或搞错了客人交代办理的事情，损坏、遗失客人的物品，房间床铺不干净、不换床单，房间、浴缸内有头发丝或污垢，等等。

（四）宾客对异常事件的投诉

停电、停水、偷窃、伤病、醉酒、电梯卡人、房内反锁等情况引起的投诉，要求服务员尽量在力所能及的范围内帮助解决，做好解释工作、协调工作及善后处理工作等。

二、宾客投诉类型

（一）处理客人口头投诉

（1）对待任何一位客人的投诉都要认真、耐心听取，表现出高度的负责态度，代表酒店向客人表示歉意与感谢。

（2）注意倾听客人投诉的具体发生时间、地点、经过、涉及人员等，并及时填写客人投诉记录表。如客人情绪激动，要有技巧性地将客人请到合适的地方进行交谈。

（3）在听取客人的意见时，避免怀有敌对情绪或与客人争论，对客人的遭遇应适时地表示理解并不失时机地表示歉意，让客人感到酒店是重视、理解其意见且尽力帮助他解决问题的。

（4）在听取客人投诉时，要保持头脑冷静，在没有查明事件原因及经过的情况下，不可随便代表酒店承担责任，待弄清事情原委后，再作出判断。

（5）与有关部门联系，对客人所投诉的事件进行调查处理，或随客人到出事地点处理问题，把将要采取的措施及所需要的时间告知客人并征求客人的同意。

（6）恰到好处地回答客人的疑问，如有可能，给客人提供几种选择的机会。

（7）对超过权限或解决不了的问题，要及时与上级联系以得到指令，不能无把握、无根据地向客人提出任何保证，以免妨碍事务的进一步处理。

(8)将客人的投诉意见及时通知有关部门,使问题得到及时妥善的解决。

(9)代表酒店管理当局采取补救措施,如赠送水果、礼品、致歉信等给投诉者作为礼貌性的致歉,使客人感到酒店的诚意,变不满意为满意。

(10)对一些无理取闹的客人,在处理过程中要做到不卑不亢,坚持原则,但应注意态度、语言、举止要有礼貌,并根据情况采取有效措施。

(11)将客人的投诉及处理经过详细记录在案,加强培训,避免类似的情况重复出现。

(二)处理客人书面投诉

(1)认真阅读客人投诉信件,了解客人的不满之处。

(2)约见被投诉服务点负责人,了解事情具体情况。

(3)如客人尚未离店,应尽快与客人联系,当面与宾客沟通。

(4)若客人已离店,则应代表酒店给客人写一份致歉信,在得到总经理的许可后再通过传真、邮寄或 E-mail 及时发送至客人手中。

(5)填写客人投诉记录表并发送到相关部门。

三、顾客投诉处理的原则

(一)投诉语言要礼貌

客人向服务员询问或投诉时,绝不能说:不、不懂、不行、不对、不会、不知道、不是我管的。而要实行"一次到位法",即客人的问题在你这里一次获得解决,绝不能以不是自己部门的事为由往外推诿。如遇自己解决不了的事,应婉转地请客人稍等,同时立即向上级或值班经理询问,从而给客人以满意的答复。

(二)承认宾客投诉的事实,认真听取意见

为了很好地了解宾客所提出的问题,必须认真地听取宾客的叙述,使客人感到企业管理者十分重视他的问题。倾听者要注视着客人,不时地点头示意,让客人明白倾听者在认真听取他的意见,而且听取客人意见的代表要不时地说:我理解,我明白,我们一定认真处理这件事情!

为了使宾客能逐渐消气息怒,企业部门主管或值班经理可以自己的语言重复客人的投诉或抱怨内容。若遇上的是认真的投诉客人,在听取客人意见时,还应做一些听取意见的记录,以示对客人的尊重及对反映问题的重视。

(三)保持冷静

在投诉时,客人总是有理的。不要反驳客人的意见,不要与客人争辩。为了不影响其他客人,可将客人请到办公室内,最好个别地听客人的投诉,私下交谈容易使客人平静。

(四)表示同情和歉意

首先要让客人理解,酒店非常关心对方的休息环境及其对受到的服务是否满意。如果客人在谈问题时表示出十分认真,作为代表企业的领导、处理投诉事件的当事人,要不时地表示对客人的同情,如:"我们非常遗憾,非常抱歉地听到此事,我们理解你现在的心情!谢谢您告诉我们这件事!""对于发生这类事件,我们感到很遗憾!我完全理解您的心情!",等等。

如果客人投诉的事情属实,企业要对此负责并要给予一定的补偿,这时我们就要向客人表示歉意并说:"我们非常抱歉,先生(女士),我们将对此事负责,感谢你对我们提出的宝贵意见!”

(五)同意客人要求决定采取措施,给予足够的关心

当客人的抱怨和投诉属实,要表示同情和理解,同时当你决定采取行动纠正错误时,一定要让客人知道并同意采取的处理决定及具体措施。

如果客人不知道或不同意处理决定,就不要盲目采取行动。首先,要十分礼貌地通知客人将要采取的措施,并尽可能让客人同意行动计划;这样才会有机会使客人的抱怨变为满意,并使客人产生感激的心情。

(六)感谢客人的批评指教

任何一位明智的服务性企业的各级领导甚至是服务员要经常感谢那些对企业服务水平或服务设施水准提出批评指导意见的客人,因为这些批评指导意见或抱怨,甚至投诉会协助提高企业管理水平和服务质量。

客人遇到不满意的服务,很可能不告诉企业,也不做任何投诉。但是,作为光顾过企业的客人,可能会讲给他的朋友和身边的人,这样就会极大地影响企业的未来客源市场,影响企业的声誉。为此,凡是对企业提出批评、抱怨甚至投诉的客人,我们不仅要欢迎,而且还要感谢。

(七)不转移目标

把注意力集中在客人提出的问题上,不随便引申,不嫁罪于人,不推卸责任,绝不能怪罪客人。

(八)记录要点

把客人投诉的要点记录下来,这样不但可以使客人讲话的速度放慢,缓和客人的情绪,还可以使客人确信,酒店对他所反映的问题是重视的。此外,记录的资料可以作为解决问题的根据。

(九)快速采取行动,补偿客人损失

当客人完全同意所采取的改进措施时,就要立即行动,一定不要拖延时间。耽误时间只能进一步引起客人不满,此时,时间和效率就是对客人的最大尊重,也是客人此时的最大需求,否则就是对客人的漠视。

(十)要落实、监督、检查补偿客人投诉的具体措施

首先,要确保改进措施的进展情况;其次,要使服务水准及服务设施均处在最佳状态;再次,用电话或当面拜访宾客问明客人的满意程度。

四、宾客投诉的原因

(一)主观原因

1. 不尊重宾客

(1)不尊重客人是引起宾客投诉的主要原因。对宾客不尊重主要表现在以下几点:

对客人不主动、不热情。不主动称呼客人,或以“喂”代替称呼。在工作时间与同事聊天、忙私事、打私人电话等。当客人到来时,态度冷淡、爱理不理,或客人多次招呼也没有反应。有时接待外宾热情,接待中国人冷淡。

(2)不注意语言修养,冲撞客人。

(3)挖苦、辱骂客人。对客人评头论足、挖苦客人。有时客人点菜选来选去最后选了低价菜，而服务员却挖苦。

(4)不尊重客人的风俗习惯。例如，给不吃牛肉的泰国、印度客人用牛肉做的菜品；给伊斯兰教徒送猪肉做的包子；在海员吃饭时，将菜碟的鱼翻身；给法国客人生日送黄菊花；在日本客人的餐桌上摆放荷花等。

(5)无根据地怀疑客人取走餐厅的物品或误认为客人没付清账就离开等。

(6)在餐厅里大声喧哗、高声谈笑、打电话等，影响客人就餐。

2. 工作不负责

(1)工作不主动。不及时更换餐具、烟灰缸，不及时续添酒水等。

(2)忘记或搞错了客人交办的事情。如将客人的菜单写错，或遗失客人的菜单，或上菜慢、上错菜、上漏菜、结账拖拉等。

(3)损坏客人的物品。服务人员上菜时不小心，将菜汁或汤弄脏客人的文件、衣物等。

(4)清洁卫生马虎，食品、用具不洁。服务人员卫生习惯不好，工服脏了不换洗，随地吐痰、丢烟头；边工作边吃东西、抽烟；食品不洁、菜品变质或上桌的菜品有虫子、头发、杂物；服务人员送菜上台将手插入菜里、汤里等。

(二)客观原因

引起客人投诉的客观原因有多种，诸如设备损坏没有及时修好，餐厅中的桌椅不牢固摔倒客人，餐桌椅钉头暴露划伤客人或勾伤客人衣裤，收费不合理，在结账处发现应付的款项有出入，引起客人的误会，在餐厅遗失了物品等。还有由于客人本人情绪不佳，或由于客人出言不逊而引起纠纷，或由于客人饮酒过量，不能冷静、正确地处理问题而引起投诉。

宾客投诉的一般心理如下：

(1)求尊重的心理。

(2)求发泄的心理。

(3)求补偿的心理。

处理宾客投诉应做到以下几点：

(1)耐心倾听，让其发泄，弄清真相。

(2)诚恳道歉，不与争辩或埋怨别的部门。

(3)尊重宾客，重视投诉。

(4)了解投诉内容，提出处理方案。

(5)超过职权范围的处理。

对挑剔的宾客应按以下要求服务。

(1)有耐心。要认真地听清楚客人所挑剔的事情。当客人抱怨不休时，一定要有礼貌，不得打断客人的话，绝对不允许与客人争论。

(2)在听客人谈话时，不能将自己的愿望、想法或店方的规定强加给客人，也不允许为此而影响工作情绪。

(3)对客人提出的要求，应在酒店利益不受损害的情况下，尽量予以满足。

(4)记录下爱挑剔客人的名字、饮食习惯等，以便日后把工作做在前面。

(5)对挑剔的客人的服务质量与水准要保持一致，不得打折扣。

客人对菜肴提出的质疑主要有两种可能性：一是菜肴本身有问题。二是客人对该菜肴的特点不是十分了解。

对此，服务人员应该采取不同的处理方法。如果是因为菜肴本身质量有问题，服务人员不要在客人面前做任何解释，应诚恳向客人道歉并立即征询客人的意见，是否更换菜肴还是减免该菜肴的费用，并将客人的意见马上报告经理。如果是因为客人对菜肴的特点产生误会，服务人员可以向客人简单介绍菜肴制作特点和口味特点；倘若客人不给机会予以解释，可以向客人推荐其他菜肴，以后有可能的话再做解释。处理这类质疑时，千万不能以辩出是非曲直为目的，要从客人角度考虑问题，给客人最大的尊重。

【任务实施】

步骤一　情景引入（布置任务，分组）

由领班负责将本班组学员进行分工，分别轮流扮演客人与基层管理人员，在餐饮一体化教室进行情景模拟，完成宾客投诉处理场景的模拟。

步骤二　工作任务实施

一家酒店或餐厅无论管理得多么严格、经营得多么好，客人的投诉都是不可避免的。由于客人来自四面八方、不同国度，每位客人都有自己的生活方式和习惯，再加上心情、年龄等因素，总会有使客人感到不满意或处理不当的地方，服务人员在服务工作中要使每一位客人每时每刻都感到愉快也是有难度的，但应随时准备接待投诉。

步骤三　成果展示及评定反馈

每个工作小组展示任务的完成过程中，由其他小组和老师共同给予打分，在全部实施完毕后由教师进行点评。

【学习考核与评价】

1. 教师评价。从中找出优缺点、不足和错误，指出努力方向，进行评分，奖励优秀的小组及个人。进一步掌握正确的工作过程与工作方法，提高学生工作能力、自我监控能力和评价能力。

宾客投诉的处理评价见表 2.19-1。

表 2.19-1　宾客投诉的处理评价（满分 100 分）

序号	评分项目	4 分	8 分	12 分	16 分	20 分
1	耐心倾听					
2	态度诚恳					
3	迅速受理					
4	语言得体					
5	合理补偿					
总分						

2. 各小组整理教材、教学参考资料，引导学生建立本学习领域的学习档案，训练学生的工作方法能力。

【任务小结】

本任务主要介绍了造成宾客投诉现象的成因及一般处理程序，如何能迅速、正确处理客人的投诉是一名餐饮服务人员合格与否的重要衡量标准。

【思考题】

1. 客人点了一道菜，厨房实际正常烹制出品，结果被客人投诉口味与上次不同，经查证实际并无出入，这时客人要求退单，你将如何处理？

2. 客人在餐厅用餐时丢失财物，你已查证服务员未按要求提醒客人自行看管财物，且未按要求给客人衣物加套椅套，这时客人要求餐厅赔偿，并拒绝买单，如何处理？

【案例】

语言的魅力

一天，餐厅里来了三位衣着讲究的客人，服务员引至餐厅坐定，其中一位客人便开了口："我要点××菜，你们一定要将味调得浓些，样子摆得漂亮一些。"同时转身对同伴说："这道菜很好吃，今天你们一定要尝尝。"菜点完后，服务员拿菜单去了厨房。再次上来时，便礼貌地对客人说："先生，对不起，今天没有这道菜，给您换一道菜可以吗？"客人一听勃然大怒："你为什么不事先告诉我？让我们无故等了这么久，早说就去另一家餐厅了。"发了脾气，客人仍觉得在朋友面前丢了面子，于是拂袖而去。

点评：

这位服务员犯了两个错误，一是在班前未了解厨房备货、菜式情况，致使客人点这道菜时未及时指出无货；二是在语言上用词不恰当，未朝有利于事物发展的方向做出解释。如果知道无货，可换个方式向客人说明，像"先生，这道菜是这里的特色菜，今天点这道菜的人特别多，已经卖完了，您能不能换道其他菜？××菜也是我们这里的特色菜，您不妨尝尝。"这时，客人会想酒店生意真不错，看来英雄所见略同，自己很有品位，能够吃到这里的特色菜，这样在朋友面前也有面子，会很自然地接受服务员推荐的其他菜。

附　录

附录一　旅游饭店星级的划分与评定

（GB/T 14308—2010）

1　**范围**

本标准规定了旅游饭店星级的划分条件、服务质量和运营规范要求。

本标准适用于正式营业的各种旅游饭店。

2　**规范性引用文件**

下列文件对于本文件的应用是必不可少的。凡是注日期的引用文件，仅注日期的版本适用于本文件，凡是不注日期的引用文件，其最新版本（包括所有的修改单）适用于本文件。

GB/T 16766　旅游业基础术语

GB/T 10001.1　标志用公共信息图形符号 第1部分：通用符号

GB/T 10001.2　标志用公共信息图形符号 第2部分：旅游设施与服务符号

GB/T 10001.4　标志用公共信息图形符号 第4部分：运动健身符号

GB/T 10001.9　标志用公共信息图形符号 第9部分：无障碍设施符号

GB/T 15566.8　公共信息导向系统 设置原则与要求 第8部分：宾馆和饭店

3　**术语和定义**

下列术语和定义适用于本标准。

3.1　旅游饭店 tourist hotel

以间（套）夜为单位出租客房，以住宿服务为主，并提供商务、会议、休闲、度假等相应服务的住宿设施，按不同习惯可能也被称为宾馆、酒店、旅馆、旅社、宾舍、度假村、俱乐部、大厦、中心等。

4　**星级划分及标志**

4.1　用星的数量和颜色表示旅游饭店的星级。旅游饭店星级分为五个级别，即一星级、二星级、三星级、四星级、五星级（含白金五星级）。最低为一星级，最高为五星级。星级越高，表示饭店的等级越高。（为方便行文，“星级旅游饭店”简称为“星级饭店”）。

4.2　星级标志由长城与五角星图案构成，用一颗五角星表示一星级，两颗五角星表示二星级，三颗五角星表示三星级，四颗五角星表示四星级，五颗五角星表示五星级，五颗白金五角星表示白金五星级。

5　**总则**

5.1　星级饭店的建筑、附属设施设备、服务项目和运行管理应符合国家现行的安全、消防、卫生、环境保护、劳动合同等有关法律、法规和标准的规定与要求。

5.2　各星级划分的基本条件见附录A，各星级饭店应逐项达标。

5.3　星级饭店设备设施的位置、结构、数量、面积、功能、材质、设计、装饰等评价标准见附录 B。

5.4 星级饭店的服务质量、清洁卫生、维护保养等评价标准见附录 C。

5.5 一星级、二星级、三星级饭店是有限服务饭店,评定星级时应对饭店住宿产品进行重点评价;四星级和五星级(含白金五星级)饭店是完全服务饭店,评定星级时应对饭店产品进行全面评价。

5.6 倡导绿色设计、清洁生产、节能减排、绿色消费的理念。

5.7 星级饭店应增强突发事件应急处置能力,突发事件处置的应急预案应作为各星级饭店的必备条件。评定星级后,如饭店营运中发生重大安全责任事故,所属星级将被立即取消,相应星级标识不能继续使用。

5.8 评定星级时不应因为某一区域所有权或经营权的分离或因为建筑物的分隔而区别对待,饭店内所有区域应达到同一星级的质量标准和管理要求。

5.9 饭店开业一年后可申请评定星级,经相应星级评定机构评定后,星级标识使用有效期为三年。三年期满后应进行重新评定。

6 各星级划分条件

6.1 必备条件

6.1.1 必备项目检查表规定了各星级应具备的硬件设施和服务项目。评定检查时,逐项打"✓"确认达标后,再进入后续打分程序。

6.1.2 一星级必备项目见表 A.1;二星级必备项目见表 A.2;三星级必备项目见表 A.3;四星级必备项目见表 A.4;五星级必备项目见表 A.5。

6.2 设施设备

6.2.1 设施设备的要求见附录 B。总分 600 分。

6.2.2 一星级、二星级饭店不作要求,三星级、四星级、五星级饭店规定最低得分线:三星级 220 分,四星级 320 分,五星级 420 分。

6.3 饭店运营质量

6.3.1 饭店运营质量的要求见附录 C。总分 600 分。

6.3.2 饭店运营质量的评价内容分为总体要求、前厅、客房、餐饮、其他、公共及后台区域等 6 个大项。评分时按"优""良""中""差"打分并计算得分率。公式为:得分率 = 该项实际得分/该项标准总分 × 100%。

6.3.3 一星级、二星级饭店不作要求。三星级、四星级、五星级饭店规定最低得分率:三星级 70%,四星级 80%,五星级 85%。

6.3.4 如饭店不具备表 C.1 中带"*"的项目,统计得分率时应在分母中去掉该项分值。

7 服务质量总体要求

7.1 服务基本原则

7.1.1 对宾客礼貌、热情、亲切、友好,一视同仁。

7.1.2 密切关注并尽量满足宾客的需求,高效率地完成对客服务。

7.1.3 遵守国家法律法规,保护宾客的合法权益。

7.1.4 尊重宾客的信仰与风俗习惯,不损害民族尊严。

7.2 服务基本要求

7.2.1　员工仪容仪表应达到：

a)遵守饭店的仪容仪表规范，端庄、大方、整洁；

b)着工装、佩工牌上岗；

c)服务过程中表情自然、亲切、热情适度，提倡微笑服务。

7.2.2　员工言行举止应达到：

a)语言文明、简洁、清晰，符合礼仪规范；

b)站、坐、行姿符合各岗位的规范与要求，主动服务，有职业风范；

c)以协调适宜的自然语言和身体语言对客服务，使宾客感到尊重舒适；

d)对宾客提出的问题应予耐心解释，不推诿和应付。

7.2.3　员工业务能力与技能应达到掌握相应的业务知识和服务技能，并能熟练运用。

8　管理要求

8.1　应有员工手册。

8.2　应有饭店组织机构图和部门组织机构图。

8.3　应有完善的规章制度、服务标准、管理规范和操作程序。一项完整的饭店管理规范包括规范的名称、目的、管理职责、项目运作规程（具体包括执行层级、管理对象、方式与频率、管理工作内容）、管理分工、管理程序与考核指标等项目。各项管理规范应适时更新，并保留更新记录。

8.4　应有完善的部门化运作规范。包括管理人员岗位工作说明书、管理人员工作关系表、管理人员工作项目核检表、专门的质量管理文件、工作用表和质量管理记录等内容。

8.5　应有服务和专业技术人员岗位工作说明书，对服务和专业技术人员的岗位要求、任职条件、班次、接受指令与协调渠道、主要工作职责等内容进行书面说明。

8.6　应有服务项目、程序与标准说明书，对每一个服务项目完成的目标、为完成该目标所需要经过的程序，以及各个程序的质量标准进行说明。

8.7　对国家和地方主管部门和强制性标准所要求的特定岗位的技术工作如锅炉、强弱电、消防、食品加工与制作等，应有相应的工作技术标准的书面说明，相应岗位的从业人员应知晓并熟练操作。

8.8　应有其他可以证明饭店质量管理水平的证书或文件。

9　安全管理要求

9.1　星级饭店应取得消防等方面的安全许可，确保消防设施的完好和有效运行。

9.2　水、电、气、油、压力容器、管线等设施设备应安全有效运行。

9.3　应严格执行安全管理防控制度，确保安全监控设备的有效运行及人员的责任到位。

9.4　应注重食品加工流程的卫生管理，保证食品安全。

9.5　应制订和完善地震、火灾、食品卫生、公共卫生、治安事件、设施设备突发故障等各项突发事件应急预案。

10　其他

对于以住宿为主营业务，建筑与装修风格独特，拥有独特客户群体，管理和服务特色鲜明，且业内知名度较高旅游饭店的星级评定，可参照五星级的要求。

附录 A

（规范性附录）

必备项目检查表

表 A.1 给出了一星级饭店必备项目检查表；

表 A.2 给出了二星级饭店必备项目检查表；

表 A.3 给出了三星级饭店必备项目检查表；

表 A.4 给出了四星级饭店必备项目检查表；

表 A.5 给出了五星级饭店必备项目检查表。

表 A.1　一星级必备项目检查表

序号	项目	是否达标
1	一般要求	
1.1	建筑物结构完好，功能布局基本合理，方便宾客在饭店内活动	
1.2	应有适应所在地气候的采暖、制冷设备，各区域通风良好	
1.3	各种指示用和服务用文字应至少用规范的中文及第二种文字同时表示，导向系统的设置和公共信息图形符号应符合 GB/T 15566.8 和 GB/T 10001.1、GB/T 10001.2、GB/T 10001.4、GB/T 10001.9 的规定	
1.4	应有至少 15 间（套）可供出租的客房	
1.5	员工应具备基本礼仪礼节，穿着整齐清洁，可用普通话提供服务，效率较高	
1.6	设施设备应定期维护保养，保持安全、整洁、卫生和有效	
1.7	应有突发事件处置的应急预案	
1.8	应有与本星级相适应的节能减排方案并付诸实施	
2	设施	
2.1	设总服务台，并提供客房价目表及城市所在地的旅游交通图等相关资料	
2.2	客房内应有卫生间或提供方便宾客使用的公共卫生间，客房卫生间及公共卫生间均采取必要防滑措施	
2.3	应 24 h 供应冷水，每日固定时段供应热水，并有明确提示	
2.4	客房内应有清洁舒适的床和配套家具	
2.5	客房照明充足，有遮光效果较好的窗帘	
2.6	客房内应备有服务指南、住宿须知等	
2.7	客房门安全有效，门锁应为暗锁，有防盗装置，客房内应在显著位置张贴应急疏散图及相关说明	
2.8	公共区域应有男女分设的公共卫生间	
2.9	应有公用电话	
2.10	应有应急照明设施	
3	服务	
3.1	应至少 18 h 提供接待、问讯、结账服务	
3.2	晚间应有安保人员驻店值班	

续表 A.1

序号	项目	是否达标
3.3	应提供贵重物品保管及小件行李寄存服务	
3.4	客房、卫生间应每天全面整理一次,隔日或应宾客要求更换床单、被套及枕套,并做到每客必换	
3.5	客房内应提供热饮用水	
3.6	应为残障人士提供必要的服务	
	总体是否达标结论	

表 A.2　二星级必备项目检查表

序号	项目	是否达标
1	一般要求	
1.1	建筑物结构良好,功能布局基本合理,方便宾客在饭店内活动	
1.2	应有适应所在地气候的采暖、制冷设备,各区域通风良好	
1.3	各种指示用和服务用文字应至少用规范的中文及第二种文字同时表示,导向系统的设置和公共信息图形符号应符合 GB/T 15566.8 和 GB/T 10001.1、GB/T 10001.2、GB/T 10001.4、GB/T 10001.9 的规定	
1.4	应有至少 20 间(套)可供出租的客房	
1.5	应提供回车线或停车场,5 层以上(含 5 层)的楼房有客用电梯	
1.6	员工应具备基本礼仪礼节,穿着整齐清洁,可用普通话提供服务,效率较高	
1.7	设施设备应定期维护保养,保持安全、整洁、卫生和有效	
1.8	应有突发事件处置的应急预案	
1.9	应有与本星级相适应的节能减排方案并付诸实施	
2	设施	
2.1	应有与饭店规模相适应的总服务台,位置合理,提供客房价目表及城市所在地的旅游交通图、旅游介绍等相关资料	
2.2	应有就餐区域,提供桌、椅等配套设施,照明充足,通风良好	
2.3	客房内应有清洁舒适的床以及桌、椅、床头柜等配套家具	
2.4	至少 50% 的客房内应有卫生间,或每一楼层提供数量充足,男女分设,方便使用的公共盥洗间。客房卫生间及公共盥洗间均采取有效的防滑措施	
2.5	应 24 h 供应冷水,至少 12 h 供应热水	
2.6	客房应有适当装修,照明充足,有遮光效果较好的窗帘。有防噪声及隔音措施	
2.7	客房内应配备电话、彩色电视机等设施,且使用效果良好	
2.8	设有两种以上规格的电源插座	
2.9	客房内应备有服务指南、住宿须知等资料	
2.10	客房门安全有效,门锁应为暗锁,有防盗装置,客房内应在显著位置张贴应急疏散图及相关说明	
2.11	公共区域应有男女分设的公共卫生间	
2.12	应有公用电话	
2.13	应有应急照明设施	

续表 A.2

序号	项目	是否达标
2.14	公共区域应有适当装修，墙面整洁、光线充足。紧急出口标识清楚，位置合理，无障碍物	
2.15	门厅及主要公共区域应有残疾人出入坡道	
3	服务	
3.1	应有管理或安保人员 24 h 在岗值班	
3.2	应 24 h 提供接待、问讯、结账和留言等服务	
3.3	应提供贵重物品保管及小件行李寄存服务	
3.4	客房、卫生间应每天全面整理一次，隔日或应宾客要求更换床单、被套及枕套，并做到每客必换	
3.5	客房内应提供热饮用水	
3.6	应提供早餐服务	
3.7	应为残障人士提供必要的服务	
	总体是否达标结论	

表 A.3　三星级必备项目检查表

序号	项目	是否达标
1	一般要求	
1.1	应有较高标准的建筑物结构，功能布局较为合理，方便宾客在饭店内活动	
1.2	应有空调设施，各区域通风良好，温、湿度适宜	
1.3	各种指示用和服务用文字应至少用规范的中英文同时表示。导向标志清晰、实用、美观，导向系统的设置和公共信息图形符号应符合 GB/T 15566.8 和 GB/T 10001.1、GB/T 10001.2、GB/T 10001.4、GB 1001.9 的规定	
1.4	应有计算机管理系统	
1.5	应有至少 30 间(套)可供出租的客房。应有单人间、套房等不同规格的房间配置	
1.6	应提供回车线并有一定泊位数量的停车场。4 层(含 4 层)以上的建筑物有足够的客用电梯	
1.7	设施设备定期维护保养，保持安全、整洁、卫生和有效	
1.8	员工应着工装，训练有素，用普通话提供服务。前台员工具备基本外语会话能力	
1.9	应有突发事件(突发事件应包括火灾、自然灾害、饭店建筑物和设备设施事故、公共卫生和伤亡事件、社会治安事件等)处置的应急预案，有年度实施计划，并定期演练	
1.10	应有与本星级相适应的节能减排方案并付诸实施	
1.11	应定期开展员工培训	
2	设施	
2.1	应有与接待规模相适应的前厅和总服务台，装修美观。提供饭店服务项目资料、客房价目等信息，提供所在地旅游交通、所在地旅游资源信息、主要交通工具时刻等资料，提供相关的报刊	
2.2	客房装修良好、美观，应有软垫床、梳妆台或写字台、衣橱及衣架、座椅或简易沙发、床头柜及行李架等配套家具。电器开关方便宾客使用	

续表 A.3

序号	项目	是否达标
2.3	客房内满铺地毯、木地板或其他较高档材料	
2.4	客房内应有卫生间,装有抽水恭桶、梳妆台(配备面盆、梳妆镜和必要的盥洗用品)、浴缸或淋浴间。采取有效的防滑、防溅水措施,通风良好。采用较高级建筑材料装修地面、墙面和天花,色调柔和,目的物照明效果良好。有良好的排风设施,温湿度与客房适宜。有不间断电源插座。24 h供应冷、热水	
2.5	客房门安全有效,应设门窥镜及防盗装置,客房内应在显著位置张贴应急疏散图及相关说明	
2.6	客房内应有遮光和防噪声措施	
2.7	客房内应配备电话、彩色电视机,且使用效果良好	
2.8	应有两种以上规格的电源插座,位置方便宾客使用,可提供插座转换器	
2.9	客房内应有与本星级相适应的文具用品,备有服务指南、住宿须知、所在地旅游景点介绍和旅游交通图等,提供书报刊	
2.10	床上用棉织品(床单、枕芯、枕套、被芯、被套及床衬垫等)及卫生间针织用品(浴衣、浴巾、毛巾等)材质良好、柔软舒适	
2.11	客房内应提供互联网接入服务,并有使用说明	
2.12	客房内应备有擦鞋用具	
2.13	应有与饭店规模相适应的独立餐厅,配有符合卫生标准和管理规范的厨房	
2.14	公共区域应设宾客休息场所	
2.15	公共区域应有男女分设、间隔式公共卫生间	
2.16	应有公用电话	
2.17	应有应急供电设施和应急照明设施	
2.18	走廊地面应满铺地毯或与整体氛围相协调的其他材料,墙面整洁、有适当装修,光线充足。紧急出口标识清楚,位置合理,无障碍物	
2.19	门厅及主要公共区域应有残疾人出入坡道,配备轮椅	
3	服务	
3.1	应有管理及安保人员24 h在岗值班	
3.2	应24 h提供接待、问询、结账和留言服务。提供总账单结账服务、信用卡结算服务,应提供客房预订服务	
3.3	应设门卫应接及行李服务人员,有专用行李车,应宾客要求提供行李服务,应提供贵重物品保管及小件行李寄存服务,并专设寄存处	
3.4	应为宾客办理传真、复印、打字、国际长途电话等商务服务,并代发信件	
3.5	应提供代客预订和安排出租汽车服务	
3.6	客房、卫生间应每天全面整理一次,每日或应宾客要求更换床单、被套及枕套,客用品补充齐全	
3.7	应提供留言和叫醒服务。可应宾客要求提供洗衣服务	
3.8	客房内应24 h提供热饮用水,免费提供茶叶或咖啡	
3.9	应提供早、中、晚餐服务	
3.10	应提供与饭店接待能力相适应的宴会或会议服务	
3.11	应为残障人士提供必要的服务	
	总体是否达标结论	

表 A.4 四星级必备项目检查表

序号	项目	是否达标
1	饭店总体要求	
1.1	建筑物外观和建筑结构有特色。饭店空间布局合理，方便宾客在饭店内活动	
1.2	内外装修应采用高档材料，符合环保要求，工艺精致，整体氛围协调	
1.3	各种指示用和服务用文字应至少用规范的中英文同时表示。导向标志清晰、实用、美观，导向系统的设置和公共信息图形符号应符合 GB/T 15566.8 和 GB/T 10001.1、GB/T 10001.2、GB/T 10001.4、GB/T 10001.9 的规定	
1.4	应有中央空调（别墅式度假饭店除外），各区域通风良好	
1.5	应有运用有效的计算机管理系统。主要营业区域均有终端，有效提供服务	
1.6	应有公共音响转播系统，背景音乐曲目、音量适宜，音质良好	
1.7	设施设备应维护保养良好，无噪声，安全完好、整洁、卫生和有效	
1.8	应具有健全的管理规范、服务规范与操作标准	
1.9	员工应着工装，体现岗位特色	
1.10	员工训练有素，能用普通话和英语提供服务，必要时可用第二种外国语提供服务	
1.11	应有突发事件（突发事件应包括火灾、自然灾害、饭店建筑物和设备设施事故、公共卫生、死亡事件、社会治安事件等）处置的应急预案，有年度实施计划，并定期演练	
1.12	应有与本星级相适应的节能减排方案并付诸实施	
1.13	应有系统的员工培训规划和制度，有员工培训设施	
2	前厅	
2.1	区位功能划分合理	
2.2	整体装修精致，有整体风格、色调协调、光线充足	
2.3	总服务台，位置合理，接待人员应 24 h 提供接待、问讯和结账服务。并能提供留言、总账单结账、国内和国际信用卡结算及外币兑换等服务	
2.4	应专设行李寄存处，配有饭店与宾客同时开启的贵重物品保险箱，保险箱位置安全、隐蔽，能够保护宾客的隐私	
2.5	应提供饭店基本情况、客房价目等信息，提供所在地旅游资源、当地旅游交通及全国旅游交通信息，并在总台能提供中英文所在地交通图、与住店宾客相适应的报刊	
2.6	在非经营区应设宾客休息场所	
2.7	门厅及主要公共区域应有符合标准的残疾人出入坡道，配备轮椅，有残疾人专用卫生间或厕位，为残障人士提供必要的服务	
2.8	应 24 h 接受包括电话、传真或网络等渠道的客房预订	
2.9	应有门卫应接服务人员，18 h 迎送宾客	
2.10	应有专职行李员，配有专用行李车，18 h 提供行李服务，提供小件行李寄存服务	
2.11	应提供代客预订和安排出租汽车服务	
2.12	应有相关人员处理宾客关系	
2.13	应有管理人员 24 h 在岗值班	
3	客房	
3.1	应有至少 40 间（套）可供出租的客房	
3.2	70% 客房的面积（不含卫生间）应不小于 20 m^2	
3.3	应有标准间（大床房、双床房），有两种以上规格的套房（包括至少 3 个开间的豪华套房），套房布局合理	

续表 A.4

序号	项目	是否达标
3.4	装修高档。应有舒适的软垫床,配有写字台、衣橱及衣架、茶几、座椅或沙发、床头柜、全身镜、行李架等家具,布置合理。所有电器开关方便宾客使用。室内满铺高级地毯,或优质木地板或其他高级材料。采用区域照明,且目的物照明效果良好	
3.5	客房门能自动闭合,应有门窥镜、门铃及防盗装置。客房内应在显著位置张贴应急疏散图及相关说明	
3.6	客房内应有装修良好的卫生间。有抽水恭桶、梳妆台(配备面盆、梳妆镜和必要的盥洗用品)、有浴缸或淋浴间,配有浴帘或其他防溅设施。采取有效的防滑措施。采用高档建筑材料装修地面、墙面和天花,色调高雅柔和。采用分区照明且目的物照明效果良好。有良好的低噪声排风设施,温湿度与客房适宜。有 110/220 V 不间断电源插座、电话副机。配有吹风机。24 h 供应冷、热水,水龙头冷热标识清晰。所有设施设备均方便宾客使用	
3.7	客房内应有饭店专用电话机,可以直接拨通或使用预付费电信卡拨打国际、国内长途电话,并备有电话使用说明和所在地主要电话指南	
3.8	应有彩色电视机,画面和音质良好。播放频道不少于 16 个,备有频道目录	
3.9	应有防噪声及隔音措施,效果良好	
3.10	应有内窗帘及外层遮光窗帘,遮光效果良好	
3.11	应有至少两种规格的电源插座,电源插座应有两个以上供宾客使用的插位,位置合理,并可提供插座转换器	
3.12	应有与本星级相适应的文具用品。配有服务指南、住宿须知、所在地旅游资源信息和旅游交通图等。可提供与住店宾客相适应的书报刊	
3.13	床上用棉织品(床单、枕芯、枕套、被芯、被套及床衬垫等)及卫生间针织用品(浴巾、浴衣、毛巾等)材质较好、柔软舒适	
3.14	客房、卫生间应每天全面整理一次,每日或应宾客要求更换床单、被套及枕套,客用品和消耗品补充齐全,并应宾客要求随时进房清理	
3.15	应提供互联网接入服务,并备有使用说明,使用方便	
3.16	应提供开夜床服务,放置晚安致意品	
3.17	应提供客房微型酒吧服务,至少 50% 的房间配备小冰箱,提供适量酒和饮料,并备有饮用器具和价目单。免费提供茶叶或咖啡。提供冷热饮用水,可应宾客要求提供冰块	
3.18	应供客衣干洗、湿洗、熨烫服务,可在 24 h 内交还宾客。可提供加急服务	
3.19	应 18 h 提供送餐服务。有送餐菜单和饮料单,送餐菜式品种不少于 8 种,饮料品种不少于 4 种,甜食品种不少于 4 种,有可挂置门外的送餐牌	
3.20	应提供留言及叫醒服务	
3.21	应提供宾客在房间会客服务,可应宾客要求及时提供加椅和茶水服务	
3.22	客房内应备有擦鞋用具,并提供擦鞋服务	
4	餐厅及吧室	
4.1	应有布局合理、装饰设计格调一致的中餐厅	
4.2	应有位置合理、格调优雅的咖啡厅(或简易西餐厅)。提供品质较高的自助早餐	
4.3	应有宴会单间或小宴会厅。提供宴会服务	

续表 A.4

序号	项目	是否达标
4.4	应有专门的酒吧或茶室	
4.5	餐具应按中外习惯成套配置,无破损,光洁、卫生	
4.6	菜单及饮品单应装帧精致,完整清洁,出菜率不低于90%	
5	厨房	
5.1	位置合理、布局科学,传菜路线不与非餐饮公共区域交叉	
5.2	厨房与餐厅之间,采取有效的隔音、隔热和隔气味措施。进出门自动闭合	
5.3	墙面满铺瓷砖,用防滑材料满铺地面,有地槽	
5.4	冷菜间、面点间独立分隔,有足够的冷气设备。冷菜间内有空气消毒设施和二次更衣设施	
5.5	粗加工间与其他操作间隔离,各操作间温度适宜,冷气供给充足	
5.6	应有必要的冷藏、冷冻设施,生熟食品及半成食品分柜置放,有干货仓库	
5.7	洗碗间位置合理,配有洗碗和消毒设施	
5.8	应有专门放置临时垃圾的设施并保持其封闭,排污设施(地槽、抽油烟机和排风口等)保持清洁通畅	
5.9	采取有效的消杀蚊蝇、蟑螂等虫害措施	
5.10	应有食品留样送检机制	
6	会议和康体设施	
6.1	应有至少两种规格的会议设施,配备相应设施并提供专业服务	
6.2	应有康体设施,布局合理,提供相应的服务	
7	公共区域	
7.1	饭店室外环境整洁美观	
7.2	饭店后台设施完备、导向清晰、维护良好	
7.3	应有回车线,并有足够泊位的停车场。提供相应的服务	
7.4	3层以上(含3层)建筑物应有数量充足的高质量客用电梯,轿厢装修高雅。配有服务电梯	
7.5	主要公共区域应有男女分设的间隔式公共卫生间,环境良好	
7.6	应有商品部,出售旅行日常用品、旅游纪念品等	
7.7	应有商务中心,可提供传真、复印、国际长途电话、打字等服务,有可供宾客使用的电脑,并可提供代发信件、手机充电等服务	
7.8	提供或代办市内观光服务	
7.9	应有公用电话	
7.10	应有紧急照明设施和有应急供电系统	
7.11	主要公共区域有闭路电视监控系统	
7.12	走廊及电梯厅地面应满铺地毯或其他高档材料。墙面整洁、有装修装饰,温度适宜、通风良好、光线适宜。紧急出口标识清楚醒目,位置合理,无障碍物。有符合规范的逃生通道,安全避难场所	
7.13	应有必要的员工生活和活动设施	
	总体是否达标结论	

表 A.5　五星级必备项目检查表

序号	项目	是否达标
1	总体要求	
1.1	建筑物外观和建筑结构应具有鲜明的豪华饭店的品质，饭店空间布局合理，方便宾客在饭店内活动	
1.2	内外装修应采用高档材料，符合环保要求，工艺精致，整体氛围协调，风格突出	
1.3	各种指示用和服务用文字应至少用规范的中英文同时表示。导向标志清晰、实用、美观，导向系统的设置和公共信息图形符号应符合 GB/T 15566.8 和 GB/T 10001.1、GB/T 10001.2、GB/T 10001.4、GB/T 10001.9 的规定	
1.4	应有中央空调（别墅式度假饭店除外），各区域空气质量良好	
1.5	应有运行有效的计算机管理系统，前后台联网，有饭店独立的官方网站或者互联网主页，并能够提供网络预订服务	
1.6	应有公共音响转播系统。背景音乐曲目、音量与所在区域和时间段相适应，音质良好	
1.7	设施设备应保养良好，无噪声，安全完好、卫生和有效	
1.8	应具备健全的管理规范、服务规范与操作标准	
1.9	员工应着工装，工装专业设计、材质良好、做工精致	
1.10	员工训练有素，能用普通话和英语提供服务，必要时可用第二种外国语提供服务	
1.11	应有与本星级相适应的节能减排方案并付诸实施	
1.12	应有突发事件（突发事件应包括火灾、自然灾害、饭店建筑物和设备设施事故、公共卫生和伤亡事件、社会治安事件等）处置的应急预案，有年度实施计划，并定期演练	
1.13	应有系统的员工培训规划和制度，应有专门的教材、专职培训师及专用员工培训教室	
2	前厅	
2.1	功能划分合理，空间效果良好	
2.2	装饰设计有整体风格，色调协调，光线充足，整体视觉效果和谐	
2.3	总服务台位置合理，接待人员应 24 h 提供接待、问讯和结账等服务。并能提供留言、总账单结账、国内和国际信用卡结算、外币兑换等服务	
2.4	应专设行李寄存处，配有饭店与宾客同时开启的贵重物品保险箱，保险箱位置安全、隐蔽，能够保护宾客的隐私	
2.5	应提供饭店基本情况、客房价目等信息，提供所在地旅游资源、当地旅游交通及全国旅游交通的信息，并在总台能提供中英文所在地交通图、与住店宾客相适应的报刊	
2.6	在非经营区应设宾客休息场所	
2.7	门厅及主要公共区域应有符合标准的残疾人出入坡道，配备轮椅，有残疾人专用卫生间或厕位，为残障人士提供必要的服务	
2.8	应 24 h 接受包括电话、传真或网络等渠道的客房预订	
2.9	应有专职的门卫应接服务人员，18 h 迎送宾客	
2.10	应有专职行李员，配有专用行李车，24 h 提供行李服务，提供小件行李寄存服务	
2.11	应提供代客预订和安排出租汽车服务	
2.12	应有专职人员处理宾客关系，18 h 在岗服务	
2.13	应提供礼宾服务	
2.14	应有管理人员 24 h 在岗值班	
3	客房	

续表 A.5

序号	项目	是否达标
3.1	应有至少50间(套)可供出租的客房	
3.2	70%客房的面积(不含卫生间和门廊)应不小于20 m^2	
3.3	应有标准间(大床房、双床房),残疾人客房,两种以上规格的套房(包括至少4个开间的豪华套房),套房布局合理	
3.4	装修豪华,具有良好的整体氛围。应有舒适的床垫及配套用品。写字台、衣橱及衣架、茶几、座椅或沙发、床头柜、全身镜、行李架等家具配套齐全、布置合理、使用便利。所有电器开关方便宾客使用。室内满铺高级地毯,或用优质木地板或其他高档材料装饰。采用区域照明,目的物照明效果良好	
3.5	客房门能自动闭合,应有门窥镜、门铃及防盗装置。客房内应在显著位置张贴应急疏散图及相关说明	
3.6	客房内应有装修精致的卫生间。有高级抽水恭桶、梳妆台(配备面盆、梳妆镜和必要的盥洗用品)、浴缸并带淋浴喷头(另有单独淋浴间的可以不带淋浴喷头),配有浴帘或其他有效的防溅设施。采取有效的防滑措施。采用豪华建筑材料装修地面、墙面和天花,色调高雅柔和。采用分区照明且目的物照明效果良好。有良好的无明显噪声的排风设施,且湿度与客房无明显差异。有110/220 V不间断电源插座、电话副机。配有吹风机。24 h供应冷、热水,水龙头冷热标识清晰。所有设施设备均方便宾客使用	
3.7	客房内应有饭店专用电话机,方便使用。可以直接拨通或使用预付费电信卡拨打国际、国内长途电话,并备有电话使用说明和所在地主要电话指南	
3.8	应有彩色电视机,画面和音质优良。播放频道不少于24个,频道顺序有编辑,备有频道目录	
3.9	应有背景音乐,音质良好,曲目适宜,音量可调	
3.10	应有防噪声及隔音措施,效果良好	
3.11	应有纱帘及遮光窗帘,遮光效果良好	
3.12	应有至少两种规格的电源插座,电源插座应有两个以上供宾客使用的插位,位置方便宾客使用,并可提供插座转换器	
3.13	应有与本星级相适应的文具用品。配有服务指南、住宿须知、所在地旅游景点介绍和旅游交通图等。提供与住店宾客相适应的报刊	
3.14	床上用棉织品(床单、枕芯、枕套、被芯、被套及床衬垫等)及卫生间针织用品(浴巾、浴衣、毛巾等)材质高档、工艺讲究、柔软舒适。可应宾客要求提供多种规格的枕头	
3.15	客房、卫生间应每天全面清理一次,每日或应宾客要求更换床单、被套及枕套,客用品和消耗品补充齐全,并应宾客要求随时进房清理	
3.16	应提供互联网接入服务,并备有使用说明,使用方便	
3.17	应提供开夜服务,夜床服务效果良好	
3.18	应提供客房微型酒吧(包括小冰箱)服务,配置适量与住店宾客相适应的酒和饮料,备有饮用器具和价目单。免费提供茶叶或咖啡。提供冷热饮用水,可应宾客要求提供冰块	
3.19	应提供客衣干洗、湿洗、熨烫服务。可在24 h内交还宾客,可提供加急服务	
3.20	应24 h提供送餐服务。有送餐菜单和饮料单,送餐菜式品种不少于8种,饮料品种不少于4种,甜食品种不少于4种,有可挂置门外的送餐牌,送餐车应有保温设备	

续表 A.5

序号	项目	是否达标
3.21	应提供自动和人工叫醒、留言及语音信箱服务,服务效果良好	
3.22	应提供宾客在房间会客服务,应宾客的要求及时提供加椅和茶水服务	
3.23	客房内应备有擦鞋用具,并提供擦鞋服务	
4	餐厅及吧室	
4.1	各餐厅布局合理、环境优雅、空气清新,不串味,温度适宜	
4.2	应有装饰豪华、氛围浓郁的中餐厅	
4.3	应有装饰豪华、格调高雅的西餐厅(或外国特色餐厅)或风格独特的风味餐厅,均配有专门厨房	
4.4	应有位置合理、独具特色、格调高雅的咖啡厅,提供品质良好的自助早餐、西式正餐。咖啡厅(或有一餐厅)营业时间不少于 18 h	
4.5	应有 3 个以上宴会单间或小宴会厅。提供宴会服务,效果良好	
4.6	应有专门的酒吧或茶室	
4.7	餐具应按中外习惯成套配置,材质高档。工艺精致,有特色,无破损磨痕,光洁、卫生	
4.8	菜单及饮品单应装帧精美,完整清洁,出菜率不低于 90%	
5	厨房	
5.1	位置合理、布局科学,传菜路线不与非餐饮公共区域交叉	
5.2	厨房与餐厅之间,采取有效的隔音、隔热和隔味的措施。进出门分开并能自动闭合	
5.3	墙面满铺瓷砖,用防滑材料满铺地面,有地槽	
5.4	冷菜间、面点间独立分隔,有足够的冷气设备。冷菜间内有空气消毒设施	
5.5	冷菜间有二次更衣场所及设施	
5.6	粗加工间与其他操作间隔离,各操作间温度适宜,冷气供应充足	
5.7	洗碗间位置合理(紧邻厨房与餐厅出入口),配有洗碗和消毒设施	
5.8	有必要的冷藏、冷冻设施,生熟食品及半成食品分柜置放。有干货仓库	
5.9	有专门放置临时垃圾的设施并保持其封闭,排污设施(地槽、抽油烟机和排风口等)保持畅通清洁	
5.10	采取有效的消杀蚊蝇、蟑螂等虫害措施	
5.11	应有食品化验室或留样送检机制	
6	会议康乐设施	
6.1	应有两种以上规格的会议设施,有多功能厅,配备相应的设施并提供专业服务	
6.2	应有康体设施,布局合理,提供相应的服务	
7	公共区域	
7.1	饭店室外环境整洁美观,绿色植物维护良好	
7.2	饭店后台区域设施完好、卫生整洁、维护良好,前后台的衔接合理,通往后台的标识清晰	
7.3	应有效果良好的回车线,并有与规模相适应泊位的停车场,有残疾人停车位,停车场环境效果良好,提供必要的服务	
7.4	3 层以上(含 3 层)建筑物应有数量充足的高质量客用电梯,轿厢装饰高雅,速度合理,通风良好;另备有数量、位置合理的服务电梯	
7.5	各公共区域均应有男女分设的间隔式公共卫生间,环境优良,通风良好	

续表 A.5

序号	项目	是否达标
7.6	应有商品部,出售旅行日常用品、旅游纪念品等	
7.7	应有商务中心,可提供传真、复印、国际长途电话、打字等服务,有可供宾客使用的电脑,并可提供代发信件、手机充电等服务	
7.8	提供或代办市内观光服务	
7.9	应有公用电话,并配有便签	
7.10	应有应急照明设施和有应急供电系统	
7.11	主要公共区域有闭路电视监控系统	
7.12	走廊及电梯厅地面应满铺地毯或其他高档材料,墙面整洁、有装修装饰,温度适宜、通风良好、光线适宜。紧急出口标识清楚醒目,位置合理,无障碍物。有符合规范的逃生通道、安全避难场所	
7.13	应有充足的员工生活和活动设施	
	总体是否达标结论	

附录 B

(规范性附录)

设施设备评分表

表 B.1 给出了设施设备评分表。

表 B.1　设施设备评分表

序号	设施设备评分表	各大项总分	各分项总分	各次分项总分	各小项总分	计分	记分栏
1	地理位置、周围环境、建筑结构及功能布局	30					
1.1	地理位置及周围环境		8				
1.1.1	地理位置			3			
	位于城市中心或商务区,旅游景区或度假区,机场、火车站、长途汽车站、码头等交通便利地带,可进入性好					3	
	靠近城市中心或商务区,旅游景区或度假区,机场、火车站、长途汽车站、码头,可进入性较好					2	
	可进入性一般					1	
1.1.2	周围环境(饭店建筑红线内)			5			
	花园(独立于饭店主体建筑的绿化场地,面积较大,有观赏景物或建筑小品,花木保养得当,环境整洁)					5	

续表 B.1

序号	设施设备评分表	各大项总分	各分项总分	各次分项总分	各小项总分	计分	记分栏
	庭院(附属于饭店主体建筑,有一定的绿化和景观,可供散步、休闲,环境整洁)					3	
1.2	停车场(包括地下停车场、停车楼)		5				
1.2.1	停车位数量			4			
	自备停车场,车位不少于40%客房数					4	
	自备停车场,车位不少于15%客房数					3	
	在饭店周围200 m内可以停放汽车,车位不少于15%客房数					2	
	有回车线					1	
1.2.2	合理利用空间,有地下停车场(停车楼)等			1			
1.3	建筑结构及功能布局		17				
1.3.1	前厅部位功能设施位置恰当、分隔合理,方便宾客使用(酌情给1~3分)			3			
1.3.2	餐饮部位功能设施位置恰当、分隔合理,方便宾客使用(酌情给1~3分)			3			
1.3.3	客房部位功能设施位置恰当、分隔合理,方便宾客使用(酌情给1~3分)			3			
1.3.4	康乐及会议部位功能设施位置恰当、分隔合理,方便宾客使用(酌情给1~3分)			3			
1.3.5	饭店建筑历史悠久,为文物保护单位			5			
	全国重点文物保护单位,建立并实施严格的文物保护措施					5	
	省级文物保护单位,建立并实施相应的文物保护措施					3	
	市、县级文物保护单位					1	
1.3.6	饭店配套设施不在主体建筑内又没有封闭通道相连(度假型饭店除外)			-5			
2	共用系统	52					
2.1	智能化管理系统		8				
2.1.1	结构化综合布线系统			2			
2.1.2	先进、有效的火灾报警与消防联动控制系统(含点报警、面报警、消防疏散广播等)			3			
2.1.3	先进的楼宇自动控制系统(新风/空调监控、供配电与照明监控、给排水系统监控等)			3			
2.2	信息管理系统		9				
2.2.1	覆盖范围			4			

续表 B.1

序号	设施设备评分表	各大项总分	各分项总分	各次分项总分	各小项总分	计分	记分栏
	全面覆盖前后台，数据关联的饭店专用管理信息系统（前台管理系统、餐厅管理系统、财务管理系统、收益分析系统、人事管理系统、工程管理系统、库房管理系统、采购管理系统等数据流自动化处理并关联）					4	
	前后台均有独立的管理信息系统					2	
	只覆盖前台对客服务部门					1	
2.2.2	采取确保饭店信息安全的有效措施			2			
2.2.3	系统供应商			3			
	行业主流供应商，系统先进、运行稳定					3	
	非主流供应商					1	
2.3	互联网		8				
2.3.1	覆盖范围			6			
	所有的客房配有互联网接口（有线、无线均可）					2	
	所有的会议室均有互联网接口（有线、无线均可）					2	
	所有的大堂区域均有无线网络覆盖					1	
	咖啡厅和大堂酒吧提供有线互联网接口（或无线网络覆盖）					1	
2.3.2	应用			2			
	有独立网站，具有实时网上预订功能（非第三方订房网站）					2	
	在互联网上有饭店的独立网页和电子邮件地址					1	
2.4	空调系统		5				
2.4.1	四管制中央空调系统			5			
2.4.2	两管制中央空调系统			3			
2.4.3	无中央空调系统，但客房、餐厅及公共区域采用窗式、分体式或柜式空调			1			
2.5	应急供电		6				
2.5.1	自备发电设施					3	
2.5.2	应急供电系统（指两路以上供电）					2	
2.5.3	应急照明设施					1	
2.6	移动电话信号覆盖所有客房及公共区域		2				
2.7	节能措施与环境管理		14				
2.7.1	有建筑节能设计（如自然采光、新型墙体材料、环保装饰材料等）			2			
2.7.2	采用新能源的设计与运用（如太阳能、生物能、风能、地热等）			2			

续表 B.1

序号	设施设备评分表	各大项总分	各分项总分	各次分项总分	各小项总分	计分	记分栏
2.7.3	采用环保设备和用品(使用溴化锂吸收式等环保型冷水机组、使用无磷洗衣粉、使用环保型冰箱、不使用哈龙灭火器等)			2			
2.7.4	采用节能产品(如节能灯、感应式灯光、水龙头控制等),采取节能及环境保护的有效措施(客房内环保提示牌,不以野生保护动物为食品原料等)			2			
2.7.5	有中水处理系统			2			
2.7.6	有污水、废气处理设施			2			
2.7.7	垃圾房			2			
	有垃圾房及相应管理制度,并有湿垃圾干处理装置					2	
	有垃圾房及相应管理制度					1	
3	前厅	62					
3.1	地面装饰		8				
	采用高档花岗岩、大理石或其他高档材料(材质高档、色泽均匀、拼接整齐、工艺精致、装饰性强,与整体氛围相协调)					8	
	采用优质花岗岩、大理石或其他材料(材质良好,工艺较好)					6	
	采用普通花岗岩、大理石或其他材料(材质一般,有色差)					4	
	采用普通材料(普通木地板、地砖等)					2	
3.2	墙面装饰		6				
	采用高档花岗岩、大理石或其他高档材料(材质高档、色泽均匀、拼接整齐、工艺精致、装饰性强,与整体氛围相协调)					6	
	采用优质木材或高档墙纸(布)(立面有线条变化,高档墙纸包括丝质及其他天然原料墙纸)					4	
	采用普通花岗岩、大理石或木材					2	
	采用墙纸或喷涂材料					1	
3.3	天花		5				
	工艺精致、造型别致,与整体氛围相协调					5	
	工艺较好,格调一般					3	
	有一定装饰					1	
3.4	艺术装饰		2				
	有壁画或浮雕或其他艺术品装饰					2	

续表 B.1

序号	设施设备评分表	各大项总分	各分项总分	各次分项总分	各小项总分	计分	记分栏
	有简单艺术装饰					1	
3.5	家具(台,沙发等)		5				
	设计专业、材质高档、工艺精致,摆设合理,使用方便、舒适					5	
	材质较好,工艺较好					3	
	材质普通,工艺一般					1	
3.6	灯具与照明		5				
	照明设计有专业性,采用高档定制灯具,功能照明、重点照明、氛围照明和谐统一					5	
	采用高档灯具,照明整体效果较好					3	
	采用普通灯具,照明效果一般					1	
3.7	整体装饰效果		4				
	色调协调,氛围浓郁,有中心艺术品,感观效果突出					4	
	有艺术品装饰,工艺较好,氛围一般					2	
	有一定的装饰品					1	
3.8	公共卫生间		9				
3.8.1	位置合理(大堂应设置公共卫生间,且与大堂在同一楼层)			2			
3.8.2	材料、装修和洁具(对所有公共卫生间分别分,取算术平均值的整数部分)			3			
	设计专业(洁具、灯光、冷热水,照明、通风、空调等),采用高档装修材料,装修工艺精致,采用高级洁具					3	
	采用较高档装修材料,装修工艺较好,采用较好洁具					2	
	用普通装修材料,装修工艺一般,采用普通洁具					1	
3.8.3	残疾人卫生间			2			
	有残疾人专用卫生间					2	
	有残疾人专用厕位					1	
3.8.4	公共卫生间设施(少一项,扣1分)						
	抽水恭桶						
	卫生纸						
	污物桶						
	半身镜						
	洗手盆						
	洗手液或香皂						
	烘手机或擦手纸						

续表 B.1

序号	设施设备评分表	各大项总分	各分项总分	各次分项总分	各小项总分	计分	记分栏
3.8.5	每个抽水恭桶都有单独的隔间,隔间的门有插销,所有隔间都配置衣帽钩			1			
3.8.6	每两个男用小便器中间有隔板,使用自动冲水装置			1			
3.9	客用电梯		10				
3.9.1	数量			2			
	不少于平均每70间客房一部客用电梯					2	
	不少于平均每100间客房一部客用电梯					1	
3.9.2	性能优良、运行平稳、梯速合理			2			
3.9.3	内饰与设备			4			
3.9.3.1	有一定装饰、照明充足				0.5		
3.9.3.2	有饭店主要设施楼层指示				0.5		
3.9.3.3	有扶手杆				0.5		
3.9.3.4	有通风系统				0.5		
3.9.3.5	与外界联系的对讲功能				0.5		
3.9.3.6	有残疾人专用按键				0.5		
3.9.3.7	轿厢两侧均有按键				0.5		
3.9.3.8	有抵达行政楼层或豪华套房楼层的专用控制措施				0.5		
3.9.4	有观光电梯			1			
3.9.5	有自动扶梯			1			
3.10	贵重物品保险箱		2				
3.10.1	数量不少于客房数量的8%,不少于两种规格			1			
3.10.2	位置隐蔽、安全、能保护宾客隐私			1			
3.11	前厅整体舒适度		6				
3.11.1	绿色植物、花卉摆放得体,插花有艺术感,令宾客感到自然舒适			2			
3.11.2	光线、温度适宜			2			
3.11.3	背景音乐曲目适宜、音质良好、音量适中,与前厅整体氛围协调			2			
3.11.4	异味,烟尘,噪声,强风(扣分,每项扣1分)			-4			
3.11.5	置于前厅明星位置的商店、摊点影响整体氛围			-4			
4	客房	191					
4.1	普酒客房(4.1~4.10均针对普通客房打分)		26				
4.1.1	70%客房的净面积(不包括卫生间和门廊)			16			

续表 B.1

序号	设施设备评分表	各大项总分	各分项总分	各次分项总分	各小项总分	计分	记分栏
	不小于 36 m^2					16	
	不小于 30 m^2					12	
	不小于 24 m^2					8	
	不小于 20 m^2					6	
	不小于 16 m^2					4	
	不小于 14 m^2					2	
4.1.2	净高度			4			
	不低于 3 m					4	
	不低于 2.7 m					2	
4.1.3	软床垫(长度不小于 1.9 m),宽度			6			
4.1.3.1	单人床				3		
	不小于 1.35 m					3	
	不小于 1.2 m					2	
	不小于 1.1 m					1	
4.1.3.2	双人床				3		
	不小于 2.2 m					3	
	不小于 2.0 m					2	
	不小于 1.8 m					1	
4.2	装修与装饰		11				
4.2.1	地面			3			
	采用优质地毯或木地板,工艺精致					3	
	采用高档地砖、普通地毯或木地板,工艺较好					2	
	采用普通地砖或水磨石地面,工艺一般					1	
4.2.2	墙面			2			
	采用高级墙纸或其他优质材料,有艺术品装饰					2	
	采用普通涂料或墙纸					1	
4.2.3	天花有装饰			2			
4.2.4	整体装饰效果			4			
	工艺精致、色调协调,格调高雅					4	
	工艺较好、格调统一					2	
	工艺一般					1	
4.3	家具		7				
4.3.1	档次			4			
	设计专业、材质高档、工艺精致,摆设合理,使用方便、舒适					4	
	材质较好,工艺较好					2	

续表 B.1

序号	设施设备评分表	各大项总分	各分项总分	各次分项总分	各小项总分	计分	记分栏
	材质普通,工艺一般					1	
4.3.2	衣橱			3			
	步入式衣物储藏间					3	
	进深不小于 55 cm,宽度不小于 110 cm					2	
	进深不小于 45 cm,宽度不小于 90 cm					1	
4.4	灯具和照明		11				
4.4.1	灯具配备			9			
4.4.1.1	主光源(顶灯或槽灯)				1		
4.4.1.2	门廊照明灯				1		
4.4.1.3	床头照明灯				1		
4.4.1.4	写字台照明灯				1		
4.4.1.5	衣柜照明灯				1		
4.4.1.6	行李柜照明灯				1		
4.4.1.7	小酒吧照明灯				1		
4.4.1.8	装饰物照明灯				1		
4.4.1.9	夜灯				1		
4.4.2	灯光控制						
	各灯具开关位置合理,床头有房间灯光“一键式”总控制开关,标识清晰,方便使用					2	
	各灯具开关位置合理,方便使用					1	
4.5	彩色电视机		6				
4.5.1	类型与尺寸			3			
	平板电视,不小于 25 英寸					3	
	普通电视,不小于 25 英寸					2	
	普通电视,不小于 21 英寸					1	
4.5.2	频道和节目		2				
	卫星、有线闭路电视节目不少于 30 套					1	
	外语频道或外语节目不少于 3 套					1	
4.5.3	有电视频道指示说明及电视节目单			1			
4.6	客房电话		5				
4.6.1	程控电话机,有直拨国际、国内长途功能			1			
4.6.2	有语音信箱及留言指示灯			1			
4.6.3	电话机上有饭店常用电话号码和使用说明			1			
4.6.4	附设写字台电话(双线制)			1			
4.6.5	配备本地电话簿			1			

续表 B.1

序号	设施设备评分表	各大项总分	各分项总分	各次分项总分	各小项总分	计分	记分栏
4.7	微型酒吧(包括小冰箱)		5				
4.7.1	数量			3			
	100%的客房有微型酒吧(包括小冰箱)					3	
	不少于50%的客房有微型酒吧(包括小冰箱)					1	
4.7.2	提供适量饮品和食品,并配备相应的饮具			1			
4.7.3	100%以上客房配备静音、节能、环保型小冰箱			1			
4.8	客房便利设施及用品		12				
4.8.1	电热水壶			1			
4.8.2	熨斗和熨衣板			1			
4.8.3	西装衣撑			1			
4.8.4	每房不少于4个西服衣架、2个裤架和2个裙架			1			
4.8.5	不间断电源插座(国际通用制式)不少于两处,并有明确标识,方便使用			1			
4.8.6	吹风机			1			
4.8.7	浴衣(每客1件)			1			
4.8.8	备用被毯(每床1条)			1			
4.8.9	咖啡(含伴侣、糖),配相应杯具			1			
4.8.10	环保或纸制礼品袋(每房2个)			1			
4.8.11	针线包			1			
4.8.12	文具(含铅笔,橡皮,曲别针等)			1			
4.9	客房必备物品(少一项,扣1分)						
	服务指南(含欢迎词、饭店各项服务简介)						
	笔						
	信封(每房不少于2个)						
	信纸(每房不少于4张)						
	免费茶叶						
	暖水瓶(有电热水壶可不备)						
	凉水瓶(或免费矿泉水)						
	擦鞋用具(每房2份)						
	"请勿打扰""请清理房间"挂牌或指示灯						
	垃圾桶						
	根据不同床型配备相应数量的枕芯、枕套、床单、毛毯或棉被						
4.10	客房卫生间		50				
4.10.1	70%的客房卫生间面积			8			

续表 B.1

序号	设施设备评分表	各大项总分	各分项总分	各次分项总分	各小项总分	计分	记分栏
	不小于 8 m^2					8	
	不小于 6 m^2					6	
	不小于 5 m^2					4	
	不小于 4 m^2					2	
	小于 4 m^2					1	
4.10.2	卫生间装修			6			
	专业设计,全部采用高档材料装修(优质大理石、花岗岩等)、工艺精致,采用统一风格的高级品牌卫浴设施					6	
	采用高档材料装修,工艺较好					4	
	采用普通材料装修,工艺一般					2	
4.10.3	卫生间设施布局			4			
	不少于 50% 的客房卫生间淋浴、浴缸、恭桶分隔					4	
	不少于 50% 的客房卫生间淋浴和浴缸分隔					3	
	不少于 50% 的客房卫生间有浴缸					1	
4.10.4	面盆及五金件			2			
	高档面盆及配套五金件					2	
	普通面盆及五金件					1	
4.10.5	浴缸及淋浴			12			
4.10.5.1	浴缸和淋浴间均有单独照明,分区域照明充足				1		
4.10.5.2	完全打开热水龙头,水温压在 15 s 内上升到 46 ~ 51 ℃,水温稳定				1		
4.10.5.3	水流充足(水压为 0.2 ~ 0.35 MPa),水质良好				1		
4.10.5.4	淋浴间下水保持通畅,不外溢				1		
4.10.5.5	浴缸				3		
	高档浴缸(配带淋浴喷头)及配套五金件					3	
	普通浴缸(配带淋浴喷头)或只有淋浴间					1	
4.10.5.6	所有浴缸上方安装扶手,符合安全规定			1			
4.10.5.7	淋浴喷头的水流可以调节			1			
4.10.5.8	淋浴有水流定温功能			1			
4.10.5.9	配备热带雨林喷头			1			
4.10.5.10	浴缸及淋浴间配有防滑设施(或有防滑功能)				1		
4.10.6	恭桶			3			

续表 B.1

序号	设施设备评分表	各大项总分	各分项总分	各次分项总分	各小项总分	计分	记分栏
	高档节水恭桶					3	
	普通节水恭桶					1	
4.10.7	其他			15			
4.10.7.1	饮用水系统				2		
4.10.7.2	梳妆镜				2		
	防雾梳妆镜					2	
	普通梳妆镜					1	
4.10.7.3	化妆放大镜				1		
4.10.7.4	面巾纸				1		
4.10.7.5	110 V/220 V 不间断电源插座(低电流)				1		
4.10.7.6	晾衣绳				1		
4.10.7.7	呼救按钮或有呼救功能的电话				1		
4.10.7.8	连接客房电视的音响装置				1		
4.10.7.9	体重秤				1		
4.10.7.10	电话副机(方便宾客取用)				1		
4.10.7.11	浴室里挂钩不少于一处,方便使用				1		
4.10.7.12	浴帘及其他防溅设施				1		
4.10.7.13	浴衣架				1		
4.10.8	卫生间客用必备品(少一项扣一分)						
4.10.8.1	漱口杯(每房 2 个)						
4.10.8.2	浴巾(每房 2 条)						
4.10.8.3	地巾						
4.10.8.4	面巾(每房 2 条)						
4.10.8.5	卫生袋						
4.10.8.6	卫生纸						
4.10.8.7	垃圾桶						
4.11	套房		14				
4.11.1	数量			3			
	不少于客房总数的 20%(不包括连通房)					3	
	不少于客房总数的 10%(不包括连通房)					2	
	不少于客房总数的 5%(不包括连通房)					1	
4.11.2	规格			6			
4.11.2.1	至少有三种规格的套房				2		
4.11.2.2	有豪华套房				4		
	至少有卧室 2 间、会客厅、餐厅、书房各 1 间(卫生间 3 间)					4	
	至少有卧室 2 间、会客厅 1 间、餐厅或书房各 1 间(卫生间 3 间)					2	

续表 B.1

序号	设施设备评分表	各大项总分	各分项总分	各次分项总分	各小项总分	计分	记分栏
4.11.3	套房卫生间			5	2		
4.11.3.1	有供主人和来访宾客分别使用的卫生间				1		
4.11.3.2	有由卧室和客厅分别直接进入的卫生间（双门卫生间）				1		
4.11.3.3	有音响装置				1		
4.11.3.4	配有电视机		2				
4.12	有残疾人客房，配备相应的残障设施		2				
4.13	设无烟楼层		35				
4.14	客房舒适度			15			
4.14.1	布草				6		
4.14.1.1	床单、被套、枕套的纱支规格					6	
	不低于 80×60 支纱					3	
	不低于 60×40 支纱					1	
	不低于 40×40 支纱				1		
4.14.1.2	床单、被套、枕套的含棉量为 100%				2		
4.14.1.3	毛巾（含浴巾、面巾、地巾、方巾等）的纱支规格					2	
	32 支纱（或螺旋 16 支），含棉量为 100%					1	
	不低于 16 支纱						
4.14.1.4	毛巾（含浴巾、面巾、地巾、方巾等）规格（一个规格不达标扣 0.5 分，扣满 2 分以上，降低一档）				6		
	浴巾：不小于 1 400 mm×800 mm，重量不低于 750 g； 面巾：不小于 750 mm×350 mm，重量不低于 180 g； 地巾：不小于：800 mm×500 mm，重量不低于 450 g； 方巾：不小于 320 mm×320 mm，重量不低于 55 g					6	
	浴巾：不小于 1 300 mm×700 mm，重量不低于 500 g； 面巾：不小于 600 mm×300 mm，重量不低于 120 g； 地巾：不小于 700 mm×400 mm，重量不低于 320 g； 方巾：不小于 300 mm×300 mm，重量不低于 45 g					3	

续表 B.1

序号	设施设备评分表	各大项总分	各分项总分	各次分项总分	各小项总分	计分	记分栏
	浴巾:不小于 1 200 mm × 600 mm,重量不低于 400 g; 面巾:不小于 550 mm × 300 mm,重量不低于 110 g; 地巾:不小于 650 mm × 350 mm,重量不低于 280 g					1	
4.14.2	床垫硬度适中、无变形,可提供 3 种以上不同类型的枕头			2			
4.14.3	温度			3			
4.14.3.1	室内温度可调节				2		
4.14.3.2	公共区域与客房区域温差不超过 5 ℃				1		
4.14.4	相对湿度:冬季为 50% ~55%,夏季为 45% ~50%			2			
4.14.5	客房门、墙、窗、天花、卫生间采取隔音措施,效果良好			2			
	客房隔音效果差,或部分客房靠近高噪声设施(如歌舞厅、保龄球场、洗衣房等),影响宾客休息					-4	
4.14.6	窗帘与客房整体设计匹配,有纱帘,方便开闭,密闭遮光效果良好			2			
4.14.7	照明效果			3			
	专业设计,功能照明、重点照明、氛围照明和谐统一					3	
	有目的物照明光源,满足不同区域的照明需求					2	
	照明效果一般					1	
4.14.8	客用品方便取用,插座、开关位置合理,方便使用			2			
4.14.9	艺术品、装饰品搭配协调,布置雅致;家具、电器、灯饰档次匹配,色调和谐			2			
4.14.10	电视机和背景音乐系统的音、画质良好,节目及音量调节方便有效			2			
4.15	客房走廊及电梯厅		5				
4.15.1	走廊宽度不少于 1.8 m,高度不低于 2.3 m			1			
4.15.2	光线适宜			1			
4.15.3	通风良好,温度适宜			1			
4.15.4	客房门牌标识醒目,制作精良			1			
4.15.5	管道井、消防设施的装饰与周边氛围协调			1			
5	餐饮	59					

续表 B.1

序号	设施设备评分表	各大项总分	各分项总分	各次分项总分	各小项总分	计分	记分栏
5.1	餐厅[5.1～5.2 对各个餐厅(不包括食街和快餐厅)分别打分,然后根据餐厅数量取算术平均值的整数部分]		32				
5.1.1	布局			8			
5.1.1.1	接待区装饰风格(接待台、预订台)与整体氛围协调				1		
5.1.1.2	有宴会单间或小宴会厅				3		
5.1.1.3	靠近厨房,传菜线路不与非餐饮公共区域交叉				2		
5.1.1.4	有酒水台				1		
5.1.1.5	有分区设计,有绿色植物或一定装饰品				1		
5.1.2	装饰			14			
5.1.2.1	地面装饰				4		
	采用优质花岗岩、大理石、地毯、木地板或其他与整体装饰风格相协调的高档材料(材质高档、色泽均匀、拼接整齐、装饰性强,与整体氛围相协调)					4	
	采用普通大理石、地毯、木地板或其他材料(材质一般,有色差,拼接整齐,装饰性较强)					2	
	采用普通材料(普通木地板、地砖等)					1	
5.1.2.2	墙面装饰				4		
	采用优质花岗岩、大理石或其他与整体装饰风格相协调的高档材料(材质高档、色泽均匀、拼接整齐、装饰性强,与整体氛围相协调)					3	
	采用优质木材或高档墙纸(布)(立面有线条变化,高档墙纸包括丝质及其他天然原料墙纸)					3	
	采用普通花岗岩、大理石、木材					2	
	采用普通墙纸或喷涂材料					1	
5.1.2.3	天花				3		
	工艺精致,造型别致,格调高雅					3	
	工艺较好,格调一般					2	
	有一定装饰					1	
5.1.3	家具				3		
	设计专业、材质高档、工艺精致,摆设合理,使用方便、舒适					3	

续表 B.1

序号	设施设备评分表	各大项总分	各分项总分	各次分项总分	各小项总分	计分	记分栏
	材质较好,工艺较好					2	
	材质普通,工艺一般					1	
5.1.4	灯具与照明			3			
	照明设计有专业性,采用高档定制灯具,功能照明、重点照明、氛围照明和谐统一					3	
	采用高档灯具,照明整体效果较好					2	
	采用普通灯具,照明效果一般					1	
5.1.5	餐具			3			
	高档材质,工艺精致,有一定的艺术性,与整体氛围协调					3	
	较好材质与工艺					2	
	一般材质与工艺					1	
5.1.6	菜单及酒水单			3			
	用中文、英文及相应外文印制,有独立酒水单,装帧精美,出菜率不低于90%					3	
	用中英文印刷,装帧较好,出菜率不低于90%					2	
	有中文菜单,保持完整、清洁					1	
5.1.7	不使用一次性筷子和一次性湿毛巾,不使用塑料桌布			1			
5.2	厨房		12				
5.2.1	应有与餐厅经营面积和菜式相适应的厨房区域(含粗细加工间、面点间、冷菜间、冻库等)			2			
5.2.2	为某特定类型餐厅配有专门厨房(每个1分,最多2分)			2			
5.2.3	位置合理、布局科学,传菜路线不与非餐饮公共区域交叉			2			
5.2.4	冷、热制作间分隔			1			
5.2.5	配备与厨房相适应的保鲜和冷冻设施,生熟分开			1			
5.2.6	粗细加工间分隔			1			
5.2.7	洗碗间位置合理			1			
5.2.8	厨房和餐厅间采用有效的隔音、隔热、隔味措施			1			
5.2.9	厨房内、灶台上采取有效的通风、排烟措施						
5.3	酒吧、茶室及其他吧室		7				
5.3.1	装修与装饰(包含台、家具、餐具、饮具等)			4			

续表 B.1

序号	设施设备评分表	各大项总分	各分项总分	各次分项总分	各小项总分	计分	记分栏
	专业设计、材质高档、工艺精致，氛围协调，呈现一定主题					4	
	较好材质与工艺					2	
	普通材质与工艺					1	
5.3.2	氛围			3			
	环境高雅、独特，装饰及灯光设计有专业性					3	
	氛围较好					2	
	氛围一般					1	
5.4	餐饮区域整体舒适度		8				
5.4.1	整体设计有专业性，格调高雅，色调协调、有艺术感			2			
5.4.2	温湿度适宜，通风良好，无炊烟及烟酒异味			2			
5.4.3	专业设计照明，环境舒适，无噪声。背景音乐曲目、音量适宜，音质良好			2			
5.4.4	餐具按各菜式习惯配套齐全，无破损，无水迹			2			
5.4.5	任一餐厅（包括宴会厅）与其厨房不在同一楼层			-2			
6	安全措施	16					
6.1	客房安全措施		8				
6.1.1	电子卡门锁或其他高级门锁			2			
6.1.2	客房门有自动闭合功能			1			
6.1.3	贵重物品保险箱			3			
6.1.3.1	位置隐蔽，照明良好，方便使用				1		
6.1.3.2	数量				2		
	100%的客房配备					2	
	不少于50%的客房配备					1	
6.1.4	客房配备逃生电筒，使用有效			1			
6.1.5	客房配备与宾客人数相等的防毒面具			1			
6.2	公共区域		6				
6.2.1	有安保人员24 h值班、巡逻			2			
6.2.2	闭路电视监控			2			
	覆盖饭店所有公共区域。画面清晰，定期保存监控资料（以当地有关部门规定为准）					2	
	电梯、大堂、走廊、停车场出入口等主要公共区域有闭路电视监控					1	
6.2.3	通往后台区域有明显提示，有安全可靠的钥匙管理制度			1			

续表 B.1

序号	设施设备评分表	各大项总分	各分项总分	各次分项总分	各小项总分	计分	记分栏
6.2.4	各通道显著位置设有紧急出口标志			1			
6.3	食品安全		2				
	设食品留样化验室，并有相应管理制度					2	
	设食品留样柜					1	
7	员工设施	7					
7.1	有独立的员工食堂		1				
7.2	有独立的更衣间		1				
7.3	有员工浴室		1				
7.4	有倒班宿舍		1				
7.5	有员工专用培训教室，配置必要的教学仪器和设备		1				
7.6	有员工活动室		1				
7.7	有员工电梯（或服务电梯）		1				
8	特色类别	183					
8.1	商务会议型旅游饭店设施		70				
8.1.1	行政楼层			14			
8.1.1.1	专设接待台，可办理入住、离店手续，并提供问讯、留言等服务				1		
8.1.1.2	提供电脑上网、复印、传真等服务				1		
8.1.1.3	有小会议室或洽谈室				1		
8.1.1.4	有餐饮区域（行政酒席，提供早餐、欢乐时光、下午茶），面积与行政楼层客房数相匹配，应设置备餐间				4		
8.1.1.5	设阅览、休息区域				1		
8.1.1.6	可提供管家式服务				2		
8.1.1.7	设公共卫生间				1		
8.1.1.8	行政楼层的客房				3		
8.1.1.8.1	客用品配置高于普通楼层客房					2	
8.1.1.8.2	附设写字台电话，且有一键式呼叫管家服务按钮					1	
8.1.2	大宴会厅或多功能厅（应配有与服务面积相匹配的厨房）			23			
8.1.2.1	面积（面积计算以固定隔断为准，厅面积达不到要求，减 1 分）				6		
	无柱，不小于 800 m^2 且序厅不小于 250 m^2					6	
	不小于 500 m^2 且序厅不小于 150 m^2					4	
	不小于 240 m^2 且序厅不小于 70 m^2					2	
8.1.2.2	净高度				3		

续表 B.1

序号	设施设备评分表	各大项总分	各分项总分	各次分项总分	各小项总分	计分	记分栏
	不低于 6 m					3	
	不低于 5 m					2	
	不低于 3.5 m					1	
8.1.2.3	设专用入口				1		
8.1.2.4	设专用通道(楼梯、自动扶梯等)				1		
8.1.2.5	装修与装饰				4		
	专业设计、材质高档、工艺精致、氛围协调					4	
	材质高档,工艺较好					2	
	材质一般,工艺一般					1	
8.1.2.6	音响效果良好,隔声效果良好				1		
8.1.2.7	通风良好,温度适宜				1		
8.1.2.8	配设衣帽间				1		
8.1.2.9	灯光				3		
	专业设计,可营造不同氛围					3	
	灯光分区控制,亮度可调节					2	
	灯光分区控制					1	
8.1.2.10	设贵宾休息室,位置合理,并有专用通道进入大宴会厅				2		
8.1.3	会议厅			12			
8.1.3.1	面积(如有多个会议厅,可以累计得分,但总分不超过 8 分)				4		
	不小于 400 m^2					4	
	不小于 300 m^2					3	
	不小于 200 m^2					2	
8.1.3.2	有座席固定的会议厅				2		
8.1.3.3	小会议室(至少容纳 8 人开会)				3		
	不少于 4 个					3	
	不少于 2 个					1	
8.1.3.4	通风良好,温度适宜				1		
8.1.3.5	灯光分区控制,亮度可调节,遮光效果良好				1		
8.1.3.6	隔音效果良好				1		
8.1.4	会议设施			4			
8.1.4.1	同声传译功能设置(设备可租借)				1		
8.1.4.2	电视电话会议功能设置(设备可租借)				1		
8.1.4.3	多媒体演讲系统(电脑、即席发言麦克风、投影仪、屏幕等)				1		
8.1.4.4	各会议室音响效果良好				1		

续表 B.1

序号	设施设备评分表	各大项总分	各分项总分	各次分项总分	各小项总分	计分	记分栏
8.1.5	展览厅(布展面积)			8			
	至少 5 000 m^2,层高不低于 10 m					8	
	至少 2 000 m^2,层高不低于 7 m					4	
8.1.6	商务中心			9			
8.1.6.1	位置合理、方便宾客使用				1		
8.1.6.2	配备完整的办公设施(包括复印机、打印机、传真机、装订机、手机充电器等),提供秘书服务,报纸杂志				2		
8.1.6.3	装修与装饰				3		
	专业设计,材质高档,工艺精致,与整体氛围协调,与饭店规模与档次匹配					3	
	材质较好,工艺较好					2	
	材质一般,工艺一般					1	
8.1.6.4	有洽谈室(或出租式办公室)				2		
8.1.6.5	有相对独立区域,提供可联结互联网的电脑				1		
8.2	休闲度假型旅游饭店设施		65				
8.2.1	温泉浴场			5			
	自用温泉浴场(饭店同一业主投资经营)					5	
	邻近福泉浴场(1 km 以内)					2	
8.2.2	海滨浴场			5			
	自用海滨浴场或有租用 5 年以上合同(饭店同一业主投资经营)					5	
	邻近海滨浴场(1 km 以内)					2	
8.2.3	滑雪场			5			
	自用滑雪场(饭店同一业主投资经营)					5	
	邻近滑雪场(5 km 以内)					2	
8.2.4	高尔夫球场			5			
	18 洞以上的自用高尔夫球场(饭店同一业主投资经营)					5	
	邻近 18 洞以上的高尔夫球场(5 km 以内)					2	
8.2.5	客房阳台			2			
	不少于 50% 的客房有阳台					2	
	不少于 30% 的客房有阳台					1	
8.2.6	除必备要求外,有多种风味餐厅			5			
	风味餐厅数量不少于 3 个					5	
	风味餐厅数量不少于 2 个					3	
8.2.7	游泳池			10			

续表 B.1

序号	设施设备评分表	各大项总分	各分项总分	各次分项总分	各小项总分	计分	记分栏
8.2.7.1	室内游泳池面积				3		
	不小于 250 m^2					3	
	不小于 150 m^2					2	
	不小于 80 m^2					1	
8.2.7.2	室外游泳池面积				2		
	不小于 30 m^2					2	
	不小于 150 m^2					1	
8.2.7.3	有池水循环过滤系统				1		
8.2.7.4	有消毒池				1		
8.2.7.5	有戏水池				1		
8.2.7.6	有水深、水温和水质的明显指示标志(立式或墙上)				1		
8.2.7.7	有扶手杆,在明显位置悬挂救生设备,有安全说明,并有专人负责现场安全与指导,有应急照明设施				1		
8.2.8	桑拿浴			2			
8.2.8.1	男女分设				1		
8.2.8.2	有呼叫按钮和安全提示				1		
8.2.9	蒸汽浴			2			
8.2.9.1	男女分设				1		
8.2.9.2	有呼叫按钮和安全提示				1		
8.2.10	专业保健理疗			1			
8.2.11	水疗			7			
8.2.11.1	装修装饰				3		
	专业灯光、音响设计,装修材质高档、工艺精致,氛围浓郁					3	
	装修材料普通,装修工艺一般					1	
8.2.11.2	配有专业水疗技师				2		
8.2.11.3	专业水疗用品商店				1		
8.2.11.4	有室外水疗设施				1		
8.2.12	壁球室(每个 1 分,最多 2 分)			2			
8.2.13	室内网球场(每个 2 分,最多 4 分)			4			

续表 B.1

序号	设施设备评分表	各大项总分	各分项总分	各次分项总分	各小项总分	计分	记分栏
8.2.14	室外网球场(每个1分,最多2分)			2			
8.2.15	室外高尔夫练习场			2			
8.2.16	室内电子模拟高尔夫			1			
8.2.17	有儿童活动场所和设施,并有专人看护			1			
8.2.18	其他运动娱乐休闲项目(每类1分,最多4分)			4			
8.3	其他		48				
8.3.1	健身房			18			
8.3.1.1	布局合理,通风良好,照明良好(与客房区域相对隔离)				2		
8.3.1.2	自然采光,光线充足				2		
8.3.1.3	装修装饰				3		
	专业设计,装修材质高档、工艺精致、氛围营造突出					3	
	装修材质较好、工艺较好					2	
	装修材质普通,工艺一般					1	
8.3.1.4	面积				4		
	不少于 200 m^2					4	
	不少于 100 m^2					2	
	不少于 50 m^2					1	
8.3.1.5	器械				2		
	专业健身器械,不少于10种					2	
	不少于5种					1	
8.3.1.6	有音像设施和器械使用说明				1		
8.3.1.7	有专用形体房,并开设一定形体课程				2		
8.3.1.8	配备专业健身教练,提供专业指导				2		
8.3.2	更衣室			7			
8.3.2.1	面积和数量				2		
	面积宽敞,更衣箱数量不少于客房总数的15%,门锁可靠					2	
	面积宽敞,更衣箱数量不少于客房总数的10%,门锁可靠					1	
8.3.2.2	配备数量适当的座椅				1		
8.3.2.3	有淋浴设施,并有洗浴、洗发用品				2		

续表 B.1

序号	设施设备评分表	各大项总分	各分项总分	各次分项总分	各小项总分	计分	记分栏
8.3.2.4	有化妆台,并备有吹风机和护肤、美发用品				1		
8.3.2.5	有太阳浴设备				1		
8.3.3	专用团队宾客接待台			1			
8.3.4	团队宾客专用出入口			1			
8.3.5	美容美发室			1			
8.3.6	歌舞厅或演艺厅或 KTV			2			
8.3.7	影剧场,舞台设施和舞台照明系统能满足一般演出需要			2			
8.3.8	定期歌舞表演			1			
8.3.9	专卖店或商场(对于度假型饭店,应提供当地特色产品或食品)			2			
8.3.10	旅游信息电子查询系统			1			
8.3.11	品牌化、集团化程度			2			
	委托专业饭店管理公司管理					2	
	品牌特许经营方式,国内同一品牌加盟店20家以上					1	
8.3.12	饭店总经理资质			2			
8.3.12.1	总经理连续5年以上担任同星级饭店高级管理职位				1		
8.3.12.2	总经理接受过全国或省级旅游岗位培训指导机构开展的饭店管理专业教育或培训,取得《全国旅游行业岗位职务培训证书》				1		
8.3.13	员工中通过“饭店职业英语等级测试”的人数比率			2			
	通过率20%以上					2	
	通过率15%以上					1	
8.3.14	饭店在前期设计或改造工程的决策中			3			
	采纳相应星级评定机构的意见					3	
	征询相应星级评定机构的意见					1	
8.3.15	在商务会议、度假特色类别中集中选项,得分率通过70%			3			
	总分	600					

附录 C

（规范性附录）

饭店运营质量评价表

表 C.1 给出了饭店运营质量评价表。

表 C.1　饭店运营质量评价表

序号	标准	评价			
1. 总体要求					
1.1	管理制度与规范	优	良	中	差
1.1.1	有完备的常规制度	6	4	2	1
1.1.2	有完备的操作程序	6	4	2	1
1.1.3	有完备的服务规范	6	4	2	1
1.1.4	有完备的岗位安全责任制与各类突发事件应急预案，有培训、演练计划和实施记录	6	4	2	1
1.1.5	制订饭店人力资源规划，有明确的考核、激励机制。有系统的员工培训制度和实施记录。企业文化特色鲜明	6	4	2	1
1.1.6	建立能源管理与考核制度。有完备的设备设施运行、巡检与维护记录	6	4	2	1
1.1.7	建立宾客意见收集、反馈和持续改进机制	6	4	2	1
1.2	员工素养	优	良	中	差
1.2.1	仪容仪表得体，着装统一，体现岗位特色；工服整洁、熨烫平整，鞋袜整洁一致；佩戴名牌，着装效果好	6	4	2	1
1.2.2	训练有素、业务熟练，应变能力较强，及时满足宾客合理需求	6	4	2	1
1.2.3	各部门组织严密、沟通有效，富有团队精神	6	4	2	1
	小计	60			
	实际得分：	分			
	得分率：（实际得分）/该项总分×100% =	%			
2. 前厅					
2.1	前厅服务质量				
2.1.1	总机	优	良	中	差
2.1.1.1	在正常情况下，电话铃响 10 s 内应答	3	2	1	0
2.1.1.2	接电话时正确问候宾客，同时报出饭店名称，语音清晰，态度亲切	3	2	1	0
2.1.1.3	转接电话准确、及时、无差错（无人接听时，15 s 后转回总机）	3	2	1	0
2.1.1.4	熟练掌握岗位英语或岗位专业用语	3	2	1	0
2.1.2	预订	优	良	中	差
2.1.2.1	及时接听电话，确认宾客抵离时间，语音清晰，态度亲切	3	2	1	0

续表 C.1

序号	标准	评价			
2.1.2.2	熟悉饭店各项产品,正确描述房型差异,说明房价及所含内容	3	2	1	0
2.1.2.3	提供预订号码或预订姓名,询问宾客联系方式	3	2	1	0
2.1.2.4	说明饭店入住的有关规定,通话结束前重复确认预订的所有细节,并向宾客致谢	3	2	1	0
2.1.2.5	实时网络预订,界面友好,及时确认	3	2	1	0
2.1.3	入住登记	优	良	中	差
2.1.3.1	主动、友好地问候宾客,热情接待	3	2	1	0
2.1.3.2	与宾客确认离店日期,对话中用姓氏称呼宾客	3	2	1	0
2.1.3.3	询问宾客是否需要贵重物品寄存服务,并解释相关规定	3	2	1	0
2.1.3.4	登记验证、信息上传效率高、准确无差错	3	2	1	0
2.1.3.5	指示客房或电梯方向,或招呼行李员为宾客服务,祝愿宾客入住愉快	3	2	1	0
2.1.4	行李服务	优	良	中	差
2.1.4.1	正常情况下,有行李服务人员在门口热情友好地问候宾客	3	2	1	0
2.1.4.2	为宾客拉开车门或指引宾客进入饭店	3	2	1	0
2.1.4.3	帮助宾客搬运行李,确认行李件数,轻拿轻放,勤快主动	3	2	1	0
2.1.4.4	及时将行李送入房间,礼貌友好地问候宾客,将行李放在行李架或行李柜上,并向宾客致意	3	2	1	0
2.1.4.5	离店时及时收取行李,协助宾客将行李放入车辆中,并与宾客确认行李件数	3	2	1	0
2.1.5	礼宾、问讯服务	优	良	中	差
2.1.5.1	热情友好,乐于助人,及时响应宾客合理需求	3	2	1	0
2.1.5.2	熟悉饭店各项产品,包括客房、餐饮、娱乐等信息	3	2	1	0
2.1.5.3	熟悉饭店周边环境,包括当地特色商品、旅游景点、购物中心、文化设施、餐饮设施等信息;协助安排出租车	3	2	1	0
2.1.5.4	委托代办业务效率高,准确无差错	3	2	1	0
2.1.6	叫醒服务	优	良	中	差
2.1.6.1	重复宾客的要求,确保信息准确	3	2	1	0
2.1.6.2	第二遍叫醒,准确、有效地叫醒宾客,人工叫醒电话正确问候宾客	3	2	1	0
2.1.7	结账	优	良	中	差
2.1.7.1	确认宾客的所有消费,提供总账单,条目清晰、正确完整	3	2	1	0
2.1.7.2	效率高,准确无差错	3	2	1	0
2.1.7.3	征求宾客意见,向宾客致谢并邀请宾客再次光临	3	2	1	0
2.2	前厅维护保养与清洁卫生	优	良	中	差
2.2.1	地面:完整,无破损、无变色、无变形、无污渍、无异味、清洁、光亮	3	2	1	0
2.2.2	门窗:无破损、无变形、无划痕、无灰尘	3	2	1	0
2.2.3	天花(包括空调排风口):无破损、无裂痕、无脱落、无灰尘、无水迹、无蛛网、无污渍	3	2	1	0
2.2.4	墙面(柱):完整,无破损、无开裂、无脱落、无污渍、无蛛网	3	2	1	0

续表 C.1

序号	标准	评价			
2.2.5	电梯:平稳、有效、无障碍、无划痕、无脱落、无灰尘、无污渍	3	2	1	0
2.2.6	家具:稳固、完好,与整体装饰风格相匹配。无变形、无破损、无烫痕、无脱漆、无灰尘、无污渍	3	2	1	0
2.2.7	灯具:完好、有效,与整体装饰风格相匹配。无灰尘、无污渍	3	2	1	0
2.2.8	盆景、花木、艺术品:无枯枝败叶、修剪效果好,无灰尘、无昆虫,与整体装饰风格相匹配	3	2	1	0
2.2.9	总台及各种设备(贵重物品保险箱、电话、宣传册及册架、垃圾桶、伞架、行李车、指示标志等):有效、无破损;无污渍、无灰尘	3	2	1	0
	小计	110			
	实际得分:	分			
	得分率:(实际得分)/该项总分 × 100% =	%			
	3. 客房				
3.1	客房服务质量				
3.1.1	整理客房服务	优	良	中	差
3.1.1.1	正常情况下每天 14 时前清扫客房完毕。如遇“请勿打扰”标志,按相关程序进行处理	3	2	1	0
3.1.1.2	客房与卫生间清扫整洁,无毛发、无灰尘、无污渍	3	2	1	0
3.1.1.3	所有物品已放回原处,所有客用品补充齐全	3	2	1	0
3.1.1.4	应宾客要求更换床单、被套、毛巾、浴巾等	3	2	1	0
3.1.2	※开夜床服务	优	良	中	差
3.1.2.1	正常情况下,每天 17 时到 21 时提供开夜床服务;如遇“请勿打扰”标志,按相关程序进行处理	3	2	1	0
3.1.2.2	客房与卫生间清扫整洁,无毛发、无灰尘、无污渍	3	2	1	0
3.1.2.3	所有物品已整理整齐,所有客用品补充齐全	3	2	1	0
3.1.2.4	床头灯处于打开状态,遮光窗帘已充分闭合	3	2	1	0
3.1.2.5	床边垫巾和拖鞋放置到位,电视遥控器、洗衣袋等放置方便宾客取用	3	2	1	0
3.1.2.6	床头放置晚安卡或致意品	3	2	1	0
3.1.3	※洗衣服务	优	良	中	差
3.1.3.1	洗衣单上明确相关信息(服务时间、价格、服务电话、送回方式等),配备饭店专用环保洗衣袋	3	2	1	0
3.1.3.2	应宾客要求,及时收集待洗衣物,并仔细检查	3	2	1	0
3.1.3.3	在规定时间内送还衣物,包装、悬挂整齐	3	2	1	0
3.1.3.4	所有的衣物已被正确洗涤、熨烫,如果污渍不能被清除,书面告知宾客	3	2	1	0
3.1.4	※微型酒吧	优	良	中	差
3.1.4.1	小冰箱运行状态良好,无明显噪声,清洁无异味	3	2	1	0
3.1.4.2	提供微型酒吧价目表,价目表上的食品、酒水与实际提供的相一致	3	2	1	0

续表 C.1

序号	标准	评价			
3.1.4.3	食品、酒水摆放整齐，且标签朝外，均在保质期之内	3	2	1	0
3.1.4.4	及时补充微型酒吧上被耗用的物品，应要求及时供应冰块和饮用水	3	2	1	0
3.2	客房维护保养与清洁卫生	优	良	中	差
3.2.1	房门：完好、有效、自动闭合，无破损、无灰尘、无污渍	3	2	1	0
3.2.2	地面：完整，无破损、无变色、无变形、无污渍、无异味	3	2	1	0
3.2.3	窗户、窗帘：玻璃明亮、无破损、无污渍、无脱落、无灰尘	3	2	1	0
3.2.4	墙面：无破损、无裂痕、无脱落，无灰尘、无水迹、无蛛网	3	2	1	0
3.2.5	天花（包括空调排风口）：无破损、无裂痕、无脱落；无灰尘、无水迹、无蛛网、无污渍	3	2	1	0
3.2.6	家具：稳固、完好、无变形、无破损、无烫痕、无脱漆，无灰尘、无污渍	3	2	1	0
3.2.7	灯具：完好、有效；无灰尘、无污渍	3	2	1	0
3.2.8	布草（床单、枕头、被子、毛毯、浴衣等）：配置规范、清洁，无灰尘、无毛发、无污渍	3	2	1	0
3.2.9	电器及插座（电视、电话、冰箱等）：完好、有效、安全，无灰尘、无污渍	3	2	1	0
3.2.10	客房内印刷品（服务指南、电视节目单、安全出口指示图等）：规范、完好、方便取用，字迹图案清洗、无皱折、无涂抹，无灰尘、无污渍	3	2	1	0
3.2.11	绿色植物、艺术品：与整体氛围相协调、完整、无褪色、无脱落、无灰尘、无污渍	3	2	1	0
3.2.12	床头（控制）柜：完好、有效、安全、无灰尘、无污渍	3	2	1	0
3.2.13	贵重物品保险箱：方便使用，完好有效、无灰尘、无污渍	3	2	1	0
3.2.14	客房电话机：完好、有效、无灰尘、无污渍，旁边有便笺和笔	3	2	1	0
3.2.15	卫生间门、锁：安全、有效、无破损、无灰尘、无污渍	3	2	1	0
3.2.16	卫生间地面：平坦、无破损、无灰尘、无污渍、排水畅通	3	2	1	0
3.2.17	卫生间墙壁：平整、无破损、无脱落、无灰尘、无污渍	3	2	1	0
3.2.18	卫生间天花：无破损、无裂痕、无脱落、无灰尘、无污渍	3	2	1	0
3.2.19	面盆、浴缸、淋浴区：洁净、无毛发、无灰尘、无污渍	3	2	1	0
3.2.20	水龙头、淋浴喷头等五金件：无污渍、无滴漏、擦拭光亮	3	2	1	0
3.2.21	恭桶：洁净、无堵塞、噪声低	3	2	1	0
3.2.22	下水：通畅、无明显噪声	3	2	1	0
3.2.23	排风系统：完好，运行时无明显噪声	3	2	1	0
3.2.24	客用品（毛巾、口杯等）：摆放规范、方便使用，完好、无灰尘、无污渍	3	2	1	0
	小计	126			
	实际得分：	分			
	得分率：(实际得分)该项总分×100% =	%			

续表 C.1

序号	标准	评价			
	4. 餐饮				
4.1	餐饮服务质量				
4.1.1	自助早餐服务	优	良	中	差
4.1.1.1	在宾客抵达餐厅后,及时接待并引座。正常情况下,宾客就坐的餐桌已经布置完毕	3	2	1	0
4.1.1.2	在宾客入座后及时提供咖啡或茶	3	2	1	0
4.1.1.3	所有自助餐食及时补充,适温、适量	3	2	1	0
4.1.1.4	食品和饮品均正确标记说明。标记牌洁净统一	3	2	1	0
4.1.1.5	提供加热过的盘子取用热食。厨师能够提供即时加工服务	3	2	1	0
4.1.1.6	咖啡或茶应宾客要求及时添加,适时更换烟灰缸	3	2	1	0
4.1.1.7	宾客用餐结束后,及时收拾餐具,结账效率高、准确无差错。宾客离开餐厅时,向宾客致谢	3	2	1	0
4.1.1.8	自助早餐食品质量评价	3	2	1	0
4.1.2	正餐服务	优	良	中	差
4.1.2.1	在营业时间,及时接听电话,重复并确认所有预订细节	3	2	1	0
4.1.2.2	在宾客抵达餐厅后,及时接待并引座。正常情况下,宾客就坐的餐桌已经布置完毕	3	2	1	0
4.1.2.3	提供菜单和酒水单,熟悉菜品知识,主动推荐特色菜肴,点单时与宾客保持目光交流	3	2	1	0
4.1.2.4	点菜单信息完整(如烹调方法、搭配等),点单完毕后与宾客确认点单内容	3	2	1	0
4.1.2.5	点单完成后,及时上酒水及冷盘(头盘),根据需要适时上热菜(主菜),上菜时主动介绍菜名	3	2	1	0
4.1.2.6	根据不同菜式要求及时更换、调整餐具,确认宾客需要的各种调料,提醒宾客小心餐盘烫手,西餐时,主动提供面包、黄油	3	2	1	0
4.1.2.7	向宾客展示酒瓶,在宾客面前打开酒瓶,西餐时,倒少量酒让主人鉴酒	3	2	1	0
4.1.2.8	红葡萄酒应是常温,白葡萄酒应是冰镇。操作玻璃器皿时,应握杯颈或杯底	3	2	1	0
4.1.2.9	宾客用餐结束后,结账效率高、准确无差错,主动征询宾客意见并致谢	3	2	1	0
4.1.2.10	正餐食品质量评价	3	2	1	0
4.1.3	※酒吧服务(大堂吧,茶室)	优	良	中	差
4.1.3.1	宾客到达后,及时接待,热情友好。提供酒水单,熟悉酒水知识,主动推荐,点单时与宾客保持目光交流	3	2	1	0
4.1.3.2	点单后,使用托盘及时上齐酒水,使用杯垫,主动提供佐酒小吃	3	2	1	0
4.1.3.3	提供的酒水与点单一致,玻璃器皿与饮料合理搭配,各种酒具光亮、洁净、无裂痕、无破损,饮品温度合理	3	2	1	0
4.1.3.4	结账效率高、准确无差错;向宾客致谢	3	2	1	0
4.1.4	※送餐服务	优	良	中	差

续表 C.1

序号	标准	评价			
4.1.4.1	正常情况下,及时接听订餐电话,熟悉送餐菜单内容,重复和确认预订的所有细节,主动告知预计送餐时间	3	2	1	0
4.1.4.2	正常情况下,送餐的标准时间为:事先填写好的早餐卡:预订时间 5 min 内;临时订早餐:25 min 内;小吃:25 min 内:中餐或晚餐:40 min 内	3	2	1	0
4.1.4.3	送餐时按门铃或轻轻敲门(未经宾客许可,不得进入客房);礼貌友好地问候宾客;征询宾客托盘或手推车放于何处,为宾客摆台、倒酒水、介绍各种调料	3	2	1	0
4.1.4.4	送餐推车保持清洁,保养良好。推车上桌布清洁,熨烫平整。饮料、食品均盖有防护用具	3	2	1	0
4.1.4.5	送餐推车上摆放鲜花瓶。口布清洁、熨烫平整、无污渍。盐瓶、胡椒瓶及其他调味品盛器洁净,装满	3	2	1	0
4.1.4.6	送餐完毕,告知餐具回收程序(如果提供回收卡,视同已告知),向宾客致意,祝愿宾客用餐愉快	3	2	1	0
4.1.4.7	送餐服务食品质量评价	3	2	1	0
4.2	餐饮区域保养与清洁卫生	优	良	中	差
4.2.1	餐台(包括自助餐台):稳固、美观、整洁	3	2	1	0
4.2.2	地面:完整,无破损、无变色、无变形、无污渍、无异味	3	2	1	0
4.2.3	门窗及窗帘:玻璃明亮、无破损、无变形、无划痕、无灰尘	3	2	1	0
4.2.4	墙面:平整、无破损、无裂痕、无脱落、无灰尘、无水迹、无蛛网	3	2	1	0
4.2.5	天花(包括空调排风口):平整、无破损、无裂痕、无脱落、无灰尘、无水迹、无蛛网	3	2	1	0
4.2.6	家具:稳固、完好、无变形、无破损、无烫痕、无脱漆、无灰尘、无污染	3	2	1	0
4.2.7	灯具:完好、有效、无灰尘、无污渍	3	2	1	0
4.2.8	盆景、花木:无枯枝败叶、修剪效果好,无灰尘、无异味、无昆虫	3	2	1	0
4.2.9	艺术品:有品位、完整、无褪色、无灰尘、无污渍	3	2	1	0
4.2.10	客用品(包括台布、餐巾、面巾、餐具、烟灰缸等):方便使用,完好、无破损、无灰尘、无污渍	3	2	1	0
	小计	117			
	实际得分:	分			
	得分率:(实际得分)/该项总分×100% =	%			
	5. 其他服务项目				
5.1	※会议、宴会	优	良	中	差
5.1.1	提供多种厅房布置方案,并有详细文字说明	3	2	1	0
5.1.2	各种厅房的名称标牌位于厅房显著位置,到厅房的方向指示标识内容清晰,易于理解	3	2	1	0
5.1.3	各厅房的灯光、空调可独立调控	3	2	1	0
5.1.4	有窗户的厅房配备窗帘,遮光效果好	3	2	1	0

续表 C.1

序号	标准	评价			
5.1.5	厅房之间有良好的隔音效果,互不干扰	3	2	1	0
5.1.6	台布、台呢整洁平整,完好、无灰尘、无污渍	3	2	1	0
5.1.7	音响、照明、投影等设施提前调试好,功能正常	3	2	1	0
5.1.8	会议期间,及时续水,响应宾客需求	3	2	1	0
5.1.9	会议休息期间,摆放椅子,整理台面,清理垃圾	3	2	1	0
5.2	※健身房	优	良	中	差
5.2.1	营业时间不少于12 h,热情问候、接待	3	2	1	0
5.2.2	提供毛巾及更衣柜钥匙。有安全提示,提醒宾客保管贵重物品	3	2	1	0
5.2.3	温度合理、清洁卫生、感觉舒适、无异味	3	2	1	0
5.2.4	健身器械保养良好、易于操作,并配有注意事项,必要时向宾客讲解器械操作指南	3	2	1	0
5.2.5	照明、音像设施运作正常,照明充足、音质良好。备有饮水机与水杯	3	2	1	0
5.3	※游泳池	优	良	中	差
5.3.1	水深标记及安全提示清晰、醒目(在显眼处张贴当地安全法规,要在游泳池边上能清楚地看见游泳池深度标志)	3	2	1	0
5.3.2	游泳池周边保持清洁卫生、照明充足	3	2	1	0
5.3.3	水温适当,室内游泳池水温不低于25 ℃,水质洁净、无混浊	3	2	1	0
5.3.4	配备专职救生人员及相应救生措施	3	2	1	0
5.3.5	提供数量充足的躺椅,且位置摆放合理,保养良好。室外游泳池提供数量充足的遮阳伞,且保养良好	3	2	1	0
5.3.6	提供毛巾,并及时更换宾客用过的毛巾。应宾客要求提供饮品	3	2	1	0
5.4	※更衣室	优	良	中	差
5.4.1	天花、墙面、地面保养良好、保持清洁、无破损、无脱落、无开裂、无污渍	3	2	1	0
5.4.2	通风良好、照明合理,更衣柜保持清洁,保养良好	3	2	1	0
5.4.3	淋浴间保持洁净,布置合理,方便使用,沐浴用品保持充足	3	2	1	0
5.4.4	提供洁净的毛巾,洗涤篮保持在未满状态	3	2	1	0
5.5	※商务中心、商店、休闲娱乐项目	优	良	中	差
5.5.1	商务中心应明示各项服务收费规定,员工业务熟练、效率高、质量好	3	2	1	0
5.5.2	商品部商品陈列美观、明码标价、质量可靠,包装精美,与饭店整体氛围相协调,结账效率高,准确无差错	3	2	1	0
5.5.3	休闲娱乐设施完好、有效、安全,无灰尘,无污渍、无异味	3	2	1	0
5.5.4	休闲娱乐项目热情接待、服务周到,外包项目管理规范	3	2	1	0
小计		84			
实际得分:		分			
得分率:(实际得分)/该项总分×100% =		%			

续表 C.1

序号	标准	评价			
	6. 公共、后台区域				
6.1	周围环境	优	良	中	差
6.1.1	庭院(花园)完好,花木修剪整齐,保持清洁	3	2	1	0
6.1.2	停车场、回车线标线清晰,车道保持畅通	3	2	1	0
6.1.3	店标(旗帜)、艺术品等保养良好、无破损、无污渍	3	2	1	0
6.2	楼梯、走廊、电梯厅	优	良	中	差
6.2.1	地面:完整,无破损、无变色、无变形、无污渍、无异味	3	2	1	0
6.2.2	墙面:平整、无破损、无裂痕、无脱落、无污渍、无水迹、无蛛网	3	2	1	0
6.2.3	天花(包括空调排风口):平整、无破损、无裂痕、无脱落、无灰尘、无水迹、无蛛网	3	2	1	0
6.2.4	灯具、装饰物:保养良好、无灰尘、无破损	3	2	1	0
6.2.5	家具:洁净、保养良好、无灰尘、无污渍	3	2	1	0
6.2.6	紧急出口与消防设施:标识清晰,安全通道保持畅通	3	2	1	0
6.2.7	公用电话机:完好,有效、清洁	3	2	1	0
6.2.8	垃圾桶:完好、清洁	3	2	1	0
6.3	公共卫生间	优	良	中	差
6.3.1	地面:完整,无破损、无变色、无变形、无污渍、无异味、光亮	3	2	1	0
6.3.2	墙面:平整、无破损、无裂痕、无脱落、无灰尘、无水迹、无蛛网	3	2	1	0
6.3.3	天花(包括空调排风口):平整、无破损、无裂痕、无脱落、无灰尘、无水迹、无蛛网	3	2	1	0
6.3.4	照明充足,温湿度适宜、通风良好	3	2	1	0
6.3.5	洗手台、恭桶、小便池保持洁净、保养良好、无堵塞,无滴漏	3	2	1	0
6.3.6	梳妆镜完好、无磨损、玻璃光亮、无灰尘、无污渍	3	2	1	0
6.3.7	洗手液、擦手纸充足,干手器完好、有效,方便实用,厕位门锁、挂钩完好、有效	3	2	1	0
6.3.8	残疾人厕位(或专用卫生间):位置合理,空间适宜,方便使用	3	2	1	0
6.4	后台区域	优	良	中	差
6.4.1	通往后台区域的标识清晰、规范,各区域有完备的门锁管理制度	3	2	1	0
6.4.2	后台区域各通道保持畅通,无杂物堆积	3	2	1	0
6.4.3	地面:无油污、无积水、无杂物、整洁	3	2	1	0
6.4.4	天花(包括空调排风口):无破损、无裂痕、无脱落、无灰尘、无水迹、无蛛网	3	2	1	0
6.4.5	墙面:平整、无破损、无开裂、无脱落、无污渍、无蛛网	3	2	1	0

续表 C.1

序号	标准	评价			
6.4.6	各项设备维护保养良好,运行正常,无“跑、冒、滴、漏”现象	3	2	1	0
6.4.7	在醒目位置张贴有关安全、卫生的须知	3	2	1	0
6.4.8	餐具的清洗、消毒、存放符合卫生标准要求,无灰尘、无水渍	3	2	1	0
6.4.9	食品的加工与贮藏严格做到生、熟分开、操作规范	3	2	1	0
6.4.10	有防鼠、蟑螂、蝇类、蚊虫的装置与措施,完好有效	3	2	1	0
6.4.11	各类库房温度、湿度适宜,照明、通风设施完备有效,整洁卫生	3	2	1	0
6.4.12	下水道无堵塞、无油污,保持畅通无阻	3	2	1	0
6.4.13	排烟与通风设备无油污、无灰尘,定期清理	3	2	1	0
6.4.14	垃圾分类收集,日产日清,垃圾房周围保持整洁,无保洁死角	3	2	1	0
6.4.15	员工设施(宿舍、食堂、浴室、更衣室、培训室等)管理规范,设施设备保养良好、整洁卫生	3	2	1	0
	小计	102			
	实际得分:	分			
	得分率:(实际得分)/该项总分×100% =	%			
	总分	600			
	实际总得分	分			
	总得分率	%			

附录二　绿色旅游饭店

（LB/T 007—2015）

1　范围

本标准规定了绿色旅游饭店的创建、实施、改进及评定要求。

本标准适用于任何要求创建绿色旅游饭店、实施和改进环境管理的饭店。

2　规范性引用文件

下列文件对于本文件的应用是必不可少的。凡是注日期的引用文件，仅所注日期的版本适用于本文件。凡是不注日期的引用文件，其最新版本（包括所有的修改单）适用于本文件。

GB 3096　声环境质量标准

GB 5749　生活饮用水卫生标准

GB 8978　污水综合排放标准

GB/T 12455　宾馆、饭店合理用电

GB 13271　锅炉大气污染物排放标准

GB 17167　用能单位能源计量器具配备和管理通则

GB 18483　饮食业油烟排放标准

GB/T 18883　室内空气质量标准

GB/T 19001　质量管理体系　要求

GB/T 19095　生活垃圾分类标志

GB 19577　冷水机组能效限定值及能源效率等级

GB/T 23331　能源管理体系　要求

GB/T 24001　环境管理体系　要求

GB 25502　坐便器用水效率限定值及用水效率等级

GB 50118　民用建筑隔声设计规范

GB 50325　民用建筑工程室内环境污染控制规范

LB/T 018　旅游饭店节能减排指引

CJJ/T102　城市生活垃圾分类及其评价标准

3　术语和定义

下列术语和定义适用于本标准。

3.1　绿色旅游饭店 green hotel

以可持续发展为理念，坚持清洁生产、维护饭店品质、倡导绿色消费、合理使用资源、保护生态环境、承担社区与环境责任的饭店。

3.2　清洁生产 cleaner production

指不断采取改进设计、使用清洁的能源和原料、采用进行的工艺技术与设备、改善管理、综合利用等措施，从源头削减污染，提高资源利用效率，减少或者避免生产、服务和产品使用过程中污染物的产生和排放，以减轻或消除对人类健康和环境的危害。

3.3 冷热电联供 combined cooling, heating and power

通过能源的梯级利用,燃料通过热电联产装置将高品位能发电后,将其中的低品位能用于采暖、生活供热等用途的供热,这一热量也可以驱动吸收式制冷机,用于夏季的空调,从而形成冷热电三联供系统。

3.4 绿色消费 environmentally friendly consumption

指选择无污染、健康的产品,关注产品在生产、使用和废弃后对环境的影响,并关注废弃物处理的消费行为。

3.5 绿色客房 green room

指室内环境满足人体健康要求,设施品质高,智能化程度高,能源、资源利用率高的客房。

3.6 绿色餐饮 environmentally friendly food and beverage service

指提供安全、健康、高品质的食品和用餐环境,无食物浪费,并对厨余垃圾安全处置的餐饮服务。

3.7 绿色采购 environmentally friendly procurement

指实施供应商环境影响评价,优先购买环境影响小的产品,促进企业环境行为改善的采购行为。

4 **基本要求**

4.1 环境管理要求

4.1.1 饭店在运营管理中应遵守环保、节能、卫生、防疫、规划等方面的法律法规和其他要求,承诺污染预防并持续改进饭店的环境绩效。

4.1.2 饭店应构建有实施绿色旅游饭店的创建与管理的组织体系,开展培训并创造能使员工充分参与创建与管理绿色旅游饭店的内部环境。

4.1.3 饭店应制定绿色旅游饭店的环境方针和目标指标,建立并实施有关环保、节能、污染预防以及倡导绿色消费、绿色采购等方面的规章制度和管理要求。

4.1.4 饭店应因地制宜、形式多样地开展绿色旅游饭店的宣传、推广活动,鼓励饭店消费者、供应商参与绿色旅游饭店的实施工作。

4.2 环境质量要求

4.2.1 饭店锅炉大气污染物排放应符合 GB 13271。

4.2.2 饭店厨房排烟应符合 GB 18483。

4.2.3 饭店污水排放应符合 GB 8978。

4.2.4 饭店垃圾分类及管理应符合 CJJ/T 102。

4.2.5 饭店噪声排放应符合 GB 3096。

4.2.6 饭店新建、改建工程后,室内空气质量应符合 GB 50325,运营中的饭店,室内空气质量应符合 GB/T 18883。

4.2.7 饭店能源计量系统应符合 GB 17167。

4.2.8 饭店在一年内未出现重大环境污染事故,无环境方面的投诉。

5 **设计要求**

5.1 环境设计

5.1.1 饭店建设应有环境影响评价。

5.1.2 饭店选址和设计应保留和利用地形、地貌、植被和水系，保护生态系统和文化景观。

5.1.3 饭店内外应有良好的绿化设计。

5.2 绿色建筑设计

5.2.1 饭店应对建筑材料和结构体系进行选择和评估，有对建筑的体量、体形、平面布局、外围护结构进行节能设计，减少建筑能耗。

5.2.2 饭店应积极采用太阳能、风能、生物质能和地热等再生能源。

5.2.3 饭店应积极利用周边企业余热、废热；采用冷热电联供、集中供热等能源利用方式。

5.2.4 饭店应充分考虑建筑的热、声、光环境以及室内空气质量，综合设计、配置设备，创造舒适、健康的室内环境。饭店室内温度、照度水平符合 GB/T 12455，噪声水平符合 GB 50118。

5.2.5 饭店应有节水系统设计，降低水资源消耗。坐便器符合 GB 25502。

6 能源管理要求

6.1 基础管理

6.1.1 饭店应建立耗能设备分类与计量仪表台账。

6.1.2 饭店应建立能源统计、分析工作制度，定期编制能源使用的分析、改进报告。

6.1.3 饭店应建立能源管理制度和设备操作规范。

6.1.4 饭店应建立能源使用的培训制度。

6.2 使用管理

6.2.1 饭店所有设备应得到正确的使用和良好的维护，保持设备运行正常、能耗正常。

6.2.2 饭店的各项操作规程应得到持续的改进，以减少操作中能源的浪费。

6.2.3 饭店应及时更新陈旧、低效、高能耗设备，采用合同能源管理模式开展节能技术改造。

6.2.4 饭店应优化能源结构，降低单位综合能耗水平和综合能耗费用。

6.2.5 饭店应不断提高能源使用管理的技术手段，实现能源使用管理的系统化、智能化。

7 资源使用管理要求

7.1 水资源使用管理

7.1.1 饭店各部门和各台大型用水设备应建立用水标准，节约用水。

7.1.2 饭店应改进操作过程，建立用水规范，杜绝水资源浪费。

7.1.3 饭店应采用各种水资源再利用措施或技术。

7.2 原材料消耗管理

7.2.1 饭店应减少各类纸张的使用量，积极采用各种替代措施或减量措施。

7.2.2 饭店办公用品应按需使用，提高办公智能化水平。

7.2.3 饭店餐饮食品原材料应按需分类分质有效利用，减少浪费。

7.2.4 饭店工程零配件、装修材料等应按需使用，充分利用。

7.2.5 饭店洗涤剂、清洁剂的使用应设立使用标准，配置量具或相应设备，严格按标准剂量使用。

7.3 客用物品消耗管理

7.3.1 饭店客房用棉织品应在满足客人要求的前提下,减少更换和洗涤次数。

7.3.2 饭店应减少客房内一次性消耗品的使用。

7.3.3 饭店应积极采用生态、环保型材料制作的客房物品。

7.4 资源回收利用

7.4.1 饭店各种废弃的物品应建立分类回收制度,实施分类回收。

7.4.2 饭店应采用各种措施,实现废弃物品的再利用。无法实现再利用的废弃物品,应妥善管理,交由合法组织回收处理。

8 污染预防与控制

8.1 大气污染物排放控制

8.1.1 饭店应不使用以破坏臭氧层物质为工质的各类消防、制冷设备。

8.1.2 饭店应改进能源结构,对锅炉排烟进行处理,减少形成酸雨的硫氧化物、氮氧化物的排放,减少二氧化碳等温室气体的排放。

8.1.3 饭店应安装厨房油烟净化设备,减少油烟排放。

8.2 水污染物排放控制

8.2.1 饭店厨房应设置隔油池,定期清理,运行正常。

8.2.2 饭店各类污水处理设备应完善并运行正常。

8.2.3 饭店未进入城市污水管网的污水排放应通过专门的污水处理达到一级排放标准排放。

8.3 垃圾房的设置和管理

8.3.1 饭店应设置专门的垃圾房临时存放垃圾;垃圾房应为封闭式空间,并有垃圾污水排放及处理设施。

8.3.2 饭店垃圾桶分类、标识清楚,应符合 GB/T 19095。

8.3.3 饭店应建立垃圾分类、储存、运输管理制度并严格执行。

8.4 有毒有害废弃物管理

8.4.1 饭店应建立有毒有害废弃物清单和回收程序,并有妥善的存放措施。

8.4.2 饭店有毒有害废弃物应由合法的专业机构回收处理。

8.5 厨余废弃物管理

8.5.1 饭店厨房废油应专门收集,交由合法机构回收处理,不能直接排放。

8.5.2 饭店厨余垃圾和餐厅剩余的食品垃圾应交由专门机构回收处理,或自行无污染处理。

8.6 植物养护剂和虫害防治药品管理

8.6.1 饭店植物养护剂和虫害防治药品应有专人管理,记录清楚。

8.6.2 饭店植物养护过程应在室外或专门的场所进行,养护过程完成后才能放置室内。

8.6.3 饭店虫害防治药品的投放和使用应符合使用规范并对客人有专门的告示。

9 产品与服务提供

9.1 安全食品

9.1.1 饭店应建立食品检验制度,提供安全、无污染食品,如绿色食品、无公害食品、有机食品等。

9.1.2　饭店食品原材料加工场所应符合卫生要求，有相应的消毒、更衣、盥洗、采光、照明、通风防腐、防尘、防蝇、防鼠、洗涤、污水排放、存放垃圾和废弃物的设施。

9.1.3　饭店食品存放、加工设备应设置合理，防止食品交叉污染或受到其他物品污染。

9.1.4　饭店各类餐具、饮具应洗净、消毒，并保持清洁。

9.1.5　饭店过期食品应及时处理。

9.2　绿色客房

9.2.1　客房室内空气质量优良，无异味，无装修材料污染。客房新风、排风系统有效，客房新风量每小时30～50立方米。

9.2.2　客房有良好的隔噪处理，室内噪声低于35分贝。室内设备无噪声排放。

9.2.3　客房可放置利于改善室内环境的植物。

9.2.4　客房提供优质饮用水；提供优质、恒温、压力适宜的盥洗用水。

9.2.5　客房提供优质照明。

9.2.6　客房室内设备运行，如中央空调、照明等应实现智能化控制，并方便客人使用。

9.2.7　客房采用建筑遮阳技术和自然通风。

9.2.8　客房有室内环境质量信息，棉织品更换、物品减量使用方面的告示。提供环保读物，提升客人环保理念。

9.2.9　客房楼层电梯应有新风系统。

9.2.10　饭店可设置自助服务区，如公共洗衣机、熨烫服务区、自助售货机等。

9.3　绿色餐厅

9.3.1　餐厅设施应定期清洁、消毒，符合《公共场所卫生管理条例》的要求。

9.3.2　餐厅空气质量优良，无异味，通风良好。

9.3.3　餐厅明档应配备有有效的排油烟装置。

9.3.4　餐厅不加工、销售野生保护动物。

9.3.5　餐厅装饰用植物无污染。

9.3.6　餐厅服务应严格操作规范，确保食品质量和服务人员个人卫生符合标准。

9.3.7　餐厅可提供适量点餐服务，按需配置食品份量，减少浪费。

9.3.8　餐厅可提供打包、存酒等服务。

9.3.9　餐厅应不提供一次性餐具（打包服务除外）。

10　安全与员工健康管理

10.1　安全管理

10.1.1　饭店应识别安全隐患，建立火灾、人员伤亡、电梯困人、泳池溺水、设备伤害等突发事件的应急处理预案，定期进行演练，确保紧急状态下应急预案的有效实施。

10.1.2　饭店特种设备应由专人管理，操作人员应经过专门的培训。特种设备应按照规范操作。

10.1.3　饭店客用设施应定期维护检查，确保安全。应识别客用设施中的安全隐患，及时排除纠正。

10.1.4　饭店公共区域的作业施工，应设置围护，并有明显的告示，作业时应有专人管理。

10.1.5 饭店监控设施应完善、有效。

10.2 员工健康管理

10.2.1 饭店应做好员工工作防护,对接触各类化学品、各类有毒有害污染物的员工,应建立完善的防护措施。

10.2.2 饭店应为员工提供环境良好的休息、用餐场所。

10.2.3 饭店可设立员工心理辅导站,维护员工心理健康。

11 社会责任

11.1 绿色理念宣传

11.1.1 饭店应通过各种措施和渠道向顾客传播绿色理念,提高顾客的环保意识。

11.1.2 饭店应定期发布绿色旅游饭店创建成效。

11.1.3 饭店可采取奖励、优惠等措施引导顾客参与饭店绿色计划。

11.2 绿色采购

11.2.1 饭店应选择合格供应商提供的产品和服务,拒绝使用损害环境的供应商提供的产品。

11.2.2 饭店宜优先选择提供环保型产品的供应商。

11.2.3 饭店应积极与供应商协商,在产品包装、物流、仓储等环节降低消耗、减少环境污染。

11.3 社区服务

11.3.1 饭店应参与社区的各种公益活动,协调饭店与社区的关系,减少饭店运行对社区居民的影响。

11.3.2 饭店应参与社区环境改善活动。

11.3.3 饭店可对社区居民开放公共活动设施。

11.3.4 饭店应开展社区环境保护宣传,提升公众环保意识。

11.4 环境绩效改善

11.4.1 饭店应按照 GB/T 23331 建立能源管理体系,单位综合能耗水平逐年下降或达到 LB/T 018 中的先进指标。

11.4.2 饭店应按照 GB/T 19001 建立质量管理体系,按照 GB/T 24001 建立环境管理体系。

11.4.3 饭店主营业务收入与用水量和消耗品使用量的比例应逐年下降或与上年持平。

12 划分与评定

12.1 划分与参评资格

12.1.1 绿色旅游饭店分为金叶级和银叶级两个等级。金叶级应达到附录 B 评定细则 240 分及以上,银叶级应达到附录 B 评定细则 180 分及以上。

12.1.2 全国范围内,正式开业一年以上,并满足附录 A 要求的饭店具有参加评定的资格。

12.2 评定机构和权限

12.2.1 全国旅游星级饭店评定机构统筹负责绿色旅游饭店的组织、领导、评定工作,制定评定工作的实施办法和评定细则,授权、督导省级以下旅游星级饭店评定机构开展绿色旅游饭店的评定工作，保有对各级旅游星级饭店评定机构所评绿色旅游饭店的否决权，并接受国家旅游局指导和监督。

12.2.2 省、自治区、直辖市旅游星级饭店评定机构按照全国旅游星级饭店评定机构的授权和督导，组织本地区绿色旅游饭店的评定与复核工作，保有对本地区下级旅游星级饭店评定机构所评绿色旅游饭店的否决权。同时，负责将本地区所评绿色旅游饭店的批复和评定检查资料上报全国旅游星级饭店评定机构备案。评定机构应吸收相关专业技术部门代表参加，并接受各省、自治区、直辖市旅游局指导和监督。

12.2.3 其他城市或行政区域旅游星级饭店评定机构按照全国旅游星级饭店评定机构的授权和所在地区省级旅游星级饭店评定机构的授权，实施本地区绿色旅游饭店的推荐、评定和复核工作。同时，负责将本地区绿色旅游饭店的推荐或评定检查资料上报省级旅游星级饭店评定机构。评定机构应吸收相关专业技术部门代表参加，并接受各城市或行政区域旅游局指导和监督。

12.3 评定程序

12.3.1 饭店向所在城市或行政区域旅游星级饭店评定机构提交评定申请报告及数据表单。

12.3.2 饭店所在城市或行政区域旅游星级饭店评定机构向省级旅游星级饭店评定机构推荐申报饭店，或根据授权对申报饭店进行评定，并将有关评定检查情况上报省级旅游星级饭店评定机构备案。

12.3.3 省级旅游星级饭店评定机构对申报饭店进行评定。

12.3.4 评定后，达到标准要求的予以通过并公告，同时，上报全国旅游星级饭店评定机构备案，并由全国旅游星级饭店评定机构颁发绿色旅游饭店证书及标志牌。未达到标准要求的，不予通过。

12.4 标志管理

12.4.1 绿色旅游饭店标志实行自愿申请，强制管理制度。

12.4.2 经评定的绿色旅游饭店授予相应的标志，并颁发证书。

12.4.3 绿色旅游饭店标志牌由全国旅游星级饭店评定机构统一制作、核发。

12.4.4 经评定的绿色旅游饭店，由省级旅游星级饭店评定机构每五年复核一次。复核结果上报全国旅游星级饭店评定机构备案。

12.4.5 标志的有效期为五年（自颁发证书之日起计算）。

12.4.6 凡标志使用有效期满而不继续申请的，视为放弃标志使用。

附录 A

（规范性附录）

绿色旅游饭店评定细则

表 A.1 必备项目检查表

序号	项目	是否达标
1	环境管理要求	
1.1	饭店在运营管理中应遵守环保、节能、卫生、防疫、规划等方面的法律法规和其他要求	
1.2	饭店承诺污染预防并持续改进饭店的环境绩效	
1.3	饭店设置有实施绿色旅游饭店的创建与管理的组织体系，并创造能使员工充分参与创建与管理绿色旅游饭店的内部环境	
1.4	饭店制订并实施绿色旅游饭店的创建与管理培训计划	
1.5	饭店制定有绿色旅游饭店的环境方针和目标指标。环境方针应描述清楚，目标指标应可行	
1.6	饭店建立并实施有关环保、节能、污染预防以及倡导绿色消费、绿色采购等方面的规章制度和管理要求	
1.7	饭店应因地制宜、形式多样地开展绿色旅游饭店的宣传推广活动，鼓励饭店消费者、供应商参与绿色旅游饭店的实施工作	
2	环境质量要求	
2.1	饭店锅炉大气污染物排放应符合《锅炉大气污染物排放标准》	
2.2	饭店厨房排烟应符合《饮食业油烟排放标准》	
2.3	饭店污水排放应符合《污水综合排放标准》	
2.4	饭店垃圾分类及管理应符合《城市生活垃圾分类及其评价标准》	
2.5	饭店噪声排放应符合《声环境质量标准》	
2.6	新建、改建饭店或饭店实施局部改造装修工程后，室内空气质量应符合《民用建筑工程室内环境污染控制规范》，运营中的饭店，室内空气质量应符合《室内空气质量标准》	
2.7	饭店能源计量系统应符合《用能单位能源计量器具配备和管理通则》	
2.8	饭店不出售、不加工以野生保护动物为原料的食品	
2.9	饭店在一年内未出现重大环境污染事故，无环境方面的投诉	

表 A.2 评定项目检查表

		各大项得分汇总栏	名分项得分汇总栏	各次分项得分汇总栏	各小项得分汇总栏	其他城市或行政区域旅游星级饭店评定机构	省、自治区、直辖市旅游星级饭店评定机构	全国旅游星级饭店评定机构
	本标准总分为 300 分。							
	绿色旅游饭店(金叶级):达到 240 分							
	绿色旅游饭店(银叶级):达到 180 分							
1	绿色设计	35						
1.1	环境设计		13					
1.1.1	饭店建设前进行环境影响评价			2				
1.1.2	饭店选址和设计能保留和利用地形、地貌、植被和水系等生态系统			3				
1.1.3	饭店的选址和设计能保护当地的文化景观、传承文化特色			2				
1.1.4	饭店绿化采用本地物种,并保护生物多样性			1				
1.1.5	良好的外围、庭院绿化设计,与周边植被环境相协调			2				
1.1.6	室外绿化系统具有维护或改善水质的功能			1				
1.1.7	良好的室内绿化设计,与室内环境相协调			1				
1.1.8	室内绿化对室内空气质量无害			1				
1.2	建筑设计		7					
1.2.1	饭店建筑通过绿色建筑认证			5				
	饭店对建筑材料和结构体系进行选择和评估,有对建筑体量、体形、外围护结构进行节能设计				2			
1.2.2	饭店功能及空间布局符合使用要求,并利于减少使用中的能源消耗			2				
1.3	新能源、再生能源利用的设计		5					
1.3.1	饭店设计有新能源或可再生能源系统,并正常运行			3				
	新能源或再生能源系统提供的能源总量占饭店总能源消耗量的 10%(含)以上				3			
	新能源或再生能源系统提供的能源总量占饭店总能源消耗量的 5% ~10%				2			
	饭店有新能源或再生能源利用项目				1			
1.3.2	饭店有周边企业或设备废热、余热、集中供热(非集中供热地区)利用项目			2				
1.4	节水设计		10					
1.4.1	有雨雪水收集利用系统			2				
1.4.2	坐便器符合用水效率 1 级标准			2				
1.4.3	所有水龙头出水量、水压、水质符合使用要求			2				
1.4.4	有中水系统设计			2				

续表 A.2

	本标准总分为300分。 绿色旅游饭店(金叶级):达到240分 绿色旅游饭店(银叶级):达到180分	各大项得分汇总栏	各分项得分汇总栏	各次分项得分汇总栏	各小项得分汇总栏	其他城市或行政区域旅游星级饭店评定机构	省、自治区、直辖市旅游星级饭店评定机构	全国旅游星级饭店评定机构
1.4.5	有废水循环利用等减少用水量的设计和措施			2				
2	能源管理	59						
2.1	能源基础管理		21					
2.1.1	系统建立能耗设备分类台账			2				
2.1.2	安装能源计量系统			10				
	电力计量系统中各部门、各区域、各楼层以及重要耗能设备均安装计量仪表				2			
	给水计量系统中各部门、各区域、各楼层以及重要耗能设备、较长的输水管线均安装计量仪表				2			
	采暖、制冷计量系统中各区域、重要用能设备均安装计量仪表				2			
	建立能源计量仪表台账并有准确的记录				1			
	设置远程抄表系统				3			
2.1.3	建立能源统计工作制度,每月有全面的能耗分析报告			2				
2.1.4	能源管理体系			4				
	能源管理体系完善				4			
	建立能源管理制度和设备,操作规范				2			
2.1.5	建立能源使用培训、宣传制度			1				
2.1.6	设立专职的能源管理岗位			1				
2.1.7	员工持有节能环保方面的相关培训证书			1				
2.2	能源使用管理		9					
2.2.1	饭店设备运行能耗正常,无“跑冒滴漏”			2				
2.2.2	调整、创新饭店操作规程以减少能源浪费			2				
2.2.3	能源使用采用智能化管理			4				
	能源使用采用自动化管理				2			
2.2.4	建立饭店各场所温度、湿度、照度标准,并严格执行			1				
2.3	节能改造		29					
2.3.1	实施合同能源管理项目			2				
2.3.2	实施冷热电联供技术项目			3				
2.3.3	照明系统节能			6				

续表 A.2

	本标准总分为300分。 绿色旅游饭店(金叶级):达到240分 绿色旅游饭店(银叶级):达到180分	各大项得分汇总栏	各分项得分汇总栏	各次分项得分汇总栏	各小项得分汇总栏	其他城市或行政区域旅游星级饭店评定机构	省、自治区、直辖市旅游星级饭店评定机构	全国旅游星级饭店评定机构
	灯具总数80%以上采用高效、节能的新光源,且照明良好,光线充足,与饭店整体氛围协调,得2分,80%以下50%以上采用的得1分				2			
	采用智能照明控制系统得2分,采用照明自动控制系统得1分				2			
	公共区域照明采用分路、分区域控制				2			
2.3.4	中央空调系统节能			14				
	饭店采暖锅炉运行能效≥80%得3分,饭店采暖锅炉运行能效>60%得1分(采用集中供热,全部给分)				3			
	冷水机组符合《冷水机组能效限定值及能源效率等级》中能效限定值的要求,能源效率等级在2级以上(含2级)				2			
	中央空调流量系统采用变流量调节技术				1			
	冷热媒水进出口温差根据饭店实际空调负荷进行调节,并有相应记录				1			
	空气集中处理机采用变风量调节技术				1			
	余热回收利用				2			
	热泵技术使用(空气源热泵、地源热泵、污水源热泵、水环热泵等)				2			
	建筑一体化光伏系统				2			
2.3.5	电梯系统			4				
	电梯相对集中设置,采用智能控制方式得2分,采用群控方式得1分				2			
	电梯电机拖动系统采用变频器调速或其他节能设计资源管理				2			
3	资源管理	37						
3.1	水资源使用管理		10					
3.1.1	各部门和各台大型用水设备建立用水标准			1				
3.1.2	饭店各部门有节约用水规范			1				
3.1.3	饭店二次供水水箱定期清洗并建立台账			2				
3.1.4	饭店定期进行漏水检测或进行水平衡测试			1				
3.1.5	饭店员工设施用水有计量、有收费			1				
3.1.6	饭店有对宾客节约用水的宣传告示			1				

续表 A.2

		各大项得分汇总栏	名分项得分汇总栏	各次分项得分汇总栏	各小项得分汇总栏	其他城市或行政区域旅游星级饭店评定机构	省、自治区、直辖市旅游星级饭店评定机构	全国旅游星级饭店评定机构
	本标准总分为 300 分。							
	绿色旅游饭店(金叶级):达到 240 分							
	绿色旅游饭店(银叶级):达到 180 分							
3.1.7	饭店有中水系统并运行正常或利用公共中水系统			2				
3.1.8	实施局部废水回用,回用的废水量占总用水量的 5% 以上			1				
3.2	纸张及办公用品消耗管理		7					
3.2.1	采用办公自动化系统(OA)			2				
3.2.2	采用无纸化入住登记等对客服务系统			2				
3.2.3	有减少纸张使用量的其他措施(1 项 1 分,满分 2 分)			2				
3.2.4	办公用品有详细的领用记录和节约使用的措施			1				
3.3	客房物品消耗管理		6					
3.3.1	客房棉织品更换符合《旅游饭店星级的划分与评定》标准的要求			1				
3.3.2	客房一次性消耗品简化包装,减量使用			2				
3.3.3	使用生态、环保型材料制作的客房物品			2				
3.3.4	客房物品提供方式有明确的对客告示或说明			1				
3.4	食品原材料消耗管理		3					
3.4.1	食品原材料的存放和领用有详细的记录			1				
3.4.2	食品原材料在饭店内部实施分等级利用方式,减少食品原材料的浪费			2				
3.5	工程材料消耗管理		3					
3.5.1	工程材料的存放和领用有详细的记录			1				
3.5.2	工程材料有再利用的设计或方法(1 项 1 分,满分 2 分)			2				
3.6	各类清洁剂使用管理		4					
3.6.1	各类清洁剂、洗涤剂均有使用标准,并配置有量具或相应的设备,有独立仓库			1				
3.6.2	有各类清洁剂、洗涤剂的使用统计及减量化措施(1 项 1 分,满分 2 分)			2				
3.6.3	采用生态、环保型清洁剂			1				
3.7	资源回收利用		4					
3.7.1	建立废弃物品分类回收制度并有效实施			2				
3.7.2	有废弃物品再利用的措施			1				
3.7.3	有与合法物品回收商的关于物品回收的合同			1				

附录三　中国饭店行业突发事件应急规范

总　则

第一条　本规范适用于在中国境内开办的各种类型的饭店，含宾馆、饭店、度假村等。

第二条　本规范所称饭店行业的突发事件，是指在饭店所负责区域内，突然发生的对客人、员工和其他相关人员的人身和财产安全，造成或者可能造成严重危害，需要饭店采取应急处置措施予以应对的火灾、自然灾害、饭店建筑和设备设施、公共卫生和伤亡事故、社会治安，以及公关危机事件等。

第三条　饭店行业突发事件应急管理应贯彻预防为主、预防与应急处置相结合的原则，把应急管理贯穿于饭店管理的全过程，创造安全和谐的饭店环境。

第四条　饭店应成立突发事件应急指挥机构，在突发事件发生时起到协调、统一领导以及快速决策等作用。

第五条　饭店应从实际出发，根据自身的特点，结合本规范制订具体的、符合自身情况的应对危机预案。

第六条　饭店出现超出本规范所列出的类似事件，应依据本规范中的各项原则来处理。

第一篇　预防准备

第一章　预案建立

第七条　饭店应建立健全突发事件应急预案体系。饭店应遵循法律、法规及相关规定的要求，结合本店的实际情况，制定相应的突发事件应急预案，并根据实际需要和形势变化，及时修订应急预案。

第八条　饭店应急预案应针对突发事件的性质、特点和可能造成的危害程度，对突发事件具体细分等级，制定相应的应急管理程序与制度。

第二章　管理机构

第九条　无论是来自业主方任命还是管理公司派遣，饭店总经理都应是饭店突发事件应急管理第一责任人。总经理和相关管理人员需熟悉本饭店应急管理预案的全部内容，具备应急指挥能力。总经理可授权相关管理人员或机构处置应急事件，但需对处置结果承担责任。

第十条　饭店应安排总经理等高级行政管理人员及各主要部门的负责人，组成危机领导小组或类似的组织作为突发事件应急管理指挥机构，并有效规定所有成员的职责。应急管理指挥机构可视情况需要，在必要时组建现场控制中心及媒体信息中心，并安排相应的执行人员来负责推进和落实各项应急处置工作。

第三章 制度体系

第十一条 饭店总经理应切实贯彻国家和上级有关突发事件应急管理的各项法律、法规和要求，保障饭店的营运安全和客人、员工的人身、财产安全；保证饭店应急预案体系健全，操作顺畅有效；落实应急管理责任制并有效监督；妥善处理内部矛盾，对各种安全隐患及时提出整改意见；提高各项技术防范措施的科技含量；为各项预防准备工作争取必要的资金投入。

第十二条 饭店员工应熟悉本岗位的突发事件预防与应急救援职责，掌握相关的应急处置与救援知识，按规定采取预防措施，进行各项操作，服从饭店对突发事件应急处置工作的统一领导、指挥和协调。由本店员工组成的专职或者兼职应急救援队伍在现场执行任务时，应佩戴相应的识别标志，听从现场指挥人员的命令。

第十三条 饭店应定期对所辖区域内容易引发各类突发事件的危险源、危险区域和工作环节进行调查、登记、风险评估，定期检查本店各项安全防范措施的落实情况，掌握并及时处理本店存在的可能引发突发事件的问题，明确提示和要求有关部门、员工及客人采取相应的安全防范措施。

第十四条 饭店应建立健全突发事件应急处置培训制度，对店内负有处置突发事件职责的员工定期进行培训，对本店员工和客人开展应急知识的宣传普及活动和必要的应急演练。

第十五条 危机发生时，各部门和各岗位可视情况需要，立即组织开展力所能及的应急救援和紧急控制措施，并立即向饭店突发事件应急管理指挥机构汇报，由其统一领导应急处置工作。各部门负责人应坚决执行各项指令，并及时提供相关的专业建议。事件发生现场的部门负责人应保证与应急管理指挥机构的有效联络，根据指令在现场带领员工实施各项处置工作，并及时通报现场情况。

第十六条 饭店应明确应急处置工作的组织指挥体系，制定和强化各部门及各岗位应对突发事件的责任制度，确保本店突发事件应急处置的各项规定能得到切实实行。

第十七条 饭店应通过制定相应的应急沟通计划和公共关系处理流程，指定相应的部门与人员，负责在应急管理期间，与员工、客人、上级主管单位、相关政府部门及机构、新闻媒体等的信息沟通事宜。

第四章 物资准备

第十八条 饭店在筹建、重建或装修改造时，应在功能规划上充分考虑预防、处置突发事件的需要，统筹安排应对突发事件所必需的设备和基础设施建设，合理确定应急避难场所。有条件的饭店可以在消防控制中心建立突发事件控制中心，便于所有信息和指令的传递。

第十九条 饭店应为本店的各种交通工具和相关场所配备报警装置和必要的应急救援设备、设施，注明其使用方法，并显著标明安全撤离的通道、路线，保证安全通道、出口的畅通。应以自检和配合上级主管单位与相关政府部门及机构检查相结合的方式，定期检测、维护其报警装置和应急救援设备、设施，使其处于良好状态，确保正常使用。

第二十条 饭店应在消防、电源线路设置、电器设备使用、特种设备使用、危险物品管理、建筑施工等方面严格执行有关安全生产的法律、法规，加强日常维护、保养，保证安全运行。

第二十一条 饭店应在重点要害部位、设施和设备上，设置便于识别的安全警示标志。尤其注意要在客房内的显著位置张贴或放置应急疏散图、客人安全须知等安全提示；在落地式玻璃门、玻璃窗、玻璃墙等设施的显著位置设立警示标志；在店内设置能覆盖饭店所有区域的应急广播系统、特殊区域的应急对话设备等。

第二十二条 饭店应建立健全应急物资储备保障制度，完善重要应急物资的监管、储备、调拨和紧急配送体系。明确应急检查清单的内容，应急联系的相关部门与机构和相关人员的联系方式，以及所需要配备的各种应急物资等。

第二篇 应急反应

第五章 应急程序

第二十三条 饭店应建立突发事件信息收集系统，通过相关制度的制定和程序的实施，要求各部门和所有人员及时、客观、真实地报告突发事件信息，严防迟报、谎报、瞒报、漏报和传播虚假信息等现象的发生。

第二十四条 先遇到或发现突发事件的员工应及时向饭店相关部门及上级领导汇报。汇报内容应基于当时的实际情况，尽可能多地提供各种相关信息，尤其是事件发生的时间、地点、涉及人员、简要经过和可能的原因，对人身、财产、饭店、周边社区可能的影响，需采取的行动和已采取的行动等。部门负责人或值班人员在接到突发事件报告后，如获悉有人员死亡、伤员需救治、设备设施严重受损坏、明显存在安全威胁等情形，应立即向总经理或其授权代表汇报。

第二十五条 总经理或其授权代表在接到突发事件报告后，应尽快赶赴现场进行实地调查，并视情况安排总机或采用其他方式通知饭店应急处置指挥机构的相关人员前来共同调查并参与商讨，及时汇总分析各种信息，对可能造成的影响进行评估，决定是否需上报上级突发事件应急机构、公安机关或消防机关、管理公司及业主公司和对媒体进行披露等。

第二十六条 如饭店发生造成或可能造成严重社会危害的突发事件时，则应按规定立即向上级主管单位和相关政府部门及机构报告。

第六章 应急处置

第二十七条 饭店所采取的突发事件应急处置措施，应与突发事件可能造成危害的性质、程度和范围相适应；在突发事件发生时，客人和员工的安全至上，应首先最大限度地保护客人和员工及其他相关人员生命安全，其次为财产安全，尽量避免或减少损失。

第二十八条 饭店应根据突发事件的性质和可能造成的危害，及时启动应急预案。

第二十九条 应及时向客人和员工发布有关采取特定措施避免或者减轻危害的建议、劝告；组织营救和救治受伤人员，转移死亡人员，视情况需要，转移、疏散并撤离易受突发事件危害的客人、员工，并予以妥善安置和采取其他救助措施。

第三十条 应及时转移客人和饭店的重要财产及客人、员工及饭店的重要资料。

第三十一条 迅速控制危险源,标明危险区域,封锁危险场所,划定警戒区,控制或者限制容易导致危害扩大的生产经营活动以及采取其他保护措施,确保物品和饭店财产的安全。

第三十二条 应实施应急沟通计划和公共关系处理流程,有效处理与客人、员工、上级主管单位、相关政府部门及机构、新闻媒体和社区公众等的信息沟通工作。

第三十三条 如相关政府部门及机构已开始介入突发事件的应急处置与救援工作,饭店应听从统一的指挥和安排,积极主动参加和配合应急救援工作,协助维护正常秩序。

第三十四条 突发事件的威胁和危害得到控制或者消除后,饭店应采取或者继续实施必要措施,防止突发事件的次生、衍生事件或者重新引发社会安全事件。

第三十五条 突发事件应急处置工作结束后,饭店应有效实施对各种救助、补偿、抚慰、安置等善后工作,妥善解决因处置突发事件引发的矛盾和纠纷,尽快恢复正常经营管理秩序。

第三十六条 饭店应对突发事件造成的损失进行评估,对经验教训进行总结,及时查明突发事件的发生经过和原因,总结突发事件应急处置工作的经验教训,制定改进措施。

第三篇　常用预案要点

第七章　火　灾

第三十七条 火灾指凡在时间上或空间上失去控制的并对财物和人身造成损害的燃烧现象。在各种灾害中,火灾是最经常、最普遍的威胁人身安全、财产安全的主要灾害之一。

第三十八条 饭店应成立突发事件应急处置中心以及消防控制中心,便于火灾发生时,各种突发事件的统一处理和各个部门的协调安排。任何员工若发现有异常的燃烧味、烟雾或火焰等迹象,应先观察火情,并在第一时间报告饭店消防控制中心。

第三十九条 饭店突发事件应急处置指挥机构应及时全面了解具体情况,决定是否作出向消防机关报警、疏散人员、转移财物等指令。及时组织店内应急救援队到指定的地点集结,合理分配人力,安排灭火组负责控制、扑救火情;抢救组负责抢救重要物资、危险品,疏散组负责疏散现场人员;救护组负责对现场的伤员,残疾、行动不便的客人进行救护、转移。

第四十条 饭店消防控制中心在获知报警信息或发现烟感、温感等报警设施启动时,应立即安排人员赶往现场,甄别火情,组织现场人员扑救初起火灾,并视情况决定是否需按火情级别通知电话总机启动相应的紧急联络程序;同时,还应视情况及时启动灭火设施、应急广播、疏散照明、防火卷帘、防火门、排烟、送风系统,监控报警系统其他报警点。

第四十一条 在火灾发生时,各部门应按照上级命令统一行动,各司其职,各部门员工在负责紧急处理的人员到达之前应尽可能留在现场,并与消防控制中心随时保持联系,以便及时提供具体的火情信息。同时,应尽可能地使用安全、快捷的方法通知火情周边处于危险区域的不知情者,并视情况使用离现场最近的消防器材控制火情。当饭店下达紧急疏散指令后,要保持各通道的畅通,疏散客人及员工到建筑物外指定的安全区域,并及时反馈执行情况。

第四十二条 保安部负责人应迅速到临时指挥部协助指挥,并安排人员组织现场扑救、疏散,报告火势情况,监视火势发展,判断火势蔓延情况,维持店外秩序,保障消防车通道顺畅,加强对饭店所有出入口的监控,阻止无关人员进入饭店。工程部应安排负责人视火情关闭空调、停气、断电、启动应急发电机等,确保消防电梯的正常使用,解救电梯内被困乘客,保证喷淋泵和消火栓泵供水等。确保应急发电机的正常运行,消防水源正常供应和排烟、送风等设备的正常运行。前厅部应通知电话总机确保店内通信畅通,打印住店客人名单,维持饭店大堂秩序,清除门前障碍。客房部应安排人员迅速清理楼层内障碍物,统计各个楼层的客人人数,对来电询问的客人做好安抚、记录工作。餐饮部应安排人员立即关闭所有厨房明火,安抚就餐客人。人事部应及时通知医务室做好救护伤员的各项准备,迅速统计在店员工人数,安排宿舍管理员组织在宿舍的员工随时待命。财务部应组织外币兑换处及各收银点和各下属办公室的员工收集和保管好现金、账目、重要单据票证等,通知电脑机房做好重要资料的备份、保管工作,做好随时根据指令进行转移的准备。饭店总经理办公室应及时向饭店所有承租店家通报情况,集结饭店所有车辆,随时按要求运送伤员,做好饭店重要档案的整理及转移准备。

第四十三条 火灾后应安排人员拍摄受影响的区域,协助前台部门及财务部门整理一份损失清单上交饭店,以便送至保险公司。在必要检查之后,经总经理同意采取补救措施,将受影响的营业区域恢复成正常状态。按顺序在记录本上记录所有细节,准备好募集证人和相关人员名单,协助在调查中需要援助的人员。

第八章 自然灾害

第四十四条 自然灾害指以自然变异为主因的危害动植物及人类的事件,包括风暴、海啸、台风、龙卷风、水灾、旱灾、冰雪灾害等气候灾害以及地震、山体滑坡和泥石流等地质灾害。

第一节 汛情及极端气候灾害的处置

第四十五条 在汛情或极端气候到来前,饭店应组织人员对防汛器材、防汛设施、避雷装置、污水泵、机房等重点要害部位等进行检查和维护,确保各项设备运转正常;在地下车道口、地势较低的出入口及其他重点要害部位门口准备沙袋:对建筑物顶部、门窗、外围悬挂设施等部位进行检测和维护,并做加固和清理处理。

第四十六条 若获知汛情或极端气候发生,饭店应安排人员赶赴现场核查情况,并视情况决定是否需通知总机及时启动应急联络程序,调集人员进行堵漏、排水工作,对重点要害岗位、库房等区域增加人力及防汛器材和工具,防止次生灾害事件发生,下达转移物资指令,启动应急救援预案。

第四十七条 在应急处置过程中,工程部应视情况决定是否应切断受灾区域的电源,要及时组织人员携带工具到达现场抢险,对严重积水的部位,抽调排水设备进行排水。保安部应根据指令对发生汛情的岗位增派人员执勤,劝阻无关人员进入受影响区域,安排人员在楼层进行巡逻,防止不法人员进行破坏,防止盗窃及恐慌骚乱,维持公共区域的秩序。在室外值班的安全员,应检查饭店外墙的玻璃窗是否关闭,将外围用电和电源关闭,以免造成短路火灾。其他受事故影响的部门要组织人员对客人做好安抚解释工作,根据指令疏导客人离开受影响区域。其他人员随时准备协助医务人员抢救伤者,及时与保险公司进行联络。

第二节 地震的处置

第四十八条 饭店地震应急原则为:长期准备,立足突然;统一指挥,分工负责;快速反应,自救互救。

第四十九条 饭店要根据应急情况,制定疏散方案,确定疏散路线和场地,有组织地对客人及工作人员进行避震疏散。当饭店所在区域人民政府发布临震警报(包括有感地震和破坏性地震)后,即进入临震应急期,饭店应及时组织开展临震应急工作。

第五十条 当饭店所在区域及其邻近地区发生地震,并明显有感时,饭店应及时组织开展有感地震应急处置工作,并根据当地政府和上级部门传达的信息和指令,安排人员做好地震信息的传递和宣传疏导工作,防止地震谣传,稳定客人及工作人员情绪。

第五十一条 当饭店所在区域发生破坏性地震时,饭店应立即组织抗震指挥部。抗震指挥部应即刻进入指挥一线,启动抗震救灾指挥系统,并成立抢险救灾组、医疗救护组、治安保卫组、疏散组、宣传组等工作小组。工作侧重点为组织客人及员工疏散、开展自救互救、预防和消除地震次生灾害。

第九章 饭店建筑物和设备设施

第五十二条 饭店建筑物和设备设施指饭店主要的固定资产,其中饭店建筑物指饭店进行生产经营活动的人造地面固定场所,设备设施指饭店通过购买或拥有等方式为进行经营管理等活动所使用的工具。饭店建筑物和设备设施事故指饭店的建筑物和设备设施在特殊情况下出现的异常从而给饭店经营管理活动造成不利影响的各种事件,主要包括停水、停电、停气、电梯运行故障及监控中心无法运转等。

第三节 停水、停电及停气的处置

第五十三条 若根据各种反馈信息,确认问题是店外原因引发,应安排人员联系设备及水、电、气的供应方,说明饭店目前发生的具体情况,详细询问事故的破坏程度和修复时间,并立即向饭店突发事件应急处置指挥机构报告。在事故恢复后,应组织人员到相关区域巡查,恢复开启设备,维修损坏设备,落实改进措施。

第五十四条 若发现或获知在没有事先通知的情况下,店内发生停水、停电、停气等现象,饭店工程部应立即向相关机房通报情况,安排专业人员携带专用工具到现场察看情况,检查是否在店内还存在其他停水、停电、停气现象。若发现机房设备出现了严重故障,工程部应立即向饭店总经理等高层领导报告,指示相关机房启动应急方案,赶往相关机房现场指挥,要求总机启动应急联络程序。各部门负责人接到报警后,应立即返回岗位,随时准备接受相关命令。

第五十五条 若经仔细了解具体情况后,确信问题在短时间内无法解决时,饭店应安排专人向相关部门求援,并立即启用临时发电机、临时供水车等救援设备。

第五十六条 在应急处置过程中,饭店工程部应视需要,安排相应的专业维修人员分别前往解救电梯内被困乘客;前往配电室启动应急发电机以保障事故照明、消防设施设备等用电;前往事故现场进一步查明原因,留守观察,及时反馈。保安部应重点关注监控系统、消防系统等运转情况,依照指令,在饭店各出入口及相关区域增加人手,加大巡视密度,对事故现场做好警戒工作，控制现场情况，防止发生混乱。前厅部应及时向饭店突发事件应急处置指挥机构提供住店客人资料，并安排人员做好客人解释、安抚，及客人的要求和意见反馈工作，看管好客人的行李，确保店内指挥通信畅通，餐饮部应要求所有当班服务员及厨师保持冷静，并采取相应的措施稳定各餐厅客人情绪，向客人说明情况争取得到谅解。若客人要求离开，应安排服务员给客人照明道路指引通道，防止造成混乱。餐饮部负责人及厨师长还应根据指令，及时制定对策，改变菜单，提供易于制作的食品。客房部应组织人员在发生停电时，携带手电筒等应急照明装置赶往楼层巡视，为客人进入房间和离店提供照明。在发生停水时，需从库房或其他场所调集矿泉水。当应急送水车到饭店后，及时给客人提供必备的生活用水。采购部应购买柴油等物品以保证应急发电机的使用，联系购买饮用水及食品等，保障应急处置的需要。财务部应组织外币兑换处及各收银点和各下属办公室的员工收集和保管好现金、账目、重要单据票证等，通知电脑机房做好重要资料的备份、保管工作，做好人工处理相关服务的准备。其他各部门应坚守岗位，管理人员应在现场进行督导，及时向饭店突发事件应急处置指挥机构反馈情况，服从统一指挥。

第四节 电梯运行故障的处置

第五十七条 若发现或获知电梯因发生运行故障而停机，饭店监控部门应立即确认是否有人受困，并尝试用呼叫电话与轿厢内乘客联系；劝告乘客不要惊慌，静候解救；建议乘客不要采取强行离开轿厢等不安全措施。

第五十八条 通知工程部维修人员按相关操作规程到现场开展解救工作，安排大堂经理等相关人员到事故地点与被困乘客进行有效的不间断沟通，请客人安心等候，协助配合。

第五十九条 协助乘客安全离开轿厢后，饭店应及时安排人员安抚乘客，并询问其身体有无不适。对受伤或受惊吓者，应按相关规定及时安排医务人员实施救治。

第六十条 饭店应及时安排工程部电梯维修人员联系厂家对故障电梯进行全面检修，确保电梯运转安全。

第五节 监控中心

第六十一条 监控中心不仅是饭店平时实施安全保卫工作的信息、图像控制中心，而且还是饭店在处置突发事件时期的重要指挥中心。监控中心所负责的烟感报警系统、消防喷淋系统、消防水喉配备系统、灭火器材布点系统、监视器设置系统以及广播系统的设备和监控中心机房的设备，要保持良好的运营状态，该部门员工必须应有高度的责任心。

第六十二条 若在一个点上或多个点上发生突发事件，必要时保安部经理甚至饭店总经理必须到达现场或到达监控中心指挥。监控中心在特定条件下，可进一步监视现场场景，比如电梯内流程接点的时间控制、录制现场实况，以提供事后的分析和破案依据。监控中心要与保安各岗位的交互系统同步工作，以便做到一呼百应，提高制度实施的效率。

第十章 公共卫生和伤亡事故

第六十三条 突发公共卫生事件指突发性重大传染性疾病疫情、群体性不明原因疾病、重大食物中毒以及其他严重影响公众健康的事件。伤亡事件指除凶杀外的所有意外伤亡事件，包括因自杀、工伤、疾病、意外事故等造成员工或客人伤亡的事件。

第六节 公共卫生事件的处置

第六十四条 公共卫生事件的预防必须以各部门以及每位员工的积极预防为主。饭店要教育全体员工养成良好的个人卫生习惯,加强卫生知识学习,提高自我保护意识和自救能力,不食用不洁食品和可能带有传染病源的动物。饭店应定期对员工进行身体检查,做到"早发现、早报告、早隔离、早医治",积极预防。若员工在店外被发现患有传染病或疑似传染病,员工本人应及时根据状况严重程度及医生建议,向饭店汇报;若员工在店内得知自己或被发现患有传染病或疑似传染病,员工本人或发现其症状的员工应立即向饭店汇报,若员工被确诊为已患传染病,饭店应视情况及医生建议,决定是否对与之接触过的员工或客人设法进行相关检查。相关人员要做好保密工作。患有传染病或疑似传染病的饭店员工要待医院及饭店医务室确认无恙后方可上岗。

饭店各部门要定期开展卫生清扫,积极消除鼠害、蚊、蝇、蟑螂等病媒昆虫。采购部应把好食品采购关,不购买未经检疫的动物、肉食及制品,对购进的禽畜类生物及制品,要严格验收登记,发现问题停止食用;应把好生产、加工、运输、贮存关,应做到食品加工"当日生产、当日销售、当日食用",运输工具天天消毒,食品贮存、加工生熟分开。工程部要加强饭店空调系统的管理,保持良好的通风换气,定期对电梯、公用电话等公共设施和用具进行消毒。

第六十五条 当发生突发公共卫生事件时,饭店突发事件应急处置指挥机构应立即召集相关人员听取情况汇报,视情况决定是否需要向相关的疾控中心、公安机关及上级部门报告。饭店医务室在接到报告后,应立即了解病情,如经总经理授权,应立即报告疾控中心,配合防疫部门及时做好消毒、监测、隔离工作,将疫情控制在最小范围。

第六十六条 如果突发公共卫生事件发生在饭店公共区域、餐厅或客房等店内区域,最先发现的员工应立即报告饭店,并由饭店派人与客人联系。负责与发病客人交涉的人员同时要注意做好自我保护工作。

第六十七条 饭店应及时安排相关人员陪同医务室大夫前往询问客人相关信息,采取必要救治措施,同时等待疾控中心专业人员到达并配合行动。如传染病客人不予配合,可通知保安部协助或由保安部上报有关部门。

第六十八条 客人被送往医院后,饭店应视情况决定是否需要采取保护或消毒措施,如客人被确诊患有传染病,饭店应及时对其所使用过的器皿、客房等进行严格消毒,清查与之接触过的员工群体,确认易感人员名单,按要求进行隔离观察,确保其他员工和客人的安全。如病人被确诊为重大传染病病例,饭店要根据传染病的传播程度或防疫部门的要求,采取部分或全部封闭措施,并根据封闭范围和在岗人员情况,成立由总经理领导的指挥部,组成"对客服务组""生活保障组""后勤供应组"安全警卫组""义务救护组"负责饭店部分封闭期间的正常运转。

第七节 食物中毒的处置

第六十九条 若发现或获知有客人或员工出现食物中毒症状,发现人应首先了解中毒者国籍、人数、症状程度等基本情况,然后向饭店总机或其危机应急中心报警。总机或其危机应急中心应立即向饭店总经理等高层领导报告,按指示启动应急联络程序,同时向急救中心求援。在现场的饭店工作人员应妥善安置中毒者,保护好现场。

第七十条 饭店突发事件应急处置指挥机构应立即了解情况,并视情况决定是否需要向相关的疾控中心、公安机关及上级部门报告。

第七十一条 饭店应及时安排医务室医生携带急救药品和器材赶往现场,实施必要的紧急抢救,并根据具体情况决定是否需要送往医院抢救,或等待急救中心专业人员处理。饭店应安排食品化验员了解详细情况,找出可疑食品及食品盛放工具,对病人呕吐物等加以封存,对食物取样化验。如涉及外籍人员,应视需要向外事主管部门报告。

第七十二条 饭店保安部应派人做好现场保护工作,协助医务人员抢救中毒者,验明中毒者身份,做好询问记录。如有投毒怀疑,保安部负责人需请示饭店总经理是否向公安机关报告,并视情况决定是否需划定警戒区,及对相关的厨房、餐具、食品进行封存。

第八节　意外伤亡事件的处置

第七十三条 饭店员工发现饭店区域内有人身意外伤亡事件发生,必须立即报告保安部,同时注意保护现场。保安部接到报告后,要记录时间、地点、报告人身份及大概伤亡性质,如工伤、疾病、意外事故等。接到报告后,保安部经理要立即到现场,同时通知值班经理(大堂)、医务室,如涉及设备导致的工伤应通知工程部。饭店总经理由保安部负责人通知。如遇死亡事件,饭店要向公安机关报告。

第七十四条 保安部到现场后,应立即设立警戒线封锁现场,疏散围观人员,如是设备导致的工伤,由工程部关掉有关设备,由保安部和医务室人员确定伤亡结果。如人未死亡,应立即组织抢救,保安部酌情向伤员了解情况,大堂经理和医务室人员联系就近医院和急救中心。如确定死亡,应立即将现场与外界隔离,遮挡尸体并注意观察和记录现场情况。如明显属于凶杀或死亡原因不明,应按凶杀案程序处理。如确定是意外死亡,应进行拍照,访问目击者和知情人,隔绝围观,遮挡尸体并保护现场。保安部负责报告公安机关并配合勘察,勘察完毕应立即将尸体转移至相关太平间存放。

第七十五条 如事件涉及员工,由保安部和人事部共同负责处理善后工作。如事件涉及客人,由保安部和值班经理共同负责处理善后工作,如清点客人财物等。保安部负责调查,或协助公安部门调查、记录整个事件发生经过及处理情况。工程部负责恢复有关设备。行政部负责提供药品、车辆。客房部负责清理现场。

第十一章　社会治安事件

第七十六条 社会治安事件是指现实社会中在一定法律、法规和制度的约束下而出现的影响社会安定和秩序的事件,具体包括恐吓电话及可疑爆炸物,抢劫、暗杀、凶杀、枪击、绑架等暴力事件,非法展览或非法集会、诈骗犯罪事件、散发非法宣传品事件、大型活动或会议突发事件等。

第七十七条 饭店应通过有效培训,使员工在各种社会治安事件面前,基本能够沉着冷静对待,现场第一发现人能记清犯罪嫌疑人的体貌特征、凶器及踪迹,并及时向饭店报告,同时按照饭店应急处置指挥机构的指示与命令完成好各项工作。

第七十八条 在应急处置过程中,饭店突发事件应急处置指挥机构应及时全面了解具体情况,决定是否下达排查隐患、向公安机关报警、疏散人员等指令。各部门接到相关指令后,应立即对本部门各辖区开展排查工作。若接到疏散指令,应及时通知和引导所辖区域的客人疏散到安全区域,客房部、餐饮部、前厅部等应做好对来电咨询的客人或本饭店客人的安抚工作。若社会治安事件已在店内造成伤亡,各部门则应及时组织伤员抢救工作,并启动其他相关处置预案。

第九节 恐吓电话及可疑爆炸物的处置

第七十九条 饭店应制定恐吓电话填写单,注意冷静、礼貌、倾听,不要打断来电者。当来电者还在线的时候,用事先规定的暗号通知其他人员。

第八十条 饭店保安部在获知店内发现有客人遗留的包、纸箱及其他可疑物品后,应立即安排人员携带防爆毯等工具赶赴现场识别检查,设置警戒,并严禁触摸、移动可疑爆炸物。如怀疑为爆炸物,应马上向饭店报告,并要求总机启动应急联络程序,安排人员封闭现场、疏散现场周边人员,控制相关出入口,对可疑人员进行询问、监视。对第一发现人及时进行问讯记录,做好前期的证据保留工作。工程部应立即关闭现场附近可能引起恶性事故的设备设施,撤走周围的易燃、易爆物品,及时准备饭店平面图以及必备的设施,做好停水、断电、关闭天然气及抢修的准备工作,并对店内重点要害部位进行认真细致的排查。前厅部应及时准备在店客人名单,有效维持饭店大堂和公共区域秩序,及时清除门前所有障碍物,确保店内通信系统畅通。其他相关部门应采取的行动参考第四十条的相关内容。

第八十一条 事件发生后,如被要求新闻发布,须经总经理批准。新闻发布须根据饭店应急处置指挥机构统一口径进行。新闻发布由饭店公关部/总经理办公室负责,但仅包括以下内容:对事件的一般描述、报告事件、地点、受伤/死亡人数(注意,不提人员姓名)。更多的详情需等调查结果出来后发布。

第十节 抢劫、凶杀、枪击、绑架等暴力事件的处置

第八十二条 要根据违法犯罪行为的具体情况,采取有效措施及时进行处置。在处置过程中,要采取有利于控制事态,有利于取证,有利于缩小影响,力求最小限度受损的处置原则。处置要及时,要尽可能把违法犯罪活动制止在萌芽状态之中。若发现有犯罪倾向,要及时采取控制或教育的措施,并视情向主管安全部门反映,尽量减少暴力事件的发生。

第八十三条 如发生暴力事件,饭店突发事件应急处置指挥机构应及时全面了解具体情况,通知电话总机启动应急联络程序,下达指令封闭区域,保护现场,向公安机关报告,疏散现场周边人员等。

第八十四条 在应急处置过程中,保安部应及时安排人员设置警戒线,控制相关出入口,协助公安部门对第一发现人及时进行问讯记录,做好证据保留工作,调取监视系统中相关的影像资料。若犯罪嫌疑人正在威胁他人生命,现场的最高管理者要设法稳定其情绪,控制事态发展,等待公安人员前来处置。如有受伤者,应向急救中心求援。急救中心专业人员到达前,医务室应携带必备急救药品到指定地点对危急者进行紧急救治。如有伤亡人员需送往医院时,应安排人员随同前往,并做好医院就诊的各项记录。前厅部等相关部门应及时调取客人受伤害的资料,上交饭店突发事件应急处置指挥机构。总机要确保通信联络畅通,保安部人员参与转运死伤人员,并对客人遗留在公共区域的财物进行统计和保管。

第十一节 非法展览或非法集会的处置

第八十五条 饭店员工若发现有人在店内正在举行或即将举行非法展览或非法集会，应立即向保安部报告；饭店销售人员若发现举办方的活动与原定活动内容不符或活动性质改变，应及时报告保安部，并与举办方交涉，要求其暂时停止相关活动。

第八十六条 保安部接到相关报告，应立即安排人员赶赴现场查明情况。在请示饭店总经理后，视情况决定是否需要按相关规定及时报告公安机关。

第八十七条 对存在严重威胁国家安全、攻击国家政府行为的非法展览或非法集会，饭店应采取果断措施，及时报告公安机关，防止事态扩大，并在处理过程中，要协助公安机关重点关注首要人员和极端人员，注意发现别有用心人员。尽量避免发生不必要的冲突。对已经扩大的复杂事态，要慎重处理，要及时劝阻、疏散围观人员，尽量保护好现场。协助控制、看管违法人员，防止其逃跑、自残、自杀或伤害他人。要有效滞留在场的当事人和见证人，积极配合公安机关展开调查。

第十二节 诈骗事件的处置

第八十八条 宾客入店时，必须填写临时住宿登记单，预交住房押金，前台服务员要严格执行公安机关关于住宿客人必须持有效证件(护照、身份证)办理住房登记手续的规定，不符者不予以登记，并及时报告保安部和前厅部经理。对使用支票付账的国内宾客，要与支票发出单位核实，发现不实时，要设法将支票持有人留住，速报保安部，待保安部人员赶到后一起进行处理。

第八十九条 如住店宾客在饭店消费超过预付押金时，根据情况可要求其追加押金或直接结算。饭店各岗位收银员要熟悉银行中支付款的“黑名单”，严格执行检查复核制度。注意检查货币真伪，特别是大面值的货币，发现假钞应及时报告保安部，由保安部和财务部出面处理。

第九十条 发现持有假信用卡、假币者，应采取以下措施：

同发卡银行联系，确定信用卡的真伪，一经确认是假信用卡或假币，立即将其假信用卡、假币、护照、证件扣留；及时通知保安人员到场控制持假信用卡币者，防止其逃离或做出危害员工安全的行为；打电话报告值班经理、财务部和保安部。经保安部初步审理，视情况报告公安机关。

第十三节 散发非法宣传品事件的处置

第九十一条 非法宣传品指有危害国家安全、利益，攻击我国社会制度和领导人，危害政治安定和社会稳定或未经国家有关部门批准而发放的有虚假内容的书、报刊物、资料、音像制品、招贴画和广告等。

第九十二条 保安部要加强对公共区域的巡视，如发现有散发非法宣传品迹象的可疑人，要立即进行监控、制止和盘查。各岗位的服务员在服务时，发现形迹可疑或正在散发非法宣传品、物品等情况，一要立即制止，二要立即报告，三要将可疑人和物品滞留。大堂服务员及行李员应留意来往的客人是否携有非法宣传品和随意丢弃物品的可疑迹象。客房服务员应注意发现在客房区域无目的徘徊的可疑人，在清扫房间时，应留意是否有非法宣传品。

饭店各平台和制高点的出入口,要有专人负责管理,未经批准不得进入,并做到随时关锁。

第九十三条 事件发现人要迅速向保安部和电话总机报告,并讲清事发地点,宣传品内容、性质,有无可疑人等,及报警人姓名和所在部门。

第九十四条 保安部接到报警后要立即带人赶到现场处理,将嫌疑人扣留并收缴随身携带的危险物品,检查其身上是否有其他危险品,并迅速将其带离现场进行进一步审查。如此种行为发生在大厅或其他公共区域,服务员和保安人员应立即上前制止,并将其迅速带离现场,同时将其非法宣传品等全部收缴。发现或接报有人从建筑物上向下散发宣传品,应对现场进行拍照取证,调查了解实情的经过和造成的后果,收集必要的证据(人证、物证);控制现场,疏散围观群众,防止事态进一步扩大;经审查和核实,请示饭店领导速报公安机关和有关部门。前厅部、大堂经理向围观的客人解释,并收回客人手中的非法宣传品交予保安部;其他岗位上的服务员在工作时,如发现有人散发非法宣传品,应立即制止,视情况将人和非法宣传品扣留,送交保安部处置;如非法宣传品已经散落在地,应立即配合,全力收缴,并上交保安部。经审查确系散发非法宣传品行为时,要将嫌疑人及非法宣传品送交公安机关处理。将可疑人带离现场或饭店时,保安部应设计好路线,使其影响降低到最低程度。

第十四节 大型活动或会议突发事件的处置

第九十五条 在各类大型活动或会议举行前,饭店保安部应对会场进行安全检查。确保疏散通道畅通,疏散门能够全部开启,并准备好手持扬声器和其他通信设施、手电等协助疏散用品,确保其能有效使用。

第九十六条 在活动或会议正式开始前,饭店保安部应向举办方再次了解参加的人数,并在各疏散出口等重要位置安排适当数量的保安人员。在参加活动人员陆续抵达饭店期间,应安排专人注意观察是否有作案嫌疑人或不法活动苗头。

第九十七条 若在活动或会议进行过程中发生突发事件,在现场服务的饭店相关管理人员应立即向保安部报告,并要求在场人员保持冷静、不要惊慌,服从饭店保安人员指挥,或向公安机关请求支援。如发生停电等事故,还应通知工程部启动停电处置预案。

第九十八条 在开始播放疏散广播后,各出入口的保安或服务人员应用手持扬声器等设备提示客人携带好贵重物品,防止发生拥挤、推搡、跌倒以及踩踏事故,引导客人疏散到安全的区域,并安排人员安抚客人。等现场人员全部疏散完毕后,保安部应安排人员对各出入口做好警戒,防止发生趁机哄抢和冒领遗留在现场物品的现象,并对现场遗留的物品进行逐一登记,及时做好发还工作。

第十二章 公关危机事件

第九十九条 公关危机事件指各种突发性的危害饭店声誉的事件。

第一百条 饭店应建立公共危机事件处置小组,就突发事件的预防、处理和跟踪,全面负责和监控媒体活动。建立"快速"反应检查系统,建立针对内部信息系统和媒体联系的意外事故方案,收集事件事实,填写危机事件表,及时处理媒体的咨询或媒体的现场采访要求。帮助减少伤害和控制负面传播危险,及时处理和引导媒体的观点,维护饭店声誉。

第一百〇一条 饭店应建立对外言论的纪律。员工不得向媒体提供任何信息,饭店员工如接到媒体的电话问询,采访或现场拍摄等要求,应立即转至公共关系部/总经理办公室。

公共关系部/总经理办公室将安排饭店总经理或集团/公司授权发言人就相应的媒体要求进行回复。在饭店内只有总经理有权解答记者的问题,必须有总经理确认后的文字才能发布。如果有记者找到员工,员工应表示自己无权解答,并帮助找到公共关系部/总经理办公室,员工在接记者电话的时候要热情。在发生突发性事件后,饭店也需要立即通知更高一级的管理者,避免发布不一致的信息。

第一百〇二条 信息对外发布将在公共危机事件处置小组或者指定的执行机构审定后进行。公共危机事件处置小组领导要起草新闻陈述初稿并提交饭店总经理批准。饭店公共危机事件处置小组的成员应该接受公关危机培训。

第一百〇三条 若新闻媒体报道了有关饭店不确切的消息或不切题的引述,应立即通知饭店公共关系部/总经理办公室。公共关系部/总经理办公室应致电相关新闻媒体,请他们核实并及时更正。

参 考 文 献

[1]薛群慧. 酒店人力资源开发与管理[M]. 昆明:云南大学出版社,2005.
[2]史蒂芬·皮尔比姆,等. 人力资源管理实务[M]. 北京:经济管理出版社,2011.
[3]姜玲. 酒店培训管理实务[M]. 广州:广东经济出版社,2006.
[4]詹姆斯 R 埃文斯,威廉 M 林赛. 质量管理与质量控制[M]. 北京:中国人民大学出版社,2005.
[5]李先国. 现代推销理论与实务[M]. 北京:首都经济贸易大学出版社,2008.
[6]陈殿阁. 推销学:理论与技巧[M]. 北京:机械工业出版社,2008.
[7]吴健安. 现代推销理论与技巧[M]. 4 版. 北京:高等教育出版社,2018.
[8]张洪刚,陈云川. 饭店市场营销[M]. 北京:机械工业出版社,2009.
[9]严伟. 旅游饭店市场营销[M]. 上海:上海交通大学出版社,2011.
[10]郑红. 现代酒店市场营销[M]. 广州:广东旅游出版社,2004.
[11]朱承强. 现代饭店管理[M]. 2 版. 北京:高等教育出版社,2013.
[12]黄震方. 旅游饭店管理[M]. 北京:中国林业出版社,2000.
[13]何建民. 现代宾馆管理原理与实务[M]. 上海:上海外语教育出版社,1994.
[14]毛江海. 前厅服务与管理[M]. 福建:东南大学出版社,2007.
[15]孟庆杰. 前厅客房服务与管理[M]. 6 版. 大连:东北财经大学出版社有限责任公司,2016.
[16]陈江生. 实用酒店英语[M]. 3 版. 大连:大连理工大学出版社,2017.
[17]胡杨政. 酒店英语服务实训[M]. 3 版. 北京:清华大学出版社,2017.
[18]周雪,马柯. 饭店前厅客房服务与管理[M]. 大连:大连理工大学出版社,2009.
[19]陈云川,鄢赫. 饭店前厅客房服务与管理[M]. 北京:机械出版社,2008.
[20]文志平. 旅馆餐饮服务与运转[M]. 北京:科学技术文献出版社,2003.
[21]佘炳炎. 饭店餐饮管理[M]. 北京:旅游教育出版社,2010.
[22]郑志勇. 插花艺术[M]. 北京:化学工业出版社,2009.
[23]付启鹏. 餐饮服务与管理[M]. 北京:高等教育出版社,1998.
[24]姜红. 餐饮服务与管理[M]. 大连:大连理工大学出版社,2006.
[25]巩隽,邢夫敏. 餐饮服务与管理[M]. 北京:冶金工业出版社,2008.
[26]蔡万坤. 餐饮管理[M]. 4 版. 北京:高等教育出版社,2014.